# 크롤리의 통계학 강의

# 크롤리의 통계학 강의

## R을 활용한 입문

마이클 크롤리 지음 | 염현식 옮김

에이콘

**마이클 크롤리**Michael J. Crawley

영국 런던 임페리얼 칼리지 실우드파크 캠퍼스에서 강의하는 교수다. 영국왕립학회 회원Fellow of the Royal Society이며 R과 통계학 관련 베스트셀러인 『The R book』, 『Statistical Computing: An Introduction to Data Analysis Using S-Plus』를 저술했다.

## 옮긴이 소개

**염현식**(bridge53@naver.com)

시험관아기 시술 센터에서 난임 전문 산부인과 의사로 활동 중이다. 메타 분석을 포함한 통계 분석, 베이지안 데이터 분석, 그래픽스, 논문 작성 등에 관심이 많으며, 이런 분야에서 R을 적극적으로 사용하고 있다. 데이터 분석의 전반적인 과정을 수행하는 데 반드시 필요한 통계학적 기법들을 이해하기 쉽게 정리함으로써 통계학에 대한 기본 지식이 없는 독자들도 어려움 없이 데이터 분석을 진행할 수 있는 방법을 제시하기 위해 노력을 기울이고 있다. 에이콘출판사에서 출간한 『R을 활용한 바이오인포매틱스』(2014)를 번역했다.

우리의 일상생활에서는 매일 원하든 원치 않든 데이터들이 쉴 새 없이 생겨나고 있습니다. 또한 학문적 연구나 스포츠 분야 등에서도 전 세계에서 발생하는 많은 데이터들을 확인할 수 있습니다. 이런 데이터들을 올바른 방식으로 분석해 합당한 결론을 이끌어내고 한 걸음 더 나아가 미래의 현상을 예측하는 일련의 과정은 매우 큰 중요성과 영향력을 가지고 있습니다. 정확한 데이터 분석을 위해 반드시 갖춰야 할 요소 중 하나가 올바른 통계학적 기법의 적용이라고 생각합니다. 그러나 통계학은 복잡합니다. 개인적인 생각으로는 통계학을 어렵다고 표현하기보다는 복잡하다고 표현하는 것이 적절할 것 같습니다. 통계학이 복잡하게 느껴지는 가장 큰 이유는 핵심적인 개념들을 객관적이면서 직관적으로 이해하고 그 바탕 위에 어떤 문제를 차근차근 풀어나가는 과정이 순차적으로 무리 없이 이뤄져야 하기 때문이라고 생각합니다. 핵심적인 개념들을 이해하는 것은 어찌 보면 쉬울 듯하지만 가장 어려운 문제일 수도 있습니다. 특히 저처럼 통계학을 전공하지 않았을 뿐 아니라 체계적으로 배울 수 있는 기회가 별로 없는 대다수의 일반인들에게는 개념 확립의 어려움에 의한 무수한 시행착오가 당연히 뒤따르게 될 것입니다. 이런 시행착오를 조금이라도 줄이기 위해서는 정확한 개념 확립이 반드시 필요하다고 생각합니다.

이 책은 R과 통계학을 다룬 세계적인 베스트셀러입니다. 이 책을 번역하면서 선생님 한 분이 제 옆에서 직접 통계학에 대한 이런저런 내용들을 차근차근 설명해주고 있는 것 같다는 느낌을 자주 받았습니다. 또 한편으로는 통계학 입문서의 성격이 강하기는 하지만 꽤 깊이가 있다는 생각도 들었습니다. 이 책의 가장 큰 특징은 본질적인 개념에 대한 명쾌한 해설과 단계적인 적용 과정의 논리적 제시라고 생각합니다. 튼튼한 학문적 바탕 위에 논리 정연하게 실타래 풀어나가듯이 실제적인 분석을 진행하는 과정이 매우 인상적으로 느껴졌으며, 통계학을 처음 접하는 독자들도 부담감 없이 이 책의 내용을 받아들일 수 있으리라 생각합니다. 또한 어느 정도 통계학에 대한 기본 지식을 가진 분들에게도 이전에 미처 깊게 생각해보지 못했던 부분들에 대해 다시 한 번 새로운 시각으로 바라보는 기회가 될 것이라 생각합니다.

통계학 공부를 위한 책을 선택할 때 그 책이 어느 정도의 범위까지 다루고 있는지는 아마도 많은 분들이 고려하고 고민하는 부분일 것입니다. 제 개인적인 생각으로는 개념적인 기초를 확립하고 앞으로의 심화 과정을 준비하기 위해서는 이 책에서 다루는 정도의 범위가 합당하리라 생각합니다. 개인적으로 깊은 관심을 가지고 있는 베이지안 데이터 분석이나 메타 분석 관련 책을 공부할 때 이 책에서 다루는 정도의 범위와 개념들 안에서 대부분의 응용이 가능하다는 느낌을 받았습니다. 이 점은 아마도 다른 분석 방법들을 공부하시는 분들께도 동일하게 적용되리라 생각합니다.

이 책을 보시는 모든 분들이 부담감 없이 통계학에 친숙해지시고 그 바탕 위에서 데이터 분석의 깊은 재미를 느끼시길 바랍니다. 통계학이나 데이터 분석에 대한 개인적인 질문을 언제든지 제게 메일로 보내주시면 최선을 다해 고민해보면서 같이 공부해나갈 수 있는 기회로 만들겠습니다. 감사합니다.

염현식

이 책은 수학과 통계학에 대한 배경지식이 별로 없는 학생들에게 통계적 분석의 핵심을 소개하기 위해 쓰였다. 대상 독자에는 생물학, 공학, 의학, 경제학을 전공하는 대학생들 뿐만 아니라 통계학을 더 깊이 공부하고 강력한 언어인 R을 적극적으로 활용하려는 대학생 과정 이상의 모든 학생들이 포함된다.

많은 학생들에게 통계학은 그리 인기 있는 과목이 아니다. 일부 학생들은 자신이 계산에 매우 약하다고 생각하므로 과목 선택에서 통계학을 제일 먼저 배제해버린다. 그러다가 통계학을 필수적으로 선택해야 하는 상황에 직면하면 매우 당황하게 된다. 통계학이 인기를 얻지 못하는 또 하나의 이유는 통계학을 가르치는 사람들에게서 찾을 수 있다. 비전공자들에게 통계학의 일부 내용들이 얼마나 어렵게 다가오는지 고려하지 않은 채 가르치는 경우가 종종 있으며, 이런 경우 대개 어떤 주제에 대한 이해와 해결 방법에 대한 고민 없이 일정한 틀에 맞춰 분석을 시행하도록 수업이 진행되기 쉽다.

이 책에서는 통계적 이론에 집중하는 대신, 다양한 통계 모형의 가정에 대해 깊이 있게 다루고 여러 관점에서 통계 모형을 평가하는 부분에 초점을 맞출 것이다. 최근 모형 단순화의 개념이 강조됨에 따라 데이터로부터의 효과 크기 추정과 신뢰구간 설정이 중요한 부분으로 자리잡고 있다. 상대적으로 $a = 0.05$와 같이 유의성significance의 한계를 정하는 가설 검정의 역할은 약해지고 있다. 일단 책의 시작 단계에서는 독자들이 통계학과 수학에 대한 배경지식이 없다는 가정 아래 설명을 진행할 것이다.

강의 교재로 활용하기 위한 기본적인 밑그림은 다음과 같다. 각 강의에서 통계적 내용을 설명하는 데 한 시간 정도 걸릴 것이다. 그리고 나서 실제적인 작업 진행 과정에서 지침서로 활용하면 좋을 것이다. 내 경험에 비춰보면 통계적 내용을 전체적으로 설명하기 위해 10~30번 정도의 강의가 필요하며 이것도 학생들의 배경지식이나 내용의 깊이에 따라 조금씩 다를 것으로 판단된다. 실제 작업에 대한 강의는 한 시간 반 정도의 세션이 10~15번 정도 이뤄지도록 계획하면 될 것이다. 이 또한 역시 학생들의 배경지식이나 내용의 깊이에 따라 다를 것이다.

R 언어는 흥미로운 역사를 가지고 있다. 이 언어는 AT&T 벨 연구소의 릭 베커[Rick Becker], 존 챔버스[John Chambers], 앨런 윌크스[Allan Wilks]가 개발한 S 언어에서 유래됐으며, 최신의 그래픽과 강력한 모형 적합 능력이 결합된 전문적인 통계 소프트웨어를 제공하고자 개발됐다. S는 활용도의 관점에서 볼 때 세 가지 특징을 가지고 있다. 첫째, 통계 모형 수립에 탁월한 도구다. 데이터에 따라 통계 모형을 특정화하고 적합시킬 수 있으며 적합도 평가와 추정치, 표준오차, 예측치 제시를 위해서도 매우 훌륭한 도구다. 데이터의 파악과 세부적 조정에 매우 편리하지만 모형 적합의 과정에서는 사용자 본인의 각별한 주의와 조절이 필요하다. 둘째, S는 데이터 탐색, 데이터의 테이블화 및 정렬, 데이터의 경향을 알아보기 위한 산점도 작성, 이상치 확인 등에 매우 유용하게 사용할 수 있다. 셋째, S는 복잡한 계산도 그리 어렵지 않게 시행할 수 있는 세련된 계산 기능을 가지고 있으며, 광범위한 데이터 조작을 할 수 있는 유연한 객체지향 프로그래밍 언어다. 벡터를 다루는 능력이 매우 탁월하며 여러 수식들과 결합해 사용할 수도 있다. 흔히 쓰이는 명령어들을 함수로 통합해 사용자의 필요에 맞게 사용할 수 있는 점은 S의 강력함을 잘 보여주는 부분이다. S는 반복 시행 횟수의 비동일성, 결측치, 비직교성 등의 문제들에 유연하게 대처할 수 있는 특성 때문에, 다루기 어렵고 일반적이지 않은 데이터의 작업에 특히 유용하다. 또한 S의 오픈 엔드(새로운 항목을 추가해도 시스템 전체의 구성을 변화시킬 필요가 없는 구조) 스타일에 의해 처음의 개념에서 추가적 확장이 이뤄진다 해도 별 어려움 없이 작업을 진행할 수 있다. S의 큰 장점은 간단한 개념을 바탕으로 통계적 사고를 배우는 데 필요한 통합 프레임워크를 제공하는 것이다. 일반적 상황에서 특수한 모형을 바라볼 수 있어 통계적 기법들 간의 근본적인 유사성과 표면적인 차이를 확연하게 파악할 수 있다. S의 상업적 프로그램으로 S-PLUS가 개발됐으나 너무 비싸다는 단점이 있었다. 특히 대학에서 강의하는 입장에서는 많은 학생들을 대상으로 라이선스를 구입하기에 너무 큰 어려움이 있었다. 이런 문제를 해결하기 위해 뉴질랜드 오클랜드 대학의 통계학자인 로스 이하카[Ross Ihaka]와 로버트 젠틀맨[Robert Gentleman]이 교육의 목적에 적합한 S의 새로운 버전을 개발하게 된다. 이것이 바로 R이다. R은 알파벳 순서로 S의 앞에 오기도 하지만, 두 개발자 이름이 R로 시작한다는 점이 그 이름을 갖게 된 가장 큰 이유가 됐다. 1995년에 R 코드가 일반 공중 라이선스로 배포되고 코어 팀도 15명으로 확대됐다(명단은 웹사이트에서 확인할 수 있다). 버전 1.0.0은 2000년 2월 29일 배포됐다. 이 책은 버전 3.0.1을 사용해 쓰였으나 모든 코드는 하위 버전에서도 잘 작동된다.

R 사용자 네트워크는 세계적으로 광범위하게 형성돼 있으며 함수뿐 아니라 데이터와 프로그램을 담고 있는 패키지 소스 등을 개발하고 있다. CRAN에서 「The R Journal」(이전의 「R News」)을 찾아보면 많은 도움이 될 것이다. R을 사용한 작업이 게재될 경우 R 코어 팀을 다음과 같이 인용하면 된다.

R Core Team (2014). R: A Language and Environment for Statistical Computing, R Foundation for Statistical Computing, Vienna. Available from http://www.r-project.org/.

R은 자유롭게 다운로드할 수 있는 오픈소스 프로그램이다. 구글 창에 CRAN을 입력하면 자신의 위치에서 다운로드가 가능한 가장 가까운 사이트를 확인할 수 있다. 아니면 다음과 같이 직접 입력해도 된다.

http://cran.r-project.org

이 책에서 사용한 모든 데이터 파일은 웹사이트(http://www.imperial.ac.uk/bio/research/crawley/statistics)에서 찾을 수 있다. 하드디스크에 다운로드한 후 이 책에서 설명한 모든 예제들을 실행해보기 바란다. 각 장에서 사용한 모든 명령어를 담고 있는 파일도 따로 제공했는데, 코드를 복사해 직접 R에 붙여 넣으면 불필요한 입력을 줄일 수 있다. 통계 분석의 광범위한 범위를 다룬 12개의 세션도 꼭 읽어보고 직접 실행해보기 바란다. R을 배우는 것은 쉽지 않다. 그러나 기본을 완벽하게 익히기 위해 기울인 노력에 대해서는 결코 후회하지 않을 것이다.

M.J. 크롤리
애스컷
2014년 4월

# 1

# 기본 사항

통계 작업에서 가장 어려운 부분은 그 작업을 시작하는 것이다. 그리고 그 시작에서 가장 어려운 부분 중 하나는 상황에 맞게 분석 방법을 선택하는 것이다. 데이터의 특성과 분석 목적에 따라 분석의 방법은 달라질 수 있으며 직접 시행 과정을 겪어가면서 방법 선택에 대한 답을 얻어야 한다. 무엇을 어떻게 해야 할지 알기 위해서는 반복적인 경험이 선행돼야 한다.

먼저 데이터에서 **반응** 변수response variable와 **설명** 변수explanatory variable의 특성을 정확히 파악하는 것이 중요하다. 대부분의 경우 작업을 진행하는 목적은 변수의 변화 양상을 알아내는 것이다. 그래프에서는 반응 변수를 y축(세로 좌표)에, 설명 변수를 x축(가로 좌표)에 나타낸다. 설명 변수의 변화에 따라 반응 변수가 어느 정도로 변화하는지 주의 깊게 관찰해야 한다. 따라서 키나 체중과 같이 실수real number로 나타낼 수 있는 변수를 연속형 변수continuous variable라 하며, 둘 또는 그 이상의 **수준**level을 가진 **요인**factor으로 이뤄져 있는 변수를 범주형 변수categorical variable라 한다. 성별은 두 개의 수준(남성 그리고 여성)을 가진 요인이며, 무지개는 일곱 개의 수준(빨강, 주황, 노랑, 초록, 파랑, 남색, 보라)을 가진 요인이다.

데이터에서 다음의 내용들을 정확하게 파악해야 한다.

- 어느 것이 반응 변수인가?
- 어느 것이 설명 변수인가?
- 설명 변수는 연속형 변수와 범주형 변수 중 어느 것에 해당되는가? 혹은 두 개의 혼합형인가?
- 반응 변수는 연속형 혹은 카운트count, 비율proportion, 사망까지의 시간time-at-death, 범주형 데이터 중 어느 것에 해당되는가?

이런 내용들이 확인됐다면 이에 합당한 통계적 방법을 선택할 수 있다.

1. 설명 변수

(a) 모두 연속형 변수                                    **회귀 분석**Regression

(b) 모두 범주형 변수                          **분산 분석**ANOVA, Analysis of variance

(c) 일부는 연속형 변수, 일부는 범주형 변수 · · · · · · · · · · · · **공분산 분석**ANCOVA, Analysis of covariance

2. 반응 변수

(a) 연속형 · · · · · · · · · · · · · · · · · · · · · · · · · · · · · · · · · **회귀 분석, 분산 분석, 공분산 분석**

(b) 비율 · · · · · · · · · · · · · · · · · · · · · · · · · · · · · · · · · **로지스틱 회귀 분석**Logistic regression

(c) 카운트 · · · · · · · · · · · · · · · · · · · · · · · · · · · · · · · · **로그 선형 모형**Log linear models

(d) 바이너리 · · · · · · · · · · · · · · · · · · · · · · · · · **바이너리 로지스틱 분석**Binary logistic analysis

(e) 사망까지의 시간 · · · · · · · · · · · · · · · · · · · · · · · · · · · · · · · · · **생존 분석**Survival analysis

시작하는 단계에서 완전히 이해하고 넘어가야 할 부분이 많은 것은 아니다. 1장에서는 여러 분석들의 세부적인 내용을 살펴보기 전에 반드시 알고 있어야 할 기본 사항들을 설명한다.

## 모든 것은 서로 다르다

같은 현상을 두 번 측정했을 때 다른 결과 값을 얻을 수도 있다. 시간에 따른 변화를 고려해야 할 상황에서 같은 현상을 측정했을 때에도 다른 결과 값을 얻을 수 있다. 서로 다른 개인들에 대해 측정이 이뤄지면 유전과 환경, 이 두 가지 요인이 모두 측정 값의 차이에 영향을 미칠 수 있다. 이 질성heterogeneity은 언제라도 발생할 수 있다. 공간적 이질성은 장소의 차이에 의해 발생하며 시간 적 이질성은 시간의 흐름에 따라 발생한다.

모든 여건이 변할 수 있으므로 그에 따라 측정 결과가 변한다 해도 그리 이상할 것은 없다. 그러나 과학적으로 의미 있는 변이variation와 단순히 배경적으로 발생하는 변이를 구분하는 것은 매우 중요하다. 통계 분석이 필요한 것도 바로 이런 이유 때문이다. 이 책에서 주로 다루려는 내용도 역시 그 부분에 초점을 맞추고 있다.

과학적으로 아무런 차이가 없는 조건임에도 불구하고 측정 값에 차이가 있음을 발견했다고 가정해보자. 어느 만큼까지의 변이를 과학적 차이 없이 우연히 일어난 것이라 간주할 수 있을까? 통계학적으로 가장 중요한 개념 중 하나가 바로 여기에서 시작된다. 우연히 일어난 것이라고 생각할 수 있는 범위를 넘어 그보다 더 큰 측정 값의 차이를 확인했다면 통계적으로 유의한 결과라고 말할 수 있다. 반대로 측정 값의 차이가 우연히 발생한 것이라고 생각할 수 있는 범위를 넘지 않는다면 통계적으로 유의하지 않은 결과라고 말할 수 있다. 통계적으로 유의하지 않은 결과라고 해서 결과가 중요하지 않은 것은 절대 아니다. 두 가지 약물 치료에 따라 인간 수명의 차이를 비교한 연구 결과가 있다고 생각해보자. 이때 두 가지 약물 치료에 따른 인간 수명의 차이가 통계적으로 유의하지 않다고 확인했다면 이 결과는 매우 중요한 의미를 가질 수 있다(특히 결과를 확인하고 있는 본인이 환자라고 한다면 더 큰 의미로 다가올 수 있다). 유의하지 않다는 것과 차이가 없다는 것을 동일시해서는 안 된다. 단순히 연구의 반복 시행replication 횟수가 적어서 유의성이 없는 결과가 확인되는 경우들도 많다.

실제적으로 아무 일도 일어나지 않는다면(차이가 존재하지 않거나 연관성이 없는 등의 상황이라면) 우리는 이 사실에 대해 확실히 알고 싶어질 것이다. 예를 들어 그래프에서 $y$와 $x$의 관계를 직접 눈으로 확인해보면 연관성 유무에 대한 확신은 더 굳어질 수 있다. 일부의 학생들은 '유의한 결과가 제일 좋은 결과'라고 생각한다. 그들의 연구 결과에서 'A가 B에 미치는 결과가 유의하지 않다.'라고 나타나면 연구가 실패했다고 느낀다. 과학적인 관점에서 보면 연구의 실패라고 생각해서는 절대 안 된다. 어느 쪽으로도 가능성을 열어 놓고 진리를 확인하고자 노력하는 것이 중요하다. 어느 쪽으로 결론이 내려지는가에 대해 너무 집중할 필요는 없다. 때때로 과학자들은 연구의 결과가 통계적 유의성을 갖게 되고 그로 인해 세계적인 유명 학술지에 자신의 연구 내용이 실리기를 간절히 원한다. 그러나 그것이 반드시 옳은 것만은 아니다.

## 유의성

유의한 결과라는 것은 무엇을 의미할까? '유의한significant'의 일반적인 사전적 정의는 '의미를 가지는' 또는 '의미심장한, 깊은 뜻을 함축하고 있는' 등으로 요약할 수 있다. 그러나 통계학에서는 조금 다른 특수한 의미를 가지고 있다. '결과가 우연히 일어날 것 같지는 않다.'라는 특수한 의미가 있으며, 여기에는 두 개의 중요한 부분이 포함된다. '일어날 것 같지 않은unlikely'과 '귀무가설null hypothesis'의 의미를 정확하게 이해해야 한다. 통계학자들은 '일어날 것 같지 않은'에 대한 어느 정도 공통된 의견을 가지고 있다. 어떤 사건이 5%보다 작게 발생할 경우 '일어날 것 같지 않은'이라고 표현한다. 귀무가설은 '아무 일도 일어나지 않는다.'라는 의미를 가지고 있으며, 이와 반대로 '대립가설alternative hypothesis'은 '어떤 일이 일어난다.'라는 의미를 가지고 있다.

## 좋은 가설과 나쁜 가설

칼 포퍼Karl Popper는 좋은 가설은 **기각**rejection**이 가능한 가설**이라고 언급했다. 이는 곧 **반증이 가능한 가설**falsifiable hypothesis이라고 할 수 있다. 다음의 두 주장을 살펴보자.

A. 공원에 독수리가 있다.
B. 공원에 독수리가 없다.

하나는 반박이 가능한 것이고, 다른 하나는 반박이 불가능한 것이라는 차이가 있다. 주장 A를 어떻게 반박할 수 있을지 생각해보자. 공원으로 나가서 독수리를 찾아봤다. 그러나 한 마리도 찾을 수 없었다. 물론 이 상황이 독수리가 없다는 것을 전적으로 의미하지는 않는다. 독수리들이 당

신이 오는 것을 보고 숨었을 수도 있다. 결국 주장 A를 반박할 수 없다. 다만 '나는 공원으로 갔고 독수리를 보지는 못했다.'라고 말할 수 있다. **증거가 없다는 것이 없다는 것의 증거는 아니다.** 이것은 가장 중요한 과학적 개념 중 하나다.

주장 B는 기본적으로 다르다. 공원에서 독수리를 보는 순간 주장 B의 가설을 바로 기각할 수 있다. 공원에서 처음으로 독수리를 보는 순간까지는 가설이 참이라는 가정 아래 무엇인가를 진행할 수 있다. 그러나 독수리를 보게 되면 가설은 확실히 틀린 것이 되며 바로 이 가설을 기각할 수 있다.

## 귀무가설

귀무가설은 '아무 일도 일어나지 않는다.'라고 가정한다. 예를 들어 두 표본<sup>sample</sup>의 평균<sup>mean</sup>을 비교할 때 귀무가설은 두 모집단<sup>population</sup>의 평균이 같다고 가정하는 것이다. 물론 모든 것은 서로 다르기 때문에 두 표본 평균이 똑같기는 사실상 어려울 수 있다. 회귀 분석에서 $x$에 대한 $y$의 그래프를 그렸을 때 귀무가설은 그래프 직선상의 기울기가 0이라고 가정한다($y$는 $x$와 함수 관계가 아니다, 또는 $y$는 $x$에 대해 독립적인 관계다). 귀무가설은 반증이 가능해야 한다는 점이 중요하다. 데이터를 통해 귀무가설이 확실히 일어나지 않을 것이라 판단될 때 귀무가설을 기각할 수 있다.

## $p$ 값

더 이해하기 어려운 주제가 있다. $p$ 값은 귀무가설이 참일 확률이 아니다. 그러나 아마도 다른 사람들이 그렇게 말하는 것을 여러 번 들었을 것이다. $p$ 값은 귀무가설이 참이라는 가정 아래에서 계산되며 귀무가설의 타당성과 관련 있는 개념이다.

기본적으로 검정 통계량<sup>test statistics</sup>을 이용해 가설의 검증을 시행할 수 있다. 아마도 검정 통계량 중 대표적인 것들은 이미 들어봤을 것이다(스튜던트 t, 피셔<sup>Fisher</sup>의 F, 피어슨<sup>Pearson</sup>의 카이제곱). $p$ 값은 검정 통계량의 크기에 대한 개념으로 이해할 수 있다. 귀무가설이 참이라 가정할 때 관심 사건의 검정 통계량을 계산하고 이 값과 같거나 큰 경우에 놓일 확률의 추정치가 바로 $p$ 값이다. 검정 통계량이 크다는 것은 귀무가설이 참일 것 같지 않음을 나타낸다. 검정 통계량이 충분히 큰 경우 귀무가설을 기각하고 대립가설을 받아들인다.

'귀무가설을 기각하지 않는다.'와 '귀무가설이 참이다.'는 전혀 다른 의미다. 표본 크기가 작거나 측정오차가 큰 경우 거짓인 귀무가설을 기각하지 못할 수도 있을 것이다. $p$ 값은 매우 흥미로운 개념이기는 하지만 모든 것을 다 설명해줄 수는 없다. 결론을 도출함에 있어서 효과 크기<sup>effect size</sup>와 표본 크기는 모두 중요하다. 최근에는 '귀무가설을 기각한다.'라고 표현하기보다는 $p$ 값을 직접 제시하는 것을 선호하는 추세다. 이에 따라 해석하는 입장에서는 효과 크기와 불확실성에 대해 각자 판단할 수 있다.

## 해석

통계 모형의 해석에서 두 종류의 실수가 있을 수 있다.

- 귀무가설이 참일 때 이를 기각한다.
- 귀무가설이 거짓일 때 이를 받아들인다.

이 두 종류의 실수를 각각 1종 오류[Type I error], 2종 오류[Type II error]라 한다. 상당히 어려운 일이기는 하지만, 만약 어떤 상황의 참과 거짓을 확실히 알고 있다면 다음과 같은 테이블을 만들 수 있다.

| 귀무가설 | 실제 상황 | |
|---|---|---|
| | 참 | 거짓 |
| 수용 | 정확한 결정 | 2종 오류 |
| 기각 | 1종 오류 | 정확한 결정 |

## 모형 선택

데이터가 주어졌을 때 그 데이터에 적합시킬 수 있는 모형은 여러 가지가 있을 수 있으며, 그중에서 실제로 사용할 모형을 적절하게 선택하기 위해서는 어느 정도의 기술과 경험이 갖춰져 있어야 한다. **어떠한 모형도 완벽한 것은 없다. 다만 어떤 모형이 다른 모형에 비해 상대적으로 더 나을 수 있다.** 통계학을 공부할 때 가장 소홀히 생각하고 넘어가는 부분 중 하나가 모형 선택이다.

과거에는 깊은 사고의 과정 없이 일정한 틀에 따라 분석을 시행하도록 통계학 수업이 이뤄졌다. 이에 따라 두 가지 문제가 발생했다. 첫째, 모형 선택이 정말 중요한 과정임을 깨닫지 못하게 됐다('그냥 $t$ 분석을 하면 된다'). 둘째, 미리 확인해야 할 가정들에 대해 이해가 부족하게 됐다('$p$ 값만 구하면 된다').

이 책에서는 필요할 때마다 중요한 가정들에 대해 자세히 설명할 것이다. 중요성의 순서대로 미리 나열해보면 다음과 같다.

- 무작위 표본 추출
- 등분산성
- 오차의 정규성
- 오차의 독립성
- 효과의 가산성

실제 데이터에서는 이런 가정들이 충족되지 않는 경우가 많으며 그때마다 문제 해결을 위해 무엇을 해야 할 것인지 잘 알고 있어야 한다. 비무작위 표본 추출이 효과의 비가산성보다 더 중대한 문제점을 가지고 있는 것처럼 상대적인 어려움의 차이는 존재한다.

여러 개의 가능한 모형이 있으며 그중에서 최적best의 모형을 선택하는 것이 통계 분석의 핵심이다. 어느 설명 변수를 모형에 포함시킬지, 각 변수에 어떤 변형transformation을 적용할지, 상호작용interaction 항을 포함시킬지 말지 등 이 모든 것들을 충분히 고려해야 한다.

무작위화randomization와 적절한 수준의 반복 시행이 이뤄진, 즉 잘 설계된 실험에서는 집중해야 할 주제가 명확해지며 그 주제에 초점을 맞춰 작업을 진행하는 데 큰 어려움이 없다. 그러나 많은 수의 설명 변수가 있고(대부분의 경우 서로 연관성도 존재한다.), 무작위화가 잘 이뤄져 있지 않으며, 데이터의 수가 많지 않은 등의 특징을 가진 관찰 연구observational study인 경우에는 관심을 가져야 할 주제들이 더 많아지고 결과적으로 작업 진행 과정이 복잡해진다. 실제로 다루게 되는 대부분의 데이터들이 이런 부류에 속한다.

## 통계 모형

특정한 모형의 모수parameter를 결정해 **데이터에 최적화된 모형**을 선정하는 것이 중요하다. 데이터는 기본적으로 조작이 불가능하며 일정한 상황 아래에서 실제로 어떤 일이 일어나고 있는지를 보여준다. '데이터를 모형에 적합시킨다.'라고 표현하는 것은 가장 많이 저지르는 실수로, 이 표현대로 생각하면 데이터는 유연한 성격을 가지고 있어야 한다. 그러나 데이터에 대한 조작이나 개입이 이뤄져서는 안 된다. 데이터를 설명해줄 수 있는 최소 적합 모형minimal adequate model을 찾는 것이 중요하다. **'모형을 데이터에 적합시킨다.'**라고 하는 것이 적절한 표현이다. 반대로 데이터를 모형에 적합시킨다는 것은 올바른 개념이 아니다. 설명할 수 없는unexplained 변이를 가장 작게 할 수 있는(최소 잔차 편차minimal residual deviance) 모형이 바로 최적의 모형이다. 이런 모형의 모수들은 각각의 통계적 유의성을 가지고 있다.

이제 모형의 특성화를 살펴보자. 먼저 모형에 연관돼 있는 모든 요소와 반응 변수에 영향을 미칠 수 있는 모든 방법들에 대한 전반적인 이해가 필요하다. 간결성의 원칙principle of parsimony에 입각해 모형을 되도록 최소화하는 것이 중요하다. 그리고 데이터의 변이를 잘 설명해주지 못하는 부적합한 모형을 유지해야 할 이유는 전혀 없으므로 적합한 모형을 찾도록 노력해야 한다. 하나의 모형만을 고집해서는 안 된다. 전통적인 회귀 분석이나 분산 분석을 시행하는 경우 다른 모형들에 대한 검토 없이 바로 작업을 진행하는 경우가 많다. 많은 경우에서 주어진 데이터에 대해 더 잘 적합시킬 수 있는 여러 다른 모형들을 찾을 수 있다. 데이터 분석의 핵심 중 하나는 적합성이 있는 가능한 모형들을 찾아내고 그중에서 최소한의 것을 선택해 결국 적합한 최소한의 모형을 결정하는 것이다. 어떤 경우에는 최적의 모형이 하나만 존재하는 것이 아니라 여러 모형들이 비슷한 정도로 데이터를 설명해주기도 한다(변동성이 큰 경우에는 비슷하게 설명력이 떨어지기도 한다).

## 최대 가능도

'모형이 데이터에 최적으로 적합'될 때의 모수 값은 정확히 무엇을 의미하는 것일까? 가장 알맞은 답은 **편이가 없는, 분산을 최소화하는 추정량**unbiased, variance minimizing estimators이다. **최대 가능도** maximum likelihood의 관점에서 '최적'을 설명할 수 있다. 이 개념은 생소할 수는 있으나 깊게 생각해볼 필요가 있다. 다음과 같은 과정이 이뤄진다.

- 데이터가 주어진다.
- 모형을 선택한다.
- 모수의 관점에서 데이터를 관찰한다.
- 데이터를 가장 가능성 높게 설명해줄 수 있는 모수를 선택한다.

다음의 간단한 예제를 살펴보자. $y = a + bx$의 선형 회귀 모형을 적합시키고자 한다. 산점도의 데이터를 보고 두 개의 모수(절편 $a$와 기울기 $b$)에 대한 가장 가능성 높은 추정치를 결정해야 한다.

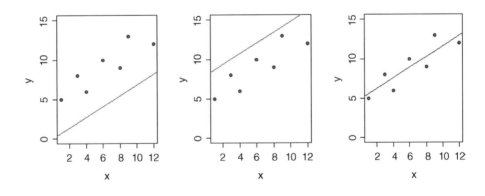

절편이 0이라면(왼쪽 그래프) 데이터의 가능성이 높다고 볼 수 있을까? 그렇지 않다. 절편이 8이라면(가운데 그래프) 데이터의 가능성이 높다고 볼 수 있을까? 역시 그렇지 않다. 절편의 최대 가능도 추정치는 오른쪽 그래프에서 보여준다(실제 반환 값은 4.827이다). 여기에서처럼 그래프에서 보여주는 절편과 실제 $R$이 반환해주는 값은 약간의 차이가 있다.

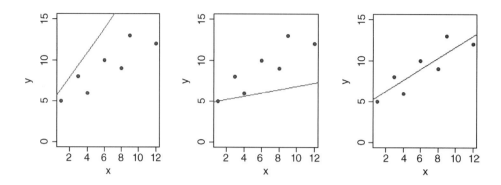

기울기에 대해서도 생각해보자. 절편을 4.827로는 고정한다(그래프에서는 약간의 오차가 존재한다). 기울기가 1.5라면(왼쪽 그래프) 데이터의 가능성이 높다고 볼 수 있을까? 그렇지 않다. 기울기가 0.2라면(가운데 그래프) 데이터의 가능성이 높다고 볼 수 있을까? 역시 그렇지 않다. 기울기의 최대 가능도 추정치는 오른쪽 그래프에서 보여주는 0.679다.

이와 같은 방식은 실제적으로 계산이 이뤄지는 과정과 조금 다르다. 그러나 선택된 모형에서 데이터의 가능도를 기준으로 해 모형을 판단하는 과정을 쉽게 보여준다. 실제적인 분석 과정에서는 두 개의 모수를 동시에 추정한다.

## 실험 설계

두 개의 중요한 개념이 있다.

- 반복 시행
- 무작위화

신뢰도를 높이기 위해 반복 시행이 필요하며, 편이bias를 줄이기 위해 무작위화를 시행한다. 반복 시행과 무작위화가 확실히 이뤄졌다면 신뢰할 수 있는 결과를 얻을 가능성이 높아진다.

올바르게 분석을 시행하기 위해서는 다음의 주제들도 확실히 이해하고 있어야 한다.

- 간결성의 원칙
- 검정력power
- 통제 집단control
- 인위적 반복pseudoreplication의 확인과 그에 대한 대처
- 실험적 데이터와 관찰 데이터의 차이점(비직교성non-orthogonality)

본인 스스로 고급 통계 분석을 시행하지 못한다고 해서 크게 문제 될 것은 없다. 실험만 제대로 설계돼 이뤄졌다면 주변에서 통계 분석을 도와줄 누군가를 찾을 수 있다. 그러나 실험 설계가

제대로 이뤄져 있지 않거나, 무작위화돼 있지 않거나, 통제 집단이 선정돼 있지 않는 등의 문제가 있다면 아무리 통계 분석의 경험이 많다고 해도 신뢰할 수 있는 결과를 얻기는 어렵다. 통계 분석이 아무리 잘 이뤄진다고 해도 바르지 못한 실험을 제대로 된 실험으로 바꿀 수는 없다. R도 뛰어난 통계 소프트웨어 패키지기는 하지만 그런 일을 해줄 만큼 좋은 것은 아니다.

## 간결성의 원칙(오컴의 면도날)

이 책에서 앞으로 계속 설명할 주제 중 하나가 바로 모형의 단순화다. 간결성의 원칙은 14세기 영국의 유명론 철학자인 윌리엄 오컴William of Occam이 처음 주장했다. 특정 현상에 대해 비슷한 설명들이 여러 개 있을 경우 가장 단순한 것을 선택해야 한다는 것이다. 설명을 최소한으로 '깎는다shave'는 의미 때문에 오컴의 면도날Occam's Razor이라고도 한다. 통계 모형에서 간결성의 원칙은 다음의 의미를 포함한다.

- 모형은 되도록 가장 작은 수의 모수를 포함해야 한다.
- 비선형 모형보다는 선형 모형을 사용해야 한다.
- 되도록 작은 수의 가정을 고려할 수 있는 실험을 선택해야 한다.
- 모형은 최소 합당한 수준까지 줄여야 한다.
- 복잡한 설명보다는 단순한 설명을 선택해야 한다.

모형 단순화의 과정은 R을 활용한 통계 분석의 가장 필수적인 부분이다. 일반적으로 변수가 현재의 모형에서 제거되고 나서 편차deviance가 유의한 수준 이상으로 증가한다고 확인되는 경우에만 그 변수를 모형에 포함시킨다. 일단 단순화를 시도하고 의심의 눈으로 바라보는 것이 중요하다.

단순화 과정에서 항상 주의해야 할 점이 있다. 간결함에만 집중하다가 전부를 잃어버릴 수도 있다는 것이다. 아인슈타인Einstein은 오컴의 면도날에 대해 개인적 의견을 덧붙였다. '모형은 되도록 단순해야 한다. 그러나 지나치게 단순해서는 안 된다.'

## 관찰, 이론, 실험

과학적 문제를 해결하는 가장 좋은 방법은 관찰, 이론, 실험을 모두 고려해 결론을 내리는 것이다. 그러나 대부분의 실제 상황에서는 불가능한 부분도 있을 수 있으며 시행 방법에서도 제약이 따를 수 있다. 이에 따라 관찰, 이론, 실험을 모두 고려해야 함에도 불구하고 어쩔 수 없이 제외시켜야 하는 경우도 발생한다. 실제적으로 실험을 진행하는 데 윤리적으로나 논리적으로 불가능한 경우도 많다. 이런 경우에는 통계적 분석이 더 정확하게 올바른 결론에 도달할 수 있도록 최선의 노력을 기울여야 한다.

## 통제 집단

통제 집단이 없으면 결론도 없다.

## 반복 시행

개인에 대해 같은 시행이 이뤄졌을 때 그에 대한 반응은 각자 다를 것이므로 반복 시행이 이뤄져야 한다. 반응에서 발견되는 이질성의 원인은 너무나 많고 다양하다(유전자형, 나이, 성별, 신체 상태, 과거력, 기질, 미기후 등). 반복 시행의 목적은 모수 추정치의 신뢰도를 높이고 같은 처치 내에서 발견되는 변동성을 수량화하는 데 있다. 여러 번의 측정이 반복 시행으로 인정되려면 다음의 조건에 부합돼야 한다.

- 독립적이어야 한다.
- 시계열적 개념이 개입돼서는 안 된다(같은 공간에서 순차적으로 이뤄진 사건의 데이터는 비독립적이다).
- 공간적인 독립성을 고려해야 한다.
- 적절한 공간 스케일을 사용해 측정이 이뤄져야 한다.
- 이상적으로는 각각의 처치들을 일정 기준의 블록$^{block}$으로 묶어 이를 각각의 시행으로 간주하고 이렇게 만들어진 많은 블록들에서 모든 처치들에 대한 측정이 이뤄져야 한다.
- 동일한 개인이나 동일한 공간에서의 반복 측정$^{repeated\ measures}$은 반복 시행이 아니다(통계 작업에서 인위적 반복 시행의 가장 흔한 원인이다).

## 얼마나 많은 반복 시행이 필요한가

일반적인 대답을 먼저 보자. '많을수록 좋다.' 이 대답이 조금 부담스럽다면 그 대안은 30이다. 통상적으로 30을 기준으로 큰 표본과 작은 표본을 구분한다. 그러나 언제나 적용 가능한 법칙으로 생각해서는 안 된다. 30은 여론 조사의 표본으로는 너무 작은 숫자다. 반대로 30회의 실험이 경제적으로 너무나 부담스러운 상황도 있을 수 있다. 그럼에도 불구하고 30을 기준으로 표본을 구분하는 것은 실제적으로 매우 유용하다. 30회 정도면 충분한 실험을 300회까지 늘리는 것은 약간 지나친 면이 있고, 30회 정도는 돼줘야 하는데 5회 정도로 마치는 것도 역시 문제가 있다.

가설 검정 시 반복 시행의 수를 결정해주는 공식이 있는데 이것은 바로 뒤에서 설명할 것이다. 일반적으로 실험을 계획할 때 설명 변수의 분산에 대해서는 미리 알고 있는 정보가 거의 없다. 경험적으로 알아내는 것이 중요하며, 이때 예비 연구$^{pilot\ study}$가 필요하다. 실험 처치 전의 초기 데이터에서 분산을 확인할 수 있으며 실험 처치의 반응에 대한 추정도 어느 정도 가능하다. 때때로 실험의 범위와 절차를 축소시키고 제한적인 인력과 자본으로 확실한 결과를 얻어내야 할 경우가 있다. $p = 0.08$의 유의성만을 결론으로 얻어내기 위해 3년간의 대규모 실험을 진행하는 것은 조금 생각해봐야 할 문제다. 처치의 수를 줄임으로써 반복 시행의 수를 크게 할 수는 있으나 이런 경우 각별한 주의가 필요하다.

## 검정력

검정력power은 귀무가설이 거짓일 때 이를 기각할 확률이며, 귀무가설이 거짓인데도 이를 수용하는 2종 오류와 관련성이 있다. 2종 오류의 확률은 $β$로 표현한다. 이상적으로는 $β$가 작을수록 좋다. 그러나 문제가 있다. 귀무가설이 참인데 이를 기각하는 1종 오류(확률은 $α$로 표현)를 같이 고려해야 한다. 2종 오류의 확률을 줄이려 하면 1종 오류의 확률이 증가하게 된다. 따라서 이에 대한 절충이 필요하다. 대부분의 통계학자들은 $α = 0.05$, $β = 0.2$로 정하고 작업을 진행한다. 이 조건에서 검정력은 $1 - β = 0.8$이 된다. 여기에서 오차 분산을 알거나 혹은 추정할 수 있다면 특정 검정에 필요한 표본의 수를 계산할 수 있다.

두 개의 표본 평균을 비교하기 위한 스튜던트 $t$ 검정의 검정력 분석을 생각해보자. 6장에서 보듯이 검정 통계량 $t$ = 차이/차이의 표준오차standard error고 차이 $d$가 통계적 유의성을 가질 수 있는 표본 크기를 $n$이라 할 때 공식을 재조정해 n에 대한 공식을 도출할 수 있다.

$$n = \frac{2s^2t^2}{d^2}$$

분산 $s^2$이 클수록, 그리고 차이의 크기가 클수록 필요한 표본 크기는 커진다는 것을 알 수 있다. 검정 통계량 $t$는 1종 오류와 2종 오류의 확률(통상 0.05와 0.2)에 따라 달라진다. 표본 크기 30일 때 0.05와 0.2에 합당한 $t$ 값은 1.96과 0.84다. 이들을 더하면 2.80이고 그 제곱은 7.84다. 가장 가까운 정수 8로 대체하면 분자의 상수는 $2 \times 8 = 16$이 된다. 대략적으로 각 처치에 대한 표본 크기는 다음과 같이 계산할 수 있다.

$$n = \frac{16s^2}{d^2}$$

간단하게 표본 분산에 16을 곱하고 나서 차이의 제곱으로 나누면 된다. 현재 작물 수확량이 10 t/ha이고 표준 편차 sd = 2.8 t/ha(분산 $s^2$ = 7.84)라 할 때 $α = 0.05$와 80% 검정력 조건 아래에서 2 t/ha의 수확 증가량(delta)이 유의성을 가지려면 각 처치에 있어 $16 \times 7.84/4 = 31.36$의 반복 시행이 필요하다. 내재된 R 함수를 사용할 수도 있다.

```
power.t.test(delta=2, sd=2.8, power=0.8)
```

올림을 시행하고 나면 역시 각 처치에 대한 반복 시행 횟수를 32로 확인할 수 있다

## 무작위화

모든 사람들이 무작위화를 시행한다고 말하지만 실제적으로 제대로 시행하는 것이 그리 쉽지는 않다. 간단한 예를 보자. 광합성률을 측정하기 위해 숲에서 하나의 나무를 선택해야 한다. 편이 발생을 피하기 위해 무작위로 나무를 고르고 싶다. 지면에서 나뭇잎이 가까이 있는 나무를 선택하거나, 연구소에서 가까운 나무를 선택하거나, 건강해 보이는 나무를 선택하거나, 벌레 먹지 않은 나무를 선택하는 등 여러 가지 방법이 있다. 각 선택에 따른 광합성률 측정에서 발생하는 편이에 대한 평가는 독자들에게 맡긴다.

'무작위'로 나무를 고르는 가장 흔한 방법은 지도에서 무작위로 좌표를 선택하는 것이다(예를 들어 기준점으로부터 동쪽으로 157 m, 북쪽으로 228 m). 그 지점에 가서 가장 가까운 나무를 선택한다. 그런데 이것이 정말 무작위 방법이라 할 수 있을까?

무작위로 선택됐다면 숲의 **모든 나무가 선택될 기회에 있어 동등해야 한다**. 나무의 분포가 그려져 있는 그림을 보자. 처음에는 일정한 간격으로 심어졌을지 모르나 여러 이유로 공간적 분포가 불규칙함을 알 수 있다. 나무 (a)에서 시작해보자. 무작위로 선택한 좌표가 그림 안의 큰 그림자 안에 있다면 나무 (a)를 선택할 수 있다.

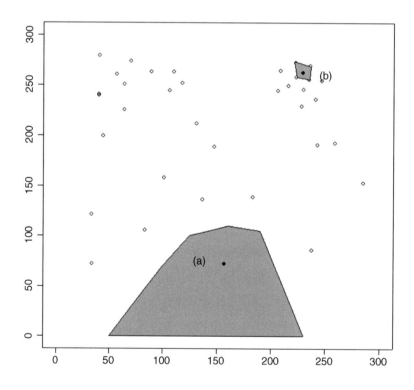

이제 나무 (b)를 보자. 무작위로 선택한 좌표가 그림의 작은 그림자 안에 있다면 나무 (b)를

선택할 수 있다. 나무 (a)가 나무 (b)에 비해 선택될 기회가 훨씬 많으므로 무작위 좌표에서 가장 가까운 나무를 선택하는 것은 무작위 선택이라고 볼 수 없다. 공간적 이질성을 고려할 때 고립돼 있는 나무와 무리의 경계부에 있는 나무가 무리의 가운데에 있는 나무보다 선택될 확률이 높다.

무작위로 나무를 선택하기 위해서는 먼저 숲의 모든 나무들에게 각각 번호를 부여하고(모두 24,683개라 하자.) 1부터 24,683까지의 수를 각각 적어 모자에 모두 넣고 그중 한 개를 뽑는다. 다른 대안은 없다. 이 밖의 방법들은 무작위화라 볼 수 없다.

실제적으로 이렇게 하는 것이 쉬울까? '나도 그렇게 하지는 못하지만 그래도 내가 하라는 대로 그렇게 하는 것이 좋다.' 이 말이 딱 맞는 것 같다. 적절한 무작위화가 얼마나 중요한지 살펴보기 위해 다음의 실험을 생각해보자. 다섯 가지 접촉 살충제의 독성을 비교하기 위해 페트리 접시의 여과지에 살충제를 뿌리고 밀가루 해충 집단을 노출시킨 후 발에 독가루가 묻혀진 밀가루 해충들의 생존율을 확인하는 실험이다. 먼저 밀가루 해충들이 들어있는 배양병을 큰 트레이에 뒤집고 밀가루 더미로부터 빠져나오는 해충들을 모은다. 밀가루 해충들을 다음과 같이 각 집단으로 할당한다. 순서대로 다섯 개의 접촉 살충제 집단으로 구분하고, 세 개의 페트리 접시를 첫 번째 살충제에 할당한다. 각 접시에는 10마리의 밀가루 해충을 넣는다. 이 과정을 다섯 번째 살충제까지 순서대로 반복한다. 이 실험에서 편이가 발생할 수 있는 근거를 찾아낼 수 있어야 한다.

밀가루 해충들은 성별 차이, 몸무게 차이, 나이 차이 등에 의해 활동성 수준이 분명히 다를 것이다. 가장 활동성 높은 밀가루 해충들은 배양병을 뒤집은 후 가장 먼저 밀가루 더미로부터 빠져나올 것이고 첫 번째 살충제 집단으로 배정될 것이다. 다섯 번째 살충제의 마지막 페트리 접시에 배정될 밀가루 해충들을 찾기 위해서는 아마도 밀가루 더미들을 뒤져가면서 찾아야 할 것이다. 밀가루 해충들의 활동성 수준에 따라 발에 묻혀지는 살충제의 양이 달라진다는 사실이 중요하다. 활동성이 높을수록 더 많은 살충제가 발에 묻을 것이고 그에 따라 죽을 확률도 더 높아질 것이다. 결국 무작위화가 이뤄지지 않았다. 첫 번째 살충제에 활동성이 높은 밀가루 해충들이 배정되고 그에 따라 첫 번째 살충제가 독성이 가장 강한 효과 좋은 살충제로 인식될 수 있다.

해충의 활동성 수준이 중요한 요소로 판단되면 실험 설계 단계에서 미리 고려 대상에 넣어줘야 한다. 먼저 활동성을 active활동력 있는, average중간의, sluggish느릿느릿한, 이렇게 세 개의 수준으로 구분한다. 밀가루 더미로부터 빠져나온 active 집단을 각각 10마리씩 처음 다섯 개의 페트리 접시에 넣어준다. 다음 50마리는 average 집단으로 간주해 다른 다섯 개의 페트리 접시에 넣어준다. 마지막의 다음 50마리는 sluggish 집단으로 간주해 또 다른 다섯 개의 페트리 접시에 넣어준다. 활동성 수준에 기초해 블록을 만드는 것이다. 밀가루 해충들의 활동성 수준이 각각 왜 다른지는 정확히 모르지만 이 활동성 수준이 중요한 영향을 미친다는 것을 알고 있다. 이런 것들을 임의효과random effect라 한다. 활동성은 세 개의 수준을 가지는 요인이다. 이제 무작위화를 좀 더 집중해서 살펴보자. 다섯 개 살충제의 이름을 기록해서 모자에 넣고 섞은 후 하나를 뽑아 active 집단의 첫 번째 페트리 접시에 배정한다. 이런 식으로 다섯 번 진행하면 active 집단에 대한 배정이 끝난다. 기록된 이름들을 다시 모자에 넣고 섞은 후 앞의 과정을 반복해서 average 집단에 대한 배정을 시행한다. sluggish 집단에 대한 배정도 같은 방식으로 시행하면 된다.

이런 과정들에 대해 왜 이렇게 각별한 주의를 기울이는 것일까? 이에 대한 내용은 매우 중요하므로 이해될 때까지 반복해서 읽어주기 바란다. 밀가루 해충들은 서로 다르고 살충제들도 서로 다르다. 게다가 미세한 환경의 차이(어느 위치에 보관돼 있었는가 등의 차이)에 따라 페트리 접시들도 모두 다르다. 모두 $3 \times 5 \times 10 = 150$마리의 해충들에서 변이를 고려해야 한다. 변이는 어떠한 요소에 의해 설명이 가능한 부분과 설명이 안 되는 부분으로 나눌 수 있다.

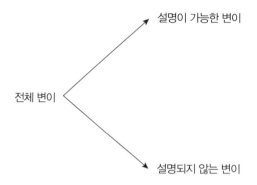

살충제 사이의 차이에 의해 설명이 가능한 변이의 양이 크다면 살충제 효과의 차이가 통계적 유의성을 가진다고 결론 내릴 수 있다. 이런 결정은 설명이 가능한 부분인 $SSA$와 설명이 안 되는 부분인 $SSE$의 비교에 근거해 이뤄진다. 설명이 안 되는 부분이 크다면 **고정 효과**fixed effect(본 실험에서는 살충제)에 대한 결론을 내리기 어려워진다.

블록화의 가장 큰 장점은 설명이 안 되는 부분의 크기를 줄일 수 있다는 것이다. 활동성의 정도가 해충이 죽는 시점에 큰 영향을 준다면(블록 변이) 설명이 안 되는 변이인 $SSE$는 활동성을 고려하지 않았을 때보다 작아지게 되고 고정 효과는 증가하게 된다.

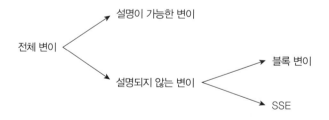

좋은 실험 설계가 되려면 되도록 $SSE$를 작게 만들어야 하며, 이런 목적으로 가장 많이 사용하는 방법이 블록화다.

R의 sample 함수는 무작위화에 매우 유용하다. sample 함수는 요인의 수준을 섞어 무작위의 순서를 만들어준다. 다음과 같이 다섯 개의 살충제 이름을 벡터vector 형식으로 만든다.

```
treatments <- c("aloprin", "vitex", "formixin","panto","allclear")
```

active 집단에서 다섯 개의 페트리 접시에 무작위로 살충제를 배정하기 위해 sample 함수를 사용한다.

```
sample(treatments)
[1] "formixin" "panto" "vitex" "aloprin" "allclear"
```

average 집단에 대해서도 같은 방법을 사용한다.

```
sample(treatments)
[1] "formixin" "allclear" "aloprin" "panto" "vitex"
```

마지막으로 sluggish 집단에 대해서도 같은 방법을 사용한다.

```
sample(treatments)
[1] "panto" "aloprin" "allclear" "vitex" "formixin"
```

표본 추출에 대한 최근의 경향은 다음의 문장으로 요약할 수 있다. '무작위화를 시행하지 않은 것은 맞다. 그러나 그로 인해 중대한 편이가 발생했다고 보기는 어렵다.' 어느 정도 각자의 판단에 맡긴다고 이해하면 된다.

## 강한 추론

어떤 생각의 정확도를 제시하는 가장 강력한 방법은 주의 깊게 가설을 세우고 이에 대해 실험을 시행하는 것이다. **강한 추론**strong inference의 두 가지 핵심적인 과정은 다음과 같다(Platt, 1964).

- 분명하고 확실한 가설을 세운다.
- 합당한 검정을 시행한다.

두 가지 과정이 상호 보완적으로 이뤄져야 한다. 가설은 다른 외적인 요소를 배재한 상태에서 확실하게 세워져야 하고 이 가설에 대해 명백한 검정이 이뤄져야 한다.

많은 과학적 실험들은 분명한 가설 없이 단지 어떤 일이 일어나는지 지켜보는 방식으로 진행되기도 한다. 이러한 방식은 초기 단계에서 큰 문제를 일으키지 않을 수도 있으나 결과에 대한 설명이 너무 많은 방향에서 이뤄지게 돼 결론을 이끌어내는 데 어려움이 발생한다. 깊은 고려가 없으면 검정 가능한 예측을 만들기 어렵다. 검정 가능한 예측이 없으면 실험의 정교함이 보장되지 않는다. 실험의 정교함이 없으면 적당한 통제력을 기대할 수 없다. 달리 말하면, 분명한 해석이 어려워진다. 무수한 원인들이 결과를 설명하게 된다. 자연 현상이나 본성은 그 자체로 이해하기가 쉽지 않다. 작업을 통해 본질에 다가가야 한다. 반복 시행과 무작위화, 적당한 통제 집단의 선정 등이 없으면 올바른 결과가 나오기는 어렵다.

## 약한 추론

'약한 추론weak inference'이라는 표현은 '관찰 연구'와 '자연 실험natural experiment'의 분석을 나타낼 때 사용한다. 이런 종류의 연구 데이터가 실제로 가질 수 있는 유일한 데이터일 경우도 있으므로 유의해 접근해야 한다. 통계 분석의 목적은 데이터가 가진 한계를 분명히 인식하고 그 데이터로부터 최대의 정보를 얻는 것이다.

자연 실험은 사건event이 실험 처치와 유사하게 발생할 때 이뤄진다(태풍이 산림 구역의 절반을 쓰러뜨렸을 때, 산사태가 일어나 민둥산이 됐을 때, 주식 시장의 붕괴로 갑자기 가난한 사람들의 수가 늘어났을 때 등). '많은 자연 실험들의 타당성을 확보하려면 초기 조건initial condition에 대한 충분한 지식이 필요하다. '실험'이 완료되거나 처음 상태에서 어느 정도의 변화가 있을 때 비로소 '실험'이 인지되고 의미를 가질 수 있으므로 '실험'이 시작되기 전의 상태를 확실히 아는 것은 어렵다. 그렇다면 초기 조건에 대한 가정이 필요하게 되며 자연 실험에 의해 도출된 결론은 이런 점에서 약점을 가지게 된다. 이 점에 대한 분명한 언급이 필요하다.'(Hairston, 1989)

## 얼마나 오래 진행해야 할까

다음의 두 가지 유혹에 빠지지 않기 위해 실험 기간은 미리 정해둬야 한다.

- 만족스러운 결과가 얻어지는 순간 실험을 중단한다.
- '정확한' 결과가 얻어질 때까지 실험을 계속 진행한다('그레고어 멘델 효과Gregor Mendel effect').

실제적으로 대부분의 실험들은 너무 짧은 기간에 이뤄진다. 의학이나 환경 과학 분야에서 단기간의 연구는 특히 주의를 기울여야 한다. 같은 체계 아래에서도 단기간의 역동성과 장기간의 역동성은 다를 수 있기 때문이다. 장기간의 지속적인 실험이 전체적인 역동성을 이해하는 데 도움을 줄 수 있으며 전체적으로 넓은 범위의 패턴을 경험하는 데도 유리하다.

## 인위적 반복

인위적 반복pseudoreplication은 실제로 가진 것보다 더 많은 자유도degree of freedom를 가지고 있는 것으로 잘못 생각하고 그 수치에 따라 데이터 분석을 진행할 때 발생한다. 인위적 반복은 다음의 두 종류가 있다.

- 동일한 개인으로부터 반복 측정이 이뤄진 시간상의 인위적 반복
- 같은 공간에서 여러 번 측정이 이뤄진 공간상의 인위적 반복

　일반적인 통계 분석의 가장 중요한 가정 중의 하나가 **오차의 독립성**임을 고려할 때 인위적 반복은 중요한 문제점을 가지고 있다. 동일한 개인에서 연속적인 반복 측정이 이뤄지면 개인의 특성이 모든 측정에서 계속 반영될 수 있으므로 비독립적인 오차를 가지게 된다(반복 측정은 서로 시간적인 연관성을 가진다). 같은 공간에서 표본 추출이 이뤄지면 모든 표본에 대해 공간적 영향이 동일하므로 비독립적인 오차를 가지게 된다(어떤 곳에서의 결과들은 모두 높은 수치들이고 어떤 곳에서의 결과들은 모두 낮은 수치들일 수 있다).

　인위적 반복을 감지하는 것은 그리 어렵지 않다. 실험이 실제적으로 얼마만큼의 오차 자유도를 가지고 있는지 잘 따져보면 된다. 현장 실험$^{field\ experiment}$의 자유도가 꽤 커 보인다면 인위적 반복이 존재할 가능성이 높다. 병충해 방지의 예제를 살펴보자. 분무가 이뤄진 구역 10개, 분무가 이뤄지지 않은 구역 10개, 모두 합해 20개의 구역이 있다. 각 구역에는 50그루의 나무가 있다. 각 나무에 대해 다섯 번의 측정이 이뤄진다. 이제 실험은 $20 \times 50 \times 5 = 5{,}000$개의 시행을 가지게 된다. 두 개의 분무 방법이 있으므로 분무에 대해 하나의 자유도를 가지고 오차에 대해 4,998의 자유도를 가진다. 이것이 맞는 것일까? 실험의 시행 횟수에서 의미 없는 중복에 초점을 맞춰 다시 생각해보자. 같은 나무에서의 반복 측정(다섯 번의 측정)은 반복 시행으로 볼 수 없다. 각 구역의 50그루의 나무들도 역시 반복 시행으로 볼 수 없다. 각 구역 안에서는 동일한 상황을 가정할 수 있으므로 그 안의 50그루의 나무들은 분무 방법의 차이에 상관없이 거의 같은 상황에 놓여 있다고 생각할 수 있다. 실제적으로는 10개의 반복 시행이 있는 것이다. 분무가 이뤄진 구역 10개, 분무가 이뤄지지 않은 구역 10개가 있고 각 구역에서 하나의 독립적 데이터가 결과 값(예를 들어 벌레 먹은 나뭇잎의 비율)으로 얻어진다. 각 처리에서 아홉 개의 자유도가 있으므로 전체적으로 오차의 자유도는 $2 \times 9 = 18$이다. 문헌에서 이와 유사한 인위적 반복의 예를 많이 찾아볼 수 있다(Hurlbert, 1984). 인위적 반복으로 인해 실제적인 상황과 상관없이 유의한 결과를 얻게 되고 잘못된 결론에 이를 수 있다는 점이 큰 문제다(오차의 자유도가 4,998일 때는 통계적으로 유의한 차이를 확인하게 될 확률이 매우 높다). 처음 연구를 시행하고자 할 때 반복 시행에 대한 깊은 고려가 필요하다.

　데이터에서 인위적 반복이 감지되면 그에 대해 몇 가지 대책을 세울 수 있다.

- 인위적 반복에 대해 평균을 계산해 그 평균에 대해 통계 분석을 시행한다.
- 각 시간대에 따라 개별적 분석을 시행한다.
- 시계열 분석$^{time\ series\ analysis}$ 또는 혼합 효과 모형$^{mixed\ effects\ model}$과 같은 통계 기법을 사용한다.

## 초기 조건

초기 조건의 정보가 빠져 있는 과학 실험들이 많다. 초기 조건을 모른다면 어떤 변화가 있다 하더라도 어떻게 알 수 있을까? 대개 실험의 시작 시점에서는 모든 실험 단위들이 비슷하다고 가정한다. 그러나 그렇게 믿고 그냥 넘어가지 말고 확인해야 한다. 데이터의 초기 조건을 확인하는 가장 큰 이유 중 하나는 무작위화의 효과를 확인하고자 하는 것이다. 예를 들어 성장 실험의 초기에는 개체의 평균 크기 차이에 통계적 유의성이 없음을 보이고자 통계 분석을 사용한다. 또한 초기 조건을 측정해 공분산 분석(9장)의 결과 판단에 이용할 수 있다.

## 직교 설계와 비직교 관찰 데이터

이 책에서의 데이터 종류는 크게 두 가지로 구분할 수 있다. 계획된 실험인 경우 처치의 조합은 동등하게 제시되며 대개는 결측 값missing value이 없다. 이런 경우를 직교라 한다. 그러나 관찰 연구의 경우에는 데이터 내의 개체 수와 상황의 조합에 대해 조절할 수 없다. 많은 설명 변수 간의 연관성이 존재할 수 있으며 심지어는 반응 변수와의 연관성도 있을 수 있다. 처치 조합의 누락도 자주 발생한다. 이런 경우를 비직교라 한다. 두 경우 간에는 통계 모형의 중요한 차이가 있다. 직교 설계orthogonal designs에서는 각 요인에 의한 변동성이 일정해서 하나의 요인이 모형에서 제거될 때 그 순서가 어떤 영향을 주지는 않는다. 그러나 비직교 데이터non-orthogonal data에서는 각 요인에 의한 변동성이 모형에서 요인이 제거되는 순서에 따라 달라질 수 있다. 그러므로 비직교 연구에서 요인의 중요성을 판단하기 위해 최대 모형maximal model(모든 요인들과 상호작용들을 포함하는 모형)에서 요인들을 하나씩 제거할 때 특히 주의를 기울여야 한다. **비직교 데이터에서는 순서가 매우 중요하다.**

## 에일리어싱

모형의 결과 중 하나 또는 그 이상의 행에서 예상 외로 NA^not available가 나타나는 것이다. 이것은 모수 추정치에 대한 정보가 없을 때 발생할 수 있다. 내적 에일리어싱aliasing은 **모형의 구조**에 따라, 그리고 외적 에일리어싱은 **데이터의 속성**에 따라 발생한다. 모수의 에일리어싱은 다음 두 이유 중 하나로부터 기인한다.

- 모수를 추정해야 하는 데이터에 문제가 있다(결측 값, 부분 설계, 설명 변수 사이의 상관).
- 모형의 구조 이상(필요보다 더 많은 모수를 가지고 있는 모형)

네 개의 수준을 가진 요인이 있다면 데이터로부터 네 개의 평균을 추정할 수 있다. 모형은 다음과 같이 표현할 수 있다.

$$y = \mu + \beta_1 x_1 + \beta_2 x_2 + \beta_3 x_3 + \beta_4 x_4$$

여기에서 $x_i$는 각 요인 수준에 따라 0과 1의 값을 갖는 더미 변수(8장 참고), $\beta_i$는 효과 크기, $\mu$는 전체 평균이다. 데이터로부터 네 개의 독립적인 항을 추정할 수 있다고 할 때 모형이 다섯 개의 모수를 가져야 할 이유는 없다. 모수 중 하나는 내적으로 에일리어싱돼야 한다. 이 부분에 대해서는 11장에서 다시 설명한다.

다중 회귀 분석multiple regression analysis에서 하나의 연속형 설명 변수가 이미 데이터에 적합돼 있는 다른 설명 변수와 완전한 연관성을 가진다면(상수곱의 형식일 경우가 많다.) 에일리어싱이 발생해 모형의 설명력에 어떠한 기여도 할 수 없게 된다. $x_2 = 0.5x_1$이라고 할 때 $x_1 + x_2$로 적합시킨 모형은 $x_2$가 내적으로 에일리어싱돼 모수 추정치 NA를 반환한다.

특정 요인의 수준에 대한 설명 변수를 0으로 조정하면 그 수준은 '의도적으로 에일리어싱됐다intentionally aliased.'라고 표현한다. 이런 종류의 에일리어싱은 공분산 분석에서 모형 단순화를 위해 유용하게 사용할 수 있다. 이렇게 함으로써 요인의 특정 수준에 대해 공변량covariate을 적합시킬 수 있다.

마지막으로 다음의 요인 실험factorial experiment을 생각해보자. 두 개의 수준을 가진 음식이라는 요인(요인 A)과 세 개의 수준을 가진 온도라는 요인(요인 B)의 조건에서 자란 동물들이 갑자기 모두 진균 감염으로 죽었다고 하면, 음식과 온도의 조합은 반응 변수에 대해 어떠한 기여도 하지 못하게 된다. 즉 상호작용 항 A(2):B(3)는 추정할 수 없게 된다. 이런 경우를 '외적으로 에일리어싱됐다extrinsically aliased.'라고 표현하며 모수 추정치는 NA가 된다.


## 다중 비교

'위양성false positive'의 증가($a$보다 더 큰 비율로 참인 귀무가설을 기각한다.) 때문에 다중 비교multiple comparisions의 문제에서 주의를 기울여야 한다. 흔히 사용했던 접근 방식은 본페로니Bonferroni의 수정이다. 스튜던트 $t$ 검정에서 $\alpha$는 비교의 수에 의해 나눠진다. 결과가 여전히 유의성이 있다고 판단된다 하더라도 문제가 없는 것은 아니다. 본페로니의 수정은 좀 극단적인 부분이 있으므로 이에 대한 대안으로 던컨Duncan의 다중범위 검정multiple range tests이 사용됐다(예전 통계학 책에서 봤을 수 있는데 막대 그래프barplot의 막대 위쪽에 소문자가 쓰여 있어, 다른 문자의 막대에서는 통계적으로 유의한 차이가 있으며 같은 문자의 막대에서는 차이가 없다고 판단한다). 최근에는 가능한 경우 대비contrast를 사용하고 다중 비교가 필요하면 터키Tukey의 정직유의차honestly significant differences를 사용한다(?TukeyHSD를 R에 입력해 자세한 내용을 확인할 수 있다).

# R에서의 통계 모형 요약

다음 모형 적합 함수를 사용해 모형을 데이터에 적합시킬 수 있다(데이터를 모형에 적합시킬 수는 없다).

- lm: 오차의 정규성과 등분산을 가정하고 선형 모형을 적합시킨다. 일반적으로 연속형 설명 변수를 사용해 회귀 분석을 시행할 때 적용한다. 기본적 결과 출력 함수는 summary.lm이다.
- aov: lm에 대한 대안으로 사용하며 기본적 결과 출력 함수는 summary.aov다. 복합적인 오차항을 가질 때 사용한다(다른 크기의 구역에 다른 처치가 시행되는 분할 구획 설계split-plot design).
- glm: 오차 구조error structure와 연결 함수link function를 특정화해(카운트 데이터에 포아송Poisson, 비율 데이터에 이항binomial) 범주형 또는 연속형 설명 변수 데이터에 일반화 선형 모형generalized linear model을 적합시킨다.
- gam: 모수적 함수parametric function 대신 비모수적 평활기non-parametric smoothers를 사용한 임의 평활 함수arbitrary smoothed functions로 연속형 설명 변수를 적합시킬 때 오차 구조(카운트 데이터에 포아송, 비율 데이터에 이항)에 따라 데이터에 일반화 가법 모형generalized additive model을 적합시킨다.
- lmer: 고정 효과와 임의 효과를 혼합해 선형 혼합 효과 모형linear mixed effects model을 적합시킨다. 설명 변수와 반응 변수 자기 상관autocorrelation 사이의 상관 구조를 특정화할 수 있다(반복 측정 시계열 효과). 이전에 사용하던 lme도 대안으로 사용할 수 있다.
- nls: 최소 제곱least squares을 통해 비선형 회귀 모형non-linear regression model을 적합시켜 특정한 비선형 함수의 모수를 추정한다.
- nlme: 혼합 효과의 비선형 함수를 적합시킨다. 비선형 함수 모수의 임의 효과를 가정한다. 설명 변수와 반응 변수 자기 상관 사이의 상관 구조를 특정화할 수 있다(반복 측정 시계열 효과).
- loess: 평활 모형 표면smoothed model surface을 생성하기 위해 비모수 기법을 사용함으로써 하나나 그 이상의 연속형 설명 변수에 국소 회귀 모형local regression model을 적합시킨다.
- rpart: 바이너리 반복 분할binary recursive partitioning을 사용해 회귀 나무 모형regression tree model을 적합시킨다. 데이터는 설명 변수의 좌표 축을 따라 연속적으로 구분되는데, 노드에서 이뤄지는 구분은 왼쪽과 오른쪽 가지에서 반응 변수를 최대로 구분할 수 있도록 이뤄진다. 범주형 반응 변수의 경우에는 분류 나무classification tree라 하는데 반응 변수가 다항 분포multinomial distribution를 이룬다는 가정 아래 분류를 시행한다.

모형에 대한 정보는 다양한 제네릭 함수를 사용해 확인할 수 있다. 중요한 함수들은 다음과 같다.

| | |
|---|---|
| summary | lm으로부터 모수 추정치와 표준오차를 구하고 aov로부터 ANOVA 테이블을 작성한다. 이 점을 고려해 lm과 aov 중에서 하나를 선택한다. 결과(모수 추정치와 표준오차 테이블이나 ANOVA 테이블, 7장을 참고한다.)의 다른 형식을 위해 summary.lm이나 summary.aov를 사용할 수 있다. |
| plot | 모형 검증을 위해 적합 값에 대한 잔차, 영향력 검정 등을 포함한 진단 그래프를 작성한다. |
| anova | 둘이나 그 이상의 다른 모형들을 비교하고 ANOVA 테이블을 작성한다. |
| update | 마지막 모형 적합의 수정에 사용한다. 타이핑과 작업 시간을 줄여준다. |

다른 유용한 함수들은 다음과 같다.

| | |
|---|---|
| coef | 모형의 계수(모수 추정치) |
| fitted | 설명 변수에 대한 모형 예측 값, 즉 적합 값 |
| resid | 잔차(y에 대한 측정 값과 예측 값의 차이) |
| predict | 모형으로부터의 정보를 이용해 평활 함수를 생성하고 데이터 산점도에 선을 그릴 수 있다. 모형의 모든 설명 변수(연속형 그리고 범주형 모두) 값을 리스트list로 제공해야 하며 설명 변수가 벡터 형식이면 그 길이가 동일해야 한다. type="response"를 사용해 자동적으로 역변환할 수 있다. |

## 작업의 조직화

R 세션을 구성하는 세 가지 주요한 요소는 다음과 같다.

- 쉼표로 구분되거나(.csv) 탭으로 구분된(.txt) 형식으로 저장할 수 있는 **데이터 프레임**data frame
- 텍스트 파일(.txt) 형식으로 저장할 수 있는 **스크립트**script
- PDF 형식으로 저장된 세션 작업의 **결과**(테이블, 그래프, 모형 객체object 등). PDF 형식으로 저장함으로써 모형 결과와 그래프를 같이 넣을 수 있다.

데이터 파일, 결과, 스크립트 등을 저장할 때 폴더 이름 등에 주의를 기울여 다음 작업에 어려움이 없도록 해야 한다.

데이터 작업과 확인이 끝나면 R의 각 세션별로 스크립트를 저장해 데이터를 유지해야 한다.

스크립트를 사용하는 가장 큰 장점은 이전 작업의 코드를 복사해서 다음 작업에 쉽게 적용할 수 있다는 점이다.

스크립트는 두 가지 방법으로 저장할 수 있으며 본인에게 맞는 방법을 선택하면 된다. 첫 번째 방법은 스크립트 편집기에 코드를 작성하고 저장하는 것이다. 코멘트를 달아야 하는 경우에는 코멘트의 앞에 # 기호를 사용한다.

```
# this is a comment
```

실수가 있는 경우 스크립트에서 그 부분을 삭제하면 되는데 이때 코드의 다른 중요한 부분들이 같이 삭제되지 않도록 주의해야 한다.

다른 방법은 작업을 끝내기 바로 전에 스크립트를 history 파일로 저장하는 것이다. 세션의 끝 부분에서 다음과 같이 입력한다.

```
history(Inf)
```

세션에서 작업한 모든 트랜스크립트들이 담겨 있는 'R History'라고 하는 스크립트 창이 열릴 것이다. 텍스트 파일로 저장해서 실수들은 수정하고(코드의 중요한 부분이 삭제되지 않도록 주의해야 한다.), 필요하면 코멘트를 넣은 후 텍스트 파일로 저장하면 된다. 적당한 디렉터리에 데이터 파일, 결과(테이블, 그래프, 모형)와 함께 저장하는 것이 좋다.

어느 방법을 사용하든지 저장한 스크립트는 (왜 그 작업을 했는지에 대한 코멘트를 포함해) 본인이 작업한 내용의 영구적인 기록이 될 수 있다. 따라서 다음에 비슷한 작업을 할 때 코드를 복사하고 붙여넣기를 해 수월하게 진행할 수 있다(코드의 중요한 부분이 삭제되면 작업 진행이 안 될 수 있다).

워드프로세서에서 스크립트를 작성하는 것은 좋은 방법이 아니다. 워드프로세서에서의 몇몇 기호들은 R이 제대로 읽지 못할 수도 있기 때문이다. 이중인용부호가 그 예가 될 수 있다. 워드프로세서에서는 열린 인용부호와 닫힌 인용부호가 같이 사용되지만, R에서는 단순 인용부호만 사용된다. 그러나 코드, 반환 값, 그래프 등을 모두 포함한 결과를 한 문서에 담을 수 있으므로 워드프로세서에서 저장하기를 원할 수도 있을 것이다.

## R 작업

작업의 출발점은 새로운 R 세션을 시작하는 것이다. 이렇게 함으로써 다른 세션의 내용들과 섞이는 것을 방지할 수 있다.

가장 흔한 실수는 다른 객체에 같은 이름을 지정하는 것이다. 예를 들어 어떤 분석에서 $x$라는 변수가 30개의 숫자를 가지고 있고, 다른 분석에서 50개의 숫자를 가지고 있는 $x$라는 변수가 있다고 하자. 이 경우에는 그나마 변수의 길이를 확인해서 구분할 수 있다(길이가 50이라면 두 번째 분석의 *x*일 것이다). 더 큰 문제는 두 변수가 같은 길이를 가지고 있을 때 발생한다. 이때는 구분이 매우 어려워진다.

군이 같은 세션에서 여러 작업들을 하고자 한다면 조직화에 각별한 주의를 기울여야 한다. 이 책에서는 데이터 프레임에 attach 함수를 적용해 데이터 프레임의 이름을 따로 언급하지 않고 변수를 지정한다(전문가들은 attach를 잘 사용하지 않는다). attach를 잘 사용하지 않는 이유는 같은 변수 이름을 갖는 데이터 프레임들이 많을 수 있기 때문이다. 이미 attach돼 있는 데이터 프레임과 같은 변수 이름을 가지고 있는 다른 데이터 프레임을 attach하고자 하면 R은 다음과 같은 경고문을 보여준다.

```
The following object is masked from first.frame:

    temp, wind
```

지금 attach하고자 하는 데이터 프레임에는 이미 attach돼 있는 first.frame이라는 데이터 프레임의 temp와 wind라 하는 변수들과 같은 이름의 변수들을 가지고 있다는 설명이다. 이렇게 되면 혼란스러워진다. 이런 일이 발생하지 않게 하려면 새 데이터를 attach하기 전에 불필요한 데이터 프레임에 대해 detach 함수를 사용한다. 지금까지의 상황을 다시 R에서 실행해보자.

```
first.frame <- read.csv("c:\\temp\\test.pollute.csv")
second.frame <- read.csv("c:\\temp\\ozone.data.csv")
attach(first.frame)
attach(second.frame)
```

```
The following object is masked from first.frame:

    temp, wind
```

문제점이 발생하지 않도록 다음과 같이 해보자.

```
first.frame <- read.csv("c:\\temp\\test.pollute.csv")
second.frame <- read.csv("c:\\temp\\ozone.data.csv")
attach(first.frame)
```

...first.frame을 사용해 작업을 마치고 나면 다음과 같이 입력한다...

```
detach(first.frame)
attach(second.frame)
```

temp와 wind가 중복되지 않으므로 경고문이 나오지 않는다.

또 다른 큰 문제는 변수를 생성할 때 발생한다. 먼저 $\sqrt{2}$를 $x$에 지정한다.

```
x <- sqrt(2)
```

조금 있다가 그래프 축의 $x$ 값을 생성하기 위해 0에서 10까지의 서열을 생성해 $x$에 지정한다.

```
x <- 0:10
```

그런데 후에 이 과정을 시행했다는 점을 깜빡 잊어버렸다고 했을 때 나중의 작업에서 $x$가 $\sqrt{2}$라 생각하고 계속 진행할 수 있다. 그러나 R은 $x$가 0에서 10까지의 숫자 배열이라 생각하고 있다. 그러므로 심각한 문제가 발생할 수 있다. 같은 세션에서 계속 작업해야 한다면 이런 문제들을 미리 막기 위해 아예 이전 작업의 변수들을 지워놓는 것이 좋다. 이에 대한 함수는 rm(또는 remove)이다.

```
rm(x)
```

존재하지 않는 변수를 지우고자 하면 다음과 같은 경고문을 볼 수 있다.

```
rm(y,z)
Warning messages:
1: In rm(y, z) : object 'y' not found
2: In rm(y, z) : object 'z' not found
```

이제 본격적으로 R 작업을 할 때가 됐다. 제일 먼저 배워야 할 것은 R에서 데이터 프레임을 만들거나 R로 데이터 프레임을 불러오는 방법이다. 처음 시작할 때 꽤 어렵게 느껴질 수 있는 부분이다. R이 데이터를 제대로 인식만 하게 되면 그 나머지 일들은 그다지 어려울 것이 없다.

## 참고 문헌

Hairston, N.G. (1989) *Ecological Experiments: Purpose, Design and Execution*, Cambridge University Press, Cambridge.

Hurlbert, S.H. (1984) Pseudoreplication and the design of ecological field experiments. *Ecological Monographs*, **54**, 187-211.

Platt, J.R. (1964) Strong inference. *Science,* **146**, 347-353.

# 추가 참고 문헌

Atkinson, A.C. (1985) *Plots, Transformations, and Regression*, Clarendon Press, Oxford.

Box, G.E.P., Hunter, W.G. and Hunter, J.S. (1978) *Statistics for Experimenters: An Introduction to Design, Data Analysis and Model Building*, John Wiley & Sons, New York.

Chambers, J.M., Cleveland, W.S., Kleiner, B. and Tukey, P.A. (1983) *Graphical Methods for Data Analysis*, Wadsworth, Belmont, CA.

Winer, B.J., Brown, D.R. and Michels, K.M. (1991) *Statistical Principles in Experimental Design*, McGraw-Hill, New York.

# 2

# 데이터 프레임

데이터를 어떻게 다루고, 컴퓨터에 어떻게 입력하고, R에서 어떻게 읽어낼 수 있는지 등을 배우는 것은 확실하게 알고 넘어가야 할 가장 중요한 주제다. R은 주로 데이터 프레임 형식으로 데이터를 다룬다. 데이터 프레임은 행$^{row}$과 열$^{column}$로 이뤄진 객체$^{object}$다(2차원 행렬$^{matrix}$과 유사하다). 하나의 행은 연구에서의 개별적인 관찰 또는 실험에서의 개별적인 측정을 나타낸다. 하나의 열은 각 변수의 값들을 나타낸다. 데이터 프레임은 행렬에서처럼 주로 숫자로 이뤄지지만 텍스트(범주형 변수의 요인 수준의 이름, 예를 들어 '성별' 변수에서 '남자' 또는 '여자') 또는 '날짜'(예를 들어 23/5/04), 논리 변수(예를 들어 'TRUE' 또는 'FALSE') 등으로도 이뤄질 수 있다. 일곱 개의 변수로 이뤄진 데이터 프레임 형식의 스프레드시트$^{spreadsheet}$를 살펴보자. 가장 왼쪽의 열은 행 이름들을 포함하고, 다른 열들은 숫자형(Area, Slope, Soil pH, Worm density) 또는 범주형(Field Name, Vegetation), 논리형(Damp, true = T 또는 false = F) 변수로 이뤄져 있다.

| Field Name | Area | Slope | Vegetation | Soil pH | Damp | Worm density |
|------------|------|-------|------------|---------|------|--------------|
| Nash's Field | 3.6 | 11 | Grassland | 4.1 | F | 4 |
| Silwood Bottom | 5.1 | 2 | Arable | 5.2 | F | 7 |
| Nursery Field | 2.8 | 3 | Grassland | 4.3 | F | 2 |
| Rush Meadow | 2.4 | 5 | Meadow | 4.9 | T | 5 |
| Gunness' Thicket | 3.8 | 0 | Scrub | 4.2 | F | 6 |
| Oak Mead | 3.1 | 2 | Grassland | 3.9 | F | 2 |
| Church Field | 3.5 | 3 | Grassland | 4.2 | F | 3 |
| Ashurst | 2.1 | 0 | Arable | 4.8 | F | 4 |
| The Orchard | 1.9 | 0 | Orchard | 5.7 | F | 9 |
| Rookery Slope | 1.5 | 4 | Grassland | 5 | T | 7 |
| Garden Wood | 2.9 | 10 | Scrub | 5.2 | F | 8 |
| North Gravel | 3.3 | 1 | Grassland | 4.1 | F | 1 |
| South Gravel | 3.7 | 2 | Grassland | 4 | F | 2 |
| Observatory Ridge | 1.8 | 6 | Grassland | 3.8 | F | 0 |
| Pond Field | 4.1 | 0 | Meadow | 5 | T | 6 |

(계속)

| Field Name | Area | Slope | Vegetation | Soil pH | Damp | Worm density |
|---|---|---|---|---|---|---|
| Water Meadow | 3.9 | 0 | Meadow | 4.9 | T | 8 |
| Cheapside | 2.2 | 8 | Scrub | 4.7 | T | 4 |
| Pound Hill | 4.4 | 2 | Arable | 4.5 | F | 5 |
| Gravel Pit | 2.9 | 1 | Grassland | 3.5 | F | 1 |
| Farm Wood | 0.8 | 10 | Scrub | 5.1 | T | 3 |

데이터를 올바르게 분석하기 위해 가장 중요한 일은 데이터 프레임을 제대로 작성하는 것이다. 아마도 이 책을 읽는 독자들은 데이터를 입력하고 편집하기 위해 엑셀Excel과 같은 스프레드시트를 사용하고 오차 확인을 위해 그래프를 작성해봤을 것이다. 스프레드시트에 숫자를 제대로 입력하기 위해서는 어느 정도의 연습이 필요하다. 잘못 입력할 수 있는 방법은 무수히 많으나 바르게 입력하는 방법은 하나밖에 없다. 그러나 이 방법은 많은 사람들이 직관적으로 가장 맞을 것이라고 생각하는 방법과는 다르다.

가장 중요한 점은 **같은 변수에 속하는 값들은 모두 같은 열에 있어야 한다는 것이다**. 그리 대단한 것 같지 않을 수 있으나 많은 사람들이 틀리는 부분이다. 세 개의 처치(control, pre-heated, pre-chilled)를 가진 실험이 있다고 하자. 각 처치가 네 개의 측정 값을 가지고 있을 때 스프레드시트를 다음과 같이 작성하면 좋을 것 같다.

| Control | Preheated | Prechilled |
|---|---|---|
| 6.1 | 6.3 | 7.1 |
| 5.9 | 6.2 | 8.2 |
| 5.8 | 5.8 | 7.3 |
| 5.4 | 6.3 | 6.9 |

그러나 이것은 데이터 프레임이 아니다. 반응 변수들이 한 개의 열에 같이 있는 것이 아니라 세 개의 열에서 보인다. 이 데이터를 바르게 입력하는 방법은 두 개의 열을 만들어서 하나의 열에는 반응 변수를, 또 하나의 열에는 요인의 수준(control, pre-heated, pre-chilled)을 넣어주는 것이다. 이제 같은 데이터지만 맞는 형식으로 입력이 고쳐졌다.

| Response | Treatment |
|----------|-----------|
| 6.1 | control |
| 5.9 | control |
| 5.8 | control |
| 5.4 | control |
| 6.3 | preheated |
| 6.2 | preheated |
| 5.8 | preheated |
| 6.3 | preheated |
| 7.1 | prechilled |
| 8.2 | prechilled |
| 7.3 | prechilled |
| 6.9 | prechilled |

이 형식에 익숙해지기 위해 엑셀의 피벗 테이블<sup>PivotTable</sup>(삽입 탭 아래에서 찾을 수 있다.)을 사용해보면 도움이 될 것이다. 피벗 테이블을 사용하기 위해서는 먼저 설명 변수가 각 행에 배정돼 있는 데이터 프레임이 갖춰져야 한다.

엑셀에서 데이터 프레임이 만들어지면 맞춤법이나 그 밖의 오류들을 수정하고 나서 R에서 읽을 수 있는 파일 형식으로 저장해야 한다. 가장 쉬운 방법은 엑셀에서 쉼표로 구분된 파일 형식으로 데이터 프레임을 저장하는 것이다. 엑셀에서 '파일', '저장'을 순차적으로 선택한 후 파일 위치와 이름을 지정하고 '파일 형식'에서 'CSV(쉼표로 분리)'를 선택한다. 엑셀이 자동으로 '.csv'를 파일 이름 뒤에 붙이므로 파일 확장자를 추가할 필요는 없다. 이제 이 파일은 R에서 read.csv 함수를 사용해 데이터 프레임 형식으로 읽을 수 있다.

데이터 프레임의 이름을 정하고 <와 –, 두 개를 조합해서 <- 기호를 사용한다.

```
worms <- read.csv("c:\\temp\\worms.csv")
```

어느 변수가 포함돼 있는지 보기 위해 names 함수를 사용한다.

```
names(worms)
```

```
[1] "Field.Name" "Area" "Slope" "Vegetation"
[5] "Soil.pH" "Damp" "Worm.density"
```

데이터 프레임 이름을 앞에 쓰지 않고 직접 변수 이름을 지정하기 위해 attach 함수를 사용한다.

```
attach(worms)
```

데이터 프레임의 내용을 확인해보기 위해서는 이름만 입력하면 된다.

```
worms
```

```
              Field.Name Area Slope Vegetation Soil.pH  Damp Worm.density
1            Nashs.Field  3.6    11  Grassland     4.1 FALSE            4
2          Silwood.Bottom  5.1    2     Arable     5.2 FALSE            7
3           Nursery.Field  2.8    3  Grassland     4.3 FALSE            2
4            Rush.Meadow  2.4     5     Meadow     4.9  TRUE            5
5          Gunness.Thicket  3.8    0      Scrub     4.2 FALSE            6
6               Oak.Mead  3.1     2  Grassland     3.9 FALSE            2
7            Church.Field  3.5     3  Grassland     4.2 FALSE            3
8                Ashurst  2.1     0     Arable     4.8 FALSE            4
9            The.Orchard  1.9     0    Orchard     5.7 FALSE            9
10         Rookery.Slope  1.5     4  Grassland     5.0  TRUE            7
11          Garden.Wood  2.9    10      Scrub     5.2 FALSE            8
12          North.Gravel  3.3     1  Grassland     4.1 FALSE            1
13          South.Gravel  3.7     2  Grassland     4.0 FALSE            2
14     Observatory.Ridge  1.8     6  Grassland     3.8 FALSE            0
15            Pond.Field  4.1     0     Meadow     5.0  TRUE            6
16          Water.Meadow  3.9     0     Meadow     4.9  TRUE            8
17             Cheapside  2.2     8      Scrub     4.7  TRUE            4
18            Pound.Hill  4.4     2     Arable     4.5 FALSE            5
19            Gravel.Pit  2.9     1  Grassland     3.5 FALSE            1
20             Farm.Wood  0.8    10      Scrub     5.1  TRUE            3
```

변수 이름은 첫 번째 행에 나타난다. R이 자동으로 T와 F를 TRUE와 FALSE로 바꾼 것을 볼 수 있다.

## 데이터 프레임의 일부를 선택하기: 서브스크립트

가끔 데이터 프레임의 일부만을 뽑아내야 할 때가 있다. R에서는 매우 일반적인 과정이며 서브스크립트를 이용한다. 서브스크립트는 벡터 또는 행렬, 데이터 프레임 내에서의 위치 지정으로 생각하면 된다. R에서의 서브스크립트는 꺾쇠 괄호square brackets 안에 나타낸다. y[7]은 벡터 y의 일곱 번째 요소고 z[2,6]은 이차 행렬 z의 여섯 번째 열의 두 번째 행이다. 이것은 둥근 괄호를 사용해 (4,7)처럼 표현하는 함수 인자argument와는 다르다.

어떤 경우에는 데이터 프레임의 특정한 열에서 모든 행을 선택해야 할 때가 있다. 또는 데이터 프레임의 특정한 행에서 모든 열을 선택해야 할 때도 있다. R에서 서브스크립트를 특정화하지 않으면 모든 행이나 모든 열이 선택된다. 이 구문syntax은 처음에는 이해하기 어려우니 이렇게 생각해보자. [ , '빈칸 다음 쉼표'는 '모든 행'을 뜻하고 , ] '쉼표 다음 빈칸'은 '모든 열'을 뜻한다. 예를 들어 데이터 프레임의 첫 번째 열을 선택하려면 서브스크립트 [ , 1]을 사용한다. 몇 개의 열을 선택하려면 열의 숫자를 지정한다. 데이터 프레임 worms의 처음 세 개 열에서 모든 행을 선택하려면 다음과 같이 입력한다.

```
worms[,1:3]
```

|    | Field.Name | Area | Slope |
|----|------------|------|-------|
| 1  | Nashs.Field | 3.6 | 11 |
| 2  | Silwood.Bottom | 5.1 | 2 |
| 3  | Nursery.Field | 2.8 | 3 |
| 4  | Rush.Meadow | 2.4 | 5 |
| 5  | Gunness.Thicket | 3.8 | 0 |
| 6  | Oak.Mead | 3.1 | 2 |
| 7  | Church.Field | 3.5 | 3 |
| 8  | Ashurst | 2.1 | 0 |
| 9  | The.Orchard | 1.9 | 0 |
| 10 | Rookery.Slope | 1.5 | 4 |
| 11 | Garden.Wood | 2.9 | 10 |
| 12 | North.Gravel | 3.3 | 1 |
| 13 | South.Gravel | 3.7 | 2 |
| 14 | Observatory.Ridge | 1.8 | 6 |
| 15 | Pond.Field | 4.1 | 0 |
| 16 | Water.Meadow | 3.9 | 0 |
| 17 | Cheapside | 2.2 | 8 |
| 18 | Pound.Hill | 4.4 | 2 |
| 19 | Gravel.Pit | 2.9 | 1 |
| 20 | Farm.Wood | 0.8 | 10 |

데이터 프레임 모든 열의 가운데 11개의 행을 선택하려면 서브스크립트 [5:15,]를 입력한다.

```
worms[5:15,]
```

|    | Field.Name | Area | Slope | Vegetation | Soil.pH | Damp | Worm.density |
|----|------------|------|-------|------------|---------|------|--------------|
| 5  | Gunness.Thicket | 3.8 | 0 | Scrub | 4.2 | FALSE | 6 |
| 6  | Oak.Mead | 3.1 | 2 | Grassland | 3.9 | FALSE | 2 |
| 7  | Church.Field | 3.5 | 3 | Grassland | 4.2 | FALSE | 3 |
| 8  | Ashurst | 2.1 | 0 | Arable | 4.8 | FALSE | 4 |
| 9  | The.Orchard | 1.9 | 0 | Orchard | 5.7 | FALSE | 9 |
| 10 | Rookery.Slope | 1.5 | 4 | Grassland | 5.0 | TRUE | 7 |
| 11 | Garden.Wood | 2.9 | 10 | Scrub | 5.2 | FALSE | 8 |
| 12 | North.Gravel | 3.3 | 1 | Grassland | 4.1 | FALSE | 1 |
| 13 | South.Gravel | 3.7 | 2 | Grassland | 4.0 | FALSE | 2 |
| 14 | Observatory.Ridge | 1.8 | 6 | Grassland | 3.8 | FALSE | 0 |
| 15 | Pond.Field | 4.1 | 0 | Meadow | 5.0 | TRUE | 6 |

하나 또는 그 이상의 변수 값에 대한 **논리 검정**logical tests에 기초해 일부의 행들을 선택해야 할 때가 있다. Area > 3과 Slope < 3의 조건에 맞는 행만 선택하고 '쉼표 다음 빈칸'을 사용해 모든 열을 볼 수 있도록 코드를 작성해보자.

```
worms[Area>3 & Slope <3,]
```

```
      Field.Name Area Slope Vegetation Soil.pH Damp Worm.density
2  Silwood.Bottom  5.1     2      Arable     5.2 FALSE            7
5  Gunness.Thicket 3.8     0       Scrub     4.2 FALSE            6
6         Oak.Mead 3.1     2   Grassland     3.9 FALSE            2
12    North.Gravel 3.3     1   Grassland     4.1 FALSE            1
13    South.Gravel 3.7     2   Grassland     4.0 FALSE            2
15      Pond.Field 4.1     0      Meadow     5.0  TRUE            6
16    Water.Meadow 3.9     0      Meadow     4.9  TRUE            8
18       Pound.Hill 4.4     2      Arable     4.5 FALSE            5
```

## 정렬

여러 가지 방식으로 데이터 프레임의 행과 열을 정렬sorting할 수 있지만, 일반적으로 하나 또는 그 이상의 열의 값들을 선택해 정렬을 시행하는 방식이 많이 사용된다. R은 기본 설정으로 오름 차순(문자 데이터에서는 알파벳 순서로, 숫자에서는 작은 수에서 큰 수로)으로 정렬을 시행한다. 정렬의 가장 간단한 방법은 변수의 이름을 사용하는 것이다. worms 데이터 프레임을 Area를 기준으로 정렬해보자.

```
worms[order(Area),]
```

```
         Field.Name Area Slope Vegetation Soil.pH  Damp Worm.density
20         Farm.Wood  0.8    10      Scrub     5.1  TRUE            3
10     Rookery.Slope  1.5     4  Grassland     5.0  TRUE            7
14 Observatory.Ridge  1.8     6  Grassland     3.8 FALSE            0
9        The.Orchard  1.9     0    Orchard     5.7 FALSE            9
8            Ashurst  2.1     0     Arable     4.8 FALSE            4
17         Cheapside  2.2     8      Scrub     4.7  TRUE            4
4        Rush.Meadow  2.4     5     Meadow     4.9  TRUE            5
3      Nursery.Field  2.8     3  Grassland     4.3 FALSE            2
11       Garden.Wood  2.9    10      Scrub     5.2 FALSE            8
19         Gravel.Pit  2.9     1  Grassland     3.5 FALSE            1
6           Oak.Mead  3.1     2  Grassland     3.9 FALSE            2
12      North.Gravel  3.3     1  Grassland     4.1 FALSE            1
7       Church.Field  3.5     3  Grassland     4.2 FALSE            3
1        Nashs.Field  3.6    11  Grassland     4.1 FALSE            4
13      South.Gravel  3.7     2  Grassland     4.0 FALSE            2
5    Gunness.Thicket  3.8     0      Scrub     4.2 FALSE            6
16      Water.Meadow  3.9     0     Meadow     4.9  TRUE            8
15        Pond.Field  4.1     0     Meadow     5.0  TRUE            6
18         Pound.Hill  4.4     2     Arable     4.5 FALSE            5
2     Silwood.Bottom  5.1     2     Arable     5.2 FALSE            7
```

주의 깊게 봐야 할 점은 쉼표 전에 order(Area)가 있고 쉼표 다음에 빈칸이 온다는 것이다 (이렇게 해서 모든 열을 확인할 수 있다). 원래의 행 번호는 정렬한 데이터 프레임의 왼쪽에 표시된다.

이제 숫자 정보를 담고 있는 열만 선택해보자. 열 번호는 2, 3, 5, 7이다.

**worms[order(Area),c(2,3,5,7)]**

|    | Area | Slope | Soil.pH | Worm.density |
|----|------|-------|---------|--------------|
| 20 | 0.8  | 10    | 5.1     | 3            |
| 10 | 1.5  | 4     | 5.0     | 7            |
| 14 | 1.8  | 6     | 3.8     | 0            |
| 9  | 1.9  | 0     | 5.7     | 9            |
| 8  | 2.1  | 0     | 4.8     | 4            |
| 17 | 2.2  | 8     | 4.7     | 4            |
| 4  | 2.4  | 5     | 4.9     | 5            |
| 3  | 2.8  | 3     | 4.3     | 2            |
| 11 | 2.9  | 10    | 5.2     | 8            |
| 19 | 2.9  | 1     | 3.5     | 1            |
| 6  | 3.1  | 2     | 3.9     | 2            |
| 12 | 3.3  | 1     | 4.1     | 1            |
| 7  | 3.5  | 3     | 4.2     | 3            |
| 1  | 3.6  | 11    | 4.1     | 4            |
| 13 | 3.7  | 2     | 4.0     | 2            |
| 5  | 3.8  | 0     | 4.2     | 6            |
| 16 | 3.9  | 0     | 4.9     | 8            |
| 15 | 4.1  | 0     | 5.0     | 6            |
| 18 | 4.4  | 2     | 4.5     | 5            |
| 2  | 5.1  | 2     | 5.2     | 7            |

내림차순으로 정렬을 시행하려면 rev 함수를 사용한다.

**worms[rev(order(worms[,5])),c(5,7)]**

|    | Soil.pH | Worm.density |
|----|---------|--------------|
| 9  | 5.7     | 9            |
| 11 | 5.2     | 8            |
| 2  | 5.2     | 7            |
| 20 | 5.1     | 3            |
| 15 | 5.0     | 6            |
| 10 | 5.0     | 7            |
| 16 | 4.9     | 8            |
| 4  | 4.9     | 5            |
| 8  | 4.8     | 4            |
| 17 | 4.7     | 4            |
| 18 | 4.5     | 5            |
| 3  | 4.3     | 2            |
| 7  | 4.2     | 3            |
| 5  | 4.2     | 6            |
| 12 | 4.1     | 1            |
| 1  | 4.1     | 4            |
| 13 | 4.0     | 2            |
| 6  | 3.9     | 2            |
| 14 | 3.8     | 0            |
| 19 | 3.5     | 1            |

Soil pH를 기준으로 정렬이 이뤄지고 c(5,7)에 의해 Soil pH와 Worm density만 표시된다. 정렬 변수는 이름(Area를 사용한 것처럼)이나 열 번호(Soil.pH를 5로 지정한 것처럼), 이렇게 둘 중 하나를 이용해 특정화할 수 있다.

## 데이터 프레임 요약

summary 함수를 이용해 데이터 프레임을 요약할 수 있다.

**summary(worms)**

```
    Field.Name           Area            Slope          Vegetation
Ashurst      :1     Min.   :0.800    Min.   : 0.00    Arable   :3
Cheapside    :1     1st Qu.:2.175    1st Qu.: 0.75    Grassland:9
Church.Field:1      Median :3.000    Median : 2.00    Meadow   :3
Farm.Wood    :1     Mean   :2.990    Mean   : 3.50    Orchard  :1
Garden.Wood  :1     3rd Qu.:3.725    3rd Qu.: 5.25    Scrub    :4
Gravel.Pit   :1     Max.   :5.100    Max.   :11.00
(Other)      :14

    Soil.pH            Damp          Worm.density
Min.   :3.500     Mode :logical    Min.   :0.00
1st Qu.:4.100     FALSE:14         1st Qu.:2.00
Median :4.600     TRUE :6          Median :4.00
Mean   :4.555     NA's :0          Mean   :4.35
3rd Qu.:5.000                      3rd Qu.:6.25
Max.   :5.700                      Max.   :9.00
```

범주형 변수 값은 산술평균<sup>arithmetic mean</sup>, 최댓값<sup>maximum</sup>, 최솟값<sup>minimum</sup>, 중앙값<sup>median</sup>, 25퍼센타일<sup>percentile</sup> 또는 일사분위수, 75퍼센타일 또는 삼사분위수, 이렇게 여섯 개의 값으로 요약할 수 있다. 범주형 변수의 수준에 대해서는 카운트를 시행한다.

## 설명 변수 기준의 요약

데이터 프레임에서 양적인 정보를 요약하기 위해 필요한 함수는 aggregate다. 하나 또는 그 이상의 범주형 변수에서 요인 수준을 기준으로 연속형 변수의 평균값을 요약해야 할 경우가 많다. 예를 들어 식물 경작지에 따른 벌레의 평균 수를 알아봐야 한다고 하자. Worm.density와 같은 하나의 반응 변수에 대해 tapply와 with를 사용할 수 있다.

**with(worms,tapply(Worm.density,Vegetation,mean))**

```
 Arable  Grassland   Meadow   Orchard    Scrub
   5.33       2.44     6.33      9.00     5.25
```

그러나 분석의 초기 단계에서는 동시에 모든 연속형 변수의 평균값을 보고 싶을 때가 있는데 이런 경우 aggregate를 사용한다. 한 가지 신경 써야 할 부분은 평균값을 계산하기에 합당한 값(실수)을 가진 변수들의 열 번호를 입력해야 하는 것이다. Area, Slope, Soil.pH, Worm.density는 각각 2, 3, 5, 7의 열 번호를 가진다. 식물 경작지를 기준으로 평균값을 계산하기 위해 다음과 같이 입력한다.

```
aggregate(worms[,c(2,3,5,7)],list(Vegetation),mean)
     Group.1  Area  Slope  Soil.pH  Worm.density
1      Arable  3.87  1.33     4.83          5.33
2   Grassland  2.91  3.67     4.10          2.44
3      Meadow  3.47  1.67     4.93          6.33
4     Orchard  1.90  0.00     5.70          9.00
5       Scrub  2.42  7.00     4.80          5.25
```

좌측 꺾쇠 괄호 다음에 빈칸이 오고 그다음에 쉼표가 오는 순서에 유의해야 한다. 이렇게 함으로써 '데이터 프레임의 모든 행을 선택'할 수 있다. 행의 일부를 선택하려면 c(2,3,5,7)과 같이 행을 특정화해 입력하면 된다. Vegetation의 수준을 담고 있는 열이 Group.1으로 표시된다. 이것은 aggregate가 사용될 때의 기본 설정이다. Vegetation의 수준은 알파벳 순서로 표시된다. Group.1 대신 'Community'로 하고 싶으면 다음과 같이 입력한다.

```
aggregate(worms[,c(2,3,5,7)],list(Community=Vegetation),mean)
    Community  Area  Slope  Soil.pH  Worm.density
1      Arable  3.87  1.33     4.83          5.33
2   Grassland  2.91  3.67     4.10          2.44
3      Meadow  3.47  1.67     4.93          6.33
4     Orchard  1.90  0.00     5.70          9.00
5       Scrub  2.42  7.00     4.80          5.25
```

둘 또는 그 이상의 설명 변수들을 사용해 다중 분류를 시행할 수도 있다. Vegetation의 수준 안에서 다시 Moisture의 수준별로 평균값들을 계산해보자.

```
aggregate(worms[,c(2,3,5,7)],
          list(Moisture=Damp, Community=Vegetation), mean)
  Moisture   Community  Area  Slope  Soil.pH  Worm.density
1    FALSE      Arable  3.87  1.33     4.83          5.33
2    FALSE   Grassland  3.09  3.62     3.99          1.88
3     TRUE   Grassland  1.50  4.00     5.00          7.00
4     TRUE      Meadow  3.47  1.67     4.93          6.33
5    FALSE     Orchard  1.90  0.00     5.70          9.00
6    FALSE       Scrub  3.35  5.00     4.70          7.00
7     TRUE       Scrub  1.50  9.00     4.90          3.50
```

aggregate는 결과가 있는 행만 보여준다(TRUE-Arable, FALSE-Meadow, TRUE-Orchard는 없다). 그러나 tapply에서는 결측 조합에 대해 NA를 반환한다.

```
with(worms,tapply(Slope,list(Damp,Vegetation),mean))

       Arable  Grassland  Meadow  Orchard  Scrub
FALSE    1.33       3.62      NA        0      5
TRUE       NA       4.00    1.67       NA      9
```

aggegate와 tapply 중 하나를 선택할 때 분석의 특수한 상황을 참고해 결정해야 한다. 이때 tapply는 한 번에 하나의 변수만을 요약할 수 있다는 점을 고려해야 한다.

## 제일 중요한 것을 제일 먼저 해야 한다

컴퓨터에 데이터가 있으면 바로 통계 분석으로 들어가고 싶은 마음이 생긴다. 그러나 이것은 좋은 방법이 아니다. 먼저 데이터에 대해 파악해야 한다. 데이터에 오류가 있을 수 있으므로 다른 것들이 진행되기 전인 초기에 반드시 데이터 확인이 필요한 것이다.

데이터에 대해 충분히 이해하지 못했다면 어떤 모형을 데이터에 적합시켜야 할지 결정할 수 없을 뿐 아니라 각 모형에 대한 가정이 충족되는지도 알 수 없다(등분산, 오차의 정규성 등).

가장 좋은 방법은 다음과 같다. 먼저 반응 변수에 대한 그래프를 그려본다. 이것을 인덱스 플롯이라 한다. 이를 통해 데이터의 확연한 오류나 일정한 패턴을 확인할 수 있다.

```
data <- read.csv("c:\\temp\\das.csv")
attach(data)
head(data)

         y
1  2.514542
2  2.559668
3  2.460061
4  2.702720
5  2.571997
6  2.412833
```

데이터 확인은 그리 어렵지 않다. plot(y)를 입력하면 된다. 데이터 프레임에 표시되는 순서대로 그래프의 왼쪽에서 오른쪽으로 y 값이 산점도 형식으로 그려진다.

```
plot(y)
```

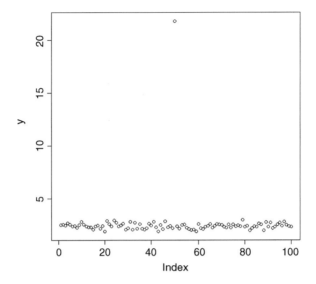

하나의 데이터가 두드러지게 보인다. 이런 결과가 보이면 바로 실험 노트를 보고 무엇이 잘못됐는지 확인해야 한다. 이때 데이터 프레임의 어느 부분에 이 $y$ 값이 있는지를 알아내야 하며 이런 목적으로 which 함수를 사용한다. 그래프에서 보듯이 문제 되는 데이터는 10보다 크다. 그러면 다음과 같이 which 함수를 사용할 수 있다.

```
which(y > 10)
```
```
[1] 50
```

문제 되는 데이터가 스프레드시트의 50번째 줄에 있다. 이제 다시 실험 노트를 확인해보자. 이상치outlier의 실제 값은 얼마인가? 이에 앞서 데이터의 50번째 값을 확인해볼 필요가 있다. 이중꺾쇠를 사용하면 된다. 50번째 값을 알기 원하므로 다음과 같이 입력한다.

```
y[50]
```
```
[1] 21.79386
```

실험 노트에는 50번째 값이 2.179386이라고 쓰여 있다. 소수점을 잘못 찍은 입력 실수임이 확인됐다. 이제 입력 값을 고치고 다시 시작하면 된다. 데이터 확인을 위해 다시 plot을 입력한다.

```
plot(y)
```

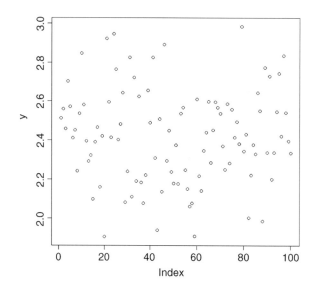

데이터에 특별히 오류라고 생각할 부분이 없다. 입력 순서에 따른 특별한 경향성도 발견할 수 없고, 왼쪽에서 오른쪽으로 가면서 퍼져 있는 양상도 동일하다. 좋은 뉴스다.

이상치가 반드시 실수로만 생기는 것이 아니라는 점은 반드시 기억해야 한다. 대부분의 이상치는 실제적인 반응 값일 확률이 높다. 제일 중요한 점은 이상치의 존재 여부를 알아내고 (그래프가 이것을 보여준다.) 선택한 모형에서 효과 크기와 표준오차를 정하는 데 이상치가 얼마나 영향을 미치는지 이해하는 것이다. 자세한 내용은 7장에서 설명할 것이다. 여러 설명 변수들에 대해 앞의 과정을 반복하면 된다.

범주형 변수에 대한 요인 수준에서의 실수를 확인하기 위해 table 함수를 사용한다. 특정한 열의 각 요인 수준이 어떤 빈도로 나타나는지 보여준다. 실제 요인 수준의 수보다 많은 수준이 발견되면 실수라고 판단할 수 있다. 거름 주기와 식물 성장에 관한 실험에는 treatment라는 변수가 있다. 요인 수준은 control, nitrogen, phosphorus, both N and P, 이렇게 네 개다. 이제 데이터를 직접 확인해보자.

```
yields <- read.csv("c:\\temp\\fertyield.csv")
attach(yields)
head(yields)
```

```
     treatment         yield
1    control       0.8274156
2    control       3.6126275
3    control       2.6192581
4    control       1.7412190
5    control       0.6590589
6    control       0.4891107
```

treatment는 범주형 변수며 두 번째 열에 yield라는 연속형 변수가 있음을 알 수 있다. 이제 요인 수준에 대해 살펴보자.

**table(treatment)**

```
variable
both N and P   control    nitogen    nitrogen   phosphorus
        10          10          1           9           10
```

예상했던 네 개의 요인 수준이 아닌 다섯 개의 요인 수준이 보인다. 무엇인가 잘못됐다는 것을 의미한다. nitrogen의 예상 값인 10이 아니라 9가 나오는 것으로 보아 하나의 nitrogen이 nitogen으로 잘못 입력된 것이고, 이에 따라 테이블에 하나의 열이 추가됐음을 알 수 있다. 다음 과정은 어느 행에서 실수가 생겼는지 찾아내고 이 정보에 따라 원래의 스프레드시트로 돌아가 오류를 수정하는 것이다. which 함수를 사용할 때 같음을 나타내는 == 기호를 이용한다.

**which(treatment == "nitogen")**

[1] 11

실수는 11번째 줄에 있었다. 이 부분을 바로 스프레드시트에서 고친 후 R에서 새 데이터 프레임을 불러온다. 작업이 모두 끝나면 detach 함수를 이용해 attach 함수의 영향을 제거한다.

**detach(yields)**

지금까지 연속형과 범주형을 포함한 모든 변수들을 확인해 실수를 수정하는 과정을 살펴봤다. 이제 변수들 사이의 관계를 알아볼 차례다.

## 관계

쌍방식 관계relationships에서부터 시작해보자. 두 변수가 연속형일 때 적합한 그래프는 산점도다.

```
data <- read.csv("c:\\temp\\scatter.csv")
attach(data)
```

```
head(data)
          x            y
1   0.000000      0.00000
2   5.112000     61.04000
3   1.320000     11.11130
4  35.240000    140.65000
5   1.632931     26.15218
6   2.297635     10.00100
```

　　반응 변수는 $y$, 설명 변수는 $x$이므로 관계를 확인하기 위해 `plot(x,y)` 또는 `plot(y~x)`를 입력해 산점도를 작성한다(`plot` 함수의 두 가지 형식은 같은 그래프를 생성하므로 어느 것을 사용하는지에 대한 선택은 사용자에게 달려 있다). 그래프의 설정 변화를 위해 두 가지 인자를 사용해보자. 앞의 그래프에서 봤던 기본 설정에서 `pch=21`을 사용해 검은 테두리를 선택하고 그 안에 색을 넣을 수 있도록 하자. `bg="red"`를 추가해 원 안의 색을 빨간색으로 지정한다(`pch`는 'plotting character'를, `bg`는 'background'를 의미한다).

`plot(x,y,pch=21,bg="red")`

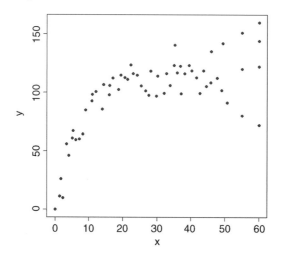

　　그래프에서 두 가지 중요한 특징을 발견할 수 있다. 첫 번째 특징은 반응 변수와 설명 변수의 관계가 직선형이라기보다는 곡선형에 가깝다는 것이다. 두 번째는 왼쪽에서 오른쪽으로 갈수록 반응 변수의 퍼져 있는 양상이 더 커진다는 것이다(이분산성non-constant variance, heteroscedasticity을 뜻한다). 이 두 가지 특징은 실수로 만들어진 것이 아니며 모형 선택에 있어서 중요한 고려 대상이 된다($x$와 $y$ 사이에 양의 상관관계가 있다 하더라도 선형 회귀 분석을 선택하지 않는다).

　　설명 변수가 범주형 변수인 경우 `plot` 함수는 박스 플롯을 생성한다. 이것은 다음 예에서와 같이 오류를 확인하는 데 유용하게 쓰인다.

```
data <- read.csv("c:\\temp\\weather.data.csv")
attach(data)
head(data)

  upper  lower  rain  month    yr
1  10.8    6.5  12.2      1  1987
2  10.5    4.5   1.3      1  1987
3   7.5   -1.0   0.1      1  1987
4   6.5   -3.3   1.1      1  1987
5  10.0    5.0   3.5      1  1987
6   8.0    3.0   0.1      1  1987
```

데이터 프레임에 세 개의 연속형 반응 변수(upper: 날짜별 최고 온도(섭씨), lower: 날짜별 최저 온도(섭씨), rain: 날짜별 강수량(mm))가 있고, 두 개의 범주형 변수(month, year)가 있다. 먼저 최고 온도 데이터를 살펴보자. plot 함수에 범주형 설명 변수(이 데이터에서는 factor(month))가 인자로 들어가는 경우 산점도 대신 박스 플롯이 그려진다.

```
plot(factor(month),upper)
```

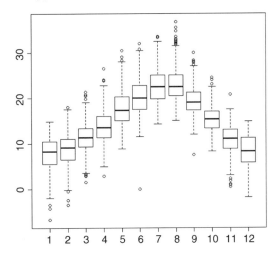

박스 플롯에서는 온도 중앙값의 명확한 계절적 패턴을 볼 수 있다. 7월과 8월에 최고로 올라가고 1월에 최저로 내려간다. 박스 플롯의 자세한 사항은 8장에서 설명할 것이다. 여기서는 오류 확인에 집중해보자.

6월(month=6)에 매우 추운 날씨가 표시된 것이 보일 것이다. 온도계 고장에 의해 온도 측정이 이뤄지지 않았으나 그냥 0으로 입력한 것이다. 0으로 입력한 부분은 잘못이므로 NA로 고쳐야 한다(NA는 not available을 뜻하며 인용 부호가 같이 사용되지 않는 점에 주의해야 한다).

## 연속형 변수들 사이에서의 상호작용

오류가 수정됐으면 그다음으로 생각해야 하는 것은 모형 선택이다. 이때 하나의 반응 변수가 다른 변수의 수준에 의해 영향을 받는지 주의 깊게 살펴봐야 한다(통계적 상호작용이라 한다). 연속형 설명 변수의 경우 **조건화 플롯**<sup>conditioning plot</sup>(coplot이라고도 한다.)을 이용해 상호작용을 확인할 수 있다. 범주형 설명 변수의 경우에는 막대 그래프를 이용해 상호작용을 확인할 수 있다. 하나의 반응 변수($y$)와 두 개의 연속형 설명 변수($x$와 $z$)가 있다고 하자.

```
data <- read.csv("c:\\temp\\coplot.csv")
attach(data)
head(data)

          x          y          z
1  95.73429  107.8087  14.324408
2  36.20660  223.9257  10.190577
3  28.71378  245.2523  12.566815
4  78.36956  132.7344  13.084384
5  38.37717  222.2966   9.960033
6  57.18078  184.8372  10.035677
```

두 개의 산점도를 봐야 하므로 플로팅 윈도우를 기본 설정인 정사각형(7×7인치)에서 직사각형(7×4인치)으로 바꾸는 것이 보기 좋다.

```
windows(7,4)
```

같은 행에 두 개의 그래프를 놓기 위해 다음과 같이 입력한다.

```
par(mfrow=c(1,2))
```

두 개의 그래프를 차례대로 그린다.

```
plot(x,y)
plot(z,y)
```

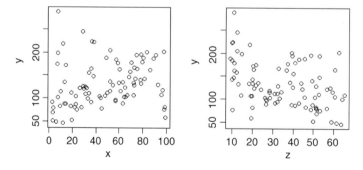

두 개의 그래프에서 반응 변수와 설명 변수 사이의 명확한 상관관계가 없음을 확인할 수 있다. 연속형 설명 변수들(예제에서는 $x$와 $z$) 사이의 상호작용을 보기 위해 coplot을 사용해보자. coplot 함수는 $z$의 조건 아래에서 $x$에 대한 y의 값을 그린다. 사용하기에 매우 간단하다. 'given'이라고 읽는 | 기호가 생소하게 보일 수 있다. plot($y$~$x$|$z$)는 '$z$ 값의 조건 아래에서 $x$ 값에 대응하는 $y$ 값을 그린다.'는 뜻이다. 기본 설정은 데이터를 여섯 개의 그래프로 나누는 것이다(원하면 다르게 조정할 수도 있다). 가장 작은 $z$ 값을 가지는 구간에 대한 $x$와 $y$ 그래프가 왼쪽 아래에 그려진다. 검정색이 들어간 점으로 지정하고(pch=16) 산점도 안에 빨간색으로 추세선trend line을 적합시킨다(panel 인자를 panel.smooth로 지정한다). 먼저 기본 설정 윈도우(7×7)로 돌아온다.

```
windows(7,7)
```

조건화 플롯을 생성한다.

```
coplot(y~x|z,pch=16,panel=panel.smooth)
```

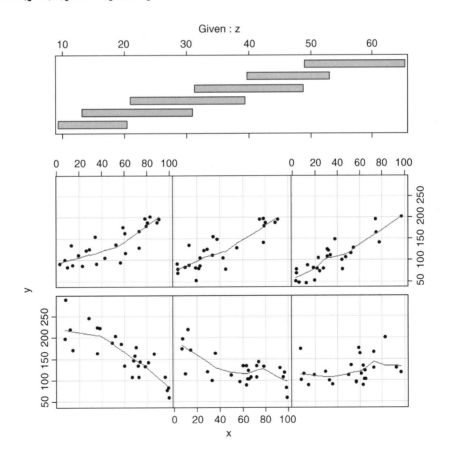

반응 변수와 $x$ 사이에 명확한 연관성이 있음을 확인할 수 있다. 그러나 연관성의 형태가 $z$의 값에 따라 달라진다. $z$ 값이 작은 경우(왼쪽 아래 패널) $y$와 $x$는 강한 음의 상관관계를 가진다. $z$ 값이 큰 경우(오른쪽 위 패널)에는 $y$와 $x$는 강한 양의 상관관계를 가진다. $z$의 값이 커짐에 따라(아래의 왼쪽에서 오른쪽으로, 그리고 위의 왼쪽에서 오른쪽으로) $y$와 $x$ 사이의 상관관계 기울기는 음수에서 0, 0에서 양수로 부드럽게 조금씩 변해간다. 이런 상호작용을 간단하고 명확하게 볼 수 있는 것이 coplot이다.

그림의 윗부분이 처음에는 이해되지 않을 수도 있다. 회색의 수평형 막대를 'shingle'이라 하는데(지붕너와판을 뜻한다.) 변수 값의 범위를 나타내고(이번 예에서는 $z$) 이에 따라 여섯 개의 패널 플롯이 그려진다. 왼쪽 아래의 shingle은 아래의 왼쪽 패널이 가지는 범위를 보여준다. 즉 10과 20의 $z$ 값 범위에서는 $x$와 $y$ 사이에 강한 음의 상관관계가 있음을 보여준다. 다음 패널은 13과 30, 그다음은 20과 40, 이런 식으로 진행된다. shingle이 서로 겹치도록 하는 것이 기본 설정이다(overlap=0.5). 양쪽 끝을 제외하고는 데이터 점들의 반은 왼쪽 패널과 공유하고, 나머지 반은 오른쪽 패널과 공유한다. 원한다면 겹치지 않도록 설정할 수 있다(overlap=0).

## 다중 회귀에서의 그래픽

많은 수의 연속형 설명 변수가 있고 데이터가 관찰 연구로부터 얻어져서 반복 시행과 무작위화에 대한 통제가 이뤄지지 않았을 경우 문제가 복잡해진다. 이런 경우 설명 변수들은 서로 연관성을 보일 수 있다(대부분의 간단한 모형에서는 설명 변수들의 독립성을 가정한다. 직교성). 이 부분에 대해서는 10장에서 자세히 다룰 것이다. 다중 회귀 데이터에서 유용하게 쓰이는 예비 조사는 **나무 모형**tree model과 **일반화 가법 모형**이다(10장 참고).

## 범주형 변수에서의 상호작용

다음은 질소nitrogen 비료와 인phosphorus 비료를 단독으로, 그리고 혼합해 사용한 요인 실험 데이터다.

```
data <- read.csv("c:\\temp\\np.csv")
attach(data)
head(data)

      yield   nitrogen   phosphorus
1  0.8274156        no           no
2  3.6126275        no           no
3  2.6192581        no           no
4  1.7412190        no           no
5  0.6590589        no           no
6  0.4891107        no           no
```

하나의 연속형 반응 변수(yield)와 두 개의 범주형 설명 변수(nitrogen, phosphorus)가 있으며 범주형 설명 변수는 두 개의 수준(yes와 no, 그 구역에 비료가 사용됐는지 여부를 나타낸다)을 가진다. 먼저 각 비료의 효과를 생각해보자.

```
windows(7,4)
par(mfrow=c(1,2))
plot(nitrogen,yield,main="N")
plot(phosphorus,yield,main="P")
```

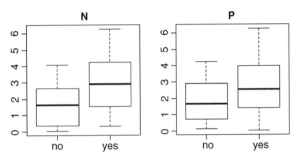

질소 비료와 인 비료에서의 '주효과main effect'를 볼 수 있다. 또한 인 비료보다 질소 비료가 좀 더 yield를 증가시킬 수 있음을 보여준다. 그래프의 N에서 yes의 중앙값은 no의 박스 윗부분보다 높이 있다. 반면에 P에서는 yes의 중앙값이 no의 박스 윗부분보다 아래에 있다. 주효과 그래프만으로는 인 비료에 대한 반응이 질소 비료의 요인 수준에 의해 영향을 받는지에 대해서는 알 수 없다. 이 시점에서 필요한 것은 반응의 네 가지 수준(둘 다 없음, N, P, 둘 다 있음)에 대한 효과 크기를 보여주는 **상호작용 그래프**interaction plot다. tapply 함수를 사용해보자.

```
tapply(yield,list(nitrogen,phosphorus),mean)
          no        yes
no    1.47384   1.875928
yes   2.28999   3.480184
```

행은 질소 비료를, 열은 인 비료를 나타낸다. no P(왼쪽 열)에서 N에 대한 효과 크기는 2.290/1.474 = 1.55이고 yes P에서의 효과 크기는 3.480/1.876 = 1.86이다. 질소 비료에 대한 효과 크기는 인 비료의 수준에 의해 영향을 받는다고 할 수 있다(no P에서 yield의 55% 증가, 그러나 yes P에서 86% 증가). 이와 같은 것이 통계적 상호작용이다. **한 요인에 대한 반응이 다른 요인의 수준에 의해 영향을 받는 것이다.**

상호작용을 그래프로 나타내보자. 여러 가지 방법이 있지만 아마 가장 효과적인 것은 barplot 함수를 사용하는 것이다. tapply의 결과를 직접 사용하고 질소 비료에 대한 범례를 추가한다.

```
barplot(tapply(yield,list(nitrogen,phosphorus),mean),
                          beside=TRUE,xlab="phosphorus")
```

locator 함수는 막대 그림을 방해하지 않는 위치에 범례를 추가하기 위해 사용한다.

```
legend(locator(1),legend=c("no","yes"),title="nitrogen",
                          fill=c("black","lightgrey"))
```

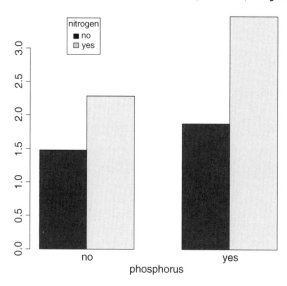

범례 박스가 위치할 윗부분 왼쪽에 커서를 놓고 마우스 왼쪽 버튼을 클릭해보자. 마지막으로 그래프에 오차 막대error bar를 추가할 수 있다. 이 부분은 뒤에서 다룰 것이다(8장 참고).

본격적으로 통계 작업에 들어가기 전에 데이터의 패턴을 먼저 확인해보는 것은 매우 중요한 부분이다. 사전적인 그래프 작성은 선택 사항이 아니라 필수적으로 이뤄져야 하며, 이에 따라 통계 모형의 종류가 합당한지, 그리고 데이터에 대한 어떤 가정이 필요한지(반응의 선형성, 등분산성, 오차의 정규성) 등을 바르게 판단해야 한다. 뒤에서 다루겠지만 통계 분석 후에 다시 가설에 대한 검증이 이뤄져야 한다(7장 참고).

데이터에 대한 확인은 이 정도에서 마무리하고 이제 데이터의 통계 분석에 대해 생각해볼 차례다. 예전의 접근 방식인 가설 검증보다는 효과 크기와 비신뢰성unreliability을 측정하는 최근의 경향에 초점을 맞출 것이다.

## 추가 참고 문헌

Chambers, J.M. and Hastie, T.J. (1992) *Statistical Models in S*, Wadsworth & Brooks/Cole, Pacific Grove, CA.

Crawley, M.J. (2013) *The R Book*, 2nd edn, John Wiley & Sons, Chichester.

# 3

# 중심 경향

모든 것들이 서로 다르다고는 하지만, 측정 값들이 어떤 값을 중심으로 모여 있는 양상을 보일 때가 있다. 이를 중심 경향central tendency이라고 한다. 데이터 자체는 어떤 중심 값 주변으로 모이는 경향을 보이지 않는다 해도 반복적 실험에 의해 계산된 값들(예를 들어 반복 시행에 의한 표본들의 평균)은 중심 값 주변으로 모이는 경향을 보인다(이를 중심 극한 정리central limit theorem라 하며 관련 내용은 5장을 참고한다). 작업을 위한 데이터가 필요하다. yvalues라고 하는 텍스트 파일의 벡터 y를 이용해보자.

```
yvals <- read.csv("c:\\temp\\yvalues.csv")
attach(yvals)
```

중심 경향을 어떻게 제시할 수 있을까? 가장 간단하고 명확한 방법은 계산을 시행하지 않고 바로 눈으로 보고 판단하는 것이다. 가장 많이 관찰되는 값을 최빈값mode이라 한다. 데이터에 대한 히스토그램histogram을 그려보면 최빈값을 쉽게 찾을 수 있다.

```
hist(y)
```

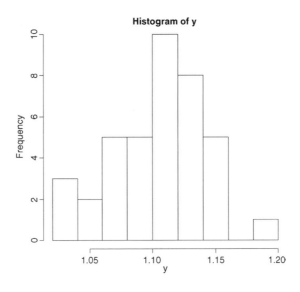

이제 $y$의 최빈값 구간은 1.10과 1.12 사이라고 할 수 있다(뒤에서 히스토그램의 구간을 나누는 중단점 조정에 대해 설명할 것이다).

중심 경향 중 가장 대표적인 것이 **산술평균**이다. 데이터 값을 모두 더한 $\sum y$를 데이터 수 $n$으로 나눈 것이다. $\sum$ sigma는 뒤에 나오는 변수(이 경우 $y$)의 '모든 값을 더한다.'는 의미다. 산술평균을 $\bar{y}$ $y$ bar라 하면 다음과 같이 풀어 쓸 수 있다.

$$\bar{y} = \frac{\sum y}{n}$$

공식은 $y$ 값의 벡터에 대한 산술평균의 계산을 나타낸다. 먼저 모두 더해야 한다. 다음과 같이 쓸 수 있다.

```
y[1] + y[2] + y[3] + . . . + y[n]
```

그러나 매우 길고 지루하다. 또 데이터 수인 $n$도 알고 있어야 한다. 다행스럽게도 R은 벡터 길이 $n$에 상관없이 모든 데이터를 더하는 함수 sum을 갖고 있다.

```
total <- sum(y)
```

공식의 분자에 대한 값이 반환된다. 그러나 데이터의 수는 어떻게 해야 할까? 이것은 상황에 따라 달라질 수 있는 값이므로 주의해야 한다. $y$ 값들을 모두 출력해 그 수들을 일일이 세면 되겠지만 현실적이지도 않고 쉽지도 않다. 역시 이에 대한 R 함수가 있다. length 함수를 사용하면 데이터의 수를 확인할 수 있다.

```
n <- length(y)
```

산술평균을 계산하기 위한 모든 준비가 끝났다.

```
ybar <- total/n
[1] 1.103464
```

total과 n을 먼저 계산하는 중간 과정 없이 ybar<-sum(y)/length(y)로 하는 것이 좀 더 효과적일 수 있다. 함수 이름을 arithmetic.mean으로 해 다음과 같이 정의할 수 있다.

```
arithmetic.mean <- function(x) sum(x)/length(x)
```

두 가지를 기억해야 한다. sum(x)/length(x)에 대한 결과 값을 ybar와 같은 변수 이름으로 지정하지 않았다는 점과 function(x)의 안에 있는 벡터 x에 대해 나중에 실제 계산을 원하는 벡터를 그 위치에 넣어주기만 하면 된다는 점이다. 함수의 이름을 입력하면 그 내용을 확인할 수 있다.

**arithmetic.mean**
```
function(x) sum(x)/length(x)
```

이제 실제 데이터에 대해 함수를 사용해보자. 먼저 미리 답을 알고 있는 간단한 데이터에 대해 함수를 사용해보고 그 성능을 평가해보자.

**data <- c(3,4,6,7)**

산술평균이 5라는 것을 바로 확인할 수 있다.

**arithmetic.mean(data)**
```
[1] 5
```

작동이 잘된다. 이제 실제 데이터에 적용해보자.

**arithmetic.mean(y)**
```
[1] 1.103464
```

그런데 놀랍게도 이 산술평균을 바로 계산해내는 R 함수가 있다. 더 놀라운 점은 그 이름이 mean이라는 것이다. 앞서 만들었던 arithmetic.mean 함수와 같은 방식으로 사용할 수 있다.

**mean(y)**
```
[1] 1.103464
```

중심 경향에 산술평균만 있는 것은 아니며 산술평균을 계산하는 것이 합당하지 않은 경우도 있다. 가장 큰 문제점은 이상치의 영향을 많이 받는다는 점이다. 극단적으로 크거나 작은 데이터가 산술평균의 결과에 큰 영향을 미칠 수 있다. 이 문제는 뒤에서 다시 다루기로 하고 이상치의 영향에 민감하지 않은 중심 경향으로 넘어가보자. **중앙값**median이라고 하는 것으로, 데이터에서 '가운데에 위치한 값middle value'을 말한다. 중앙값에 대한 함수를 작성하려면 먼저 데이터를 오름차순으로 정렬해야 한다.

**sorted <- sort(y)**

이제 가운데에 위치한 값을 찾으면 된다. 여기서 문제가 하나 있다. 벡터가 짝수의 데이터를 가지고 있다면 가운데의 값이 없다는 것이다. 먼저 벡터가 홀수의 데이터를 가지고 있는 쉬운 경우를 생각해보자. 데이터의 수는 length(y)로 계산하고 그 값을 2로 나눈다.

**length(y)/2**

[1] 19.5

중앙값은 정렬한 데이터에서 20번째 값이다. 중앙값을 확인하기 위해 서브스크립트로 19.5가 아닌 20을 사용해야 하므로 length(y)/2의 결과 값을 정수로 바꿔줘야 한다. 이때 ceiling 함수를 사용해 입력 값보다 큰 정수 중 가장 작은 것을 찾으면 된다.

**ceiling(length(y)/2)**

[1] 20

이제 중앙값을 확인할 차례다.

**sorted[20]**

[1] 1.108847

좀 더 직접적으로 다음과 같이 입력할 수 있다.

**sorted[ceiling(length(y)/2)]**

[1] 1.108847

한 단계 더 발전된 방식으로, 중간 변수인 sorted를 사용하지 않을 수도 있다.

**sort(y)[ceiling(length(y)/2)]**

[1] 1.108847

그런데 벡터의 데이터 수가 짝수인 경우에는 어떻게 해야 할까? 벡터 *y*에서 서브스크립트에 빼기 기호를 사용해 첫 번째 데이터를 제거하고 짝수의 데이터 수를 가진 벡터를 만들어보자.

**y.even <- y[-1]**
**length(y.even)**

[1] 38

가운데의 양쪽에 있는 두 값을 찾아내서 이 두 값의 산술평균을 구하면 된다. y.even 데이터에서는 정렬을 시행하고 19번째와 20번째 데이터를 찾아 산술평균을 구한다.

```
sort(y.even)[19]
```

[1] 1.108847

```
sort(y.even)[20]
```

[1] 1.108853

중앙값은 다음과 같다.

```
(sort(y.even)[19]+sort(y.even)[20])/2
```

[1] 1.10885

19와 20은 다음과 같이 입력해 찾을 수 있다.

```
ceiling(length(y.even)/2)
ceiling(1+length(y.even)/2)
```

앞의 두 가지 방법 중 하나를 선택하기 위해 벡터 $y$가 가지고 있는 데이터 수가 홀수인지 짝수인지 알아보는 쉬운 방법으로 '모듈로<sup>modulo</sup>'라는 연산이 있다. 이 연산은 하나의 정수를 다른 정수로 나눴을 때 나머지를 반환한다. 2로 나눴을 때 짝수는 모듈로 0을, 홀수는 모듈로 1을 갖는다. R에서 모듈로 함수는 %%로 입력한다. 38과 39에 모듈로 함수를 사용해보자.

```
38%%2
```

[1] 0

```
39%%2
```

[1] 1

이제 중앙값 계산 함수를 위한 준비를 마쳤다. 이름을 med로 해서 다음과 같이 만들어보자.

```
med <- function(x) {
    modulo <- length(x)%%2
    if (modulo == 0) (sort(x)[ceiling(length(x)/2)]+sort(x)[ceiling
(1+length(x)/2)])/2
    else sort(x)[ceiling(length(x)/2)]
}
```

if 구문이 참이라면(데이터의 수가 짝수라면) if 구문 바로 뒤에 이어지는 명령문(데이터의 수가 짝수일 때 중앙값을 계산하는 코드)을 따르게 된다. if 구문이 거짓이라면(데이터의 수가 홀수고 modulo==1) else 구문 다음의 명령문(데이터의 수가 짝수일 때 중앙값을 계산하는 코드)을 따른다. 먼저 홀수의 데이터 수를 가진 벡터 y를 인자로 넣어보고, 그다음에는 짝수의 데이터 수를 가진 벡터 y.even을 인자로 넣어본다. 앞에서 계산했던 값과 동일한지 확인해보자.

**med(y)**

[1] 1.108847

**med(y.even)**

[1] 1.10885

동일함을 확인할 수 있다. 이제 그리 놀라지는 않겠지만 중앙값을 계산해주는 R 함수도 존재한다. 눈치챘겠지만 그 이름은 median이다.

**median(y)**

[1] 1.108847

**median(y.even)**

[1] 1.10885

합이 아닌 곱의 형식으로 진행되는 과정에서는 산술평균이나 중앙값은 중심 경향의 척도로 그리 합당하지 않다. 이런 조건에서는 **기하평균**geometric mean을 사용한다. 그 형식적인 정의는 약간 추상적으로 느껴질 수 있다. 기하평균은 데이터를 모두 곱한 값의 $n$ 제곱근이다. 데이터를 모두 곱하는 것을 $\prod$pi라 하며 기하평균은 $\hat{y}$y hat으로 표시한다.

$$\hat{y} = \sqrt[n]{\prod y}$$

쉽게 계산할 수 있는 간단한 예를 생각해보자. 다섯 개의 나무에 있는 벌레의 수가 10, 1, 1,000, 1, 10이다. 이 다섯 개의 수치를 모두 곱하면 100,000이다. 숫자가 다섯 개이므로 5 제곱근을 계산해야 한다. 제곱근을 계산하는 것은 복잡한 부분이므로 R에게 맡긴다. 5 제곱근은 1/5 = 0.2 제곱과 같음을 기억하자. 제곱은 ^ 기호로 나타내며 키보드의 숫자 6 위에 있다.

**100000^0.2**

[1] 10

벌레 수의 기하평균은 10이다. 다섯 개의 수 중에서 두 개는 10임을 고려하면 중심 경향으로 합당한 듯하다. 반면에 산술평균은 10 + 1 + 1,000 + 1 = 10 + 1,022, 1,022/5 = 204.4로 1,000이라는 큰 수의 영향을 많이 받는 것을 볼 수 있다. 다섯 개의 수 중 어떤 것도 204.4에 가까운 것이 없다. 그러므로 이 경우에 산술평균은 중심 경향의 추정치로 합당하지 않다.

```
insects <- c(1,10,1000,10,1)
mean(insects)
```

[1] 204.4

기하평균을 계산하는 또 다른 방법은 로그<sup>logarithms</sup>를 이용하는 것이다. 데이터를 모두 곱하는 대신 각 데이터에 로그를 적용하고 모두 더한다. $n$ 제곱근을 시행하는 대신 n의 수로 나눠준다. 결국 로그 값의 산술평균을 구하는 것이다. 여기에 로그의 영향을 다시 제거하기 위해 *antilog*(exp)를 적용한다. 요약하면, 기하평균은 데이터에 로그를 적용하고 산술평균을 구한 후 이에 대한 *antilog*를 계산해 얻을 수 있다.

```
exp(mean(log(insects)))
```

[1] 10

기하평균을 계산하는 함수 작성은 각자에게 맡기도록 한다.

여러 가지 일반적인 과학적 주제에서 기하평균을 고려해야 할 때가 있다. 다음의 그림을 보자. 이 그림은 시간에 따른 두 집단의 숫자 변화를 보여준다. '어느 집단의 변화가 더 심하다고 볼 수 있을까?' 아마도 위의 선을 생각할 것이다.

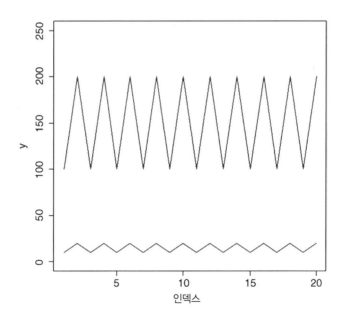

그런데 $y$축의 스케일을 살펴보자. 위 집단은 100, 200, 100, 200, 이런 식으로 변화한다. 달리 말하면 두 배, 0.5배, 두 배, 0.5배 이런 식으로 변하는 것이다. 아래 집단은 10, 20, 10, 20, 10,

20으로 변화한다. 역시 두 배, 0.5배, 두 배, 0.5배로 변하는 것이다. '두 집단의 변화가 같다.' 단지 위 집단의 산술평균이 더 큰 것이다(150과 15). 위 집단의 수치가 아래 집단의 수치보다 더 심하게 변한다고 잘못 판단하지 않기 위해서는 다음을 기억해야 한다. 곱의 형식으로 변화하는 데이터를 다룰 때에는 원래의 데이터에 로그를 적용해 그래프를 그려봐야 한다.

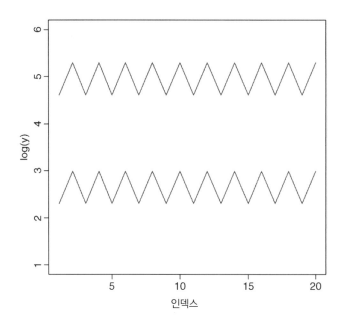

두 집단의 변화가 동일하다는 것이 확실하게 보인다.

마지막으로 조금 다른 중심 경향을 생각해보자. 다음의 예를 보자. 코끼리가 2km 길이의 모서리로 이뤄진 정사각형 모양의 활동 영역을 가지고 있다. 매일 아침 코끼리는 이 영역의 모서리 부분을 걷는다. 첫 번째 모서리는 차분하게 1 km/hr의 속도로 걷는다. 두 번째 모서리에서는 2 km/hr로 속도를 높인다. 세 번째 모서리에서는 4 km/hr로 더욱 속도를 높이지만 곧 지치게 되고 마지막 네 번째 모서리는 1 km/hr의 속도로 걷게 된다. 평균 속도는 얼마나 되는 것일까? 1, 2, 4, 1 km/hr의 속도로 걸었으니까 평균 속도는 $(1 + 2 + 4 + 1)/4 = 8/4 = 2$ km/hr라고 생각할 수도 있다. 그러나 이것은 옳지 않다. 속도는 이동한 거리를 걸린 시간으로 나눈 값이다. 이동한 거리를 계산하는 것은 어렵지 않다. $4 \times 2 = 8$ km다. 걸린 시간은 조금 어렵다. 첫 번째 모서리는 2 km이고 1 km/hr로 걸었으니까 두 시간이 걸린 것이다. 두 번째 모서리는 2 km이고 2 km/hr로 걸었으니까 한 시간이 걸린 것이다. 세 번째 모서리는 2 km이고 4 km/hr로 걸었으니까 0.5시간이 걸린 것이다. 네 번째 모서리는 2 km이고 1 km/hr로 걸었으니까 두 시간이 걸린 것이다. 걸린 시간을 모두 합하면 $2 + 1 + 0.5 + 2 = 5.5$시간이다. 그러므로 평균 속도는 2 km/hr가 아니라 $8/5.5 = 1.4545$ km/hr다.

이 문제를 해결할 수 있는 방법은 **조화 평균**harmonic mean을 사용하는 것이다. **이것은 역수의 평균을 구하고 그 역수를 계산하는 것이다.** 이 예제에서 역수의 평균은 $\left(\frac{1}{1}+\frac{1}{2}+\frac{1}{4}+\frac{1}{1}\right)/4 = 2.75/4 = 0.6875$ 다. 이 평균의 역수가 조화 평균이며 그 값은 $1/0.6875 = 1.4545$다. 조화 평균은 $\tilde{y}$ curl로 나타 낸다.

$$\tilde{y} = \frac{1}{\dfrac{\sum \dfrac{1}{y}}{n}} = \frac{n}{\sum \dfrac{1}{y}}$$

R에서 다음과 같이 두 가지 방식으로 입력할 수 있다.

```
v <- c(1,2,4,1)
length(v)/sum(1/v)
```

```
[1] 1.454545
```

또는 다음과 같다.

```
1/mean(1/v)
```

```
[1] 1.454545
```

## 추가 참고 문헌

Zar, J.H. (2009) *Biostatistical Analysis, 5th edn*, Pearson, New York.

# 4

# 분산

변동성<sup>variability</sup>의 측정은 통계 분석에서 가장 중요한 부분이다. 데이터의 변동성이 클수록 데이터로부터 얻은 모수 추정치의 불확실성<sup>uncertainty</sup>이 늘어나고, 이에 따라 데이터에 대한 경쟁 가설들 사이에서 확실한 구분이 어렵게 된다.

데이터 $y$와 이 데이터에 대해 측정 순서대로 작성한 그래프를 보자.

```
y <- c(13,7,5,12,9,15,6,11,9,7,12)
plot(y,ylim=c(0,20))
```

데이터의 퍼져 있는 양상을 어떻게 수치화할 수 있을까? 가장 간단한 방법은 range 함수를 이용해 $y$ 값의 범위를 확인하는 것이다.

```
range(y)
```

```
[1]  5 15
```

```
plot(1:11,y,ylim=c(0,20),pch=16,col="blue")
lines(c(4.5,4.5),c(5,15),col="brown")
lines(c(4.5,3.5),c(5,5),col="brown",lty=2)
lines(c(4.5,5.5),c(15,15),col="brown",lty=2)
```

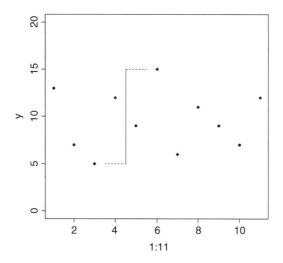

이것이 변동성에 대한 합리적인 측정이 될 수도 있겠으나 이상치에 의해 너무 큰 영향을 받는 다는 단점이 있다. 또한 최댓값과 최솟값만이 아니라 모든 데이터를 고려해 변동성을 확인하는 것이 더 좋을 것이다.

평균을 계산하고 그 평균과 데이터 사이의 거리('잔차residual' 혹은 '편차deviation'라 한다.)를 보는 것은 어떨까?

```
plot(1:11,y,ylim=c(0,20),pch=16,col="blue")
abline(h=mean(y),col="green")
for (i in 1:11) lines(c(i,i),c(mean(y),y[i]),col="red")
```

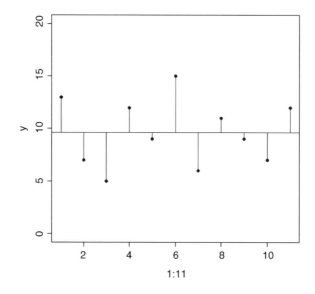

빨간 선이 길수록 데이터의 변동성이 크다고 할 수 있다. 빨간 선의 길이를 더한 $\sum(y - \bar{y})$를 계산하는 것은 어떨까? 음수의 잔차(평균 아래의 데이터들)가 양수의 잔차(평균 위의 데이터들)를 상쇄하기 때문에 별로 좋은 생각은 아닌 것 같다. 데이터의 변동성 특성과 상관없이 $\sum(y - \bar{y})$가 0임을 입증하는 것은 그리 어렵지 않다(박스 4.1을 참고한다).

단 하나의 문제는 마이너스 기호다. 마이너스 기호를 무시하고 잔차의 절댓값을 더해서 $\sum(|y - \bar{y}|)$를 계산하는 것은 어떨까? 변동성의 아주 좋은 척도가 될 수 있을 것 같다. 그래서 최근에 사용되는 경우가 간혹 있기는 하지만 역시 문제점이 있다. 절댓값이라는 기호가 들어가면 수학적으로 미분이 불가능한 부분이 생길 수 있어 이론적 전개가 쉽지 않다. 마이너스 기호를 해결할 수 있는 또 다른 방법은 잔차를 더하기 전에 제곱해서 $\sum(y - \bar{y})^2$를 구하는 것이다. **잔차의 제곱을 제곱합**sum of squares이라 한다. **이것이 아마도 통계학의 전반에서 가장 중요한 개념일 것이다.** 앞의 그래프에서 개별적인 빨간 선의 길이를 제곱한다고 생각해보자.

```
y - mean(y)

[1] 3.3636364 -2.6363636 -4.6363636 2.3636364 -0.6363636 5.3636364
[7] -3.6363636 1.3636364 -0.6363636 -2.6363636 2.3636364
```

---

**박스 4.1.  차이의 합 $\sum(y - \bar{y})$는 0이다**

먼저 차이를 확실하게 적어보자.

$$\sum d = \sum(y - \bar{y})$$

괄호 안의 문자 각각에 대해 $\sum$를 적용한다.

$$\sum d = \sum y - \sum \bar{y}$$

$\sum \bar{y}$가 $n\bar{y}$와 같다는 것이 중요하다. 그러므로 다음과 같이 쓸 수 있다.

$$\sum d = \sum y - n\bar{y}$$

$\bar{y} = \sum y / n$이므로 다음과 같다.

$$\sum d = \sum y - \frac{n\sum y}{n}$$

$n$이 상쇄되므로 다음과 같이 정리할 수 있다.

$$\sum d = \sum y - \sum y = 0$$

---

```
(y - mean(y))^2
```
```
[1] 11.3140496 6.9504132 21.4958678 5.5867769 0.4049587 28.7685950
[7] 13.2231405 1.8595041 0.4049587 6.9504132 5.5867769
```

모든 차이의 제곱을 더한다.

```
sum((y - mean(y))^2)
```
```
[1] 102.5455
```

데이터의 제곱합은 102.5455다. 그런데 단위가 어떻게 될까? 단위는 $y$가 측정된 단위에 의해 결정된다. $y$가 mm 단위의 길이 측정치라 하면 제곱합은 면적과 같은 $mm^2$이다.

12번째 데이터가 추가된다면 제곱합에는 어떤 변화가 일어날까? 물론 커질 것이다. 데이터가 추가되면 제곱합은 당연히 커지게 된다(추가하는 데이터가 평균과 똑같다면 0의 제곱이 더해지므로 제곱합의 변화는 없겠으나 자주 일어나는 일은 아니다). 이렇게 표본 수가 변동성의 측정치에 영향을 주는 것은 바람직하지 않다. 이에 대한 해결책은 제곱합을 표본 수로 나눠 **평균 제곱 편차**mean squared deviation를 구하는 것이다.

이 시점에서 주제를 약간 바꿔보자. 앞으로 이어질 내용들을 이해하는 데 반드시 필요한 부분인 자유도에 대해 생각해보자. 자유도는 그 개념을 확실히 이해하고 넘어가야 한다.

## 자유도

다섯 개의 숫자를 가지고 있는 표본을 생각해보자. 이 표본의 평균이 4라고 하면 다섯 숫자의 합은 20이다. 그렇지 않으면 평균이 4가 될 수 없다. 이제 다섯 개의 숫자를 차례대로 생각해보자.

다섯 개의 네모 안에 숫자를 넣을 수 있다. 양의 정수 혹은 음의 정수 모두 들어갈 수 있다고 할 때 첫 번째 네모에는 어떤 숫자든 다 들어갈 수 있다. 2를 넣어보자.

| 2 | | | | |
|---|---|---|---|---|

두 번째 네모에도 어떤 숫자든 다 들어갈 수 있다. 7을 넣어보자.

| 2 | 7 | | | |
|---|---|---|---|---|

세 번째 네모는 어떨까? 역시 어떤 숫자든 다 들어갈 수 있다. 4를 넣어보자.

| 2 | 7 | 4 | | |
|---|---|---|---|---|

네 번째 네모에도 어떤 숫자든 다 들어갈 수 있다. 0을 넣어보자.

| 2 | 7 | 4 | 0 | |
|---|---|---|---|---|

이제 마지막 네모다. 어떤 숫자가 들어갈 수 있을까? 오직 하나의 숫자만 들어갈 수 있다. 평균이 4이고, 이에 따라 다섯 숫자의 합이 20이므로 7이 들어가야 한다.

| 2 | 7 | 4 | 0 | 7 |
|---|---|---|---|---|

다시 정리해보자. 첫 번째 숫자를 선택할 때는 어떤 숫자든 문제가 되지 않는다. 두 번째, 세 번째, 네 번째 모두 마찬가지로 자유롭게 선택할 수 있다. 그러나 마지막 숫자에서는 선택의 여지가 없다. 다섯 개의 숫자가 있으면 자유도는 4가 되는 것이다. 일반적으로 표본 크기가 $n$인 경우 평균을 추정할 때 $n-1$의 자유도를 갖는다. 다음과 같이 정의를 내릴 수 있다. **자유도는 표본 크기 n에서 데이터로부터 추정하고자 하는 모수 $p$의 수를 뺀 것이다.**

자유도는 매우 중요하므로 반드시 기억해야 한다. 앞에서 봤던 그래프에서 $n = 11$이고 데이터로부터 표본 평균 $\bar{y}$, 즉 하나의 모수를 추정했으므로 자유도는 $n - 1 = 10$이 된다.

## 분산

다시 변동성 측정으로 돌아가보자. 제곱합 $\sum(y - \bar{y})^2$이 변동성을 측정하는 아주 좋은 기초가 되지만 데이터가 추가되면 제곱합도 커진다. 그러므로 표본 크기 $n$으로 제곱합을 나눠 평균 제곱 편차를 구하기로 했다. 그런데 제곱합의 공식 $\sum(y - \bar{y})^2$을 자세히 보자. 표본 평균 $\bar{y}$를 모르면 계산이 안 된다. 그러면 어디에서 표본 평균 $\bar{y}$를 가져와야 할까? 미리 알고 있거나 테이블에서 찾을 수 있는 것이 아니다. 데이터로부터 직접 계산해야 한다. 표본 평균 $\bar{y}$는 **데이터로부터 추정해야 하는 모수다.** 결과적으로 자유도 하나를 잃게 되는 것이다. 그러므로 평균 제곱 편차를 계산할 때 표본 크기 $n$이 아닌 자유도 $n - 1$로 제곱합을 나눠야 한다. 계산 전에 데이터로부터 하나의 모수를 추정했으므로 자유도를 이용해 계산이 이뤄져야 분산<sup>variance</sup>의 불편 추정치<sup>unbiased estimate</sup>를 얻을 수 있다.

이제 변동성 측정치의 공식을 살펴보자. 분산이라고 하며 $s^2$으로 나타낸다.

$$분산 = \frac{제곱합}{자유도}$$

가장 중요한 공식 중 하나이므로 반드시 기억하자. 수학적 공식으로 바꿔보자.

$$분산 = s^2 = \frac{\sum(y - \bar{y})^2}{n - 1}$$

이 공식을 R 함수로 작성해보자. 이미 필요한 부분들은 다 갖춰져 있다. 제곱합은 sum((y-mean(y))^2)로 계산한다. 자유도를 위해 벡터 $y$의 길이를 알아야 한다. 이것은 length(y)로 구할 수 있다. 함수 이름을 variance로 하고 다음과 같이 작성한다.

```
variance <- function (x) sum((x-mean(x))^2)/(length(x)-1)
```

이제 데이터에 함수를 적용한다.

```
variance(y)
```

```
[1] 10.25455
```

이제 R이 분산을 계산하는 함수를 자체적으로 가지고 있다고 해도 별로 놀라지 않을 것이다. 이름은 간단하게 var이다.

```
var(y)
```

```
[1] 10.25455
```

분산은 통계 분석에서 무수한 방식으로 사용된다. 이번 절은 이 책에서 가장 중요한 부분이므로 분산과 그 계산 과정(박스 4.2)에 대해 확실히 이해될 때까지 반복해서 읽어주기 바란다.

---

### 박스 4.2. 제곱합 $\sum(y-\bar{y})^2$의 간단한 공식

분산의 공식에서 가장 큰 문제는 뺄셈 $(y-\bar{y})^2$이 포함돼 있다는 것이다. 제곱합을 계산하는 더 간단한 방법이 있다. 먼저 뺄셈의 제곱을 풀어서 써보자.

$$(y-\bar{y})^2 = (y-\bar{y})(y-\bar{y}) = y^2 - 2y\bar{y} + \bar{y}^2$$

지금까지 별문제가 없어 보인다. 이제 $\sum$를 적용해보자.

$$\sum y^2 - 2\bar{y}\sum y + n\bar{y}^2 = \sum y^2 - 2\frac{\sum y}{n}\sum y + n\left[\frac{\sum y}{n}\right]^2$$

$\sum \bar{y}$는 $n\bar{y}$로, $\bar{y}$는 $\sum y/n$으로 각각 대체하고 결국 $y$에 대한 $\sum$ 계산으로 정리된다. $n$을 상쇄하고 다음과 같이 쓸 수 있다.

$$\sum y^2 - 2\frac{\left[\sum y\right]^2}{n} + n\frac{\left[\sum y\right]^2}{n^2} = \sum y^2 - \frac{\left[\sum y\right]^2}{n}$$

제곱합의 간단한 공식이 완성됐다. 데이터로부터 $y$의 제곱합 $\sum y^2$과 $y$ 총합의 제곱 $\left[\sum y\right]^2$, 이렇게 두 개의 추정치만 계산하면 된다.

---

## 분산: 실전 예제

다음 데이터는 세 곳의 채소 농원으로부터 얻은 것이며 10일 동안 측정한 pphm 단위의 오존 농도를 보여준다.

```
ozone <- read.csv("c:\\temp\\gardens.csv")
attach(ozone)
ozone

     gardenA    gardenB   gardenC
1          3          5         3
2          4          5         3
3          4          6         2
4          3          7         1
5          2          4        10
6          3          4         4
7          1          3         3
8          3          5        11
9          5          6         3
10         2          5        10
```

분산을 계산하는 첫 번째 과정은 평균의 계산이다.

```
mean(gardenA)
```

```
[1] 3
```

각 데이터에서 평균값(3)을 뺀다.

```
gardenA - mean(gardenA)
```

```
[1] 0 1 1 0 -1 0 -2 0 2 -1
```

길이가 10인 차이의 벡터가 만들어진다. 이 차이들을 제곱해야 한다.

```
(gardenA - mean(gardenA))^2
```

```
[1] 0 1 1 0 1 0 4 0 4 1
```

그리고 이 제곱을 모두 더한다.

```
sum((gardenA - mean(gardenA))^2)
```

```
[1] 12
```

이 값이 바로 '제곱합'이다. 분산은 제곱합을 자유도로 나눈 것이다. 10개의 수를 가지고 있으며 제곱합을 계산하기 위해 데이터로부터 하나의 모수(평균)를 추정했으므로 $10 - 1 = 9$의 자유도를 가진다.

```
sum((gardenA - mean(gardenA))^2)/9
```

```
[1] 1.333333
```

농원garden A의 평균 오존 농도는 3.0이고 분산은 1.33이다. 이제 농원 B에 대해 계산해보자.

```
mean(gardenB)
```

```
[1] 5
```

농원 A의 평균 오존 농도 3.0보다 크다. 분산은 어떨까?

```
gardenB - mean(gardenB)
```

```
 [1]  0  0  1  2 -1 -1 -2  0  1  0
```

```
(gardenB - mean(gardenB))^2
```

```
 [1]  0  0  1  4  1  1  4  0  1  0
```

```
sum((gardenB - mean(gardenB))^2)
```

```
[1] 12
```

```
sum((gardenB - mean(gardenB))^2)/9
```

```
[1] 1.333333
```

흥미로운 점이 하나 보이는데, 평균값은 다르지만 분산이 같다는 것이다($s^2 = 1.33333$). 농원 C는 어떨까?

```
mean(gardenC)
```

```
[1] 5
```

평균 오존 농도는 농원 B와 같다.

```
gardenC - mean(gardenC)
```

```
 [1] -2 -2 -3 -4  5 -1 -2  6 -2  5
```

```
(gardenC - mean(gardenC))^2
```

```
 [1]  4  4  9 16 25  1  4 36  4 25
```

```
sum((gardenC - mean(gardenC))^2)
```

```
[1] 128
```

```
sum((gardenC - mean(gardenC))^2)/9
```

```
[1] 14.22222
```

농원 B와 C의 평균이 같지만 분산은 다르다(1.33과 14.22). 분산이 통계적으로 의미 있게 다르다고 할 수 있을까? 이것을 알기 위해 큰 수치의 분산을 작은 수치의 분산으로 나눠 $F$ 검정을 시행한다.

```
var(gardenC)/var(gardenB)
```

```
[1] 10.66667
```

두 분산이 실제로 같다고 할 때 우연히 10.66667보다 더 큰 값을 얻게 될 확률을 생각해보자. 이 확률을 확인하기 위해 $F$ 분포의 누적 확률<sup>cumulative probability</sup>이 필요한데, 이것은 R에서 pf라는 함수를 이용해 계산할 수 있다. pf 함수는 분산의 비(10.667), 분자의 자유도(9), 분모의 자유도(9), 이렇게 세 개의 인자를 갖는다. 어느 농원이 더 큰 분산을 가지는지 미리 알지 못하므로 양측 검정<sup>two-tailed test</sup>을 시행한다(간단히 확률에 2를 곱하면 된다).

```
2*(1 - pf(10.667,9,9))
```

```
[1] 0.001624002
```

이 확률은 5%보다 작으므로 두 분산 간에 통계적으로 유의한 차이가 있다고 결론 내릴 수 있다. R의 내재 함수를 사용해 $F$ 검정을 시행할 수도 있다.

```
var.test(gardenB,gardenC)
        F test to compare two variances
data: gardenB and gardenC
F = 0.0938, num df = 9, denom df = 9, p-value = 0.001624
alternative hypothesis: true ratio of variances is not
95 percent confidence interval:
 0.02328617 0.37743695
sample estimates:
ratio of variances
        0.09375
```

두 분산은 통계적으로 유의한 차이가 있다. 그런데 이것이 왜 중요한 것일까?

다음의 내용은 매우 중요하므로 확실히 이해할 수 있을 때까지 반복해서 읽어주기 바란다. 농원 A와 B는 평균이 다르지만 분산은 같다. 분산이 같다는 것은 두 개의 평균(스튜던트 $t$ 검정)이나 세 개 이상의 평균(분산 분석)을 비교할 때의 가정 사항이다. **등분산**은 대부분의 통계 분석에서 가장 중요한 가정이라 할 수 있다.

농원 B와 C는 평균은 같지만 분산이 다르다. 두 표본의 평균이 같으면 두 표본은 동일한 모집단으로부터 나온 것이라 할 수 있을까? 아니다. 좀 더 깊게 생각해보자. 상추의 오존 농도 피해 한계치damage threshold는 8pphm이다. 농원 B와 C의 평균 오존 농도는 피해 한계치를 넘지 않는다 (두 농원의 평균 오존 농도 5는 피해 한계치 8의 아래에 있다). 농원 B의 실제 데이터를 보자. 8보다 큰 측정치를 보이는 날이 있는가? 어떤 날도 피해 한계치를 넘는 측정치를 보이지 않는다. 농원 C는 어떤가?

**gardenC**

```
[1]  3  3  2  1  10  4  3  11  3  10
```

농원 C의 데이터에서는 열흘 중 3일이 피해 한계치를 넘는 수치를 보인다. 전체 시간의 30%에서 상추가 오존 피해를 입는 것이다. 이것이 핵심 사항이다. 분산이 다르면 평균을 비교해서 추론을 이끌어낼 수 없다. 평균만 고려하면 농원 B와 C는 같은 오존 농도를 보이고 상추의 오존 피해가 없다고 결론을 내릴 수 있겠으나 데이터를 자세히 들여다보면 완전히 틀렸음을 알 수 있다. 농원 C에서는 전체 시간의 30%에서 오존 피해를 입을 수 있으며 농원 B에서는 피해를 입는 순간이 없다.

**분산이 다르다면 평균을 비교해서는 안 된다.** 이를 무시하고 분석을 진행하면 틀린 결론에 이를 위험성이 높아진다.


## 분산과 표본 크기

표본 크기(반복 시행 수)와 분산의 관계를 이해하는 것은 매우 중요하다. 이에 대한 간단한 모의실험을 생각해보자.

```
plot(c(0,32),c(0,15),type="n",xlab="Sample size",ylab="Variance")
```

rnorm 함수를 사용해 정규분포로부터 임의의 수를 선택하고자 한다. 분포는 평균 10, 표준편차 2(분산의 제곱근이 2인 것이므로 $s^2 = 4$)로 지정한다. $n = 3$과 $n = 31$ 사이에서 표본 크기에 대한 분산을 계산하는데 각 표본 크기에서 독립적인 30번의 경우를 그래프로 작성한다.

```
for (n in seq(3,31,2)) {
for( i in 1:30){
x <- rnorm(n,mean=10,sd=2)
```

```
points(n,var(x)) }}
```

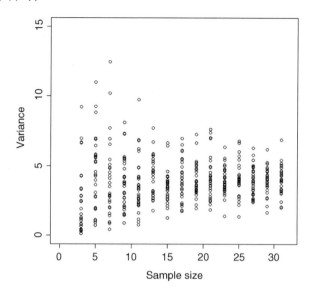

표본 크기가 작아짐에 따라 분산의 추정치 범위가 커지는 것을 볼 수 있다(모집단의 분산 $s^2 = 4$ 로 일정하다는 점을 기억해야 한다). 이 현상은 표본 크기가 13보다 작을 때 두드러지고 7 이하에서 는 매우 심하다. $n = 31$일 때처럼 표본 크기가 어느 정도 커도 분산은 세 배 정도의 차이를 보일 수 있다(가장 오른쪽에서 분산의 범위는 대략 2에서 6까지다). 이런 면에서 보면 표본의 수가 작은 경우 분산은 그 변화가 심할 수 있으며 이로 인해 추정과 가설 검정에 심각한 영향을 미칠 수 있다.

'얼마나 많은 표본을 확보해야 할까?' 이 질문에 대해 통계학자들은 종종 다른 질문을 던진다. '얼마나 많은 표본을 확보할 수 있는가?' 특별한 문제가 없다면 30 정도면 좋은 표본이 될 수 있 을 것 같다. 30보다 작으면 작은 표본, 10보다 작으면 매우 작은 표본이라 생각할 수 있다. 30보 다 크면 필요 이상일 수도 있다. 표본 수에 대한 부분을 좀 더 객관적으로 판단할 수 있는 검정력 분석power analysis을 나중에 설명하겠지만 일단 30개 정도의 표본을 확보했다면 크게 문제 되지 않을 것이라 생각해도 된다.

## 분산의 사용

분산을 사용하는 두 가지 주요한 목적은 다음과 같다.

- 비신뢰도unreliability의 측정(예: 신뢰구간confidence interval)
- 가설 검정(예: 스튜던트 $t$ 검정)

# 비신뢰도의 측정

데이터의 분산이 커지면 모수 추정치에 어떤 영향을 줄 수 있을까? 분산이 커질수록 비신뢰도도 커진다. 그러므로 비신뢰도 공식의 분자에 분산을 놓을 수 있다

$$\text{비신뢰도} \propto s^2$$

표본 크키에 대해서도 생각해보자. 표본 크기 $n$이 커지면 비신뢰도가 어떤 방향으로 변하기를 바라는가? 아마도 표본 크기가 커질수록 비신뢰도는 작아지기를 바랄 것이다. 그러므로 비신뢰도 공식의 분모 위치에 표본 크기를 놓는다.

$$\text{비신뢰도} \propto \frac{s^2}{n}$$

마지막으로 비신뢰도의 단위에 대해 생각해보자. 현재까지의 공식에서 단위는 어떻게 될까? 표본 크기에는 단위가 없으나 분산은 차이의 제곱합에 기초하므로 제곱의 차원$^{dimensions}$을 갖게 된다. 평균의 단위가 길이를 나타내는 cm이라면 분산은 cm²이 된다. 조금 복잡해진다. 모수의 차원과 같은 차원을 가진 비신뢰도 측정치가 있으면 좋을 것 같다. 그래서 비신뢰도의 공식에 제곱근 기호가 나타나는 것이다. 이런 배경 아래에서 사용하게 된 비신뢰도의 측정치가 **표준오차**다. 방금 유도했던 공식은 **평균**의 **표준오차**다.

$$SE_{\bar{y}} = \sqrt{\frac{s^2}{n}}$$

매우 중요한 공식이므로 반드시 기억해야 한다. 각 농원의 평균 오존 농도에 대한 표준오차를 계산해보자.

```
sqrt(var(gardenA)/10)
```

```
[1] 0.3651484
```

```
sqrt(var(gardenB)/10)
```

```
[1] 0.3651484
```

```
sqrt(var(gardenC)/10)
```

```
[1] 1.19257
```

문서 작성 시에는 다음과 같이 요약할 수 있다.

'농원 A의 평균 오존 농도는 $3.0 \pm 0.365\,\text{pphm}$(1 표준오차, 표본 수 = 10)이다.'

± 기호 다음에 비신뢰성 측정치, 단위를 기록하고 괄호 안에 비신뢰도 측정치에 대한 정보(이

경우 1 표준오차)와 표본 수를 넣어준다. 지나치게 형식적으로 보일 수도 있을 것이다. 그러나 이렇게 나타내지 않으면 읽는 입장에서는 비신뢰도 측정치에 어떤 종류의 것을 사용했는지 알 수 없다. 예를 들어 1 표준오차 대신에 95% 신뢰구간 또는 99% 신뢰구간을 사용할 수도 있다.

## 신뢰구간

신뢰구간은 표본 추출이 반복해서 이뤄졌을 때 평균이 놓일 수 있는 범위를 나타낸다. 바로 이해하기에 어렵기는 하지만 매우 중요한 개념이다. 비신뢰도가 크면 신뢰구간도 명백히 넓어질 것이다.

$$\text{신뢰구간} \propto \text{비신뢰도 측정치} \propto \sqrt{\frac{s^2}{n}}$$

그런데 '신뢰'란 무엇일까? 이해하기 참 어려운 내용이다. 반복적인 표본 추출에 의해 계산된 평균이 구간 안에 놓일 신뢰성이 높다는 것은 구간이 넓다는 것일까? 아니면 좁다는 것일까? 생각을 좀 깊이 해봐야 할 것이다. 한참 생각해보면 신뢰성을 높이기 위해서는 구간이 넓을수록 좋을 것이라는 결론에 이른다. 통계라는 학문에서 어떤 것도 절대적으로 확실한 것은 없다. 그러려면 구간이 무한대로 넓어야 한다.

신뢰의 구간을 여러 수준으로 조정하면서 다른 폭의 신뢰구간을 만들어낼 수 있다. 신뢰의 폭을 넓히려면 구간이 넓어져야 한다. 앞의 신뢰구간 공식에서 비례(∝)의 표현을 어떻게 등호(=)로 바꿀 수 있을까? 이에 대한 답은 적절한 분포의 적용이다.

표본의 크기가 정규분포를 적용하기에 너무 작다면($n < 30$) 전통적으로 스튜던트 $t$ 분포를 사용한다. 여러 신뢰 수준에 대한 스튜던트 $t$ 분포의 값은 qt 함수를 사용하면 확인할 수 있는데 $t$ 분포의 분위수quantile를 반환한다. 모수가 추정치보다 클 수도 있고 작을 수도 있으므로 신뢰구간은 항상 양측으로 제시한다. 95% 신뢰구간을 계산하려면 $\alpha = 0.025$의 스튜던트 $t$ 분포 값을 알아야 한다(0.01(100% − 95%)/2). 분포의 왼쪽 꼬리(0.025)와 오른쪽 꼬리(0.975)에 대해 각각 계산이 이뤄져야 한다.

**qt(.025,9)**

[1] -2.262157

**qt(.975,9)**

[1] 2.262157

qt 함수의 첫 번째 인자는 확률이고 두 번째 인자는 자유도다. 평균에서 −2.262 표준오차 위치보다 작은 값들은 전체의 2.5%($p = 0.025$)이고, 2.262 표준오차 위치보다 큰 값들도 전체의 2.5%($p = 0.975$)다. 스튜던트 $t$ 값은 특정한 확률과 자유도에 대응하는 표준오차를 나타낸다.

99% 신뢰의 *t* 값(양쪽 꼬리의 0.005)은 95%의 *t* 값보다 크다.

```
qt(.995,9)
```
```
[1] 3.249836
```

99.5% 신뢰의 *t* 값(양쪽 꼬리의 0.0025)은 99%의 *t* 값보다 약간 크다.

```
qt(.9975,9)
```
```
[1] 3.689662
```

　스튜던트 *t* 값이 신뢰구간의 폭을 계산하는 공식에 포함되므로 신뢰의 정도가 증가함에 따라 신뢰구간의 폭이 증가함을 쉽게 알 수 있다. 공식의 다른 요소인 표준오차는 신뢰 수준에 의해 영향을 받지 않는다. 표본 수가 작은 경우($n < 30$) 평균의 신뢰구간은 다음과 같은 공식으로 요약할 수 있다.

$$신뢰구간 = t\ 값 \times 표준오차$$

$$95\%\ 신뢰구간 = t_{(\alpha=0.025,\ \text{d.f.}=9)} \sqrt{\frac{s^2}{n}}$$

　농원 B의 경우 다음과 같이 계산할 수 있다.

```
qt(.975,9)*sqrt(1.33333/10)
```
```
[1] 0.826022
```

문서 작성 시에는 다음과 같이 요약할 수 있다.
　'농원 B의 평균 오존 농도는 $5.0 \pm 0.826\,\text{pphm}$(95% 신뢰구간, 표본 수 = 10)이다.'

## 부트스트랩

신뢰구간을 계산하는 전혀 다른 방법으로 부트스트랩이 있다. 아무것도 없는 상태에서 어떤 것을 만들어내는 방식으로 이해하면 된다. 개념은 매우 간단하다. *n*개의 측정치를 가진 하나의 표본이 있다고 하자. 이 표본으로부터 너무나 많은 방식으로 다시 표본 추출을 할 수 있을 것이다. 이때 복원이 가능한 추출을 가정한다. 이제 각 표본의 평균을 계속해서 계산하면 된다. 이렇게 얻어진 평균들을 가지고 신뢰구간을 구하면 된다. 이때 quantile 함수를 이용해 신뢰구간의 범위를 지정할 수 있다. 예를 들어 95% 신뢰구간을 원한다면 c(0.0275, 0.975)를 quantile 함수의 인자로 지정해주면 된다. 다음 데이터를 보자.

```
data <- read.csv("c:\\temp\\skewdata.csv")
attach(data)
names(data)
```

```
[1] "values"
```

　　표본 크기 *k*를 5와 30 사이에서 3의 간격으로 지정하고 각 표본 크기에서 10,000개의 독립적인 표본을 벡터 values로부터 sample 함수를 사용해 추출한다. 이때 replace=T로 인자를 지정해 복원 추출을 시행한다.

```
plot(c(0,30),c(0,60),type="n",xlab="Sample size",
                        ylab="Confidence interval")
for (k in seq(5,30,3)){
    a <- numeric(10000)
    for (i in 1:10000){
        a[i] <- mean(sample(values,k,replace=T))
    }
points(c(k,k),quantile(a,c(.025,.975)),type="b",pch=21,bg="red")
}
```

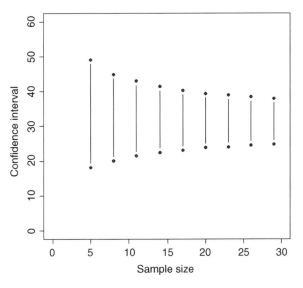

　　표본 크기가 20이 넘을 때까지는 신뢰구간이 급속하게 좁아지며 그 이후부터는 완만한 양상을 보인다. *n* = 30일 때 부트스트래핑에 의한 신뢰구간은 다음과 같다.

```
quantile(a,c(0.025,0.975))
```

```
2.5%  97.5%
24.86843  37.6895
```

(무작위 추출에 의한 계산이므로 약간 다른 결과 값을 얻을 것이다.) 신뢰구간 공식에 의한 값의 범위와 부트스트래핑에 의한 값의 범위를 비교해보자. 신뢰구간 공식에 의한 수치는 $1.96\sqrt{\frac{s^2}{n}}$ $= 1.96\sqrt{\frac{337.065}{30}}$ 이다. 이 수치를 이용하면 24.39885에서 37.53846 사이의 범위를 얻을 수 있다. 이 범위는 부트스트래핑에 의해 얻어진 범위와 거의 비슷함을 알 수 있다. 그러나 완전히 똑같지는 않다.

부트스트래핑에 의한 두 개의 신뢰구간을 공식에 의해 구한 두 개의 신뢰구간과 비교해보자. 먼저 정규분포에 의한 범위를 파란색 실선으로 나타내보자.

```
xv <- seq(5,30,0.1)
yv <- mean(values)+1.96*sqrt(var(values)/xv)
lines(xv,yv,col="blue")
yv <- mean(values)-1.96*sqrt(var(values)/xv)
lines(xv,yv,col="blue")
```

다음으로 스튜던트 $t$ 분포에 의한 범위를 초록색 점선으로 나타내보자.

```
yv <- mean(values)-qt(.975,xv-1)*sqrt(var(values)/xv)
lines(xv,yv,lty=2,col="green")
yv <- mean(values)+qt(.975,xv-1)*sqrt(var(values)/xv)
lines(xv,yv,lty=2,col="green")
```

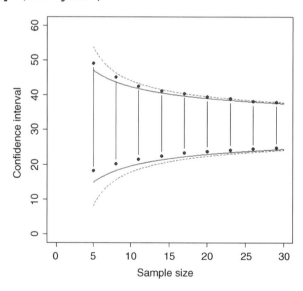

범위의 상한 값을 먼저 보자. 부트스트래핑에 의한 구간(수직선과 빨간색 기호)은 정규분포에 의한 구간(파란색 실선)과 스튜던트 $t$ 분포에 의한 구간(초록색 점선) 사이에 있다. 그러나 하한 값에서는 양상이 다르다. 이것은 데이터가 보이는 왜도$^{skewness}$ 때문인데, 이에 따라 작은 수치이기는 하지만 부트스트래핑에 의한 값이 정규분포나 스튜던트 $t$ 분포에 의한 값과는 조금 다르다. 표본 크기가 작을 때 스튜던트 $t$ 분포를 이용한 신뢰구간 계산에 표본 크기 $n$이 공식에 두 번 들어가는 사실을 기억해야 한다. 한 번은 표준오차 공식의 분모로 사용되고, 또 한 번은 $t$ 분포의 분위수 qt(0.975, n-1)의 인자로 사용된다. 이런 이유 때문에 표본 크기가 작을수록 정규분포와 $t$ 분포의 구간 상한 값과 하한 값에서 큰 차이가 발생하는 것이다.

그렇다면 어떤 종류의 신뢰구간을 선택하는 것이 좋을까? 나는 가정이 거의 필요 없는 부트스트래핑을 선호한다. 앞의 데이터에서는 왜도에 의해 평균 위와 아래로 신뢰구간의 비대칭이 관찰된다($n = 30$일 때 평균 위로 6.7, 평균 아래로 6.1). 정규분포와 스튜던트 $t$ 분포에서는 왜도가 없다고 가정하기 때문에 데이터가 실제로 어떤 양상을 보이더라도 신뢰구간은 대칭성을 보인다.

## 이분산성

반응 변수의 평균값에 따라 분산이 다르지 않다는 것은 전통적 통계 분석에서 가장 중요한 가정 중 하나다. 좋은 모형은 분산과 평균의 관계에 대한 관찰치가 가정을 충족시켜야 한다. 적합 값fitted values에 대한 표준화 잔차standardized residuals의 그래프는 밤하늘의 별과 같다(모든 그래프의 범위에 데이터 점들이 무작위로 퍼져 있다). 잔차가 퍼져 있는 정도나 양상에 대해 특정한 경향성을 찾을 수는 없다. 가장 자주 보는 문제는 평균이 커짐에 따라 분산이 증가하는 양상인데, 오른쪽 그래프처럼 잔차가 부채 모양으로 퍼져 있는 모양을 나타낸다.

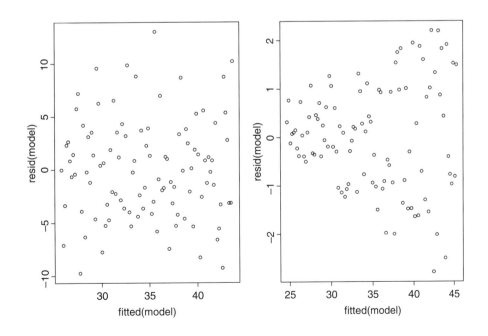

왼쪽의 그래프가 이상적이다. 적합 값에 따른 잔차의 분포가 특정한 양상을 보이지 않는다. 오른쪽 그래프에서는 문제점을 찾을 수 있다. **이분산성**non-constant variance, heteroscedasticity이 관찰된다.

## 추가 참고 문헌

Rowntree, D. (1981) *Statistics without Tears: An Introduction for Non-Mathematicians*, Penguin, London.

# 5

# 하나의 표본

하나의 표본을 가지고 있을 때 알아보고 싶은 것은 다음과 같을 것이다.

- 평균값이 얼마나 될까?
- 평균값과 실제 평균값이라고 생각하는 값 간의 차이에 통계적 유의성이 있을까?
- 평균 추정치의 불확실성 수준이 어느 정도나 될까?

통계적 추론에 대한 신뢰도를 고려할 때 데이터의 분포에 대해 다음과 같은 사항들을 먼저 확인해봐야 한다.

- 데이터가 정규분포normal distribution를 따르는가?
- 데이터에 이상치가 존재하는가?
- 데이터가 일정한 시간에 걸쳐 모아졌다면 계열 상관serial correlation의 근거가 있는가?

비정규성, 이상치, 계열 상관은 스튜던트 $t$ 검정과 같은 모수적 검정의 추론을 무효화할 수 있는 근거가 된다. 비정규성이나 이상치가 있는 경우에는 윌콕슨 부호 순위 검정Wilcoxon's signed rank test과 같은 비모수 검정 기법을 사용하는 것이 바람직하다. 계열 상관의 경우에는 시계열 분석이나 혼합 효과 모형을 적용해야 한다.

## 하나의 표본에서 데이터 요약

데이터 요약을 위해 먼저 example.csv 파일로부터 $y$라는 데이터를 가져온다.

```
data <- read.csv("c:\\temp\\example.csv")
attach(data)
names(data)
```

```
[1] "y"
```

데이터 요약의 방법은 매우 간단하다. R의 `summary` 함수를 사용한다.

```
summary(y)
```

```
    Min.  1st Qu.  Median   Mean  3rd Qu.   Max.
   1.904    2.241   2.414  2.419    2.568  2.984
```

y라는 벡터에 대한 여섯 개의 정보를 확인할 수 있다. 가장 작은 값은 1.904이고(minimum을 나타내는 Min.으로 표시) 가장 큰 값은 2.984다(maximum을 나타내는 Max.로 표시). 중심 경향을 나타내는 두 값을 확인할 수 있다. 중앙값은 2.414이고 산술평균은 2.419다. '1st Qu.'와 '3rd Qu.'가 조금 생소할 수 있다. 'Qu.'는 사분위수quartile의 약자로 데이터의 1/4을 뜻한다. 첫 번째 사분위수는 데이터의 가장 작은 25%의 경계를 나타내는 값이다. 중앙값은 그 정의로 볼 때 두 번째 사분위수다(데이터의 반은 중앙값보다 작다). 세 번째 사분위수는 데이터의 가장 큰 25%의 경계를 나타내는 값이다(y 값들의 75%는 세 번째 사분위수보다 작으므로 75퍼센타일이라고도 한다). 이 요약 값들은 박스 플롯을 통해 쉽게 나타낼 수 있다.

```
boxplot(y)
```

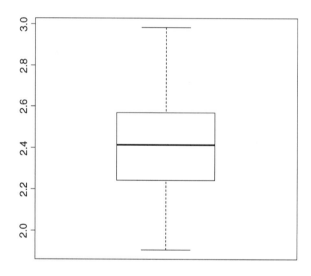

이 안에는 너무나 많은 정보가 있다. 박스 안의 굵은 선은 y의 중앙값을 나타낸다. 박스 위의 경계가 75퍼센타일이고 아래의 경계가 25퍼센타일이다. 박스는 대개 데이터의 가운데 50%가 놓이는 부분을 보여준다(이를 '사분위 범위interquantile range'라 하고 박스 플롯에서 2.25와 2.55 사이임을 알 수 있다). 중앙값을 경계로 해 박스의 굵은 선 위와 아래의 크기가 많이 다르다면 이것은 데이터의 비대칭성, 즉 왜도를 나타내는 것이다. 박스 위와 아래의 수염whiskers은 데이터 y의 최댓값과 최솟값을 나타낸다(데이터가 '이상치'를 가지고 있는 경우 어떻게 보이는지에 대해서는 뒤에서 설명한다).

하나의 표본에서 사용하는 다른 종류의 그래프로는 히스토그램이 있다.

```
hist(y)
```

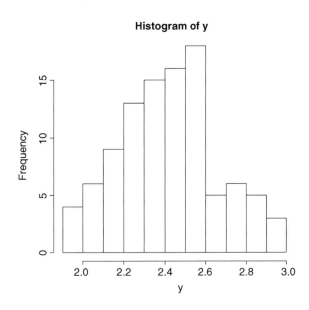

히스토그램은 지금까지 다뤘던 그래프들과는 기본적으로 다른 부분이 있다. 지금까지는 반응 변수가 항상 $y$축(세로 좌표)에 놓였지만 히스토그램에서는 반응 변수가 $x$축(가로 좌표)에 위치한다. 히스토그램에서 $y$축은 반응 변수가 관찰된 빈도frequency를 나타낸다. 데이터 $y$의 히스토그램에서는 2.0보다 작거나 2.8보다 큰 반응 변수의 빈도가 작음을 알 수 있다. 반응 변수 관찰 값의 빈도가 2.4와 2.6 사이의 범위에서 가장 높은 것을 볼 수 있다. 히스토그램은 확률 밀도 함수probability density function와 연관성이 있다. 이 책의 여기저기에서 매우 중요한 통계 분포들을 만나게 될 것이다. 이미 정규분포와 스튜던트 $t$ 분포는 만나봤고, 앞으로 포아송, 이항, 음이항negative binomial 분포를 보게 될 것이다. 이런 분포들의 공통점은 가로 좌표에 $y$ 값을, 세로 좌표에 그 $y$ 값에 대응하는 확률 밀도를 나타내는 것이다. 일반적인 그래프와 확률 분포를 혼동하지 않도록 주의해야 한다(1장 참고).

앞의 히스토그램에서는 최빈값(2.5에서 2.6)을 중심으로 대칭성을 보이지 않는다. 최빈값 아래로는 여섯 개의 막대가 있지만 최빈값 위로는 네 개의 막대가 있다. 이런 데이터에 대해 '왼쪽으로 왜도를 보인다.'고 표현한다. 히스토그램의 왼쪽으로 긴 꼬리를 볼 수 있다.

처음에는 간단해 보이지만 히스토그램에는 여러 가지 깊게 생각해봐야 할 부분이 있다. 아마도 가장 중요한 주제는 막대의 넓이, 즉 구분의 범위를 설정하는 문제다(통계적으로는 빈bin 너비라고 표현한다). 정수들만으로 이뤄진 데이터라면 별다른 어려움이 없을 수 있다($y$의 각 정수값에 대해 히스토그램의 막대를 하나씩 그려주면 된다). 그러나 연속형 실수들로 이뤄진 데이터라면 문제가 어려워진다. 앞의 데이터 $y$를 보자. 길이가 100인 벡터에 서로 다른 값의 데이터가 얼마나 많이 있을까? 이에 대한 답을 얻기 위해 사용할 수 있는 적절한 함수는 table이다. 모든 $y$ 값을 보는 것이 중요한 것이 아니라 다른 값의 수만 확인하면 된다. table을 사용해 다른 $y$ 값들에 대한 구분을 시행한 후 그 길이를 세기만 하면 된다.

```
length(table(y))
```

```
[1] 100
```

결과 값을 통해 어느 값에 대해서도 반복이 없음을 알 수 있고, 각 값에 대해 히스토그램을 그려보면 별로 얻을 정보가 없다(이런 그래프를 '러그$^{rug}$ 플롯'이라 하며 각 $y$ 값에 대해 짧은 수직의 막대가 하나씩 위치한다).

```
plot(range(y),c(0,10),type="n",xlab="y values",ylab="")
for (i in 1:100) lines(c(y[i],y[i]),c(0,1),col="blue")
```

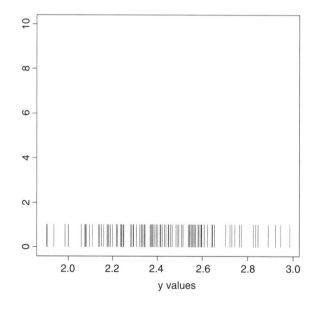

이제 R이 히스토그램을 설계하는 과정을 살펴보자. $x$축은 0.2 단위마다 표시가 있으며 각 표시 사이에 두 개의 막대가 있다. 그러므로 빈 너비는 0.1이다. R은 가장 적당한 형식의 히스토그램을 만들어내기 위해 간단한 원칙 아래에서 움직인다. 적당한 막대의 숫자를 갖추는 것이 중요하다(너무 작은 수의 막대는 땅딸막한 모양으로 보이며 반대로 너무 많은 수의 막대는 고르지 않은 모양으로 보일 수 있다). 앞의 히스토그램은 11개의 빈을 가지고 있다. 그다음의 판단 기준으로는 적당한 빈 너비다. 앞의 히스토그램에서는 정확히 0.1 단위의 빈 너비를 가지고 있다. 범위의 1/10이나 diff와 range 함수를 이용해 계산한 1/11은 0.1에 가깝기는 하지만 정확히 0.1은 아니다.

```
(max(y)-min(y))/10
```

```
[1] 0.1080075
```

```
diff(range(y))/11
```

```
[1] 0.09818864
```

여러 가지 면에서 볼 때 0.1이 가장 합당할 것으로 보인다. 뒤에서 다시 보겠지만 빈 너비도 조정이 가능하다. 또한 비교를 위해 두 개의 히스토그램을 그리는 것도 가능하다.

잘 이해하고 있어야 할 또 하나의 사항은 정확히 경계에 있는 값을 어느 빈에 포함시켜야 하는지에 대한 R의 결정 방식이다. 범위가 낮은 쪽의 빈(왼쪽) 또는 높은 쪽의 빈(오른쪽), 아니면 동전을 던져서(앞면은 왼쪽 빈, 뒷면은 오른쪽 빈) 결정하는 등 여러 가지 방법이 있을 것이다. 처음에는 이해하기 어려운 부분일 것이다. 히스토그램의 특정한 하나의 막대를 생각해보자. 그 막대의 아래쪽 경계 값이 a이고 위쪽 경계 값을 b라고 할 때 그 포함 방식 및 표현에 대해 살펴보자. 먼저 둥근 괄호와 꺾쇠 괄호의 사용((a,b] 또는 [a,b))을 이해해야 한다. 꺾쇠 괄호와 이어진 숫자는 막대에 포함되고 둥근 괄호와 이어진 숫자는 막대에서 제외된다. (a,b]와 같은 형식이 R의 기본 설정으로 b를 포함하고 a를 제외한다는 의미를 담고 있다(함수 정의로 보면 right=TRUE와 같다). 앞의 히스토그램에서 최빈값 빈의 범위는 2.5와 2.6이다. 이것은 (2.5,2.6]으로 표현할 수 있으며, 2.6은 빈에 포함되고 2.5는 빈에 포함되지 않는다는 것을 뜻한다(2.5는 왼쪽의 빈에 포함될 것이다). 이런 표현 방법에 대해서는 뒤에서 cut 함수를 사용해 연속형 변수를 범주형 변수로 전환할 때 다시 한 번 볼 수 있을 것이다(15장 참고).

히스토그램에서 가장 문제가 되는 것은 빈의 경계 값 설정과 너비의 결정이다. 좁은 너비의 빈이 두 부분에서 최빈값을 보이면 넓은 너비의 빈이 하나의 최빈값을 보이는 것과 유사하게 나타날 수 있다. 히스토그램에서 가장 중요한 점은 다음과 같이 요약할 수 있다. '실제와 다르게 보일 수도 있으니 유의하자.'

## 정규분포

정규분포는 통계 분석에서 중요한 위치를 차지하고 있다. 모집단에서 반복적으로 표본을 추출해 각각 평균을 계산할 때 이 평균들은 정규분포를 이룬다. 이것을 **중심 극한 정리**라 한다. 직접 확인해보자.

'크랩스<sup>craps</sup>'라는 게임이 있다. 직육면체의 주사위 두 개를 사용하는 게임이다. 두 개의 주사위를 던져서 그 합을 계산하면 된다. 가장 작은 합은 $1 + 1 = 2$이고 가장 큰 합은 $6 + 6 = 12$다. 2와 12를 합으로 얻을 수 있는 방법은 각각 한 가지씩밖에 없으므로 같은 확률을 가진다 ($1/6 \times 1/6 = 1/36$). 3은 순서대로 1과 2를 던지거나 2와 1을 던지면 얻을 수 있다(3이 될 확률은 $2 \times 1/36 = 1/18$이며 11이 될 확률도 5와 6을 던지거나 6과 5를 던지는 것이므로 동일하다). 얻을 확률이 가장 높은 합은 7인데 1과 6, 2와 5, 3과 4, 4와 3, 5와 2, 6과 1을 던지면 된다. 10,000번의 게임 결과에 대한 히스토그램을 그려보자. 가능한 합은 2에서 12까지 모두 11개다.

```
score <- 2:12
```

각각의 합을 얻을 수 있는 방법의 수는 다음과 같다.

```
ways <- c(1,2,3,4,5,6,5,4,3,2,1)
```

가능한 모든 결과의 벡터를 만들기 위해 rep 함수를 사용한다.

```
game <- rep(score,ways)
game
 [1] 2 3 3 4 4 4 5 5 5 5 6 6 6 6 6 7 7 7 7 7 7
[22] 8 8 8 8 8 9 9 9 9 10 10 10 11 11 12
```

이제 이 벡터로부터 하나의 표본을 추출한다(여기서는 5가 나왔다).

```
sample(game,1)
[1] 5
```

이렇게 나온 결과를 outcome이라는 벡터로 만드는데 10,000번의 게임을 시행하므로 10,000개의 결과를 넣어줘야 한다.

```
outcome <- numeric(10000)
for (i in 1:10000) outcome[i] <- sample(game,1)
```

outcome 벡터의 히스토그램을 그려 분포를 확인하자.

```
hist(outcome,breaks=(1.5:12.5))
```

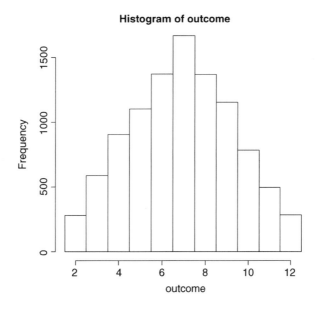

Histogram of outcome

빈의 경계 값을 0.5 단위로 맞춰 합의 숫자가 빈의 가운데에 올 수 있도록 했다.

분포는 정규분포의 종 모양보다는 삼각형에 가깝다. 게임을 한 번씩만 하지 말고 세 번씩 하면 어떨까? 아마 최빈값이나 평균은 그대로 7 가까이에 있겠지만 분포는 다르게 보일 수도 있다. 직접 해보자.

```
mean.score <- numeric(10000)
for (i in 1:10000) mean.score[i] <- mean(sample(game,3))
hist(mean.score,breaks=(1.5:12.5))
```

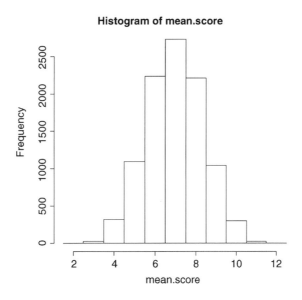

Histogram of mean.score

중심 극한 정리를 눈으로 확인할 수 있다. 게임을 단지 세 번 한 결과만 그려보더라도 삼각형의 분포가 정규분포의 모양으로 변하는 것을 알 수 있다. 정규분포에 대한 적합도goodness of fit를 확인하려면 실제 데이터의 평균과 표준편차를 인자로 한 dnorm 함수를 사용해 히스토그램에 확률 밀도를 겹치도록 만든다.

```
mean(mean.score)
```

```
[1] 6.9821
```

```
sd(mean.score)
```

```
[1] 1.366118
```

밀도 함수에 의한 곡선을 그리기 위해 ylim=c(0,3000)으로 지정해 y축을 늘려야 한다. 곡선 생성을 위해 x축에서 2부터 12에 이르기까지 순차적으로 y 값들이 표시돼야 한다(대개 R에서 부드럽고 무리 없이 보이기 위해서는 100개 정도의 값이 필요하다).

```
xv <- seq(2,12,0.1)
```

이제 곡선의 높이를 계산해보자. 표준 정규분포는 그래프 아래 면적이 1인데, 앞의 히스토그램은 모두 10,000개의 빈도이므로 다음과 같이 곡선의 높이를 계산한다.

```
yv <- 10000*dnorm(xv,mean(mean.score),sd(mean.score))
```

main=""을 사용해 윗부분의 제목을 제거하고 col="yellow"로 막대의 색을 노란색으로 바꾼다.

```
hist(mean.score,breaks=(1.5:12.5),ylim=c(0,3000),
                            col="yellow", main="")
```

정규분포 밀도의 곡선을 막대에 겹치도록 만든다.

```
lines(xv,yv,col="red")
```

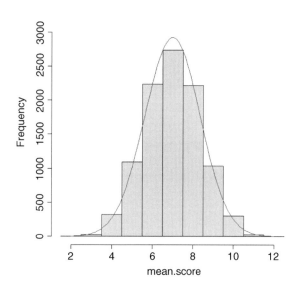

주사위 두 개를 세 번밖에 안 던졌는데도 정규분포와의 일치성이 높다. 따라서 중심 극한 정리를 명확하게 확인할 수 있다. 음이항 분포(13장 참고)와 같이 정규분포와 많이 다른 분포들도 그로부터 얻어진 표본 평균들은 정규분포를 보인다.

정규분포를 이용하면서 가장 좋고 편리한 점은 우리가 정규분포에 대해 미리 많은 것을 알고 있다는 것이다. 범위는 음의 무한대에서 양의 무한대까지며 그래프 아래의 면적은 1이다. 좌우 대칭의 분포를 보이므로 표본의 반은 평균 아래에, 반은 평균 위에 있을 것이다(평균 왼쪽의 그래프 아래 면적은 0.5다). 곡선의 특정한 지점에서 표본의 분포를 예측할 수 있다는 점이 중요하다. 예를 들면 표본의 약 16%는 평균보다 1 표준편차 위에 있을 것이고, 표본의 약 2.5%는 평균보다 2 표준편차 아래에 있을 것이다. 이런 것들을 어떻게 알 수 있을까?

정규분포는 무한한 종류가 있을 수 있다. 어떤 수든지 평균이 될 수 있고 표준편차도 마찬가지다. 일정하게 형식화한 표준 정규분포standard normal distribution를 사용하면 편리할 것이다. 그렇다면 표준 정규분포에 적용하기에 가장 적당한 평균은 어떤 것일까? 12.7이면 어떨까? 분명히 아닐 것이다. 1은 어떨까? 아주 나쁜 것 같지는 않지만 대칭성과 좌우의 스케일을 고려하는 것이 좋을 것이다(오른쪽이 1에서 4, 왼쪽이 −2에서 1이라면 적당해 보이지 않는다). 가장 좋은 선택은 평균을 0으로 하는 것이다. 표준편차는 어떨까? 평균과 똑같이 0이어야 할까? 그렇게 되면 퍼져 있는 양상이 전혀 없는 분포가 된다. 유용하지 않다. 양수가 돼야 하는 것이 맞을 것이고 양수들 중에서도 1이 가장 합당할 것 같다. 이제 다 됐다. 표준 정규분포는 평균＝0, 표준편차＝1의 특수한 정규분포다. 이것이 얼마나 유용할까?

어떤 표준편차든지 $x$축의 특정한 지점을 기준으로 그래프 아래의 면적을 계산해 확률 계산이 가능하므로 여러 가지 작업에 매우 도움이 될 수 있다.

```
standard.deviations <- seq(-3,3,0.01)
pd <- dnorm(standard.deviations)
plot(standard.deviations,pd,type="l",col="blue")
```

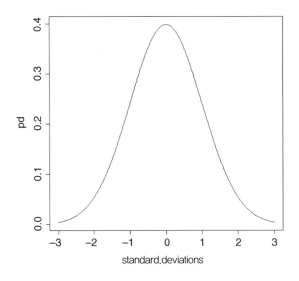

대부분의 값들은 평균을 중심으로 3 표준편차의 범위 안에 포함된다. $x$축의 어떤 값(특정한 표준편차에 해당하는 값)에 대한 그래프 곡선 아래의 면적을 계산하는 것은 그리 어렵지 않다. 표준편차 = −2부터 시작해보자. 그래프의 곡선으로부터 면적을 추정하는 것은 어려운 일이다. R은 이에 대한 해결책으로 pnorm('정규분포에 대한 확률probability for a normal distribution', 엄밀하게 말하면 '누적확률cumulative probability')이라는 함수를 제공한다. 표준 정규분포(mean = 0, 표준편차 = 1)이므로 얼마나 벗어나 있는가, 즉 편차의 수치만 제시해주면 된다.

```
pnorm(-2)
```

[1] 0.02275013

결과를 통해 2.5%보다 작은 값들이 평균 0보다 2 표준편차 아래에 놓여 있음을 알 수 있다. 평균보다 1 표준편차 아래의 값들은 얼마나 될까?

```
pnorm(-1)
```

[1] 0.1586553

임의 표본의 약 16%가 평균보다 1 표준편차 아래에 놓일 것이다. 표준편차보다 큰 값에서는 어떻게 되는 것일까? 정규분포에서 평균보다 3 표준편차 더 큰 표본을 얻을 확률은 얼마나 될까? 여기에서 중요한 점은 pnorm은 특정한 값 아래의 값들을 얻을 확률을 반환한다는 점이다. 큰 값을 얻을 확률을 원한다면 다른 방법을 고려해야 할 것이다. 그 방법은 1에서 pnorm의 계산 값을 빼는 것이다.

```
1-pnorm(3)
```

[1] 0.001349898

이 결과를 통해 3 표준편차보다 큰 표본을 얻을 가능성은 매우 희박하다는 것을 알 수 있다. 0.2%보다도 적다.

표준 정규분포가 가장 많이 쓰이는 경우는 평균에서 벗어나는 경우의 정도를 수치화할 때다. 이것은 지금까지 설명했던 내용과 반대의 상황이라고 생각하면 된다. 지금까지는 $-1$, $-2$, $+3$ 과 같이 편차를 제시하고 이 수치와 연관된 확률을 물어봤다. 이제 확률을 제시하고 그 확률에 대응되는 편차의 값을 알아내고자 한다. 중요한 예를 하나 생각해보자. 표본의 95%가 포함될 수 있는 편차의 범위에서 그 상한 값과 하한 값을 계산하고자 한다. 분포는 좌우 대칭성을 가정하므로 표본의 5%는 이 범위의 밖에 놓이게 된다. 표본의 2.5%는 하한 값보다 작을 것이고(분포 곡선에서 하한 값의 왼쪽에 위치하게 된다.) 2.5%는 상한 값보다 클 것이다(분포 곡선에서 상한 값의 오른쪽에 위치하게 된다). 이때 사용하는 함수가 qnorm('정규분포의 분위수quantile of the normal distribution')이고 c(0.025,0.975)처럼 0.025와 0.975의 두 확률을 벡터 형식으로 지정해주면 된다.

```
qnorm(c(0.025,0.975))
```

[1] -1.959964 1.959964

결과 값은 통계학에서 매우 중요한 숫자다. 정규분포에서 임의로 선택한 값의 95%는 평균에서 $-1.96$ 표준편차와 $+1.96$ 표준편차만큼 벗어난 범위 안에 놓이게 된다. 이 범위의 곡선 아래 면적을 색으로 구분해보자.

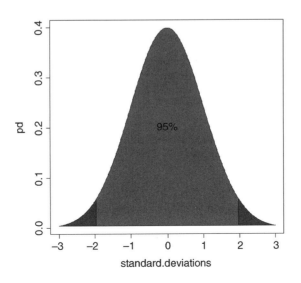

임의 표본의 95%가 두 수직선 사이의 초록색 부분에 놓일 것이라 예측할 수 있다. 표본의 2.5%는 평균보다 1.96 표준편차 아래에 있을 것이고(왼쪽의 빨간 부분) 표본의 2.5%는 평균보다 1.96 표준편차 위에 있을 것이다(오른쪽의 빨간 부분). 그렇지 않다면 표본이 정규분포를 이루지 않고 있기 때문일 것이다. 그 예로는 스튜던트 $t$ 분포 등을 들 수 있다(5장 참고).

지금까지의 내용을 요약해보자. 정규분포에 위치할 수 있는 어떤 값의 확률을 계산하고 싶다면 pnorm을 사용하며, 확률을 제시하고 그에 대응하는 값을 알고 싶다면 qnorm을 사용한다. 이 차이에 대해 잘 기억하고 있어야 한다.

## 정규분포의 $z$ 값을 이용한 계산

100명의 키를 측정한 데이터가 있다. 키의 평균은 170 cm이고 표준편차는 8 cm다. 정규분포는 다음과 같이 그래프로 작성할 수 있다(뒤에 나오는 그래프의 왼쪽 위).

```
ht <- seq(150,190,0.01)
plot(ht,dnorm(ht,170,8),type="l",col="brown",
                 ylab="Probability density",xlab="Height")
```

이런 데이터에 대해 세 가지 질문이 있을 수 있다. 임의 추출한 표본의 수치가 다음과 같은 경우에 해당될 확률을 알아보는 것이다.

- 특정 수치보다 작을 경우
- 특정 수치보다 클 경우
- 특정 범위에 들어갈 경우

곡선 아래의 면적은 정확히 1이다. 모든 측정치는 음의 무한대와 양의 무한대 사이에 있다. 맞는 말이기는 하지만 큰 도움이 되는 정보는 아니다. 임의로 선택한 하나의 측정치가 160 cm보다 작을 확률을 생각해보자. 먼저 측정치를 $z$ 값으로 변환해야 한다. 160 cm를 평균으로부터의 표준편차 수로 바꿔야 한다. 표준 정규분포에 대해 다시 생각해보자. 평균은 0이고 표준편차는 1이다. 평균 $\bar{y}$와 표준편차 $s$를 가진 분포로부터 특정 값 $y$를 다음 공식을 사용해서 표준 정규분포의 값으로 바꿔줄 수 있다.

$$z = \frac{y - \bar{y}}{s}$$

160cm를 표준 정규분포의 편차 수로 바꿔보자. 평균인 170 cm보다 작으므로 음의 값을 가지게 된다.

$$z = \frac{160 - 170}{8} = -1.25$$

이제 −1.25를 포함해 그 이하의 값을 얻게 될 확률을 계산해야 한다. 이것은 분포의 왼쪽 꼬리 면적이다. 이런 목적을 위해 pnorm 함수를 사용한다. 결과 값은 분위수를 나타내는 $z$ 값 형식이며 이를 통해 확률을 확인할 수 있다.

**pnorm(-1.25)**

[1] 0.1056498

10%(뒤에 나오는 그래프의 주황색 부분) 약간 넘는 정도의 확률이 첫 번째 문제에 대한 답이 된다.

두 번째 문제는 임의로 선택한 측정치가 185 cm 이상일 확률이다. 처음 두 과정은 앞과 완전히 동일하다. 먼저 185 cm를 표준편차 수로 변환한다.

$$z = \frac{185 - 170}{8} = 1.875$$

pnorm을 사용해 확률을 계산한다.

**pnorm(1.875)**

[1] 0.9696036

그러나 이것은 다른 문제에 대한 답이다. 어떤 사람이 185 cm보다 작을 확률을 계산한 것이다 (pnorm 함수가 직접적으로 제시해주는 부분이다). 우리가 해야 할 일은 1에서 이 값을 빼주는 것이다.

**1 - pnorm(1.875)**

[1] 0.03039636

두 번째 질문에 대한 답은 약 3%다(뒤에 나오는 그래프의 파란색 부분).

마지막으로 임의로 선택한 측정치가 165 cm와 180 cm 사이에 있을 확률을 알아보자. 이를 위해 두 개의 $z$ 값을 계산해야 한다.

$$z_1 = \frac{165 - 170}{8} = -0.625 \quad \text{그리고} \quad z_2 = \frac{180 - 170}{8} = 1.25$$

두 개의 $z$ 값 사이의 확률을 계산해야 하므로 큰 확률에서 작은 확률을 빼야 한다.

**pnorm(1.25) - pnorm(-0.625)**

[1] 0.6283647

평균 170 cm, 표준편차 8인 집단에서 중간 정도의 측정치(163 cm보다 크고 180 cm보다 작은 키)
의 표본을 추출할 확률은 63%다(다음 그래프의 초록색 부분).

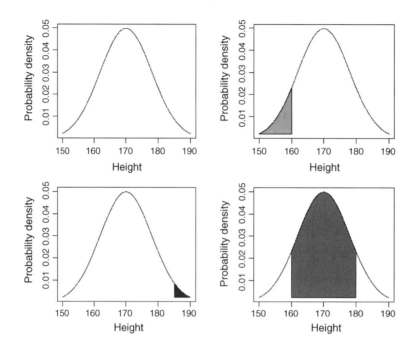

polygon 함수를 사용해 각 부분의 색을 표시할 수 있다. 자세한 내용은 ?polygon을 통해
확인할 수 있다.

```
par(mfrow=c(2,2))

ht <- seq(150,190,0.01)
pd <- dnorm(ht,170,8)

plot(ht,dnorm(ht,170,8),type="l",col="brown",
ylab="Probability density",xlab="Height")

plot(ht,dnorm(ht,170,8),type="l",col="brown",
ylab="Probability density",xlab="Height")
yv <- pd[ht<=160]
xv <- ht[ht<=160]
xv <- c(xv,160,150)
yv <- c(yv,yv[1],yv[1])
polygon(xv,yv,col="orange")

plot(ht,dnorm(ht,170,8),type="l",col="brown",
ylab="Probability density",xlab="Height")
```

```
xv <- ht[ht>=185]
yv <- pd[ht>=185]
xv <- c(xv,190,185)
yv <- c(yv,yv[501],yv[501])
polygon(xv,yv,col="blue")

plot(ht,dnorm(ht,170,8),type="l",col="brown",
ylab="Probability density",xlab="Height")
xv <- ht[ht>=160 & ht <= 180]
yv <- pd[ht>=160 & ht <= 180]
xv <- c(xv,180,160)
yv <- c(yv,pd[1],pd[1])
polygon(xv,yv,col="green")
```

## 하나의 표본에서 정규성 검정을 위한 플롯

정규성 검정 방법 중 가장 간단한 것은 '분위수-분위수 플롯quantile-quantile plot이다(대부분의 경우 가장 좋은 방법이기도 하다). 정규분포일 때의 이론적 분위수와 표본의 실제 분위수를 비교하는 것이다. 표본이 정규분포를 따른다면 직선의 형태로 보일 것이다. 정규분포에서 벗어나면 여러 가지 형식의 비선형을 볼 수 있다(S 또는 바나나 모양). 정규분포에 대응한 비교를 위해 qqnorm과 qqline 함수를 사용한다.

```
data <- read.csv("c:\\temp\\skewdata.csv")
attach(data)
qqnorm(values)
qqline(values,lty=2)
```

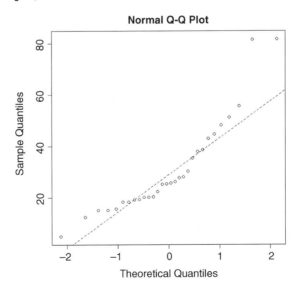

명확한 S 모양이 보이며 비정규성을 의미한다(5장에서 보듯이 왼쪽으로의 왜도가 관찰되므로 정규분포라고 보기는 어렵다).

이 부분을 좀 더 깊이 생각해보기 위해 빛의 속도에 대한 미켈슨<sup>Michelson</sup>의 데이터를 살펴보자. 실제 속도는 $299{,}000\,\mathrm{km\,s^{-1}}$에 light라는 데이터 프레임의 값을 더한 것이다.

```
light <- read.csv("c:\\temp\\light.csv")
attach(light)
names(light)
```

```
[1] "speed"
```

```
hist(speed)
```

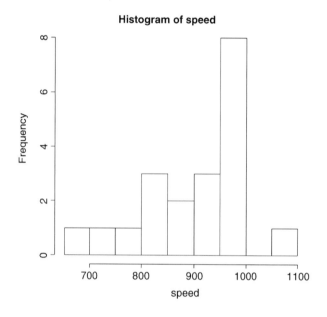

표본에 대한 요약을 위해 summary 함수를 사용한다.

```
summary(speed)
```

```
  Min. 1st Qu.  Median   Mean 3rd Qu.    Max.
   650     850     940    909     980    1070
```

평균(909)보다 중앙값(940)이 훨씬 크다는 것을 바로 알 수 있다. 이것은 히스토그램에서 확인할 수 있듯이 강한 왼쪽으로의 왜도에 의한 영향으로 이해할 수 있다. 첫 번째와 세 번째 사분위수 사이의 차이인 분위수 범위는 $980 - 850 = 130$이다. 분위수 범위는 이상치 확인에 유용하다. 일반적인 원칙은 다음과 같다.

이상치는 사분위수 범위에 1.5를 곱해 그 값을 세 번째 사분위수에 더하거나 또는 첫 번째 사분위수에서 빼줘서 새로운 범위를 설정하고 그 범위의 포함 여부에 따라 판단한다.

사분위수 범위에 1.5를 곱하면 $130 \times 1.5 = 195$다. 그러므로 속도 측정치에서 이상치는 $850 - 195 = 655$보다 작거나 $980 + 195 = 1{,}175$보다 큰 값이다. 데이터에서 큰 이상치는 없으나 작은 이상치는 찾을 수 있다(최솟값 650).

## 하나의 표본을 통한 추론

미켈슨의 데이터에 의한 추정치가 당시에 우세하게 믿어지던 빛의 속도 값인 299,990과 비교해 통계적으로 유의하게 다른지 확인해보자. 데이터에서는 각 값에서 299,000을 빼준 값이 들어가 있으므로 실제적인 검정 값은 990이다. 비정규성을 고려할 때 스튜던트 $t$ 검정은 적당하지 않다. 윌콕슨 부호 순위 검정을 시행해보자.

```
wilcox.test(speed,mu=990)

        Wilcoxon signed rank test with continuity correction

data: speed

V = 22.5, p-value = 0.00213

alternative hypothesis: true location is not equal to 990

Warning message:
In wilcox.test.default(speed, mu = 990) :
  cannot compute exact p-value with ties
```

$p = 0.00213$이므로 귀무가설을 기각하고 대립가설을 받아들인다. 빛의 속도는 990보다 작다.

## 하나의 표본에서 가설 검정을 위한 부트스트랩

가설 검정에 대한 비모수적 방법의 하나로 부스트래핑을 적용해보자. 앞의 데이터에서 표본의 평균값은 909다. 물어보고 싶은 질문은 다음과 같다. '표본에서 임의로 추출한 값들을 통해 추론했을 때 모집단의 평균이 990보다 클 확률은 얼마나 될까?'

먼저 sample 함수를 사용해 표본 추출을 시행하는데 이때 replace=T를 입력해 복원 추출을 하도록 지정한다. 기본 설정은 추출을 시행하는 객체의 데이터 수와 같은 크기의 표본을 추출하도록 돼 있지만 size 인자에 숫자를 지정해 그 수를 조정할 수 있다. 그러고 나서 sample 함수를 사용해 얻은 표본의 평균을 계산한다. 이 과정을 10,000번 시행해 10,000개의 평균값을 얻

는다. 이 10,000개의 평균값 분포에서 990 이상의 값을 얻을 확률을 계산하면 된다. 별로 어려울
것은 없다.

```
a <- numeric(10000)
for(i in 1:10000) a[i] <- mean(sample(speed,replace=T))
hist(a)
```

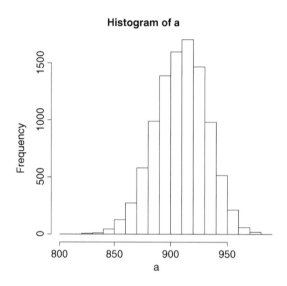

990이라는 검정 값은 오른쪽의 스케일을 넘어간다. 그러므로 990이라는 평균값을 얻을 확률
은 매우 희박하다고 볼 수 있다.

```
max(a)
```

[1] 983

10,000개의 평균값에서 983보다 큰 값은 없으므로 990이 평균값이 될 확률은 $p < 0.0001$
이다.

## 스튜던트 $t$ 분포

스튜던트 $t$ 분포는 표본 크기가 작을 때($n < 30$) 정규분포 대신 사용할 수 있다. 표준 정규분포의
95% 구간은 −1.96에서 +1.96 표준편차다. 스튜던트 $t$ 분포는 이보다 큰 구간을 가진다. 표본
의 수가 작을수록 구간은 더 커진다. 정규분포의 pnorm과 qnorm은 스튜던트 $t$ 분포에서는 pt와
qt로 대체할 수 있다. $t$ 분포의 표본 수에 따라서 정규분포의 1.96에 상응하는 상한 값을 알아보

기 위해 그래프를 그려보자. 편차의 개념으로 접근해야 하므로 사용하기 적당한 함수는 qt다. 확률(이 경우는 $p = 0.975$)과 자유도(그래프에서는 1에서 30까지)를 지정해줘야 한다.

```
plot(c(0,30),c(0,10),type="n",
                xlab="Degrees of freedom",ylab="Students t value")
lines(1:30,qt(0.975,df=1:30),col="red")
abline(h=1.96,lty=2,col="green")
```

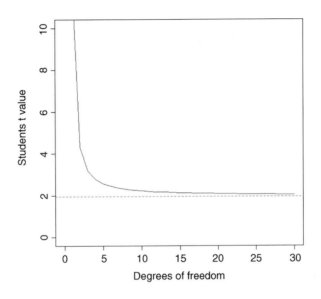

자유도가 대략 10 아래로 떨어지기까지는(10 정도까지는 임계값critical value이 대략 2 정도다.) 정규분포와 스튜던트 $t$ 분포는 큰 차이가 없으나 자유도 5 아래에서는 스튜던트 $t$ 값이 급격히 올라간다. 자유도 30 이상의 표본에서는 스튜던트 $t$ 값이 정규분포 값인 1.96(그래프의 초록색 선)으로 점진적으로 접근해간다. 그래프를 통해 확인한 스튜던트 $t$ 값 2의 의미를 잘 기억해야 한다. 임계값을 알아보고자 할 때 많은 도움이 될 것이다.

정규분포와 비교할 때 $t$ 분포는 어떤 모양의 차이가 있을까? 먼저 검정색으로 표준 정규분포를 그려보자.

```
xvs <- seq(-4,4,0.01)
plot(xvs,dnorm(xvs),type="l",
                ylab="Probability density",xlab="Deviates")
```

차이를 확인해보기 위해 빨간색으로 자유도 5의 스튜던트 $t$ 분포를 그린다.

```
lines(xvs,dt(xvs,df=5),col="red")
```

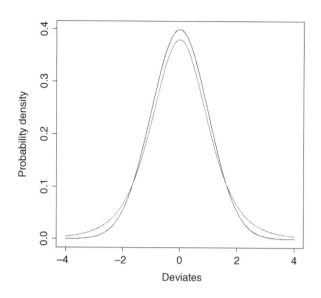

    $t$ 분포가 양쪽으로 '좀 더 두꺼운 꼬리'를 보여준다. 이를 통해 정규분포보다 $t$ 분포에서 많이 치우쳐져 있는 값들의 확률이 더 높으며 이에 따라 신뢰구간은 더 넓어지게 된다는 것을 알 수 있다. 정규분포의 95% 신뢰구간인 ±1.96 대신 자유도 5에 해당하는 스튜던트 $t$ 분포의 95% 신뢰구간 ±2.57을 얻게 된다.

```
qt(0.975,5)
```

[1] 2.570582

## 분포의 고차 모멘트

지금까지 분명하게 언급하지는 않았지만, 표본 분포의 처음 두 개 모멘트에 대해서는 이미 다뤄봤다. $\sum y$는 하나의 표본에서 산술평균을 정의할 때 사용했다. $\bar{y} = \sum y/n$이 첫 번째 모멘트다. 제곱합 $\sum(y - \bar{y})^2$은 표본 분산을 계산할 때 사용했으며 $s^2 = \sum(y - \bar{y})^2/(n - 1)$이 두 번째 모멘트다. 고차 모멘트는 차이에 대해 2보다 큰 제곱을 시행하는 것이며 $\sum(y - \bar{y})^3$과 $\sum(y - \bar{y})^4$을 예로 들 수 있다.

## 왜도

왜도는 평균의 세 번째 모멘트에서 차원을 제거해준 것으로 이해하면 된다. 세 번째 모멘트 $m_3$를 보자.

$$m_3 = \frac{\sum (y - \bar{y})^3}{n}$$

$m_3$는 $y^3$의 단위로 계산돼 있으므로 $m_3$를 $y$에 대한 표준편차 값의 세제곱으로 나눠 차원을 제거한다. $y$의 표준편차를 세제곱해 $s^3$를 먼저 구해보자.

$$s_3 = \left(\mathrm{sd}(y)\right)^3 = \left(\sqrt{s^2}\right)^3$$

계산한 값들을 이용해 왜도를 다음과 같이 나타낼 수 있다.

$$왜도 = \gamma_1 = \frac{m_3}{s_3}$$

왜도는 분포에서 한쪽 또는 그 반대쪽 꼬리에서 길게 늘여지는 부분의 유무와 정도를 나타낸다. 정규분포는 대칭성을 보이므로 왜도가 0이다. $\gamma_1$이 음수를 나타내면 왼쪽으로의 왜도(음의 왜도)를, 양수를 나타내면 오른쪽으로의 왜도(양의 왜도)를 각각 나타낸다. 특정한 왜도 값이 0에서 통계적으로 유의하게 다른지 알아보려면(비정규성을 의미한다.) 왜도 값을 표준오차로 나눈다. 왜도의 표준오차는 다음과 같다.

$$SE_{\gamma_1} = \sqrt{\frac{6}{n}}$$

$x$라는 벡터에 대해 왜도를 계산하는 R 함수를 작성해보자.

```
skew <- function(x){
m3 <- sum((x-mean(x))^3)/length(x)
s3 <- sqrt(var(x))^3
m3/s3 }
```

벡터에 들어있는 실제 표본의 크기에 상관없이 자동적으로 표본 크기를 계산하기 위해 length(x)를 사용했다. 함수의 마지막에 있는 $m_3/s_3$는 skew에 특정한 객체를 지정했을 때 반환되는 값으로 이해하면 된다.

앞에서 다뤘던 skewdata.csv를 다시 보자. 왜도를 확인하기 위해 직접 values 데이터에 대해 히스토그램을 그려보자. 제목을 표시하지 않기 위해 main=""으로 입력하고 막대의 색을 초록색으로 넣어주기 위해 col="green"을 지정한다.

```
hist(values,main="",col="green")
```

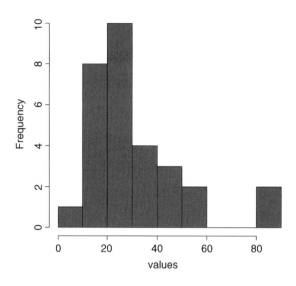

오른쪽에서 긴 꼬리를 볼 수 있으므로 양의 왜도를 확인할 수 있다. 그 정도를 수치로 나타내기 위해 skew 함수를 사용하자.

**skew(values)**

[1] 1.318905

이제 1.319라는 수치가 0과 비교해서 통계적으로 유의하게 다른지 알고 싶어질 것이다. 계산 값을 표준오차 $\sqrt{6/n}$으로 나누고 $t$ 검정을 시행해보자.

**skew(values)/sqrt(6/length(values))**

[1] 2.949161

2.949라는 $t$ 값을 우연히 얻게 될 확률이 얼마나 될 것인지가 최종적으로 알고 싶은 문제의 핵심이다. 28의 자유도를 가지고 있으므로 왜도의 수치가 실제로 0과 다르지 않을 확률은 다음과 같다.

**1 - pt(2.949,28)**

[1] 0.003185136

결과 값을 통해 데이터의 비정규성을 확인할 수 있다($p < 0.0032$). 왜도를 계산하기 위해 데이터로부터 평균과 분산, 이렇게 두 개의 모수를 미리 계산했으므로 $n - 2 = 28$의 자유도를 가지고 있음을 유의해야 한다.

다음 단계로 넘어가보자. 왜도를 줄여 데이터를 정규화하기 위해 변환을 시행해보자. 첫 번째 방법은 제곱근으로 바꿔보는 것이다.

```
skew(sqrt(values))/sqrt(6/length(values))
```

```
[1] 1.474851
```

통계적으로 유의하지 않은 왜도의 결과를 얻을 수 있다. 또 다른 방법으로 로그를 적용해보자.

```
skew(log(values))/sqrt(6/length(values))
```

```
[1] -0.6600605
```

왼쪽으로의 약한 왜도(음의 왜도)를 나타내기는 하지만, 스튜던트 $t$ 값은 제곱근 변환에서보다 더 작으므로 로그 변환을 선택한다.

## 첨도

분포의 윗부분이 뾰족한지 아니면 평평한 모양을 보이는지를 나타내는 비정규성의 또 하나의 척도다. 정규분포는 종 모양이므로 그 밖의 모양을 가진 분포들이 관심 대상이다. 정규분포와 비교해 평평한 모양을 보이면 저첨platykurtic이라 하고 뾰족한 모양을 보이면 급첨leptokurtic이라 한다. 첨도kurtosis는 평균에 대한 네 번째 모멘트에서 차원을 제거한 것이다.

$$m_4 = \frac{\sum (y - \bar{y})^4}{n}$$

$m_4$는 $y^4$의 단위로 측정되므로 $y$의 분산에 제곱을 하고 나눠주면 차원을 제거할 수 있다.

$$s_4 = \left(\mathrm{var}(y)\right)^2 = (s^2)^2$$

첨도는 다음과 같이 계산할 수 있다.

$$첨도 = \gamma_2 = \frac{m_4}{s_4} - 3$$

정규분포의 $m_4/s_4 = 3$이므로 공식에서 3을 빼줘야 한다. 이렇게 함으로써 정규분포의 첨도를 0으로 가정하고 나서 음의 값을 보이면 저첨의 분포로, 양의 값을 보이면 고첨의 분포로 판단할 수 있다. 첨도의 표준오차는 다음과 같다.

$$SE_{\gamma_2} = \sqrt{\frac{24}{n}}$$

첨도를 계산하는 R 함수는 다음과 같이 작성할 수 있다.

```
kurtosis <- function(x) {
m4 <- sum((x-mean(x))^4)/length(x)
s4 <- var(x)^2
m4/s4 - 3 }
```

예제 데이터를 kurtosis 함수에 넣으면 정규성과 유의한 차이가 없음을 알 수 있다.

```
kurtosis(values)
```

```
[1] 1.297751
```

```
kurtosis(values)/sqrt(24/length(values))
```

```
[1] 1.450930
```

$t$ 값 1.45가 일반적 판단에 쓰이는 참고 수치 2.0보다 작으므로 추가적 계산 없이도 바로 추측이 가능하다.

## 참고 문헌

Michelson, A.A. (1880) Experimental determination of the velocity of light made at the U.S. Naval Academy, Annapolis. *Astronomical Papers*, **1**, 109-145.

## 추가 참고 문헌

Field, A., Miles, J. and Field, Z. (2012) *Discovering Statistics Using R*, Sage, London.

Williams, D. (2001) *Weighing the Odds. A Course in Probability and Statistics*, Cambridge University Press, Cambridge.

# *6*

# 두 표본

필요 이상으로 복잡한 분석을 시행해야 할 이유는 하나도 없다. 오컴의 면도날 원칙은 통계 모형을 선택하는 과정에서 절대적으로 고려해야 할 사항이다. 단순함이 가장 중요하다. 고전적 검정 classical test이라고 하는 것들은 현재 가장 흔하게 사용하고 있는 분석 방법들을 칭한다고 이해하면 큰 무리가 없을 것이며 상황에 맞게 다음과 같이 선택할 수 있다.

- 두 분산의 비교(피셔의 *F* 검정, `var.test`)
- 오차의 정규성이 가정된 상황에서 두 표본의 비교(스튜던트 *t* 검정, `t.test`)
- 오차의 비정규성이 가정된 상황에서 두 표본의 비교(윌콕슨 검정, `wilcox.test`)
- 두 비율의 비교(이항 검정, `prop.test`)
- 두 변수의 상관성(피어슨 또는 스피어만 상관, `cor.test`)
- 카이제곱을 이용한 분할표contingency table 내에서의 독립성 검정(`chisq.test`)
- 피셔의 정확 검정을 이용한 작은 표본의 상관성(`fisher.test`)

## 두 분산의 비교

두 표본의 평균 비교를 시행하기 전에 두 표본의 분산이 통계적으로 유의하게 다른지 먼저 확인해봐야 한다(4장 참고). 검정 방법은 매우 간단하다. 영국 남동부 지역 로탐스테드의 유명한 통계학자며 유전학자인 피셔R. A. Fisher의 이름을 따서 피셔의 *F* 검정이라고 부르며, 두 분산을 확인하기 위해 **큰 분산을 작은 분산으로 나누기만 하면 된다.**

두 분산이 같다면 비율이 1이 된다. 통계적으로 유의하게 다르다면 큰 분산이 분자의 위치에 놓이므로 비율이 1보다 확연하게 클 것이다. 통계적으로 유의한 차이가 있으려면 분산의 비율이 어느 정도여야 하는 것일까? 이에 대한 답은 분산 비율의 임계값이 가지고 있다. 우리는 지금 피셔의 *F* 검정에서 쓰이는 임계값을 알기 원한다. 이를 위한 R 함수는 '*F* 분포의 분위수quantiles of the F distribution'를 뜻하는 `qf`가 있다. 4장에서 다뤘던 채소 농원의 오존 농도 데이터를 다시 보자.

반복 시행이 10회씩 있었으므로 각 농원의 자유도는 $10 - 1 = 9$다. 두 농원의 비교에서 분자와 분모에 각각 9의 자유도를 가지고 있는 것이다. 분산 분석의 $F$ 검정은 원래 단측 검정이지만(평균이 통계적으로 유의하게 다르다면 처치 분산이 오차 분산보다 더 클 것이라고 추측할 수 있다(8장 참고)). 채소 농원 데이터에서는 어느 농원의 분산이 더 큰지 미리 알 수 없다고 전제하는 것이 합리적이므로 양측 검정($p = 1 - \alpha/2$)을 시행한다. 일반적인 $\alpha = 0.05$의 조건에서 $F$ 검정의 임계값을 찾아보자.

```
qf(0.975,9,9)
```
```
4.025994
```

$\alpha = 0.05$의 조건에서 두 분산이 통계적으로 유의한 차이가 있다고 결론 내리기 위해서는 계산한 분산의 비가 4.026과 같거나 그보다 커야 한다. 채소 농원 B와 C의 오존 농도 분산을 생각해 보자.

```
f.test.data <- read.csv("c:\\temp\\f.test.data.csv")
attach(f.test.data)
names(f.test.data)
```
```
[1] "gardenB" "gardenC"
```

먼저 두 분산을 계산한다.

```
var(gardenB)
```
```
[1] 1.333333
```

```
var(gardenC)
```
```
[1] 14.22222
```

농원 C의 분산이 더 크므로 다음과 같이 $F$ 비를 계산할 수 있다.

```
F.ratio <- var(gardenC)/var(gardenB)
F.ratio
```
```
[1] 10.66667
```

**검정 통계량**을 통해 농원 B의 분산보다 농원 C의 분산이 열 배 정도 크다는 것을 알 수 있다. 분자와 분모의 자유도가 각각 9일 때 $F$의 임계값은 4.026(앞의 qf를 참고하라.)이다. **검정 통계량이 임계값보다 크기 때문에 귀무가설을 기각한다.**

귀무가설은 두 분산의 차이가 유의하지 않다는 것이므로 두 분산이 유의하게 차이가 있다는 대립가설을 받아들인다. 이렇게 단순히 귀무가설을 기각하는 과정보다 계산한 $F$ 검정량을 가지고 그에 관한 $p$ 값을 제시하는 것이 더 바람직하다. qf를 사용하는 대신에 pf를 사용하면 된다. 양측 검정을 시행하기 위해 결과로 제시된 확률에 2를 곱해준다.

```
2*(1 - pf(F.ratio,9,9))
```

```
[1] 0.001624199
```

분산이 같다는 귀무가설이 참이라고 가정할 때 10.667이라는 $F$ 값과 같거나 그보다 큰 값을 우연히 얻을 수 있는 확률은 0.002보다 작다. $p$ 값의 의미가 귀무가설이 참일 수 있는 확률이 아니라는 것을 반드시 알아야 한다. 흔히 잘못 이해하고 있는 부분이다. 검정을 시행하면서 참일 것이라고 가정하는 것이 귀무가설이다. $p$ 값의 정확한 의미를 이해할 수 있을 때까지 이 부분을 반복해서 읽어주기 바란다.

**분산의 차이가 통계적으로 유의미하므로 두 표본의 평균을 비교하기 위해 스튜던트 $t$ 검정을 사용하는 것은 적절하지 않다.** 채소 농원 데이터에서도 평균은 5.0 pphm으로 같지만 날마다의 오존 농도 변화 수준이 다른 것을 봤다(4장 참고).

지금까지의 과정을 간단하게 시행할 수 있는 R의 내재 함수는 var.test다. 제시해줘야 할 것은 분산을 비교하고자 하는 데이터가 들어있는 두 변수의 이름뿐이다. 먼저 분산을 계산해야 할 필요도 없다.

```
var.test(gardenB,gardenC)

        F test to compare two variances

data: gardenB and gardenC
F = 0.0938, num df = 9, denom df = 9, p-value = 0.001624
alternative hypothesis: true ratio of variances is not equal to 1
95 percent confidence interval:
 0.02328617 0.37743695
sample estimates:
ratio of variances
        0.09375
```

분산의 비 $F$가 10 정도가 아니라 1/10 정도로 표시된 것에 주의해야 한다. var.test는 큰 분산의 변수명을 분자에 넣는 것이 아니라 알파벳 순서로 분자에 먼저 넣어주기 때문이다 (gardenB가 분자로 들어간다). 그렇지만 0.0016이라는 $p$ 값은 동일하다. $p$ 값에 근거해서 귀무가설을 기각할 수 있다. 이 예제의 두 분산은 통계적으로 유의한 차이가 있다고 결론 내릴 수 있다.

```
detach(f.test.data)
```

## 두 평균의 비교

두 표본이 같은 평균을 가진 모집단으로부터 추출됐는지 알아보고자 한다. 이에 대한 확률이 높다고 한다면 결국 두 표본의 평균은 통계적으로 유의한 차이가 없다고 할 수 있다. 반대의 경우에는 두 표본의 평균이 통계적으로 유의한 차이가 있다고 할 수 있다. 다른 고전적 검정들과 마찬가지로 검정 통계량을 계산하고 귀무가설이 참이라 가정한 상태에서 검정 통계량과 같거나 그보다 큰 값을 얻을 확률에 대해 확인하는 과정을 거치게 된다. 확률을 판단함에 있어 검정 통계량을 **임계값**과 비교한다. 임계값은 귀무가설이 참이라는 가정하에 얻어진 값이다. R은 대부분의 중요한 확률 분포에 대한 통계량 테이블을 내재적으로 가지고 있으므로 편리하게 사용할 수 있다. R에게 적당한 자유도만 제시해주면 임계값을 바로 확인할 수 있다.

두 표본의 평균을 비교하기 위한 두 개의 검정 방법이 존재한다.

- 두 표본의 독립성, 등분산성, 오차의 정규성을 가정할 수 있으면 **스튜던트 t 검정**을 사용한다.
- 두 표본의 독립성은 가정할 수 있지만 오차성의 정규성이 충족되지 않는 경우에는 **윌콕슨 순위합 검정**Wilcoxon rank-sum test을 사용한다.

등분산성이 충족되지 않는 경우의 해법에 대해서는 뒤에서 따로 설명한다.


## 스튜던트 t 검정

스튜던트는 1908년 「바이오메트리카Biometrika」에 영향력 있는 논문을 게재한 고셋W.S. Gosset의 필명이다. 그를 고용하고 있었던 기네스 맥주 회사Guiness Brewing Company는 당시의 근로 계약법에 따라 개인적인 논문을 발표하지 못하도록 제한했다. 나중에 피셔에 의해 일부 보완된 스튜던트 t 분포는 작은 표본에 대한 연구에서 대변혁을 일으키게 됐다. 스튜던트 t 검정에서는 모집단의 분산 $\sigma^2$이 대부분 알려져 있지 않은 상황에서 표본의 분산 $s^2$을 대신 사용한다.

**검정 통계량**은 두 평균의 차이를 표준오차로 나눈 값이다.

$$t = \frac{\text{두 평균의 차이}}{\text{차이의 표준오차}} = \frac{\bar{y}_A - \bar{y}_B}{SE_{\text{diff}}}$$

평균의 표준오차에 대해서는 앞에서 다뤘지만(4장 참고) 두 평균 차이에 대한 표준오차는 처음 만나게 된다. 서로 상관성이 없는 독립적인 두 변수에 있어서 **차이의 분산은 각 분산의 합이다**(박스 6.1).

**박스 6.1. 두 독립 표본에서 차이의 분산**

표본 A와 B 사이의 차이에 대한 제곱합을 먼저 생각해보자. 각 변수와 평균 $\mu$에 대한 식으로 나타내면 다음과 같다.

$$\sum \left[ (y_A - \mu_A) - (y_B - \mu_B) \right]^2$$

자유도로 나누면 차이의 분산 $\sigma^2_{\bar{y}_A - \bar{y}_B}$를 구할 수 있다. 차이의 제곱 계산부터 시작하자.

$$(y_A - \mu_A)^2 + (y_B - \mu_B)^2 - 2(y_A - \mu_A)(y_B - \mu_B)$$

$\sum$를 적용해보자.

$$\sum (y_A - \mu_A)^2 + \sum (y_B - \mu_B)^2 - 2 \sum (y_A - \mu_A)(y_B - \mu_B)$$

$\sum (y_A - \mu_A)^2$의 평균은 모집단 A의 분산이고 $\sum (y_B - \mu_B)^2$의 평균은 모집단 B의 분산임을 이미 알고 있다(박스 4.2). 그러므로 두 표본 평균 차이의 분산은 두 표본 분산의 합에서 표본 A와 B의 공분산에 2를 곱한 값 $2(y_A - \mu_A)(y_B - \mu_B)$를 뺀 것이다(박스 6.2). 표본 A와 B의 독립성을 미리 가정했으므로 공분산은 0이 되며, 이에 따라 $2\sum (y_A - \mu_A)(y_B - \mu_B) = 0$이다. 이상을 종합하면 다음의 중요한 공식으로 요약이 가능하다.

$$\sigma^2_{\bar{y}_A - \bar{y}_B} = \sigma^2_A + \sigma^2_B$$

두 표본의 독립성을 가정하면 차이의 분산은 두 표본 분산의 합이다. 그러나 두 표본이 양 또는 음의 상관성을 가지고 있다면 성립되지 않는다(6장 참고).

앞에서의 결과를 응용해서 두 표본 평균 차이의 표준오차를 다음과 같은 공식으로 정리할 수 있다.

$$SE_{\text{diff}} = \sqrt{\frac{s^2_A}{n_A} + \frac{s^2_B}{n_B}}$$

이제 스튜던트 $t$ 검정에 필요한 모든 것이 준비됐다. 귀무가설은 두 표본의 평균이 같다는 것이고, 스튜던트 $t$ 검정 값이 충분히 커서 그런 차이가 우연히 일어날 가능성이 매우 적을 때 귀무가설을 기각한다. 확률의 추정을 위해 검정 통계량과 자유도를 고려한 스튜던트 $t$ 분포의 임계값을 비교한다. 채소 농원의 오존 농도 예제에서 각 표본의 자유도는 9이므로 전체적인 자유도는 18이다. 다른 방식으로 계산할 수도 있다. 총 표본 크기는 20이고 데이터로부터 $\bar{y}_A$와 $\bar{y}_B$, 이렇게 두 개의 모수를 추정했으므로 20 − 2 = 18의 자유도를 가진다. 귀무가설이 참인데도 불구하고 그 가설을 기각할 가능성(1종 오류율)은 일반적으로 5%로 지정한다. 두 농원 중 어느 농원이 더 높은 오존 농도를 나타내는지 미리 알 수 없으므로(대부분의 경우가 이에 해당된다.) 양측 검정을 시행한다. 스튜던트 $t$의 임계값은 다음과 같다.

```
qt(0.975,18)
```

[1] 2.100922

2.1보다 큰 검정 통계량을 얻을 수 있어야 귀무가설을 기각하고 두 표본의 평균이 $\alpha$ = 0.05의 조건에서 유의한 차이가 있다고 결론 내릴 수 있다. 분석을 위해 먼저 데이터가 필요하다..

```
t.test.data <- read.csv("c:\\temp\\t.test.data.csv")
attach(t.test.data)
names(t.test.data)
```

[1] "gardenA" "gardenB"

두 표본에 대한 검정에 적당하도록 boxplot 함수의 notch 인자를 T로 지정한다.

```
ozone <- c(gardenA,gardenB)
label <- factor(c(rep("A",10),rep("B",10)))
boxplot(ozone~label,notch=T,xlab="Garden",
                    ylab="Ozone pphm",col="lightblue")
```

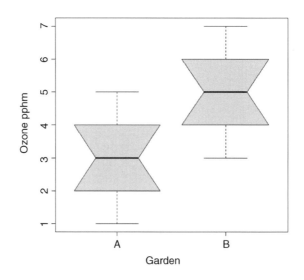

두 **노치**<sup>notch</sup>가 서로 겹치지 않으므로 5% 수준에서 중앙값은 통계적으로 유의하게 다르다고 결론 내릴 수 있다. 수염의 길이가 나타내는 범위와 박스의 크기가 나타내는 사분위 범위를 고려할 때 두 농원의 변이도가 유사함을 알 수 있다.

$t$ 검정을 직접 계산해보기 위해 두 표본의 분산, s2A와 s2B를 계산하자.

```
s2A <- var(gardenA)
s2B <- var(gardenB)
```

두 분산이 통계적으로 유의하게 다르지 않음을 확인해야 한다.

```
s2A/s2B
```

```
[1] 1
```

두 분산의 비율이 1이므로 동일함을 확인할 수 있다. 등분산성은 $t$ 검정의 가장 중요한 가정 사항이다. 스튜던트 $t$ 검정 통계량은 **차이를 표준오차로 나눈 것이다.**

예제에서 분자는 두 평균의 차이(3 – 5 = –2)이고 분모는 분산의 합(1.333333)을 표본 크기 (10)로 나눈 값의 제곱근이다.

```
(mean(gardenA)-mean(gardenB))/sqrt(s2A/10+s2B/10)
```

표준오차를 계산할 때 자유도(9)가 아니라 표본 크기(10)로 나눴다는 점에 유의해야 한다. 자 유도는 분산을 계산할 때 사용한다(4장 참고).

결과는 스튜던트 $t$ 값이다.

```
[1] -3.872983
```

두 표본 평균의 차이를 고려할 때 그 절댓값이 중요한 것이므로 음수의 기호는 무시해도 된다. 계산한 검정 통계량을 3.87이라 간주하면 되고 이때 임계값은 2.10(qt(0.975,18))이다. 검정 통 계량이 임계값보다 크므로 귀무가설을 기각한다.

이 과정은 이전의 $F$ 검정과 매우 유사하다. 거의 대부분의 검정에서 유사하므로 꼭 기억해야 한다. 다음과 같이 기억하면 좋을 것이다. **크면 기각하고 작으면 받아들인다.** 귀무가설은 두 표본 평 균이 유의하게 차이를 나타내지 않는다는 것이므로 이 가설을 기각하고 **두 평균이 통계적으로 유의 하게 다르다**는 대립가설을 받아들인다. 앞에서도 설명했지만 단순하게 귀무가설을 기각하는 것보 다는 귀무가설(평균의 차이가 유의하지 않다.)이 참이라는 가정 아래에서 검정 통계량이 우연히 관찰 될 수 있는 가능성을 제시해주는 것이 바람직하다. qt 대신 pt를 사용해야 하고 양측 검정이므 로 2×pt를 사용한다.

```
2*pt(-3.872983,18)
```

```
[1] 0.001114540
```

이제 앞의 과정을 한 번에 시행할 수 있는 R 내재 함수가 있다는 것이 전혀 놀랍지 않을 것이다. t.test 함수에 검정을 시행해야 할 표본 데이터를 담고 있는 두 벡터의 이름을 제시해주기만 하면 된다(예제에서는 gardenA와 gardenB).

**t.test(gardenA,gardenB)**

결과가 매우 길다. 통계 검정은 단순하게 시행 가능한데 결과는 길고 상세하다. 가끔 이렇게 느낄 수 있을 것이다.

```
        Welch Two Sample t-test
data: gardenA and gardenB

t = -3.873, df = 18, p-value = 0.001115
alternative hypothesis: true difference in means is not equal to 0
95 percent confidence interval:
 -3.0849115 -0.9150885
sample estimates:
mean of x mean of y
        3         5
```

결과는 직접 계산해봤을 때와 동일하다. $t$ 값은 $-3.873$이며 음수 기호는 검정에 중요한 영향을 미치지 않으므로 이를 무시하고 3.973이라는 수치만 놓고 봤을 때 임계값 2.1보다 크기 때문에 귀무가설을 기각한다. 결과에는 $p$ 값과 신뢰구간도 포함돼 있다. 통계적으로 유의한 **평균의 차이가 있으므로 신뢰구간은 0을 포함하지 않는다**(그 범위는 $-3.085$에서 $-0.915$까지다). 결과를 다음과 같이 표현할 수 있다.

오존 농도는 농원 A(평균 = 3.0 pphm)에서보다 농원 B(평균 = 5.0 pphm)에서 유의하게 더 높다($t = 3.873$, $p = 0.0011$(양측 검정), 자유도 = 18).

효과 크기와 효과 크기 추정치의 불확실성에 대해 결론을 내리기 위한 모든 정보를 확인할 수 있다.

## 윌콕슨 순위합 검정

오차의 비정규성이 확인되는 경우 스튜던트 $t$ 검정 대신 비모수 검정인 윌콕슨 순위합 검정을 선택해야 한다. 윌콕슨 순위합 검정 통계량, $W$의 계산은 다음 과정으로 이뤄진다. 두 표본의 이름을 같이 붙여서 하나의 배열로 만든다(이 예제에서는 A와 B로 한다). 각 값의 크기에 따라 순위를 지정하는데 공동 순위인 경우 적절하게 평균을 계산한다. 마지막으로 각 표본에서의 순위합을 계산하고 작은 순위합을 기준으로 유의성 판단을 시행한다.

먼저 두 표본을 합쳐 하나의 벡터를 만든다.

```
ozone <- c(gardenA,gardenB)
ozone
```

```
[1] 3 4 4 3 2 3 1 3 5 2 5 5 6 7 4 4 3 5 6 5
```

표본의 이름을 A와 B로 지정한다.

```
label <- c(rep("A",10),rep("B",10))
label
```

```
[1] "A" "A" "A" "A" "A" "A" "A" "A" "A" "A" "B" "B" "B" "B" "B" "B" "B" "B" "B" "B"
```

벡터 안에 있는 각 값의 크기에 대해 작은 값에서 큰 값의 순서로 순위를 매기기 위해 R 내재 함수인 rank를 사용한다.

```
combined.ranks <- rank(ozone)
combined.ranks
```

```
[1]  6.0 10.5 10.5  6.0  2.5  6.0  1.0  6.0 15.0  2.5 15.0 15.0 18.5 20.0 10.5
[16] 10.5  6.0 15.0 18.5 15.0
```

공동 순위인 경우 평균을 사용해 순위를 조정하는 점에 유의해야 한다. 각 농원의 순위합 계산을 위한 모든 준비가 끝났다. tapply와 sum 함수를 사용해보자.

```
tapply(combined.ranks,label,sum)
```

```
 A   B
66 144
```

마지막으로 두 값 중 작은 것(66)을 선택해 윌콕슨 순위합 테이블(Snedecor and Cochran, 1980, 555페이지)의 참고 값과 비교한다. 테이블에서 확인한 값이 66보다 작으면 귀무가설을 기각한다. 이 예제와 같이 표본의 수가 각각 10이면 테이블에서 찾을 수 있는 5% 값은 78이다. 결과로 얻은 두 값 중 작은 값이 78보다 작으므로 귀무가설을 기각한다. 따라서 두 표본 평균이 통계적으로 유의하게 다르다고 결론 내릴 수 있다(같은 데이터를 가지고 시행했던 $t$ 검정과 같은 결과다).

월콕슨 순위합 임계값 테이블을 확인하지 않고 R 내재 함수 `wilcox.test`를 사용해 지금까지의 과정을 자동적으로 시행할 수 있다.

**`wilcox.test(gardenA,gardenB)`**

결과는 다음과 같다.

```
        Wilcoxon rank sum test with continuity correction
data: gardenA and gardenB
W = 11, p-value = 0.002988
alternative hypothesis: true location shift is not equal to 0

Warning message:
In wilcox.test.default(gardenA, gardenB) :
  cannot compute exact p-value with ties
```

`wilcox.test` 함수는 정규 근사 알고리즘을 사용해서 $z$ 값을 구하고 이 $z$ 값을 이용해 $p$ 값을 계산한다. $p$ 값을 통해 두 평균이 같다는 귀무가설에 대한 평가를 시행한다. 0.002988이라는 $p$ 값은 0.05보다 작으므로 귀무가설을 기각하고 농원 A와 B의 평균 오존 농도는 통계적으로 유의하게 다르다고 결론 내릴 수 있다. 마지막에 보이는 경고 메시지는 공동 순위가 있으므로 $p$ 값이 완전히 정확하지 않을 수 있음을 알려준다(별로 걱정할 일은 아니다).

같은 데이터에 대해 $t$ 검정과 월콕슨 순위합 검정의 $p$ 값을 비교해보는 것도 흥미롭다. 이 예제 데이터는 $p$ 값이 각각 0.00115와 0.002988이다. 오차의 비정규성이 존재할 때 $t$ 검정보다는 월콕슨 순위합 검정이 합당할 것이다. 오차의 정규성을 가정할 수 있을 때에도 비모수적 검정은 모수적 검정과 비교해 검정력이 크게 떨어지지는 않는다. 이상치에 의해 강한 왜도가 관찰되는 경우 $t$ 검정보다 월콕슨 순위합 검정이 훨씬 큰 검정력을 가질 수 있다. 일반적으로는 $t$ 검정이 좀 더 작은 $p$ 값을 제시하므로 월콕슨 순위합 검정이 좀 더 보수적이라 할 수 있다. 월콕슨 순위합 검정에서 차이의 유의성이 있다고 결론 내릴 수 있다면 $t$ 검정에서는 더 확실히 결론 내릴 수 있다고 이해하면 된다.

## 짝 지은 표본에 대한 검정

가끔 두 표본 데이터가 짝 지은paired 관찰에서 나온 경우가 있다. 이런 경우 같은 개인에서, 또는 같은 장소에서 데이터가 생성되므로 두 측정 값 사이에서 깊은 상관성을 확인할 수 있다. 앞에서 (박스 6.1) 차이의 분산을 계산할 때 사용했던 공식을 다시 보자.

$$(y_A - \mu_A)^2 + (y_B - \mu_B)^2 - 2(y_A - \mu_A)(y_B - \mu_B)$$

A와 B의 공분산이 양의 값일 때 결과적으로 차이의 분산은 줄어들 수 있다. 이로 인해 평균 차이의 통계적 유의성을 확인하기가 더 수월해진다. 상관성이 미미할 수도 있으므로 데이터가 짝지어짐으로 해서 항상 효과적이라고 할 수는 없다.

다음 데이터는 16곳의 강에서 측정한 수생 무척추 동물의 합성물 생물다양성 점수를 보여준다.

```
streams <- read.csv("c:\\temp\\streams.csv")
attach(streams)
names(streams)

[1] "down" "up"
```

같은 강의 상류와 하류에서 측정했으므로 짝 지은 데이터라 할 수 있다. 짝지어진 사실을 무시하고 $t$ 검정을 시행하면 생물다양성 점수에 통계적으로 유의한 차이를 확인할 수 없다($p = 0.6856$).

```
t.test(down,up)

        Welch Two Sample t-test

data: down and up
t = -0.4088, df = 29.755, p-value = 0.6856
alternative hypothesis: true difference in means is not equal to 0
95 percent confidence interval:
 -5.248256 3.498256
sample estimates:
mean of x mean of y
   12.500   13.375
```

paired 인자를 T로 지정하고 짝 지은 데이터라는 점을 고려해 분석을 시행하면 다른 결과를 얻을 수 있다.

```
t.test(down,up,paired=T)

        Paired t-test

data: down and up
t = -3.0502, df = 15, p-value = 0.0081
alternative hypothesis: true difference in means is not equal to 0
95 percent confidence interval:
 -1.4864388 -0.2635612
sample estimates:
mean of the differences
                 -0.875
```

평균의 차이가 통계적으로 유의하다는 결과를 얻을 수 있다($p = 0.0081$). 가능하다면 대응 표본 $t$ 검정paired $t$ test을 시행하는 것이 바람직하다. 이 방법은 어떤 해를 일으키지 않으며, 대부분의 경우 장점이 많다. 일반적으로 블록화blocking 또는 공간적 상관spatial correlation(이 예제에서는 같은 강에서 두 개의 표본을 얻었다.)에 대한 정보가 있다면 분석에서 이를 꼭 고려해야 한다.

짝 지은 데이터에 대해 차이의 단일 표본 *t* 검정one-sample *t* test을 시행해보자.

```
d <- up-down
t.test(d)
        One Sample t-test
data: d
t = 3.0502, df = 15, p-value = 0.0081
alternative hypothesis: true mean is not equal to 0
95 percent confidence interval:
 0.2635612 1.4864388
sample estimates:
mean of x
    0.875
```

paired=T를 지정한 대응 표본 *t* 검정과 동일한 결과를 확인할 수 있다($p = 0.0081$).

상류의 생물다양성 점수가 평균에서 0.875만큼 크고 이 차이는 통계적으로 유의하다. 짝 지은 데이터를 이용함으로써 자유도는 30에서 15로 줄어들지만, 두 표본 사이의 강한 연관성에 의해 오차 분산이 줄기 때문에 더 긍정적인 효과를 미칠 수 있다. **블록화는 항상 도움이 될 수 있다.** 이 예제에서는 16개의 강 하나하나가 블록이라 볼 수 있다.

## 이항 검정

이항 검정binomial test은 모든 통계 검정 중 가장 간단한 것 중 하나다. 차이를 측정할 수는 없고 단지 관찰할 수만 있다고 가정해보자(다이빙 콘테스트가 예가 될 수 있다). 아홉 명의 스프링보드 다이버가 새로운 방식과 기존의 방식으로 훈련을 받은 후 상대적으로 비교해 '좋음'과 '나쁨'으로 평가를 받는다고 하자(훈련의 순서는 무작위로 배정한다. 새로운 방식 다음으로 기존의 방식 또는 기존의 방식 다음으로 새로운 방식). 다이버는 두 번 평가를 받게 된다. 한 명의 다이버는 새로운 방식에서 '나쁨', 여덟 명의 다이버는 새로운 방식에서 '좋음'으로 평가받았다. 새로운 방식이 통계적으로 유의하게 더 좋은 결과를 얻어냈다고 할 수 있을까? 양측 이항 검정을 시행해 이에 대해 답을 얻을 수 있다. 실제로 두 훈련 방식에 의한 결과 차이가 없다고 할 때 1/9의 비율(또는 8/9, 이보다 더 극단적인 비율인 0/9 또는 9/9)이 발생할 가능성은 얼마나 될까? 이를 위해 '실패failure'의 수(1)와 전체 시행 수(9)를 지정해 binom.test를 시행한다.

```
binom.test(1,9)
```

그럼 다음과 같은 출력 결과를 볼 수 있다.

```
        Exact binomial test
data: 1 and 9
number of successes = 1, number of trials = 9, p-value = 0.03906
alternative hypothesis: true probability of success is not equal to 0.5
95 percent confidence interval:
 0.002809137 0.482496515
sample estimates:
probability of success
            0.1111111
```

$p < 0.05$의 결과를 얻었으므로 새로운 방식이 기존의 방식에 비해 통계적으로 유의하게 더 좋은 결과를 얻었다고 결론 내릴 수 있다. 0.03906의 $p$ 값은 두 훈련 방식의 효과가 같다고 할 때(결과가 0.5) 관찰 결과(1/9) 또는 그보다 더 극단적인 결과(0/9)를 얻을 수 있는 정확한 가능성을 뜻한다. 두 훈련 방식의 효과가 동일하다면 '좋음'과 '나쁨'의 평가를 받을 확률은 각각 0.5가 된다. 그렇다면 여덟 번의 성공('좋음')을 기록할 확률은 $0.5^8 = 0.0039$이고, 한 번의 실패('나쁨')를 기록할 확률은 0.5다. 전체 결과의 확률은 다음과 같다.

$$0.00390625 \times 0.5 = 0.001953125$$

그런데 이런 결과를 얻을 수 있는 경우는 모두 아홉 가지로 생각할 수 있다. 그러므로 확률이 다음과 같이 조정된다.

$$9 \times 0.001953125 = 0.01757812$$

이것이 원하는 답은 아니다. 새로운 방식의 훈련이 극단적으로 더 좋은 결과를 보일 경우, 즉 아홉 번의 성공을 기록할 확률을 고려해야 한다. 이 결과를 얻을 수 있는 방법은 오직 하나(아홉 번을 계속 성공하는 경우)고, 그 확률은 $0.5^9 = 0.001953125$다. 관찰 결과와 더 극단적인 결과를 모두 포함해 확률을 계산하면 다음과 같다.

$$0.001953125 + 0.01757812 = 0.01953124$$

아직도 원하는 답은 아니다. 양측 검정이므로 반대쪽의 경우도 생각해야 한다(새로운 방식의 훈련이 1/9 또는 0/9인 경우도 계산에 포함해야 한다). 이것은 바로 앞에서 얻은 확률에 2를 곱하면 즉시 얻을 수 있다.

$$2 \times 0.01953124 = 0.03906248$$

`binom.test` 함수를 사용해서 얻은 확률과 동일하다.

## 두 비율을 비교하기 위한 이항 검정

한 회사에서 네 명의 여성과 196명의 남성이 승진했다. 성별에 따라 승진에 차이가 있다고 볼 수 있을까? 판단하기 전에 먼저 남성과 여성 지원자 수를 알아야 한다. 자세히 확인해보니 남성 3,270명 중 196명, 여성 40명 중 4명이 승진했다. 비율로만 보면 남성보다 여성의 승진 확률이 더 높은 것 같기도 하다(여성 10%, 남성 6%).

여성이 통계적으로 유의하게 승진을 더 많이 했는지 아니면 우연한 결과인지 알아보자. 이 문제를 해결하기 위해 R 내재 함수 prop.test를 사용하면 된다. prop.test 함수의 첫 번째 인자에는 여성과 남성의 성공(승진) 횟수를 c(4,196)처럼 벡터 형식으로 지정해주고, 두 번째 인자에는 전체 수를 c(40,3270)으로 지정하면 된다.

```
prop.test(c(4,196),c(40,3270))

        2-sample test for equality of proportions with continuity correction

data: c(4, 196) out of c(40, 3270)
X-squared = 0.5229, df = 1, p-value = 0.4696
alternative hypothesis: two.sided
95 percent confidence interval:
 -0.06591631 0.14603864
sample estimates:
    prop 1     prop 2
0.10000000 0.05993884

Warning message:
In prop.test(c(4, 196), c(40, 3270)) :
  Chi-squared approximation may be incorrect
```

성별 간 승진에 차이가 없음을 확인할 수 있다($p = 0.4696$). 결과를 통해 본 예제의 관찰 값은 우연히 45% 이상의 확률로 나타날 수 있다는 것을 보여준다. 승진한 한 명의 여성이 지원하지 않았다고 가정하면 결과가 어떻게 바뀔까? 동일한 승진 시스템이 적용된다면 여성의 승진 확률은 4/40가 아니고 3/39이 된다(10%가 아니라 7.7%가 된다).

**표본 수가 작으면 작은 변화에도 큰 영향을 미칠 수 있다.**

## 카이제곱 분할표

많은 통계 정보들이 카운트 데이터 형식(정수)으로 이뤄져 있다. 예를 들어 죽은 동물들의 수, 나무에서 보이는 가지의 수, 파산한 회사의 수, 사망 환자의 수 등이 모두 해당된다. 카운트 데이터에서는 반응 변수에서 0이라는 숫자도 그 자체의 중요한 의미를 가지고 있다.

cotingency의 사전적 의미는 '우연, 우발 사건'이다. 그러나 이와는 조금 다르게 통계학에서는 **발생할 수 있는 모든 사건을 의미한다**. 분할표는 특정한 표본에서 각 사건이 얼마나 많이 나타나는지 보여준다. 다음의 예제를 보자. 백인의 머리카락 색과 눈동자 색의 연관성을 살펴보는 예제다. 간단하게 머리카락은 '금색'과 '검정색'으로, 눈동자는 '파란색'과 '갈색'으로 구분한다. 두 범주형 변수, 머리카락 색과 눈동자 색은 각각 두 개의 수준을 가지게 된다('금색'과 '검정색', '파란색'과 '갈색'). 이를 종합해 가능한 네 개의 결과를 얻을 수 있다. 네 개의 결과는 금색 머리와 파란색 눈, 금색 머리와 갈색 눈, 검정색 머리와 파란색 눈, 검정색 머리와 갈색 눈이다. 표본을 추출하고 해당 결과의 빈도를 세면 된다. 그리고 나서 다음과 같이 $2 \times 2$ 분할표를 작성한다.

|  | 파란 눈 | 갈색 눈 |
|---|---|---|
| 금색 머리 | 38 | 11 |
| 검정색 머리 | 14 | 51 |

관찰 빈도(또는 카운트)를 기록한 것이다. 다음 단계는 매우 중요하다. 분석을 진행하기 위해 기대 빈도를 제시해줄 수 있는 모형이 필요하다. 이 예제와 같은 경우 어떤 모형이 가장 적당할까? 선택할 수 있는 많은 모형들이 있겠지만 오컴의 면도날 원칙을 고려해 가장 단순한 모형을 선택해야 한다. 그런 면에서 볼 때 머리카락 색과 눈동자 색의 독립성independency을 확인하는 모형이 가장 적당할 것이다. 모형 적용을 위해 먼저 간단한 확률 계산이 필요하다. 표본에서 금색 머리 개인을 추출할 확률은 얼마나 될까? 전체 114명 중에 49(38+11)명이 금색 머리를 가지고 있다. 그러므로 금색 머리의 확률은 49/114이며, 같은 방식으로 계산하면 검정색 머리는 65/114다. 머리카락 색이라는 범주 변수에 대해 두 개의 수준만이 존재하므로 두 확률을 더하면 1((49+65)/114)이 된다. 눈동자 색은 어떨까? 전체 114명 중 52(38+14)명이 파란색 눈을 가지고 있다. 그러므로 파란색 눈의 확률은 52/114이며, 같은 방식으로 계산하면 갈색 눈의 확률은 62/114다. 이제 다음과 같이 소계를 모두 채워 넣을 수 있다.

|  | 파란색 눈 | 갈색 눈 | 열 총합 |
|---|---|---|---|
| 금색 머리 | 38 | 11 | 49 |
| 검정색 머리 | 14 | 51 | 65 |
| 행 총합 | 52 | 62 | 114 |

중요한 문제가 하나 남았다. 금색 머리와 파란색 눈을 가진 사람의 예측 빈도를 관찰 빈도 38과 비교해야 한다. 앞에서 세웠던 모형은 독립성에 초점을 맞추고 있다. 이 독립성에 의해 기대 빈도의 계산이 가능해진다. **독립성이 가정되면 금색 머리와 파란색 눈을 가진 사람의 확률은 금색 머리와 파란색 눈, 각각의 확률을 곱한 것이 된다.** 앞의 빈도를 이용해 금색 머리와 파란색 눈의 확률을 계산하면 49/114 × 52/114가 된다. 나머지 상황들도 계산해 분할표를 작성해보자.

|  | 파란색 눈 | 갈색 눈 | 열 총합 |
|---|---|---|---|
| 금색 머리 | $\frac{49}{114} \times \frac{52}{114}$ | $\frac{49}{114} \times \frac{62}{114}$ | 49 |
| 검정색 머리 | $\frac{65}{114} \times \frac{52}{114}$ | $\frac{65}{114} \times \frac{62}{114}$ | 65 |
| 행 총합 | 52 | 62 | 114 |

이제 기대 빈도 계산 방법을 생각해보자. 매우 간단하다. 확률에 표본 수($n = 114$)를 곱하기만 하면 된다. 금색 머리와 파란색 눈의 기대 빈도는 $(49/114) \times (52/114) \times 114 = 22.35$다. 이 값은 관찰 값 38보다 훨씬 작다. 금색 머리와 파란색 눈의 비독립성 가정에 대해 조금씩 의심이 가기 시작한다.

방금의 계산에서 중요한 점을 확인할 수 있다. 표본 수가 서로 상쇄된다. 기대 빈도는 행 총합 row totals($R$)에 열 총합column totals($C$)을 곱하고 전체 총합($G$)으로 나눈 값이다.

$$E = \frac{R \times C}{G}$$

기대 빈도를 계산해서 분할표를 작성해보자.

|  | 파란색 눈 | 갈색 눈 | 열 총합 |
|---|---|---|---|
| 금색 머리 | 22.35 | 26.65 | 52 |
| 검정색 머리 | 29.65 | 35.35 | 65 |
| 행 총합 | 52 | 62 | 114 |

행 총합과 열 총합('한계 총합marginal totals'이라고도 한다.)은 변하지 않는다는 점에 유의해야 한다. 관찰 빈도와 기대 빈도는 확실히 다른 것을 볼 수 있다. 그러나 표본 추출 과정에서 모든 것은 달라지고 변할 수 있으므로 그다지 놀랄 일도 아니다. 여기서 중요한 문제는 기대 빈도가 관찰 빈도와 비교해 통계적으로 유의한 차이가 있는지의 여부다.

차이의 유의성은 카이제곱 검정을 사용해 판단할 수 있다. 다음과 같이 피어슨의 카이제곱 검정 통계량 $\chi^2$을 계산할 수 있다.

$$\chi^2 = \sum \frac{(O - E)^2}{E}$$

$O$는 관찰 빈도를, $E$는 기대 빈도를 나타낸다. $\sum$는 '모든 값을 더한다.'는 의미다. 관찰 빈도와 기대 빈도를 열의 형식으로 정리해서 계산을 진행하면 더 효율적일 것이다.

|  | $O$ | $E$ | $(O-E)^2$ | $\frac{(O-E)^2}{E}$ |
|---|---|---|---|---|
| 금색 머리와 파란색 눈 | 38 | 22.35 | 244.92 | 10.96 |
| 금색 머리와 갈색 눈 | 11 | 26.65 | 244.92 | 9.19 |
| 검정색 머리와 파란색 눈 | 14 | 29.65 | 244.92 | 8.26 |
| 검정색 머리와 갈색 눈 | 51 | 35.35 | 244.92 | 6.93 |

나머지 해야 할 일은 네 개의 검정 통계량을 더해 전체의 검정 통계량 $\chi^2$을 구하는 것이다. 이렇게 구한 $\chi^2 = 35.33$이다. 다시 질문이 하나 생긴다. 이 카이제곱 검정 통계량이 큰 것인가? 중요한 문제다. 우연히 발생할 수 있는 정도보다 더 큰 검정 통계량이라고 할 수 있다면 귀무가설을 기각해야 한다. 반대로 우연히 발생할 수 있는 정도의 범위 안에 있는 값이라면 귀무가설을 받아들여야 한다.

이 단계에서는 항상 이런 방식으로 진행된다. 검정 통계량을 먼저 계산한다. $\chi^2 = 35.33$이다. **이 검정 통계량을 참고 임계값과 비교한다.** 카이제곱의 임계값을 계산하기 위해 두 가지가 필요하다.

- 자유도
- 확실성의 정도

일반적으로 분할표가 행의 수 $r$과 열의 수 $c$를 가지고 있다고 할 때 자유도는 다음과 같이 계산한다.

$$\text{자유도} = (r-1) \times (c-1)$$

$2 \times 2$ 분할표에서는 $(2-1) \times (2-1) = 1$의 자유도를 가진다. 예를 들어 왜 하나의 자유도를 가지고 있는지 살펴보자. '금색 머리와 갈색 눈'의 칸을 선택해서 어떤 숫자가 들어갈 수 있을지 생각해보자. 먼저 고려해야 할 것은 열의 총합이 49이므로 49를 넘을 수는 없다는 것이다. 하여간 '금색 머리와 갈색 눈'의 칸에는 0에서 49 사이의 어떤 값도 자유롭게 들어갈 수 있다. 우리는 일단 하나의 자유도를 가지게 된다. 그러나 '금색 머리와 갈색 눈'의 칸에 11이라는 수를 고정시키고 나면 다른 칸에는 어떠한 자유를 가질 수 없음을 느끼게 된다.

|  | 파란색 눈 | 갈색 눈 | 열 총합 |
|---|---|---|---|
| 금색 머리 |  | 11 | 49 |
| 검정색 머리 |  |  | 65 |
| 행 총합 | 52 | 62 | 114 |

행의 총합은 49로 고정돼 있으므로 왼쪽 위의 칸은 49 − 11 = 38이 들어가야 한다. 왼쪽 위의 칸이 38이 됐고 열의 총합은 52로 고정돼 있으므로 왼쪽 아래 칸은 52 − 38 = 14가 돼야 한다. 이런 식으로 생각하면 오른쪽 아래는 65 − 14 = 51이 된다. **한계 총합은 고정돼 있으므로** 2 × 2 분할표의 자유도는 1이다.

다음으로 해야 할 일은 귀무가설을 판단하는 데 어느 정도의 확실성을 부여하는지 정하는 것이다. 일반적으로는 95%의 수준을 사용한다. 그러므로 불확실성의 수준은 5%다. $\alpha = 0.05$는 같은 의미로 이해하면 된다. 기술적으로 $\alpha$는 귀무가설이 실제로는 참인데도 이를 기각할 확률을 뜻한다. 이것이 1종 오류다. 2종 오류는 귀무가설이 거짓인데도 이를 받아들일 확률이다(1장 참고).

R에서 임계값은 적절한 통계 분포에 대해 **분위수**를 나타내는 q를 사용해 얻어낼 수 있다. 카이제곱 분포에서는 이 함수가 qchisq다. qchisq 함수는 두 개의 인자를 가지고 있다. 하나는 확실성의 수준($1 − \alpha = 0.95$)이며 또 하나는 자유도(d.f = 1)다.

```
qchisq(0.95,1)
```

```
[1] 3.841459
```

카이제곱 임계값은 3.841이다. 이제 논리적으로 진행하면 된다. 계산으로 얻은 검정 통계량이 임계값보다 크므로 귀무가설을 기각한다. 크다면 기각할 수 있다는 내용을 꼭 기억해야 한다.

지금까지의 내용들을 정리해보자. 머리카락 색과 눈동자 색이 서로 독립적이라는 귀무가설을 기각했다. 그러나 이것으로 끝이 아니다. 두 가지가 연관돼 있는 방식(양 또는 음의 상관)에 대해 아직 결론을 내리지 못했다. 이를 위해 데이터를 유심히 살펴보고 관찰 빈도와 예측 빈도를 잘 비교해봐야 한다. 양의 상관성이 있다면 기대값과 비교해 관찰 값이 더 클지 아니면 작을지 궁금할 것이다. 양의 상관성이 존재하면 기대값에 비해 관찰 값이 더 클 것이고, 음의 상관성이 존재하면 기대값에 비해 관찰 값이 더 작을 것이다. 앞의 예제에서 금색의 머리와 파란색 눈을 가진 사람의 기대값 22.35에 비해 관찰 값 38은 두 배 가까이 크다. 이를 통해 금색 머리와 파란색 눈 사이에는 양의 상관관계가 있음을 알 수 있다.

R에서는 이 과정을 매우 간단하게 시행할 수 있다. 다음과 같이 2 × 2 행렬을 만드는 것으로 시작한다.

```
count <- matrix(c(38,14,11,51),nrow=2)
count
```

```
     [,1] [,2]
[1,]   38   11
[2,]   14   51
```

행렬을 만들 때 데이터를 행의 순서가 아니라 **열의 순서**로 입력한다는 점에 주의해야 한다. 그러고 나서 chisq.test를 사용한다.

**chisq.test(count)**

```
        Pearson's Chi-squared test with Yates' continuity correction

data: count
X-squared = 33.112, df = 1, p-value = 8.7e-09
```

카이제곱의 계산 값이 앞에서의 값과 조금 다르다. 기본 설정으로 에이츠 교정<sup>Yates's correction</sup>이 적용되기 때문이다(?chisq.test를 입력해 확인해보자). correct 인자를 F로 지정하면 직접 계산한 값과 동일한 수치를 얻을 수 있다.

**chisq.test(count,correct=F)**

```
        Pearson's Chi-squared test

data: count
X-squared = 35.3338, df = 1, p-value = 2.778e-09
```

해석에서 아무 차이가 없다.

## 피셔의 정확 검정

분할표에서 **기대 빈도가 5보다 작은 칸이 하나 이상 있을 때** 피셔의 정확 검정을 사용한다. 각각의 카운트를 $a, b, c, d$로 해서 다음의 빈도표를 작성해보자.

| $2 \times 2$ 테이블 | 열 1 | 열 2 | 행 총합 |
|---|---|---|---|
| 행 1 | $a$ | $b$ | $a+b$ |
| 행 2 | $c$ | $d$ | $c+d$ |
| 열 총합 | $a+c$ | $b+d$ | $n$ |

어느 특정한 결과를 얻게 될 확률은 다음과 같다.

$$p = \frac{(a+b)!(c+d)!(a+c)!(b+d)!}{a!b!c!d!n!}$$

$n$은 총합이고 !은 '계승<sup>factorial</sup>'($n$에서 1까지 모든 수를 곱하는 것이며 0!은 1로 정의한다.)을 의미한다.

이번에 다룰 데이터는 20그루의 나무를 A와 B, 두 종으로 구분해 10개씩 집단으로 묶고 각 나무에 개미둥지의 존재 여부를 조사한 것이다. 두 개의 설명 변수(개미와 나무)에서 개미의 존재 여부와 A와 B의 나무 집단을 고려해 2×2 분할표를 작성해보자. 반응 변수는 네 개의 카운트로 이뤄진 벡터 c(6,4,2,8)로 만들어준다.

|         | 나무 A | 나무 B | 행 총합 |
|---------|--------|--------|---------|
| 개미 있음 | 6      | 2      | 8       |
| 개미 없음 | 4      | 8      | 12      |
| 열 총합   | 10     | 10     | 20      |

이제 이런 특정한 결과의 확률을 계산해보자.

```
factorial(8)*factorial(12)*factorial(10)*factorial(10)/
  (factorial(6)*factorial(2)*factorial(4)*factorial(8)*factorial(20))
```
[1] 0.07501786

그러나 이것이 전부는 아니다. 이보다 더 극단적인 결과의 확률도 함께 계산해야 한다. 두 가지 경우가 있다. 나무 B에 하나의 개미둥지만 있을 수 있다. 그러면 테이블 값이 7, 1, 3, 9가 된다. 이때에도 행 총합과 열 총합은 변하지 않는다(한계 총합은 고정돼 있다). 공식의 분자는 같은 상태로 유지되므로 확률은 다음과 같이 계산할 수 있다.

```
factorial(8)*factorial(12)*factorial(10)*factorial(10)/
  (factorial(7)*factorial(3)*factorial(1)*factorial(9)*factorial(20))
```
[1] 0.009526078

나무 B에 개미둥지가 아예 없을 수도 있다. 테이블 값은 8, 0, 2, 10이 된다.

```
factorial(8)*factorial(12)*factorial(10)*factorial(10)/
  (factorial(8)*factorial(2)*factorial(0)*factorial(10)*factorial(20))
```
[1] 0.0003572279

지금까지의 세 개 확률을 모두 더한다.

```
0.07501786 + 0.009526078 + 0.000352279
```
[1] 0.08489622

그런데 결과를 한쪽 방향으로만 생각해서는 안 된다. 나무 A가 더 작은 수의 개미둥지를 가지고 있을 수도 있다. 반대 방향으로 더 극한적인 상황까지 고려해 지금까지 계산했던 확률에 2를 곱해준다(피셔의 정확 검정은 양측 검정이다).

```
2*(0.07501786+0.009526078+0.000352279)
```

[1] 0.1697924

지금까지의 결과를 통해 나무와 개미의 존재 여부는 강한 연관성의 근거가 없다는 것을 알 수 있다. 이런 결과의 패턴 또는 이보다 더 극단적인 패턴은 $p = 0.17$의 확률로 우연히 관찰될 가능성이 꽤 있다.

피셔의 정확 검정을 시행할 수 있는 R 내재 함수는 fisher.test다. 이 함수를 사용해 약간 지루할 수도 있는 반복 계산 과정을 피할 수 있다. 네 개의 카운트로 이뤄진 $2 \times 2$ 행렬을 인자로 취한다. 다음과 같이 행렬을 작성한다(앞에서 행렬을 만들었던 방식과 비교해보자).

```
x <- as.matrix(c(6,4,2,8))
dim(x) <- c(2,2)
x
```

```
      [,1]    [,2]
[1,]     6       2
[2,]     4       8
```

다음과 같이 분석을 시행한다.

```
fisher.test(x)
```

```
        Fisher's Exact Test for Count Data
data: x
p-value = 0.1698
alternative hypothesis: true odds ratio is not equal to 1
95 percent confidence interval:
 0.6026805 79.8309210
sample estimates:
odds ratio
 5.430473
```

fisher.test는 $2 \times 2$ 행렬보다 더 큰 경우에도 적용 가능하다. 행렬로 데이터를 제시하는 대신 요인의 수준을 담고 있는 두 개의 벡터를 사용해 분석을 진행할 수도 있다. 이렇게 하면 각 요인 수준의 카운트를 센 후 넣어줄 필요가 없다.

```
table <- read.csv("c:\\temp\\fisher.csv")
attach(table)
head(table)

  tree nests
1    A  ants
2    B  ants
3    A  none
4    A  ants
5    B  none
6    A  none
```

두 벡터의 이름을 인자로 해서 함수를 적용할 수 있다.

```
fisher.test(tree,nests)
```

## 상관과 공분산

두 연속형 변수 $x$와 $y$에서 서로 상관성이 있는지에 대한 의문이 생길 수 있다(상관correlation은 인과causation를 의미하지는 않는다). 상관은 $x$와 $y$, 두 변수 분포의 정규성을 가정할 때 $x$의 분산, $y$의 분산, $x$와 $y$의 공분산covariance에 의해 정의할 수 있다. 두 분산의 기호는 $s_x^2$, $s_y^2$이다. $x$와 $y$의 공분산은 $\mathrm{cov}(x, y)$로 표현한다. 이제 상관계수correlation coefficient $r$을 정의할 수 있다.

$$r = \frac{\mathrm{cov}(x, y)}{\sqrt{s_x^2 s_y^2}}$$

분산의 계산법은 이미 알고 있으니(4장 참고) $x$와 $y$의 공분산을 계산하는 문제만 남았다. 공분산은 벡터곱 $x \times y$의 기대값expectation으로 정의할 수 있다. 어렵게 느껴질 수 있으나 별로 그렇지 않다(박스 6.2). $x$와 $y$의 공분산은 곱의 기대값에서 $x$와 $y$의 각 기대값곱을 뺀 것이다.

---

**박스 6.2. 상관과 공분산**

상관계수는 $x$와 $y$의 공분산과 $x$와 $y$의 분산에 대한 기하평균으로 나타낼 수 있다.

$$\rho(x, y) = \frac{\mathrm{cov}(x, y)}{\sqrt{\mathrm{var}(x) \times \mathrm{var}(y)}}$$

$x$와 $y$의 공분산은 벡터곱 $(x - \bar{x})(y - \bar{y})$의 기대값으로 정의할 수 있다.

$$\mathrm{cov}(x, y) = \mathrm{E}[(x - \bar{x})(y - \bar{y})]$$

---

괄호에 대한 곱셈을 먼저 시행하자.

$$(x - \bar{x})(y - \bar{y}) = xy - \bar{x}y - x\bar{y} + \overline{xy}$$

기대값을 적용해야 하는데 이때 $x$의 기대값은 $\bar{x}$이고 $y$의 기대값은 $\bar{y}$임을 기억해야 한다.

$$\text{cov}(x, y) = \text{E}(xy) - \bar{x}\text{E}(y) - \text{E}(x)\bar{y} + \overline{xy} = \text{E}(xy) - \overline{xy} - \overline{xy} + \overline{xy}$$

$-\overline{xy} + \overline{xy}$로 상쇄돼 $-\overline{xy}$만 남게 되고, 이는 $-\text{E}(x)\text{E}(y)$로 바꿔 표현할 수 있다.

$$\text{cov}(x, y) = \text{E}(xy) - \text{E}(x)\text{E}(y)$$

$x$와 $y$ 사이에 연관성이 없으므로 $\text{E}(xy) = \text{E}(x)\text{E}(y)$라 할 수 있고 공분산은 0이 된다. 곱의 수정합 $SSXY$(7장 참고)는 다음과 같이 나타낼 수 있다.

$$SSXY = \sum xy - \frac{\sum x \sum y}{n}$$

공분산의 공식은 다음과 같이 정리할 수 있다.

$$\text{cov}(x, y) = SSXY \sqrt{\frac{1}{(n-1)^2}}$$

자유도 $(n - 1)$이 상쇄돼 상관계수는 다음과 같이 나타낼 수 있다.

$$r = \frac{SSXY}{\sqrt{SSX.SSY}}$$

$r$의 부호는 $SSXY$의 부호를 따르게 된다. 양의 상관에서는 양수로, 음의 상관에서는 음수로 표시된다.

예제를 통해 분석을 시행해보자.

```
data <- read.csv("c:\\temp\\twosample.csv")
attach(data)
plot(x,y,pch=21,col="blue",bg="orange")
```

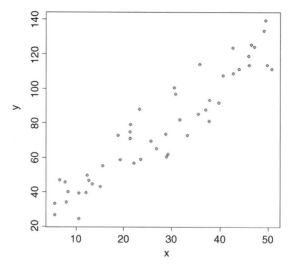

먼저 x와 y의 분산을 계산한다.

```
var(x)
```

[1] 199.9837

```
var(y)
```

[1] 977.0153

x와 y의 공분산 cov(x, y)는 var 함수에 두 개의 벡터를 적용해 구할 수 있다.

```
var(x,y)
```

[1] 414.9603

상관계수는 $414.96/\sqrt{(119.98 \times 977.02)}$이 된다.

```
var(x,y)/sqrt(var(x)*var(y))
```

[1] 0.9387684

cor 함수를 사용해 다시 확인해보자.

```
cor(x,y)
```

[1] 0.9387684

정확히 일치한다. 이제 상관계수에 대해 확실히 이해했을 것이다. 공분산을 두 분산의 기하평균으로 나눠준 값이다.

# 상관과 변수 간 차이의 분산

표본에서 짝지어짐pairing을 통해 뚜렷한 양의 상관을 확인할 수 있다. 앞에서 다뤘던 무척추 동물의 생물다양성 데이터에서 상류와 하류의 경우도 이에 해당된다(6장 참고). 변수 간 차이의 분산에 상관이 미치는 영향을 주의 깊게 봐야 한다. 극단적으로 생각해 두 변수가 완전한 상관성을 가진 동일한 데이터일 때 두 변수 사이의 차이는 0이다. 양의 상관성 정도가 클수록 차이의 분산은 작아지게 된다.

다음의 데이터는 아홉 곳에서 측정한 여름과 겨울의 지하수면water table의 깊이(표면 아래로의 m로 측정)를 담고 있다.

```
paired <- read.csv("c:\\temp\\water.table.csv ")
attach(paired)
names(paired)
```

```
[1] "Location" "Summer" "Winter"
```

각 장소에서 여름과 겨울의 지하수면의 깊이 사이에 상관성이 있는지를 먼저 확인해보자.

```
cor(Summer, Winter)
```

```
[1] 0.8820102
```

강한 양의 상관이 보인다. 별로 놀랄 것도 없다. 겨울의 지하수면이 깊은 곳은 여름의 지하수면도 역시 깊을 것이다. 상관의 유의성을 판단하고 싶다면, 즉 상관계수 $r$에 대한 $p$ 값을 확인하고 싶다면 cor 대신 cor.test를 사용한다. 이 분석에 대한 비모수 검정을 적용하려면 method 인자를 "k" 또는 "s"로 조정해(method="k" 또는 method="s") 켄달Kendall 또는 스피어만Spearman 방법으로 분석을 진행할 수 있다. 인자를 조정하기 전의 기본 설정은 피어슨의 적률 상관Pearson's product-moment correlation(method="p")이다.

```
cor.test(Summer, Winter)
```

```
        Pearson's product-moment correlation

data: Summer and Winter
t = 4.9521, df = 7, p-value = 0.001652
alternative hypothesis: true correlation is not equal to 0
95 percent confidence interval:
 0.5259984 0.9750087
sample estimates:
      cor
0.8820102
```

강한 상관을 확인할 수 있다($p = 0.00165$). 이제 **상관계수와 세 분산**(여름, 겨울, 여름-겨울)의 관계에 대해 알아보자.

```
varS <- var(Summer)
varW <- var(Winter)
varD <- var(Summer-Winter)
```

세 개의 분산으로 상관계수 $\rho$를 나타내면 다음과 같다.

$$\rho = \frac{\sigma_y^2 + \sigma_z^2 - \sigma_{y-z}^2}{2\sigma_y\sigma_z}$$

바로 앞에서 계산한 값들을 가지고 직접 상관계수를 계산할 수 있다.

```
(varS+varW-varD)/(2*sqrt(varS)*sqrt(varW))
```

```
[1] 0.8820102
```

차이의 분산이 각 분산의 합과 같은지 확인해보자(6장에서 변수의 독립성에 대해 확인해봤다).

```
varD
```

```
[1] 0.01015
```

```
varS + varW
```

```
[1] 0.07821389
```

확실히 다르다. 두 변수가 독립적일 때에만 같을 수 있다. 두 변수가 양의 상관관계이므로 차이의 분산은 각 분산의 합보다 $2 \times r \times s_1 \times s_2$만큼 작아야 한다.

```
varS + varW - 2 * 0.8820102 * sqrt(varS) * sqrt(varW)
```

```
[1] 0.01015
```

varD와 정확히 일치한다.

## 스케일에 따른 상관

상관분석에서 또 하나의 어려운 점은 산점도가 실제 상황과 전혀 다른 정보를 제공할 수도 있다는 것이다. 보이는 것과 항상 똑같지는 않다는 점을 잘 기억해야 한다. 다음 데이터는 각각 다른 생산성을 가지고 있는 숲에 따라 찾아볼 수 있는 포유류 종의 수를 보여준다.

```
data <- read.csv("c:\\temp\\productivity.csv")
attach(data)
names(data)
```

[1] "productivity" "mammals" "region"

```
plot(productivity,mammals,pch=16,col="blue")
```

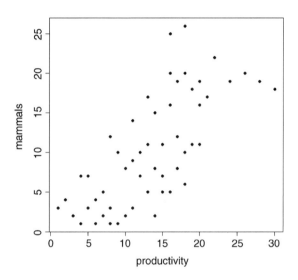

　　명확한 양의 상관관계를 볼 수 있다. 생산성이 클수록 종의 수가 많다는 것을 의미한다. 상관성의 의미가 큰 것이다.

```
cor.test(productivity,mammals,method="spearman")
```

　　　　　Spearman's rank correlation rho

data: productivity and mammals
S = 6515.754, p-value = 5.775e-11
alternative hypothesis: true rho is not equal to 0
sample estimates:
　　rho
0.7516389

Warning message:
In cor.test.default(productivity, mammals, method = "spearman")
　Cannot compute exact p-value with ties

　　그런데 각 지역에 따라 색으로 구분해 연관성을 다시 확인해보면 같은 결과를 볼 수 있을까?

```
plot(productivity,mammals,pch=16,col=as.numeric(region))
```

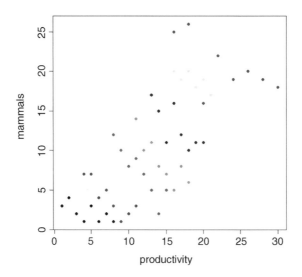

패턴을 확연하게 파악할 수 있다. 각 지역별로 관찰하면 생산력이 증가함에 따라 포유류 종의 수가 오히려 감소함을 알 수 있다. 이를 통해 매우 중요한 점을 배울 수 있다. 스케일에 따른 상관성을 확인할 때에는 특히 주의를 기울여야 한다. 짧은 시간 스케일에서는 양의 상관성을 확인했다 하더라도 긴 시간 스케일에서는 음의 상관성을 확인할 수도 있다는 것이다. 예제에서와 같이 큰 공간 스케일에서는 양의 상관성으로 보이지만 작은 스케일에서는 음의 상관성으로 확인될 수 있다.

## 참고 문헌

Snedecor, G.W. and Cochran, W.G. (1980) *Statistical Methods*, Iowa State University Press, Ames.

## 추가 참고 문헌

Dalgaard, P. (2002) *Introductory Statistics with R*, Springer-Verlag, New York.

# 7

# 회귀 분석

반응 변수와 설명 변수가 모두 범주형 변수(키 또는 체중, 부피, 온도와 같이 소수점 이하의 자릿수를 가진 실수)인 경우 회귀 분석을 시행할 수 있다. 회귀 분석을 선택하는 것이 적합한지의 여부를 판단하기 위해 가장 쉽게 적용해볼 수 있는 방법은 직접 산점도를 작성해보는 것이다(이와 다르게 분산분석에서 가장 적합한 그래프는 박스 플롯과 막대 그래프다).

회귀 분석에서 가장 핵심적인 부분은 표본 데이터를 사용해 모수와 표준오차를 추정하는 것이다. 제일 먼저 해야 할 일은 반응 변수와 설명 변수 사이의 관계를 설명할 수 있는 모형을 선택하는 것이다. 선택할 수 있는 후보 모형들은 셀 수 없이 많다. 아마도 회귀 분석을 시행하면서 **모형 선택이 매우 중요한 일**이라는 것을 점점 깨닫게 될 것이다. 가장 간단한 선형 모형은 다음과 같다.

$$y = a + bx$$

반응 변수는 $y$이고 $x$는 연속형 설명 변수다. 두 개의 모수, $a$와 $b$가 있는데 $a(x = 0$일 때 $y$의 값)는 절편$^{intercept}$, $b(y$의 변화를 $x$의 변화로 나눈 값)는 기울기$^{slope}$라 한다. 기울기는 매우 중요한 개념으로 직접 그림으로 그려서 이해하는 것이 좋다.

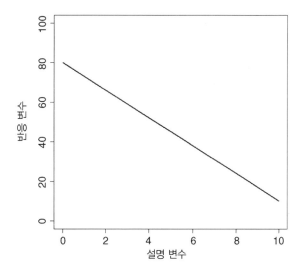

반응 변수와 설명 변수 사이에 음의 선형 관계가 있을 때 기울기와 절편을 계산해보자. 이 경우에는 그래프에서 $x = 0$일 때의 $y$ 값을 그대로 인식할 수 있으므로 절편부터 시작하면 더 쉬울 것이다(그렇지만 항상 그런 것은 아니다). 절편은 단순히 $x = 0$일 때의 $y$ 값이다. 눈으로 보고 바로 판단할 수 있다. $x = 0$에서 시작해서 검정색의 회귀선과 만날 때까지 수직선을 그리고(초록색 선) 회귀선에서 $y$축과 만날 때까지 수평선을 그린다(빨간색 선). 그 위치에서 표시된 수치를 직접 읽으면 된다. 이 그래프에서는 절편이 80이다.

기울기의 추정은 다음의 계산을 통해 이뤄진다.

$$\frac{y\text{의 변화}}{x\text{의 변화}}$$

실제적으로 정확한 계산을 위해 $x$의 변화를 크게 설정하는 것이 좋다. 2에서 8까지의 범위를 선택해보자. 그래프의 기울기가 음의 값이므로 $x = 2$일 때보다 $x = 8$일 때의 $y$ 값이 더 작다. 회귀선에서 $x = 2$의 값에서 파란색의 수직선을 아래로 그려 $x = 8$일 때의 $y$ 값에서 멈춘다. 이 파란색 선의 길이가 $y$의 변화를 나타낸다('델타 $y$' 또는 '$\Delta y$'로 나타낸다). 파란색 선의 최솟값에서 2에서 8까지의 $x$ 값 범위를 수평선으로 그려 갈색 선으로 나타낸다. 이 갈색 선의 길이가 $\Delta x$다. $x = 2$일 때 $y$ 값은 대략 66이다. 같은 방식으로 $x = 8$일 때 $y$ 값은 대략 24다.

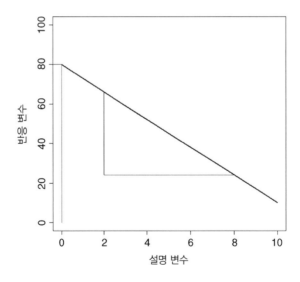

$x$의 변화는 $+6$(2에서 8)이고 $y$의 변화는 $-42$(66에서 24)다. 이제 직선의 기울기, $b$를 계산해보자.

$$b = \frac{y\text{의 변화}}{x\text{의 변화}} = \frac{24 - 66}{8 - 2} = \frac{-42}{6} = -7.0$$

이제 선의 두 모수를 모두 알게 됐다. 절편 $a = 80$이고 기울기 $b = -7.0$이다. 다음의 공식으로 정리할 수 있다.

$$y = 80 - 7x$$

실제로 측정하지 않은 값에 대한 예측이 가능하다. $x = 10.5$를 대입해보자.

$$y = 80 - 7.0 \times 10.5 = 6.5$$

특정 $y$ 값에 대한 $x$ 값도 확인할 수 있다. $y = 40$을 대입해보자.

$$40 = 80 - 7.0x$$

먼저 양쪽으로 80을 뺀다.

$$40 - 80 = -7.0x$$

그리고 나서 양쪽을 $-7$로 나눠 $x$ 값을 구한다.

$$x = \frac{40 - 80}{-7} = \frac{-40}{-7} = +5.714286$$

그래프를 보고 대략적인 확인을 해봤다. 확실히 이해될 때까지 이 부분을 반복해서 읽어주기 바란다.

## 선형 회귀

예제를 보면서 시작하자. 회귀 모수를 추정하는 것이 그리 어렵지 않다는 것을 곧 알게 될 것이다. 단지 눈으로 데이터를 관찰하기만 해도 대략적인 작업을 진행하고 이해하는 과정에서 큰 어려움이 없을 것이다.

```
reg.data <- read.csv("c:\\temp\\tannin.csv")
attach(reg.data)
names(reg.data)

[1] "growth" "tannin"

plot(tannin,growth,pch=21,bg="blue")
```

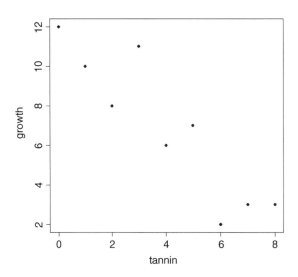

'눈으로' 회귀 분석을 어떻게 시행할 수 있는지 살펴보자. 제일 먼저 이런 질문을 던질 수 있다. $y$ 값에 어떤 변화가 일어났는가? $y$ 값이 12에서 2로 줄었으므로 $y$의 변화는 $-10$이다(마이너스 부호에 유의해야 한다). $x$ 값은 어떻게 변했을까? 0에서 8로 늘었으므로 $x$의 변화는 $+8$이다(눈으로 회귀 분석을 시행할 때는 가능한 한 큰 $x$ 값의 범위를 선택하는 것이 좋다. 이 예제에서는 $x$의 전 범위를 선택했다). $x = 0$일 때 $y$ 값은 얼마인가? 대략 12 정도로 보이므로 절편은 $a \approx 12$로 표시한다. 기울기 $b$는 어떤가? 기울기는 $y$의 변화($-10$)를 $x$의 변화(8)로 나눈 값이므로 $b \approx -10/8 = -1.25$로 표시한다. 이 예제 그래프에서 회귀식의 대략적인 추정은 다음과 같다.

$$y = 12.0 - 1.25x$$

여기까지 이해됐다면 좀 더 객관적인 방식을 생각해보자. 그리고 두 모수의 비신뢰도(기울기와 절편의 표준오차)에 대해서도 알아보자. 기본적인 사항은 동일하므로 그리 복잡하지 않다.

## R에서의 선형 회귀

절편 $a$와 기울기 $b$의 최대 가능도 추정량<sup>maximum likelihood estimates</sup>은 앞에서 대략적으로 얻은 12, $-1.25$와 많이 비슷할까? R 함수 lm을 사용하면 쉽게 추정량을 구할 수 있다. lm은 '선형 모형<sup>linear model</sup>'을 뜻한다(lm의 첫 글자는 L의 소문자를 나타내는 것이지 숫자 1이 아니라는 점을 주의해야 한다). 분석을 위해 해야 할 일은 R에게 반응 변수(이 예제에서는 growth)와 설명 변수(이 예제에서는 tannin)를 잘 구분해 지정해주는 것뿐이다. growth~tannin처럼 ~ 기호의 왼쪽에 반응 변수를, 오른쪽에 설명 변수를 위치시킨다.

```
lm(growth~tannin)

Coefficients:
(Intercept) tannin
    11.756 -1.217
```

R에서는 두 개의 모수를 Coefficients(계수)로 표시한다. 절편은 11.756(대략적 추정 값은 12)이고 기울기는 −1.217(대략적 추정 값은 −1.25)다. 별로 큰 차이가 없다. 나쁘지 않다.

R은 어떻게 계수들을 계산했을까? 이에 대해 이해하기 위해서는 약간의 계산이 필요하다. 수학적 흥미가 많다면 박스 7.1과 같은 생각이 재미있을 수도 있을 것이다. 그러나 이것이 앞으로 이어질 내용들을 이해하기 위한 필수 사항은 아니다. 모수의 최대 가능도 추정량을 구해야 한다는 큰 줄거리를 명심하고 작업을 진행하면 된다. 데이터가 주어지고 이에 알맞은 모형을 선택하는 데 **데이터를 가장 그럴듯하게 나타내줄 수 있는 기울기와 절편**을 찾아내는 것이다.

전체적인 내용을 파악할 수 있는 가장 좋은 방법은 그래프를 그려보는 것이다. 산점도에서 최적합best-fit 직선을 나타내기 위해 abline 함수를 사용한다.

```
abline(lm(growth~tannin),col="green")
```

---

### 박스 7.1. 기울기 $b$의 최소 제곱 추정

**최적합 기울기**는 **오차 제곱합**SSE, error sum of squares이 최소화될 때까지 직선을 회전시켜 찾아야 한다. $\sum(y - a - bx)^2$이 최소화될 때의 $b$를 구해야 한다. $SSE$의 미분계수를 $b$에 대해 정리해보자.

$$\frac{dSSE}{db} = -2\sum x(y - a - bx)$$

괄호를 풀어 계산해보자.

$$\frac{dSSE}{db} = -2\sum(xy - ax - bx^2)$$

각 항에 대해 $\sum$를 적용하고 미분계수를 0으로 지정한다. 식의 양쪽을 −2로 나눠 불필요한 상수를 제거한다.

$$\sum xy - \sum ax - \sum bx^2 = 0$$

값이 정해져 있지 않은 $a$와 $b$ 때문에 더 이상 식을 풀 수 없다. 그런데 $a$는 $\bar{y} - b\bar{x}$라는 것은 알고 있다. 그리고 $\sum ax$는 $a\sum x$로 바꿔 쓸 수 있다. $\sum$ 기호 밖으로 $a$와 $b$를 빼서 정리하면 다음의 식을 얻을 수 있다.

$$\sum xy - \left[\frac{\sum y}{n} - b\frac{\sum x}{n}\right]\sum x - b\sum x^2 = 0$$

괄호에 대해 다시 풀어서 정리해보자.

$$\sum xy - \frac{\sum x \sum y}{n} + b\frac{\left(\sum x\right)^2}{n} - b\sum x^2 = 0$$

$b$를 포함하고 있는 항들을 식의 오른쪽으로 빼서 정리하자.

$$\sum xy - \frac{\sum x \sum y}{n} = b\sum x^2 - b\frac{\left(\sum x\right)^2}{n}$$

식의 양쪽을 $\sum x^2 - ((\sum x)^2/n)$으로 나눠 $b$에 관한 식으로 정리하자.

$$b = \frac{\sum xy - \dfrac{\sum x \sum y}{n}}{\sum x^2 - \dfrac{\left(\sum x\right)^2}{n}}$$

$b$는 오차 제곱합을 최소화하는 값이며 다음의 식으로 간단하게 표현할 수 있다(자세한 내용은 박스 7.3을 참고한다).

$$b = \frac{SSXY}{SSX}$$

이것이 선형 회귀에서 **기울기의 최대 가능도 추정량**이다.

---

모형 적합은 완전하지는 않으나 대체적으로 들어맞는 것을 보여준다. 데이터를 나타내는 점들이 적합선에 가지런히 놓이지는 않는다. 각 데이터 포인트와 모형에 의한 예측 값 사이의 차이를 **잔차**라 한다. 어떤 잔차는 양의 값(회귀선 위)이고 어떤 값은 음의 값(회귀선 아래)이다. 잔차의 크기를 보기 위해 수직선을 그려보자. 처음의 $x$ 값은 tannin = 0일 때의 값이다. 이때의 $y$ 값은 growth = 12일 때의 값이다. 그런데 tannin = 0일 때 모형에 의한 예측 값은 얼마나 될까? 이를 계산하기 위한 R 내재 함수는 predict다.

```
fitted <- predict(lm(growth~tannin))
fitted
```

```
       1         2         3         4         5         6         7
11.755556 10.538889  9.322222  8.105556  6.888889  5.672222  4.455556
       8         9
 3.238889  2.022222
```

tannin = 0일 때 growth의 예측 값이 첫 번째 예측 값으로 그 값은 11.755556이다. 첫 번째 잔차를 그려보자. 관찰 값과 예측 값의 *x* 좌표는 0으로 동일하다. 관찰 값의 *y* 좌표는 12이고 예측 값의 *y* 좌표는 11.755556이다. lines 함수를 사용해 그리면 된다.

```
lines(c(0,0),c(12,11.755556))
```

이런 방식으로 반복하면 모든 잔차를 그릴 수 있다. 그렇지만 루핑을 이용해 이 과정을 자동화할 수도 있다.

```
for (i in 1:9)
    lines (c(tannin[i],tannin[i]),c(growth[i],fitted[i]),col="red")
```

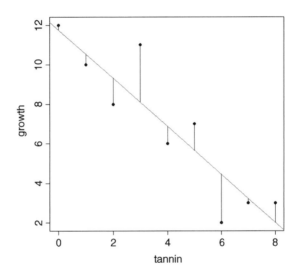

이 잔차들은 회귀선의 적합도를 설명할 수 있다. 최대 가능도 모형maximum likelihood model은 **잔차들의 제곱합을 최소화하는 모형**으로 정의할 수 있다. 잔차 *d*는 측정 값 *y*에서 예측 값 $\hat{y}$를 뺀 값이므로 다음과 같이 식으로 정리할 수 있다.

$$d = y - \hat{y}$$

$\hat{y}$는 *a* + *bx*의 직선에 놓여 있으므로 식을 다음과 같이 발전시킬 수 있다.

$$d = y - (a + bx) = y - a - bx$$

최적합선은 *d*의 제곱합을 최소화하는 *a*와 *b*에 의해 정해진다(박스 7.1.). $\sum(x - \bar{y}) = 0$이라는 점을 기억해야 하며(박스 4.1) 이에 따라 잔차의 합 $\sum d = \sum(y - ax - bx) = 0$이 된다(박스 7.2).

## 박스 7.2.  선형 회귀에서 잔차의 합

모형이 $\hat{y} = a + bx$의 값을 예측할 때 $a$는 절편이고 $b$는 기울기다. 잔차는 $x$에 대응하는 $y$와 예측 값 $\hat{y}$ 사이의 거리를 뜻하며, 이제 잔차의 합을 구하는 과정에 초점을 맞춰보자.

$$\sum (y - a - bx)$$

잔차의 합이 0이 되는 것을 증명해보자. 먼저 최적합 직선이 $(\bar{x}, \bar{y})$ 좌표를 지난다는 점을 이용하면 $\bar{y} = a + b\bar{x}$임을 알 수 있다. 절편의 값에 대해 식을 다시 정리할 수 있다.

$$a = \bar{y} - b\bar{x}$$

위에서 본 잔차의 합에 대한 식에 $a$를 대입한다.

$$\sum (y - \bar{y} + b\bar{x} - bx)$$

이제 $\sum \bar{y} = n\bar{y}$와 $\sum \bar{x} = n\bar{x}$를 이용하고 $\sum$를 적용해보자.

$$\sum y - n\bar{y} + bn\bar{x} - b\sum x$$

$\bar{y} = \sum y / n$이고 $\bar{x} = \sum x / n$이므로 평균을 대체해 식을 정리할 수 있다.

$$\sum y - n\frac{\sum y}{n} + bn\frac{\sum x}{n} - b\sum x$$

$n$을 상쇄하고 나면 다음의 식을 얻을 수 있다.

$$\sum y - \sum y + b\sum x - b\sum x \ = \ 0$$

추정하고자 하는 모수의 잔차 제곱합에 대해 직접 그래프를 그려보면 전체적인 이해에 많은 도움이 된다. 기울기를 예로 들어보자. 직선 모형에서 한 가지 명확하게 알고 있는 점은 회귀선이 데이터 포인트들 가운데에 있는 $(\bar{x}, \bar{y})$를 지난다는 것이다. 최적합 직선은 $x$와 $y$의 개별적 평균을 나타내는 좌표를 지나므로 이 점을 중심축으로 해서 만들어지는 여러 선들을 최적합 직선의 후보로 생각할 수 있다. 이 선들 중에서 하나를 선택하기 위해 앞의 그래프에서 봤던 빨간 선 길이의 제곱합을 최소화할 수 있는 기울기를 찾아야 한다. 기울기 추정 값의 절댓값이 커서 직선의 기울기가 너무 가파르면 적당하지 못한 추정으로 볼 수 있으며 제곱합이 커지게 된다. 마찬가지로 기울기 추정 값의 절댓값이 작아서 직선의 기울기가 너무 평탄하면 역시 적당하지 못한 추정으로 볼 수 있으며 제곱합이 커지게 된다. 이렇게 극단으로 치우쳐 있는 두 값들 사이에서 제곱합을 최소화하는 기울기 값이 존재한다. 이 값이 바로 찾고자 하는 기울기의 최적 값$^{\text{best-fit-value}}$이다. 먼저 최적 값을 포함할 것으로 생각하는 적당한 범위(이 예제에서는 $-1.4 < b < -1.0$) 내에서 잔차의 제곱합을 연속적으로 계산하기 위해 루핑을 시행한다. 결과 값을 sse라 하자(이렇게 이름 붙인 이유는 뒤에서 알게 될 것이다).

- 기울기 $b$의 값을 연속적으로 변화시킨다.
- $b$의 값에 따라 절편 $a = \bar{y} - b\bar{x}$를 계산한다.
- $x$ 값의 변화에 따라 적합 값 $a + bx$를 예측한다.
- 잔차 $y - a - bx$를 계산한다.
- 잔차의 제곱 $\sum(y - a - bx)^2$을 모두 더한다.
- 기울기 b[i]에 sse[i]를 대응시킨다.

이 과정이 모두 끝나면 $x$축에 기울기, $y$축에 잔차 제곱합이 그려지는 U 모양의 그래프를 만들 수 있다. 이제 sse의 최솟값(이 예제에서는 20.072)을 찾을 수 있다. 점선의 초록색 수평선을 그어 보자. U 모양의 선과 초록색 점선이 만나는 점의 $x$ 좌표를 읽는다(빨간색 화살표). 앞에서 R을 이용해 구한 값($b = -1.217$)과 동일하다.

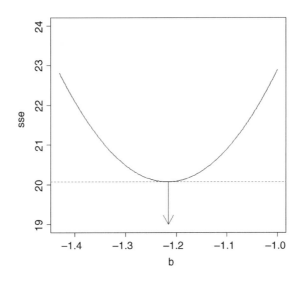

다음은 기울기 b의 최적 추정 값 산출과 그래프를 위한 R 코드다.

```
b <- seq(-1.43,-1,0.002)
sse <- numeric(length(b))
for (i in 1:length(b)) {
        a <- mean(growth)-b[i]*mean(tannin)
        residual <- growth - a - b[i]*tannin
        sse[i] <- sum(residual^2)
}
plot(b,sse,type="l",ylim=c(19,24))
        arrows(-1.216,20.07225,-1.216,19,col="red")
        abline(h=20.07225,col="green",lty=2)
        lines(b,sse)
b[which(sse==min(sse))]
```

## 선형 회귀에서의 계산

$\sum d^2 = \sum (y - a - bx)^2$의 최솟값을 찾아야 한다. 계산을 위해 '유명한 다섯 가지'가 필요하다. 이 다섯 가지는 $\sum y^2$, $\sum y$, $\sum x^2$, $\sum x$, $\sum xy$다. 마지막의 $\sum xy$는 곱의 합으로 예제 데이터에 대해 다음과 같은 계산이 가능하다.

**tannin**

[1] 0 1 2 3 4 5 6 7 8

**growth**

[1] 12 10 8 11 6 7 2 3 3

**tannin*growth**

[1] 0 10 16 33 24 35 12 21 24

0 × 12 = 0, 더하기 1 × 10 = 10, 더하기 2 × 8 = 16, 이런 식으로 계속 진행하면 되는데 매우 지루하므로 간단히 sum 함수를 사용할 수 있다.

**sum(tannin*growth)**

[1] 175

다음으로 해야 할 일은 앞에 언급한 다섯 가지를 이용해 세 개의 주요한 '수정합corrected sums'을 계산하는 것이다. 세 개의 수정합은 $x$의 수정 제곱합, $y$의 수정 제곱합, $xy$의 수정합이다. $x$의 수정 제곱합과 $y$의 수정 제곱합은 익숙하게 느껴질 것이다.

$$SSY = \sum y^2 - \frac{\left(\sum y\right)^2}{n}$$

$$SSX = \sum x^2 - \frac{\left(\sum x\right)^2}{n}$$

$y$의 분산을 계산하고자 할 때 $SSY$를 자유도로 나눴다. $x$의 분산도 마찬가지다(4장 참고). 곱의 제곱은 약간 생소할 것이다. 그렇지만 구조는 유사하다. 앞의 $SSY$ 공식을 생각해보자. 풀어서 말하면 '$y \times y$의 합' $\sum y^2$에서 '$y$의 합$\times y$의 합' $(\sum y)^2$을 '표본 크기' $n$으로 나눈 후 그 값을 뺀 것이다. $SSX$ 공식도 유사하다. '$x \times x$의 합' $\sum x^2$에서 '$x$의 합$\times x$의 합' $(\sum x)^2$을 '표본 크기' $n$으로 나눈 후 그 값을 뺀 것이다. 이제 곱의 수정합을 생각해보자.

$$SSXY = \sum xy - \frac{\left(\sum x\right)\left(\sum y\right)}{n}$$

자세히 보면 같은 종류의 구조라는 것을 알 수 있다. '$x \times y$의 합' $\sum xy$에서 '$x$의 합$\times y$의 합' $(\sum x)(\sum y)$를 '표본 크기' $n$으로 나눈 후 그 값을 뺀 것이다.

세 개의 수정합은 앞으로 나올 회귀 분석과 분산 분석에서 매우 중요한 개념이다. 그러므로 $SSX$, $SSY$, $SSXY$의 의미를 확실하게 이해할 때까지 필요할 때마다 이 절을 반복해서 읽기 바란다 (박스 7.3).

---

**박스 7.3.  회귀에서 수정 제곱합과 수정 곱의 합**

총 수정 제곱합은 $SSY$, $x$의 수정 제곱합은 $SSX$, 곱의 수정합은 $SSXY$다.

$$SSY = \sum y^2 - \frac{\left(\sum y\right)^2}{n}$$

$$SSX = \sum x^2 - \frac{\left(\sum x\right)^2}{n}$$

$$SSXY = \sum xy - \frac{\sum x \sum y}{n}$$

설명이 가능한 변이는 회귀 제곱합 $SSR$이다.

$$SSR = \frac{SSXY^2}{SSX}$$

설명이 안 되는 변이는 오차 제곱합 $SSE$다. $SSE$는 $SSY$와 $SSR$의 차이에 의해 계산이 가능하다.

$$SSE = SSY - SSR$$

---

$SSE$는 잔차의 제곱합에 의해 정의할 수도 있다.

$$SSE = \sum (y - a - bx)^2$$

상관계수 $r$은 다음과 같이 정리할 수 있다.

$$r = \frac{SSXY}{\sqrt{SSX \times SSY}}$$

다음으로 모수의 최대 가능도 추정량과 그에 연관된 표준오차를 찾기 위해 $SSX$, $SSY$, $SSXY$를 어떻게 사용해야 하는지에 대한 문제를 생각해보자. 이 과정은 앞에서 봤던 다른 것들보다 조금 간단하다. 앞의 그래프에서 기울기 $b$의 최대 가능도 추정량은 간단하게 다음 식으로 요약할 수 있다(자세한 내용은 박스 7.1을 참고한다).

$$b = \frac{SSXY}{SSX}$$

기울기의 값을 알게 됐으므로 이제 적합 직선에 놓여 있는 한 점을 대입해 절편 $a$의 최대 가능도 추정량을 계산해보자. 최적합 직선의 정의에 의해 이 직선이 $x$와 $y$의 평균을 나타내는 $(\bar{x}, \bar{y})$ 좌표를 지나는 것을 알고 있다. $y = a + bx$에 이 좌표 데이터를 대입하면 $\bar{y} = a + b\bar{x}$가 된다. 이 식을 $a$에 대해 정리하면 다음과 같다.

$$a = \bar{y} - b\bar{x} = \frac{\sum y}{n} - b\frac{\sum x}{n}$$

예제의 모수 값 계산이 모두 끝났다. 간단하게 이 변수들을 SSX, SSY, SSXY라 하자(R은 알파벳 대문자와 소문자를 다르게 인식하므로 SSX는 ssx와 다르다는 점에 주의해야 한다).

---

**박스 7.4. 곱의 합 SSXY에 대한 간단한 공식**

$SSXY$는 $(x - \bar{x})(y - \bar{y})$를 기초로 한다. 먼저 괄호를 풀어보자.

$$(x - \bar{x})(y - \bar{y}) = xy - x\bar{y} - y\bar{x} + \overline{xy}$$

$\sum x\bar{y} = \bar{y}\sum x$이고 $\sum y\bar{x} = \bar{x}\sum y$임을 기억한 후 $\sum$를 적용해보자.

$$\sum xy - \bar{y}\sum x - \bar{x}\sum y + n\overline{xy}$$

$\sum x = n\bar{x}$이고 $\sum y = n\bar{y}$임을 알고 있으므로 식을 다음과 같이 정리할 수 있다.

$$\sum xy - n\overline{yx} - n\overline{xy} + n\overline{xy} = \sum xy - n\overline{xy}$$

두 평균의 곱을 $\sum x/n \times \sum y/n$으로 대체해보자.

$$\sum xy - n\frac{\sum x}{n}\frac{\sum y}{n}$$

$n$을 상쇄시키고 나면 수정 곱의 합이 얻어진다.

$$SSXY = \sum xy - \frac{\sum x \sum y}{n}$$

```
SSX <- sum(tannin^2)-sum(tannin)^2/length(tannin)
SSX
```

```
[1] 60
```

```
SSY <- sum(growth^2)-sum(growth)^2/length(growth)
SSY
```

```
[1] 108.8889
```

```
SSXY <- sum(tannin*growth)-sum(tannin)*sum(growth)/length(tannin)
SSXY
```

```
[1] -73
```

필요한 것은 모두 갖춰졌다. 기울기를 계산해보자.

$$b = \frac{SSXY}{SSX} = \frac{-73}{60} = -1.2166667$$

절편 $a$는 다음과 같이 계산할 수 있다.

$$a = \frac{\sum y}{n} - b.\frac{\sum x}{n} = \frac{62}{9} + 1.2166667\frac{36}{9} = 6.8889 + 4.86667 = 11.755556$$

이제 최대 가능도 회귀식을 다음과 같이 요약할 수 있다.

$$y = 11.75556 - 1.216667x$$

그러나 이것이 전부는 아니다. 모수 추정 값 $a = 11.756$과 $b = -1.2167$에 더해 추정한 모수의 비신뢰도를 측정해야 한다. 절편과 기울기의 표준오차를 구해야 하는 것이다. 평균의 표준오차에 대해서는 이미 다뤘으며, 이 표준오차를 신뢰구간 계산(4장 참고)과 스튜던트 $t$ 검정(6장 참고)에 이용했다. 회귀 모수의 표준오차는 제곱근 형식(표준오차와 모수의 단위가 같다.)이라는 점에서 평균의 표준오차와 유사성이 있으며 역시 분자에 오차 분산 $s^2$이 위치한다. 그러나 기울기와 절편의 비신뢰도에서 특수한 요소가 있다는 점에 주의해야 한다(자세한 내용은 박스 7.6과 7.7을 참고한다). 표준오차를 계산하기 위해 오차 분산 $s^2$을 알아야 한다. 그리고 이 오차 분산을 위해 분산 분석이 미리 시행돼 ANOVA 테이블을 확보해야 한다.

## 회귀 분석의 제곱합 분할: SSY=SSR+SSE

개념은 간단하다. $y$의 변이 $SSY$를 모형 설명력의 관점에서 분할하는 것이다. 모형에 의해 설명이 가능한 변이는 회귀 제곱합SSR, regression sum of squares이라 하고, 설명이 안 되는 변이는 오차 제곱합SSE, error sum of squares이라 한다. $SSE$는 7장의 산점도에서 빨간 선의 길이를 제곱해 그 합을 계산한 것이다. 결국 $SSY = SSR + SSE$로 정리할 수 있다(증명은 박스 7.5에서 확인할 수 있다).

---

### 박스 7.5. $SSY = SSR + SSE$의 증명

알고 있는 부분에서부터 시작해보자. $y$와 $\bar{y}$ 사이의 차이는 $y - \hat{y}$과 $\hat{y} - \bar{y}$의 합과 같다. 이 내용은 그래프를 통해 쉽게 확인할 수 있다.

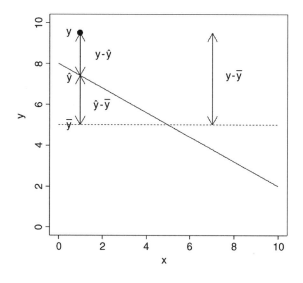

그래프를 보면 $(y - \bar{y}) = (y - \hat{y}) + (\hat{y} - \bar{y})$임을 확실히 알 수 있다. 그러나 각각의 항에 제곱을

---

했을 때에도 좌변과 우변이 같은지는 명확하지 않다. 이에 대한 증명을 시행해보자.

먼저 식의 좌변과 우변에 있는 각각의 항에 제곱을 해서 식을 바꿔보자.

$$(y - \bar{y})^2 = (y - \hat{y})^2 + (\hat{y} - \bar{y})^2$$

다음과 같이 식을 풀어줄 수 있다.

$$y^2 - 2y\bar{y} + \bar{y}^2 = y^2 - 2y\hat{y} + \hat{y}^2 + \hat{y}^2 - 2\hat{y}\bar{y} + \bar{y}^2$$

양 변에서 $y^2 = \bar{y}^2$을 뺀다.

$$-2y\bar{y} = -2y\hat{y} + 2\hat{y}^2 - 2\hat{y}\bar{y}$$

$\sum$를 적용하고 식을 정리해보자.

$$0 = \sum 2y\bar{y} - \sum 2y\hat{y} + \sum 2\hat{y}^2 - \sum 2\hat{y}\bar{y}$$

$\bar{y}$를 기준으로 식을 다시 정리해보자.

$$0 = \sum 2y\bar{y} - \sum 2\hat{y}\bar{y} + \sum 2\hat{y}^2 - \sum 2y\hat{y}$$

$\bar{y}$는 상수이므로 $\sum$ 기호 밖으로 2와 함께 빼준다.

$$0 = 2\bar{y} \sum (y - \hat{y}) + 2 \sum \hat{y}(\hat{y} - y)$$

박스 2.7에서 $\sum(y - \hat{y}) = 0$임을 이미 확인했으므로 $2\sum \hat{y}(\hat{y} - y) = 0$임을 보이기만 하면 된다. $\hat{y} = a + bx = \bar{y} + b(x - \bar{x})$임을 이용해보자. 먼저 괄호를 풀어 $\hat{y}^2 - y\hat{y}$을 얻고 $\hat{y}$에 앞의 공식을 대입한다.

$$(\bar{y} + b(x - \bar{x}))(\bar{y} + b(x - \bar{x})) - y(\bar{y} + b(x - \bar{x}))$$

괄호를 풀고 식을 정리해보자.

$$\bar{y}^2 + 2b\bar{y}(x - \bar{x}) + b^2(x - \bar{x})^2 - y\bar{y} - by(x - \bar{x})$$

$\sum \bar{y}^2 = n\bar{y}^2$임을 고려하면서 $\sum$를 적용해보자.

$$n\bar{y}^2 + 2b\bar{y} \sum (x - \bar{x}) + b^2 \sum (x - \bar{x})^2 - \bar{y} \sum y - b \sum y(x - \bar{x})$$

$\bar{y}$를 $\dfrac{\sum y}{n}$로 바꿔주고 $n\bar{y}^2 = \bar{y}\sum y$임을 이용하면 다음의 공식이 얻어진다.

$$2b\frac{\sum y}{n}\sum(x-\bar{x}) + b^2\sum(x-\bar{x})^2 - b\sum y(x-\bar{x})$$

첫 항은 $\sum(x-\bar{x})$를 포함하고 있으므로 0이 되고 다음의 식이 남는다.

$$b^2\sum(x-\bar{x})^2 - b\sum y(x-\bar{x})$$

$-b$를 괄호 밖으로 빼고 $\sum(x-\bar{x})^2 = SSX$, $\sum y(x-\bar{x}) = SSXY$임을 이용해 식을 정리하자.

$$-b(SSXY - b\,SSX)$$

기울기의 공식을 기억해보면 $b = SSXY/SSX$라서 $b.SSX = SSXY$라 할 수 있으므로 최종적으로 다음의 공식으로 정리할 수 있다.

$$-b(SSXY - SSXY) = 0$$

$SSE$가 적합 모형으로부터 데이터 포인트 사이의 편차를 제곱해 모두 더한 값이라는 것을 알고 있으므로 $\sum d^2 = \sum(y - a - bx)^2$의 공식을 이용해 이론적 계산이 가능하다. $a$와 $b$의 값을 알게 됐으므로 계산에 필요한 모든 준비는 끝났다. 그런데 뺄셈이 포함된 식에 대해 제곱을 하고 다시 이 값들을 모두 더하는 것은 매우 지루한 일이 될 수 있다. 다행히도 설명이 가능한 변이 $SSR$을 계산하는 매우 간단한 공식이 있다. 굳이 $SSE$를 직접 계산하지 않더라도 $SSR$을 계산해 간접적으로 $SSE$를 계산할 수 있다. 먼저 $SSR$을 계산하는 공식은 다음과 같다.

$$SSR = b.SSXY$$

바로 계산이 가능하다. $SSR = -1.21667 \times -73 = 88.81667$. $SSY = SSR + SSE$이므로 $SSY$에서 $SSR$을 빼면 $SSE$를 얻을 수 있다.

$$SSE = SSY - SSR = 108.8889 - 88.81667 = 20.07222$$

이런 구성 성분들은 'ANOVA 테이블'에서 모두 확인할 수 있다. 엄밀하게 말하면 지금까지는 분산보다는 제곱합을 다뤘다. 그러나 조금만 더 내용을 따라가다 보면 왜 ANOVA, 즉 분산 분석이라는 표현을 썼는지 알 수 있을 것이다. ANOVA 테이블의 가장 왼쪽 열은 변이의 종류가 담겨 있다. 이 예제에서는 회귀regression, 오차error, 총total 이렇게 세 항목을 볼 수 있다. 다음 열에는

*SSR*, *SSE*, *SSY*와 같은 제곱합들이 있다. 셋째 열에는 반드시 이해하고 가야 할 중요한 내용이 있다. 바로 자유도다. 먼저 예제 그래프에서는 $n = 9$, 즉 아홉 개의 데이터 포인트가 있었음을 기억하고 다음 내용으로 넘어가자. 지금까지의 내용들만 테이블에 채워보면 다음과 같다.

| 항목 | 제곱합 | 자유도 | 제곱 평균 | *F* 비 |
|------|--------|--------|-----------|--------|
| 회귀 | 88.817 | | | |
| 오차 | 20.072 | | | |
| 총 | 108.889 | | | |

각 제곱합에 연관된 자유도를 차례대로 계산해보자. 가장 쉬운 것은 총제곱합이다. 총제곱합은 분석에 따라 공식의 변화가 없어 자유도에 대한 계산이 수월하다. 총제곱합 $SSY = \sum(y - \bar{y})^2$의 공식에서 보면 데이터에서 추정을 진행하는 과정에서 하나의 모수, 평균 $\bar{y}$만을 참고했음을 알 수 있다. 데이터로부터 하나의 모수만을 계산한 후 이를 참고해서 다음 계산을 진행했으므로 $n - 1$의 자유도를 가지게 된다($n$은 총 데이터 포인트를 뜻하며 예제에서는 9가 된다). 다음으로 쉽게 할 수 있는 계산은 오차 제곱합이다. 데이터로부터 얼마나 많은 모수들을 먼저 계산해야 하는지 생각해보기 위해 먼저 공식을 기억해보자. $SSE = \sum(y - a - bx)^2$. *SSE*를 계산하기 전에 먼저 $a$와 $b$, 두 값을 알고 있어야 한다. $a$와 $b$, 두 값은 데이터로부터 계산해야 하므로 자유도는 $n - 2$가 된다. 매우 중요한 부분이므로 완전히 이해될 때까지 반복해서 읽어주기 바란다. 가장 어려운 것은 회귀 자유도다. 약간 다른 방식으로 접근해야 하며, 데이터에 회귀 모형을 적합시킬 때 $y$의 평균 이외에 얼마나 많은 추가적인 모수를 추정해야 하는지를 생각해야 한다. 달리 말하면 귀무가설과 비교해 회귀 모형에서 추가적으로 고려해야 할 모수가 몇 개인지를 판단해야 하는 것이다. 회귀 자유도는 1이다. 추가적으로 고려해야 할 모수는 기울기 $b$다. 이 예제와 같이 설명 변수가 하나인 단순한 일차 회귀 모형에서 회귀 자유도는 1이 된다. 실제적으로 분석을 진행하면서 좀 더 확실히 이해하게 될 것이다.

ANOVA 테이블을 완성하기 위해 네 번째 열, '제곱 평균'을 이해해야 한다. 여기에는 분산 분석의 기초가 되는 분산이 담겨 있다. 먼저 공식을 떠올려보자.

$$\text{분산} = \frac{\text{제곱합}}{\text{자유도}}$$

ANOVA 테이블 안에서 계산하는 데 전혀 어려움이 없다. 인접한 열에 계산을 위한 제곱합과 자유도가 모두 있으므로 이를 이용해 계산만 하면 된다. 회귀 분산은 $SSR/1 = SSR$이고 오차 분산 $s^2 = SSE/(n - 2)$가 된다. 통상적으로 가장 아래 칸은 기입하지 않는다($y$의 총분산, $SSY/(n - 1)$). 마지막으로 F 비를 넣어줌으로써 ANOVA 테이블이 완성된다. *F* 비는 두 분산 간의 비율을 뜻한다. 가장 간단한 ANOVA 테이블에서는 분자 위치의 처치 분산(이 예제에서는 회귀 분산)을 분모의 오차 분산 $s^2$으로 나눠준다. 선형 회귀에서 검정해야 할 귀무가설은 회귀선의 기울기가 0이라는 것이다($x$에 대한 $y$의 의존성 내지는 연관성이 없음을 나타낸다). 양측 검정에 기초한 대립가설은 기울기가 0과는 유의하게 다르다는 것이다(그 차이가 양의 방향이든, 음의 방향이든 상관없다). 대부분의 분석에서 귀무가설을 기각하는 자체만으로는 큰 의미가 없다. 분석을 시행하는 입장에서 관심을 가지는 것은 효과 크기(기울기와 절편의 추정치)와 그에 대한 표준오차이기 때문이다. 분석을 시작하기 전에 먼저 귀무가설은 거짓이라 생각하고 시작하는 경우가 많다. 그렇지만 귀무가설을 기각하기에 충분한 $F$ 비인지 확인하기 위해 **검정 통계량**(ANOVA 테이블의 마지막 열에 있는 $F$ 비)을 $F$의 **임계값**과 비교하는 과정이 반드시 필요하다. 귀무가설이 참이라고 하면 검정 통계량은 우연히 발생할 수 있는 $F$ 값이라 볼 수 있다는 점에 주의해야 한다. $F$의 임계값은 $F$ 분포, qf의 분위수로부터 확인할 수 있다. 이때 분자에 자유도 1을, 분모에 자유도 $n-2$를 지정해줘야 한다(바로 뒤에서 다시 확인해보자). 다음은 완성된 ANOVA 테이블이다.

| 항목 | 제곱합 | 자유도 | 제곱 평균 | $F$ 비 |
|---|---|---|---|---|
| 회귀 | 88.817 | 1 | 88.817 | 30.974 |
| 오차 | 20.072 | 7 | $s^2 = 2.86746$ | |
| 총 | 108.889 | 8 | | |

각 자유도를 모두 더하면 총자유도가 된다는 점에 유의해야 한다(이 점은 어떤 ANOVA 테이블에서도 모두 똑같고 실험 설계를 이해하는 데도 중요한 확인 사항이 된다). 마지막으로 볼 것은 $F$ 비, 30.974다. 이 값이 귀무가설을 기각할 수 있을 만큼 충분히 큰 것일까? $F$ 비의 임계값은 분자에 자유도 1을, 분모에 자유도 7을 지정해주고 귀무가설이 참이라 가정했을 때 우연히 발생할 수 있는 검정 통계량의 한계치라 생각하면 된다. 여기에서 받아들일 수 있는 불확실성의 수준을 결정해야 한다. 통상적으로는 5%를 주로 사용하며, 이에 따라 확실성은 0.95라 할 수 있다. 이제 $F$ 분포의 분위수를 사용해 임계값을 찾아보자.

**qf(0.95,1,7)**

```
[1] 5.591448
```

$F$의 계산 값(검정 통계량 = 30.974)은 임계값(5.591)보다 충분히 크기 때문에 귀무가설을 기각할 수 있다. 이렇게 5% 수준에서 기각 여부를 결정하는 것보다는 귀무가설이 참이라 가정할 때 30.974라는 값과 같거나 그보다 큰 $F$ 값을 얻을 확률을 알아보는 것이 더 의미 있을 것이다. 이때에는 qf보다는 1-pf를 사용한다.

```
1-pf(30.974,1,7)
```

```
[1] 0.0008460725
```

매우 낮은 확률이다($p<0.001$).

---

### 박스 7.6. 회귀 기울기의 표준오차

공식은 다음과 같다.

$$SE_b = \sqrt{\frac{s^2}{SSX}}$$

오차 분산 $s^2$은 ANOVA 테이블에서 확인할 수 있으며 표준오차를 계산해 모수의 신뢰구간을 계산하거나 가설 검정에 사용할 수도 있다. $SSX$는 $x$축에서 값의 퍼짐 정도를 나타낼 수 있다. 표준오차는 **비신뢰도의 추정 값**이라는 점을 다시 기억해야 한다. 오차 분산이 커짐에 따라 비신뢰도가 커지므로 $s^2$이 식의 분자에 위치하는 것을 이해할 수 있다. 그런데 비신뢰도와 $x$ 값 범위의 연관성은 쉽게 이해하기 어려울 것이다. 다음 두 개의 그래프를 보자. 두 그래프는 기울기($b=2$)와 절편($a=3$)이 같다.

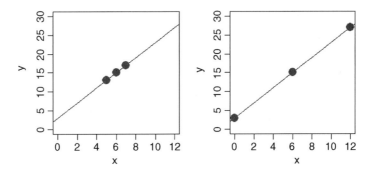

왼쪽의 그래프에서는 모든 $x$ 값들이 $x$의 평균값 가까이에 있으며 오른쪽 그래프에서는 $x$ 값들이 넓게 퍼져 있다. 어떤 그래프에서 보여주는 기울기가 더 믿을 만하다고 생각하는가? 조금만 생각해보면 $x$ 값의 범위가 넓은 오른쪽 그래프의 기울기가 더 믿을 만하다고 결론 내릴 수 있을 것이다. $x$ 값의 범위가 넓어지면 기울기 추정치의 비신뢰도가 줄어들게 된다. 그러므로 $SSX$가 식의 분모에 위치하게 되는 것이다. 제곱근은 왜 들어간 것일까? 비신뢰도의 단위와 비신뢰도를 측정하기 위해 사용한 모수의 단위를 같게 해주기 위해 제곱근을 사용한 것이다. 오차 분산의 단위는 $y$의 제곱이지만 비신뢰도를 고려할 기울기의 단위는 $x$의 변화에 대한 $y$의 변화 자체의 단위를 사용하므로 이에 대한 조정이 필요한 것이다.

---

다음으로 계산에서 얻은 오차 분산 $s^2 = 2.867$을 이용해 기울기의 표준오차(박스 7.6)와 절편(박스 7.7)을 계산해보자. 먼저 기울기의 표준오차는 다음과 같다.

$$SE_b = \sqrt{\frac{s^2}{SSX}} = \sqrt{\frac{2.867}{60}} = 0.2186$$

---

**박스 7.7. 절편의 표준오차**

공식은 다음과 같다.

$$SE_a = \sqrt{\frac{s^2 \sum x^2}{n \times SSX}}$$

기울기의 표준오차와 유사한 형식인데 두 가지 항이 추가됐다. 불확실성은 표본 수 $n$이 커짐에 따라 감소하게 된다. 그런데 $\sum x^2$이 커짐에 따라 불확실성도 역시 증가하는 부분은 명확히 이해되지 않을 것이다. 약간 다르게 표현하면, 절편으로부터 $x$의 평균값이 멀어질수록 절편 추정치의 불확실성이 증가한다고 할 수 있다. 다음 $y = 3 + 2x$(검정색 실선)의 그래프를 예로 들어보자. 왼쪽 그래프에서는 $\bar{x} = 2$로 작은 값이고, 오른쪽 그래프에서는 기울기와 절편이 왼쪽 그래프와 동일하지만 $\bar{x} = 9$로 상대적으로 큰 값이다. 양쪽 그래프 모두에서 기울기는 $b = 1.5$에서 $b = 2.5$까지로 범위를 지정했다. 두 그래프에서 절편의 예측 값의 차이를 비교해보자.

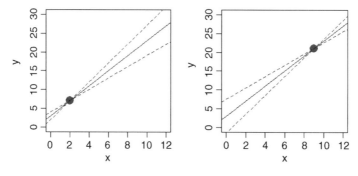

선형 회귀에서 이뤄진 확신성은 $x$의 평균값과 예측이 이뤄진 위치의 $x$ 값 사이의 거리를 제곱한 값($(x - \bar{x})^2$)이 증가할수록 반대로 떨어지게 된다. 그래프의 시작점으로부터 $x$의 평균값이 멀리 위치할수록 절편의 표준오차는 커지게 되며 그 반대의 경우도 역시 성립된다.

일반적으로 **예측 값** $\bar{y}$의 **표준오차**는 다음과 같이 정리할 수 있다.

$$SE_{\hat{y}} = \sqrt{s^2 \left[ \frac{1}{n} + \frac{(x - \bar{x})^2}{SSX} \right]}$$

절편의 표준오차는 $x = 0$일 때의 특수한 경우로 생각하면 된다.

---

절편의 표준오차는 다음과 같다.

$$SE_a = \sqrt{\frac{s^2 \sum x^2}{n \times SSX}} = \sqrt{\frac{2.867 \times 204}{9 \times 60}} = 1.0408$$

이제 계산의 흐름을 모두 파악했으므로 R을 이용해서 간단하게 다시 분석을 시행해보자. 통계 모형에 이름을 붙여 진행하면 여러 면에서 편할 수 있다. model이라는 이름이 좋을 것 같다.

```
model <- lm(growth~tannin)
```

모형을 통해 여러 가지 일들을 할 수 있는데 그중에서 가장 중요한 것은 추정 효과의 세부적인 내용들을 확인하는 것이다. 이 과정은 summary 함수를 이용해 쉽게 진행할 수 있다(summary. lm(model)로 입력해도 같은 결과를 얻을 수 있다).

```
summary(model)

Coefficients:
              Estimate   Std. Error   t value   Pr(>|t|)
(Intercept)   11.7556       1.0408    11.295   9.54e-06 ***
tannin        -1.2167       0.2186    -5.565   0.000846 ***

Residual standard error: 1.693 on 7 degrees of freedom
Multiple R-squared: 0.8157,   Adjusted R-squared: 0.7893
F-statistic: 30.97 on 1 and 7 DF, p-value: 0.0008461
```

모수와 표준오차에 대한 모든 정보를 보여준다(앞에서 직접 계산한 $SE_a$와 $SE_b$의 값을 summary 함수의 결과와 비교해보자). 이어서 다른 값들을 바로 만나게 된다(잔차 표준오차[residual standard error], 다중 R 제곱[multiple R-squared], 수정 R 제곱[adjusted R-squared]). $p$ 값과 $F$ 통계량은 ANOVA 테이블과 유사하다.

모수 추정치보다 ANOVA 테이블을 확인하기 원한다면 summary.aov 함수를 사용하면 된다.

```
summary.aov(model)

            Df   Sum Sq   Mean Sq   F value   Pr(>F)
tannin       1    88.82     88.82     30.97   0.000846 ***
Residuals    7    20.07      2.87
```

오차 분산($s^2 = 2.87$), $SSR$ (88.82), $SSE$ (20.07) 등을 확인할 수 있으며 $p$ 값은 앞에서 1-pf를 이용해 계산한 값과 동일하다. 두 개의 summary 함수 중에서 summary.lm이 더 많은 정보를 제공해준다고 볼 수 있다. 효과 크기(이 예제에서는 그래프의 기울기와 절편)와 비신뢰도 추정치(기울기와 절편의 표준오차)를 보여주기 때문이다. 일반적으로 논문 등을 작성할 때 ANOVA 테이블을 넣고 싶겠지만 이 방법은 피하는 것이 좋다. $p$ 값과 오차 분산과 같이 중요한 정보들은 문장이나 그림을 통해 더 효과적으로 표현할 수 있다. ANOVA 테이블은 가설 검정을 너무 강조하고 비신뢰도에 대한 정보가 빠져 있음에 유의해야 한다.

## 적합도의 측정, $r^2$

눈여겨봐야 할 또 하나의 주제가 있다. 두 회귀선이 동일한 기울기와 절편을 가지고 있다 해도 완전히 다른 관계를 보여주는 두 개의 데이터에서 얻어진 것일 수 있다.

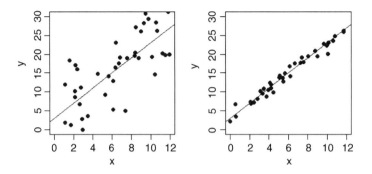

적합도를 수치화하는 과정이 필요하다. 적합도는 왼쪽의 그래프에서 낮고 오른쪽 그래프에서 높다. 극단적으로 생각해보면 모든 데이터 포인트가 회귀선에 정확히 일치하면서 위치할 수 있다. 이 경우 퍼짐의 정도가 0이 되고 적합은 완벽하다고 할 수 있다(이 경우 적합도는 1이다). 반대의 극단적 상황에서는 $x$ 값이 $y$ 값의 변이를 전혀 설명해주지 못할 수도 있다. 이 경우 적합도는 0이라 할 수 있고 퍼짐의 정도는 100%가 된다.

지금까지 살펴본 $SSY$, $SSR$, $SSE$에 대한 지식을 이용해 적합도 측정을 할 수 있는 방법은 없을까? 한 가지 생각해볼 수 있는 것은 **$y$의 총변이 중 회귀에 의해 설명이 가능한 부분의 비**를 계산해보는 것이다. 총변이는 $SSY$이고 설명이 가능한 부분은 $SSR$이므로 적합도를 $r^2$이라 할 때 다음과 같이 정리할 수 있다.

$$r^2 = \frac{SSR}{SSY}$$

회귀에 의해 $y$의 모든 변이를 설명할 수 있다면 $r^2 = 1$이 되며($SSR = SSY$) 회귀에 의해 $y$의 변이를 전혀 설명할 수 없을 때 $r^2 = 0$이 된다($SSE = SSY$).

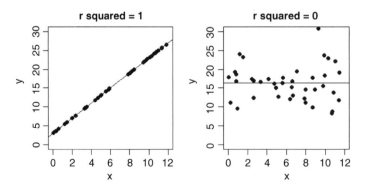

$r^2$을 결정 계수coefficient of determination라 한다. 이미 상관계수 부분에서 $r^2$의 제곱근을 살펴본 적이 있다(6장 참고).

## 모형 검증

분석의 마지막 단계에서 다시 한 번 모형에 대한 면밀한 평가가 필요하다. 이때 관심 있게 보고 싶은 것은 아마도 제일 처음 분석의 가정 조건으로 삼았던 두 가지, 즉 **등분산성과 오차의 정규성**일 것이다. 확인을 위해 가장 간단하게 할 수 있는 것은 R에 내재돼 있는 모형 검증Model Checking 그 래프를 이용하는 것이다.

```
par(mfrow=c(2,2))
plot(model)
```

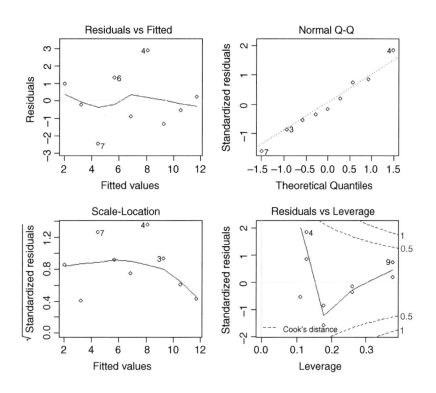

왼쪽 위의 첫 번째 그래프는 $x$축에 적합 값을 나타내고 $y$축에 적합 값에 대한 잔차를 보여준 다. 이 그래프를 해석하기 위해서는 약간의 경험이 필요하기는 하지만, 중요한 점은 이 그래프에 서 일정한 구조나 패턴을 발견할 수 없으면 된다는 것이다. 제시된 그래프에서 보듯이 데이터 포 인트들이 밤하늘의 별처럼 보이면 별문제가 없다고 생각할 수 있다. 적합 값이 커짐에 따라 퍼짐의 정도가 커지는 것이 가장 큰 문제다. 치즈에 쐐기 모양으로 구멍이 생기는 것을 상상해보면 된다(4장 참고). 제시된 그래프는 등분산의 관점에서 보면 전혀 문제 될 것이 없다.

오른쪽 위의 다음 그래프는 정규 분위수-분위수 플롯(qqnorm, 5장 참고)으로 오차가 정규분포를 이루면 직선으로 보일 수 있다. 그래프에서도 직선의 모양을 확인할 수 있다. $S$ 또는 바나나 모양인 경우 데이터에 다른 종류의 모형을 적합시켜봐야 한다.

왼쪽 아래의 세 번째 그래프는 첫 번째 그래프와 비슷하지만 다른 스케일을 사용한다. 적합 값에 대해 표준화 잔차standardized residuals의 제곱근을 비교한다. 문제가 있으면 적합 값이 증가함에 따라 잔차의 퍼짐이 증가하게 되며, 이에 따라 삼각형의 모양을 형성하게 된다. 그래프에서는 이런 패턴이 보이지 않으므로 문제가 없다고 판단할 수 있다.

마지막 네 번째 그래프는 영향점influential points(7장 참고) 확인을 위한 것이다. 영향점은 그래프의 데이터 포인트 중 모수 추정에 있어 큰 영향을 미치는 것이다. 지렛대 값leverage과 표준화 잔차로 좌표축을 설정하고 여기에 빨간 윤곽선으로 쿡의 거리Cook's distance를 나타낸다. 그래프의 각 포인트 중 선택된 것들만 번호가 붙여진다. 이때 사용되는 번호는 데이터 프레임에 나타나는 순서에 의해 정해진다. 9번 포인트는 지렛대 값이 높고, 라벨에 가려 보이지 않는 7번 포인트는 쿡의 거리가 크게 보이며, 4번 포인트는 잔차가 크다는 것을 확인할 수 있다. 개인적으로는 influence.measures(model)을 사용해 테이블 형식으로 확인해보는 것이 더 명확하다고 생각한다.

plot(model)에서 가장 중요한 그래프는 위쪽에 위치한 두 가지이므로 여기에 집중해서 해석해야 한다. 이 시점에서 강조하고 싶은 것은 **항상** 모형 검증을 시행해야 한다는 것이다. 회귀 분석에 있어 summary(model) 테이블이 마지막 과정이 아님을 명심해야 한다.

## 변환

$y = a + bx$가 하나의 연속형 설명 변수와 반응 변수 사이의 관계를 두 개의 모수를 사용해 요약해줄 수 있는 유일한 모형이라고 생각해서는 안 된다. 모형 선택은 통계 분석에서 너무나 중요한 부분이다. 자주 사용하는 두 개의 모수에 대한 모형들을 살펴보자.

| | | |
|---|---|---|
| log $X$ | $y = a + b \ln(x)$ | 1. |
| log $Y$ | $y = \exp(a + bx)$ | 2. |
| 점근asymptotic | $y = \dfrac{ax}{1 + bx}$ | 3. |
| 역수reciprocal | $y = a + \dfrac{b}{x}$ | 4. |
| 멱함수power law | $y = ax^b$ | 5. |
| 지수exponential | $y = ae^{bx}$ | 6. |

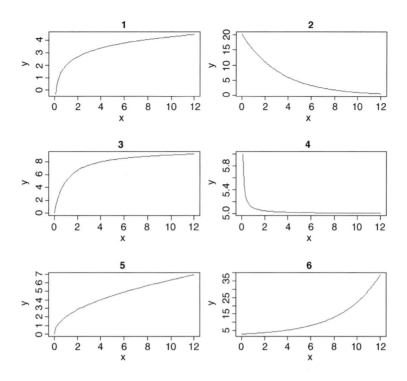

이런 모형들에서 모수들에 대한 식이 선형으로 변환.transformation된다면 그 추정이 훨씬 수월할 것이다. 예제를 통해 이 부분을 명확히 확인해보자. 다음 데이터는 방사성 방출과 시간의 관계를 보여준다.

```
par(mfrow=c(1,1))
data <- read.csv("c:\\temp\\decay.csv")
attach(data)
names(data)
```

```
[1] "time" "amount"
```

```
plot(time,amount,pch=21,col="blue",bg="green")
```

선형 모형을 적합시킨 후 `abline` 함수를 사용해 산점도에 직선을 추가해보자.

```
abline(lm(amount~time),col="red")
```

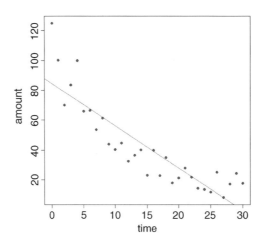

데이터 포인트들이 곡선 형태를 이루는 것을 볼 수 있다. 잔차들의 전반적 양상을 관찰해볼 때 time의 작은 값에서는 대부분의 잔차들이 양의 값을 나타내고 time의 중간 값에서는 음의 값을, time의 큰 값에서는 다시 양의 값을 나타낸다. 데이터에 대해 적절한 모형이 아니라는 것을 알 수 있다.

여기에서 중요하게 고려해야 할 부분이 있다. plot을 이용해 데이터에 대한 모형의 적합도를 관찰하는 대신 통계적인 분석에만 집중하게 되면 전혀 다른 결론에 도달할 수 있다. 다음은 데이터에 대해 선형 모형을 적합시킨 결과다.

```
summary(lm(amount~time))

Coefficients:
              Estimate  Std. Error  t value    Pr(>|t|)
(Intercept)   84.5534     5.0277     16.82    < 2e-16 ***
time          -2.8272     0.2879     -9.82    9.94e-11 ***

Residual standard error: 14.34 on 29 degrees of freedom
Multiple R-squared: 0.7688,   Adjusted R-squared: 0.7608
F-statistic: 96.44 on 1 and 29 DF, p-value: 9.939e-11
```

모형은 반응 변수의 변이를 76% 이상 설명해주고 있으며(매우 높은 $r$ 제곱 값이다.) $p$ 값도 매우 작다. $p$ 값과 $r$ 제곱 값이 모형의 타당성을 충분히 설명해주지 못하는 경우도 있다는 점을 반드시 기억해야 한다.

데이터가 붕괴 과정decay process을 나타내고 있으므로 $y = ae^{-bx}$의 지수 함수를 사용하는 것이 더 바람직하다. 이에 대한 식을 선형화하고 나서 선형 모형을 사용해 모수를 추정할 수 있다. 식의 양쪽에 로그를 적용해보자.

$$y = ae^{-bx}$$

$$\log(y) = \log(a) - bx$$

$\log(y)$를 $Y$로, $\log(a)$를 $A$로 바꿔주면 선형 모형을 얻을 수 있다.

$$Y = A - bx$$

이 모형의 절편은 $A$이고 기울기는 $-b$가 된다. 모형 적합을 위해 $x$축에는 `time`의 변환하지 않은 원래의 값을, $y$축에는 `amount`의 로그 값을 이용했다.

```
plot(time,log(amount),pch=21,col="blue",bg="red")
abline(lm(log(amount)~time),col="blue")
```

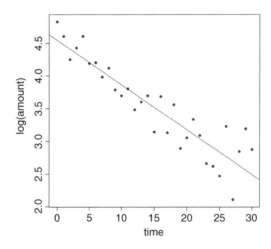

모형의 적합도가 상당히 향상됐다. 그런데 새로운 문제가 관찰된다. $x$축에 나타낸 `time`의 값이 커짐에 따라 $y$축 값의 분산이 증가하는 양상이 보인다. 이는 등분산성의 가정을 충족시키지 못하는 것으로, 매우 큰 문제라 할 수 있다. 일단 이 지수 모형의 모수를 추정해보고 나서 `plot(model)`을 사용해 가정들을 검증해보자.

```
model <- lm(log(amount)~time)
summary(model)
```

```
summary(model)

Coefficients:
             Estimate  Std. Error  t value   Pr(>|t|)
(Intercept)  4.547386   0.100295    45.34    < 2e-16 ***
time        -0.068528   0.005743   -11.93    1.04e-12 ***

Residual standard error: 0.286 on 29 degrees of freedom
Multiple R-squared: 0.8308,   Adjusted R-squared: 0.825
F-statistic: 142.4 on 1 and 29 DF, p-value: 1.038e-12
```

직선의 기울기는 $-0.068528$이고 이에 대한 표준오차는 $0.005743$이다. $r^2$은 변환 후에 더 높은 값(83%)을 보여주며 $p$ 값 역시 매우 낮다. $4.547386$의 절편 값과 $0.100295$의 표준오차는 $A$에 대한 값이며, 우리가 원하는 지수 함수식의 값은 아니다. 그러나 $a$는 $A$의 안티로그라는 관계를 이용하면 계산이 그리 어렵지는 않다. 역변환을 시행하면 표준오차가 위와 아래로 비대칭의 양상을 나타내게 된다. 왜 이렇게 되는지 논리적으로 살펴보기 위해서는 약간의 시간이 걸릴 수도 있다. 절편에서 1 표준오차를 더하고 빼면 위와 아래의 구간 범위를 계산할 수 있다.

```
upper <- 4.547386 + 0.100295
lower <- 4.547386 - 0.100295
```

이제 exp를 이용해서 안티로그를 적용해보자. 원래의 스케일로 돌아갈 수 있다.

```
exp(upper)
```

[1] 104.3427

```
exp(lower)
```

[1] 85.37822

원래 스케일의 절편 범위는 85.38과 104.34가 된다. 그런데 절편의 최적합 값은 다음과 같다.

```
exp(4.547386)
```

[1] 94.38536

최적합 값을 고려해서 다시 절편 범위를 살펴보면 절편의 위로는 9.957, 아래로는 9.007의 구간 범위를 가진다는 것을 확인할 수 있다. 처음 분석을 시작하는 입장에서는 두 비신뢰도의 측정값이 다른 크기를 가지는 것에 대해 당황할 수도 있을 것이다.

이제 plot(model)을 사용해 모형의 가정 사항들을 검증해보자.

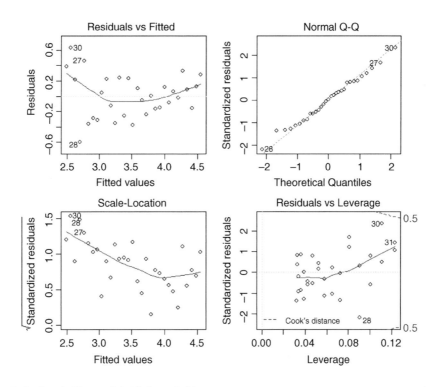

오차의 정규성에는 문제가 없어 보인다(오른쪽 위의 그래프에서 직선 모양을 확인할 수 있다). 그러나 앞에서 변형한 후 데이터의 그래프를 봤을 때 확인한 것처럼 등분산성 가정은 충족하지 못하고 있음을 알 수 있다(왼쪽 위와 아래의 그래프). 오른쪽 아래의 그래프에서는 데이터 포인트 30과 31에서 높은 지렛대 값을 가지고, 데이터 포인트 28에서 잔차가 큰 것을 확인할 수 있다. 이런 문제점들을 어떻게 대처해야 할 것인가에 대해서는 뒤에서 다시 다뤄보기로 하고 일단 원래의 스케일에서 산점도에 곡선을 추가하는 방법을 생각해보자.

```
par(mfrow=c(1,1))
plot(time,amount,pch=21,col="blue",bg="green")
```

R에서 곡선을 그릴 때 아주 작은 직선들이 연결돼 곡선이 만들어질 수 있다는 점을 먼저 이해하고 있어야 한다. 100개 이상의 작은 직선들을 연결해 만들어진 곡선은 매우 부드러운 곡선의 모양을 나타낼 수 있다. 산점도에서 보이는 time의 범위는 0에서 30이다. 100개 이상의 작은 직선들을 연결해 곡선을 만들어내기 위해서는 time의 한 단위당 세 개 이상의 작은 직선을 얻어내야 한다. 한 단위당 네 개의 작은 직선을 얻기로 하고 seq 함수에 간격을 0.25로 지정해주자. 변수 이름은 'x values'를 의미하는 xv로 하자.

```
xv <- seq(0,30,0.25)
```

121개의 값이 얻어진다(length(xv)). 지수 함수 곡선의 식은 $94.38536 \times \exp(-0.068528x)$ 이므로 $y$ 값을 다음과 같이 계산할 수 있다.

```
yv <- 94.38536 * exp(-0.068528 * xv)
```

산점도에 곡선을 추가하기 위해 lines 함수를 사용할 수 있다.

```
ines(xv,yv,col="red")
```

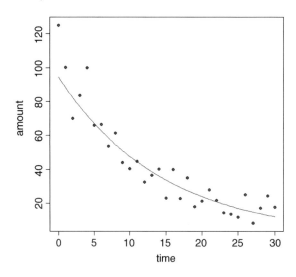

time의 중간 범위에서는 모형의 설명력이 좋지만 time = 0과 >28에서는 그다지 좋은 설명 력을 보인다고 할 수 없다. 이런 범위의 값들에 대해서는 추가적 작업이 이뤄져야 하겠지만, 일단 지수 함수 형식의 붕괴 과정 데이터에 대해 주요한 부분을 무리 없이 설명해준다는 점을 분명히 확인할 수 있다.

## 다항 회귀

$y$와 $x$의 관계가 직선으로 설명되기 어려운 경우도 있을 수 있다. 이때 오컴의 면도날 원칙을 적용 해보자. 데이터 설명의 측면에서 비선형적인 관계를 이용하는 것이 선형 모형에 비해 분명히 우 수하다는 증거가 없다면 선형 모형을 사용하는 것이 합리적인 선택이다. 여기에서 의문이 생길 수 있다. 선형 모형에서 벗어나고 있는 정도와 그에 따른 유의성을 어떻게 평가할 수 있을까? 이 를 위해 먼저 선형이 아닌 관계를 설정해보자. 가장 간단하게 생각해볼 수 있는 것이 다항 회귀 polynomial regression다.

$$y = a + bx + cx^2 + dx^3 + \ldots$$

다항 회귀의 개념은 간단하다. 지금까지는 설명 변수 $x$에 대해 하나의 연속형 변수 형태로 지정하고 분석을 진행했지만 이를 확장해 $x^2$, $x^3$과 같이 $x$의 거듭제곱 형식을 추가하는 것이다. 거듭제곱의 형식을 $x^2$으로만 국한시켜도 식에 포함되는 부호와 항에 따라서 많은 종류의 곡선이 만들어질 수 있다.

```
par(mfrow=c(2,2))
curve(4+2*x-0.1*x^2,0,10,col="red",ylab="y")
curve(4+2*x-0.2*x^2,0,10,col="red",ylab="y")
curve(12-4*x+0.3*x^2,0,10,col="red",ylab="y")
curve(4+0.5*x+0.1*x^2,0,10,col="red",ylab="y")
```

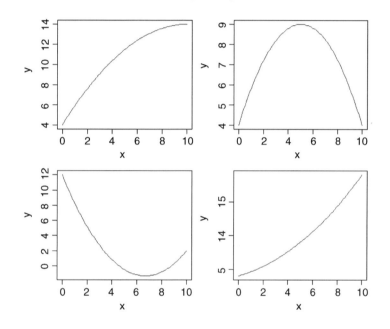

왼쪽 위 그래프는 양의 기울기가 점차 감소하는 양상이지만 돌출되는 모양을 보이지는 않는다($y = 4 + 2x - 0.1x^2$). 오른쪽 위 그래프에서는 최댓값이 분명한 곡선을 볼 수 있으며($y = 4 + 2x - 0.2x^2$) 왼쪽 아래 그래프에서는 최솟값이 분명한 곡선을 볼 수 있다($y = 12 - 4x + 0.35x^2$). 오른쪽 아래 그래프에서는 $y$와 $x$ 사이에 양의 연관성이 있고 $x$의 값이 증가함에 따라 기울기가 점차 증가하는 양상을 볼 수 있다($y = 4 + 0.5x + 0.1x^2$). 이렇게 세 개의 모수(절편, $x$에 대한 기울기, $x^2$에 대한 기울기)만 포함된 단순한 다항 모형에서도 $y$와 $x$ 사이의 관계를 나타낼 수 있는 폭이 넓어질 수 있다. 여기에서 반드시 이해하고 넘어가야 할 점이 있다. 다항 모형은 $y$와 $x$ 사이의 관계를 **나타내주는 것이지** $y$와 $x$ 사이의 관계를 기계적 또는 인과적 구조의 틀에서 **설명하는 것은 아니라는** 점이다.

모형 비교를 위해 붕괴 데이터를 이용해보자. 두 개의 모수를 가진 선형 모형(model2)이 세 개의 모수를 가진 다항 모형(model3)과 비교해 얼마나 우수하다고 할 수 있을까? 식에 포함돼 있는 I는 'as is'라는 의미며 거듭제곱을 나타내는 ^를 산술적인 연산자로 사용할 수 있게 해준다.

```
model2 <- lm(amount~time)
model3 <- lm(amount~time+I(time^2))
summary(model3)
```

```
Coefficients:
                Estimate   Std. Error   t value    Pr(>|t|)
(Intercept)    106.38880    4.65627     22.849    < 2e-16 ***
time            -7.34485    0.71844    -10.223    5.90e-11 ***
I(time^2)        0.15059    0.02314      6.507    4.73e-07 ***

Residual standard error: 9.205 on 28 degrees of freedom
Multiple R-squared: 0.908,   Adjusted R-squared: 0.9014
F-statistic: 138.1 on 2 and 28 DF, p-value: 3.122e-15
```

이차항의 기울기(0.15059)는 유의성이 있으며, 이를 통해 데이터에서 곡선의 모양을 관찰할 수 있다는 점도 알 수 있다. 다항 모형이 일반적인 선형 모형과 비교해 얼마나 좋은지 확인하기 위해서는 AIC(12장 참고)나 anova(8장 참고)를 사용한다.

```
AIC(model2,model3)
```

```
         df      AIC
model2    3   257.0016
model3    4   230.4445
```

다항 모형 model3의 AIC가 model2의 AIC와 비교해 더 작을수록 다항 모형이 더 바람직하다고 결론 내릴 수 있다(자세한 내용은 12장을 참고한다). 다른 방식으로 anova를 사용해 $p$ 값을 참고함으로써 판단할 수도 있다. $p < 0.000001$이므로 곡선이 매우 유용함을 알 수 있다.

```
anova(model2,model3)
```

```
Analysis of Variance Table

Model 1:   amount ~ time
Model 2:   amount ~ time + I(time^2)
 Res.Df     RSS Df Sum of Sq    F   Pr(>F)
1      29 5960.6
2      28 2372.6 1    3588.1  42.344  4.727e-07 ***
```

## 비선형 회귀

비선형식을 이용해 모수와 그 모수의 표준오차를 추정해야 하는 경우가 있다. 비선형 모형의 종류는 매우 많다. 그런데 비선형 모형의 개념과 관련해 주의해야 할 점이 있다. 비선형이라는 것이 $y$와 $x$의 관계가 단순하게 곡선을 이루는 것으로만 생각해서는 안 된다(다항 회귀에서도 곡선의 모양을 이루지만 다항 회귀는 선형 모형임을 유의해야 한다). 비선형이라는 개념은 반응 변수 또는 설명 변수(아니면 반응 변수와 설명 변수 모두)의 변환을 통해 관계를 선형화하기 어려운 경우로 생각해야 한다. 예를 하나 들어보자. 사슴의 나이에 따른 턱뼈의 길이를 추정해보자. 세 개의 모수를 가진 '점근적 지수asymptotic exponential'의 관계를 설정해보자.

$$y = a - be^{-cx}$$

R에서 실제적으로 분석을 시행할 때 선형 모형과 비선형 모형 사이에 큰 차이점이 하나 있다. 비선형 모형 분석을 위해서는 R에게 비선형식의 정확한 특성을 알려줘야 한다. lm 대신 nls(비선형 최소 제곱nonlinear least square)를 입력해야 하며 R이 데이터에 적합시켜야 할 비선형 모형을 y~a-b*exp(-c*x)와 같이 정확하게 지정해줘야 한다. 여기에 약간 복잡한 과정이 하나 더 필요하다. 모수 a, b, c의 최초 예상 값을 특정화해줘야 한다(그러나 일반적인 비선형 모형에서는 특정화하지 않고 자동적으로 진행할 수도 있다). 직접 그래프를 그려서 합당한 예상 값을 생각해보자. 이때 '극한값에서의 양상'을 참고하는 것이 중요하다. 쉽게 말하면 $x$가 0일 때와 무한대일 때의 $y$ 값을 고려해야 한다는 것이다. $x$가 0일 때 exp(-0)은 1이고 $1 \times b = b$이므로 $y = a - b$가 된다. $x$가 무한대일 때 exp(-infinity)는 0이고 $0 \times b = 0$이므로 $y = a$가 된다. 결국 $y$의 점근 값은 $a$이고 절편은 $a - b$가 된다. 수학적 계산을 재확인하려면 다음과 같이 무한대와 0에 대한 계산을 시행해볼 수 있다.

```
exp(-Inf)
```

```
[1] 0
```

```
exp(-0)
```

```
[1] 1
```

나이에 따른 뼈 길이 데이터를 불러들이고 그래프를 그려보자.

```
deer <- read.csv("c:\\temp\\jaws.csv")
attach(deer)
names(deer)
```

```
[1] "age" "bone"
```

```
par(mfrow=c(1,1))
plot(age,bone,pch=21,bg="lightgrey")
```

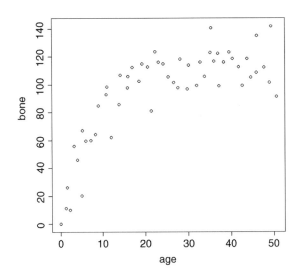

점근선의 합리적인 추정 값은 $a \approx 120$이고 절편의 추정 값은 $a - b \approx 10$이므로 $b = 120 - 10 = 110$이 된다. $c$에 대한 추정은 조금 어렵다. 직선의 기울기가 가파르게 증가하는 부분에 초점을 맞춰보면 나이가 5일 때 뼈 길이가 대략 40 정도가 된다. 식을 재정리해보자.

$$c = -\frac{\log((a-y)/b)}{x} = -\frac{\log(120-40)/110}{5} = 0.06369075$$

세 개 모수의 초기 예상 값이 얻어졌으므로 이 값들을 list(a=120, b=110, c=0.064)로 정리해 nls의 start 인자로 지정해주면 된다.

```
model <- nls(bone~a-b*exp(-c*age),start=list(a=120,b=110,c=0.064))
summary(model)
```

Formula: bone ~ a - b * exp(-c * age)

Parameters:

|   | Estimate | Std. Error | t value | Pr(>\|t\|) | |
|---|---|---|---|---|---|
| a | 115.2528 | 2.9139 | 39.55 | < 2e-16 | *** |
| b | 118.6875 | 7.8925 | 15.04 | < 2e-16 | *** |
| c | 0.1235 | 0.0171 | 7.22 | 2.44e-09 | *** |

Residual standard error: 13.21 on 51 degrees of freedom

Number of iterations to convergence: 5
Achieved convergence tolerance: 2.381e-06

모든 모수들에서 $p < 0.001$이므로 통계적 유의성을 확인할 수 있다. 그러나 이것이 모형에 모든 모수들이 반드시 포함돼야 한다는 것을 의미하지는 않는다. $a = 115.2528$, $a$의 표준오차 $= 2.9139$는 $b = 118.6875$, $b$의 표준오차 $= 7.8925$와 유의하게 다르지 않다(유의성을 가지기 위해

서는 2 표준오차 이상의 차이가 있어야 한다). 다음과 같이 좀 더 간단한 모형을 시도해볼 수 있다.

$$y = a(1 - e^{-cx})$$

```
model2 <- nls(bone~a*(1-exp(-c*age)),start=list(a=120,c=0.064))
anova(model,model2)
```

```
Analysis of Variance Table

Model 1: bone ~ a - b * exp(-c * age)
Model 2: bone ~ a * (1 - exp(-c * age))
  Res.Df Res.Sum Sq Df  Sum Sq F value Pr(>F)
1     51     8897.3
2     52     8929.1 -1 -31.843  0.1825  0.671
```

$p = 0.671$로 볼 때 모형 단순화는 문제가 없으므로 두 개의 모수를 가진 model2를 최소 적합 모형으로 받아들인다. 마지막으로 산점도에 곡선을 추가해보자. age 변수는 0에서 50까지의 범위를 가진다.

```
av <- seq(0,50,0.1)
```

뼈 길이 예측 값을 계산하기 위해 model2에 predict 함수를 적용한다.

```
bv <- predict(model2,list(age=av))
```

seq 함수를 통해 얻어진 av를 $x$축에 정확히 배정해주기 위해 list 함수를 사용했다는 점에 유의해야 한다.

```
lines(av,bv,col="blue")
```

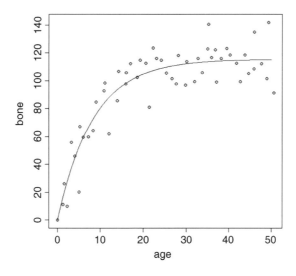

model2에서 얻어진 곡선의 모수는 summary(model2)를 사용해 확인할 수 있다.

**summary(model2)**

Formula: bone ~ a * (1 - exp(-c * age))

Parameters:

|   | Estimate | Std. Error | t value | Pr(>\|t\|) |
|---|----------|------------|---------|-----------|
| a | 115.58056 | 2.84365 | 40.645 | < 2e-16 *** |
| c | 0.11882 | 0.01233 | 9.635 | 3.69e-13 *** |

Residual standard error: 13.1 on 52 degrees of freedom

Number of iterations to convergence: 5
Achieved convergence tolerance: 1.356e-06

이 내용을 $y = 115.58(1 - e^{20.1188x})$ 또는 $y = 115.58(1 - \exp(-0.1188x))$로 정리할 수 있고, 본인의 취향이나 게재 논문의 방침에 맞게 선택하면 된다. 모수에 더해 표준오차를 제시해주고 있으면 다음과 같이 쓸 수 있다.

모형 $y = a(1 - \exp(-bx))$에서 $a = 115.58 \pm 2.84$(1 표준오차, $n = 54$), $b = 0.1188 \pm 0.0123$(1 표준오차)이고 뼈 길이의 총변이 중 84.9%를 설명해준다.

최소 적합 모형에서 두 개의 모수만 가지고 있으므로 처음의 형식을 고려해 $a$와 $c$로 정리하기보다는 $a$와 $b$로 정리해주는 것이 좋다.

summary에서 $r$ 제곱을 찾을 수 없는데 model2가 뼈 길이의 총변이 중 84.9%를 설명해준다는 것을 어떻게 알 수 있었을까? $SSY$와 $SSR$을 알아내기 위해 약간의 계산이 필요하다. $SSY$를 알아내는 가장 쉬운 방법은 영 모형<sup>null model</sup>을 적합시켜 절편만 추정하는 것이다. R에서 절편은 모수 1이므로 y~1로 해서 적합시킨다. 이 모형의 제곱합이 $SSY$가 된다.

**null.model <- lm(bone ~ 1)**
**summary.aov(null.model)**

|   | Df | Sum Sq | Mean Sq | F value | Pr(>F) |
|---|----|--------|---------|---------|--------|
| Residuals | 53 | 59008 | 1113 | | |

총제곱합 $SSY = 59008$이다. 결과에서는 $SSE$와 $SSR$을 직접적으로 제시하고 있지 않지만 다음 내용을 확인할 수 있다.

Residual standard error: 13.1 on 52 degrees of freedom

잔차의 표준오차를 제곱해 잔차 분산을 계산할 수 있고($13.1^2 = 171.61$) 이 값에 자유도를 곱해서 잔차 제곱합 $SSE$를 계산할 수 있다($52 \times 13.1^2 = 8923.72$). $r$ 제곱은 $SSR/SSY$이고 $SSR = SSY$

−$SSE$이므로 모형의 뼈 길이에서 설명 가능한 변이는 다음과 같다.

```
100*(59008-8923.72)/59008
```

```
[1] 84.8771
```

## 일반화 가법 모형

$y$와 $x$의 관계가 비선형적이기는 하지만, 이에 대해 적당한 모형을 제시하기 어려운 경우가 간혹 있다. 이 경우 비모수적 평활기non-parametric smoother를 사용한 일반화 가법 모형을 적용해볼 수 있다. 예를 통해 살펴보자.

```
library(mgcv)
hump <- read.csv("c:\\temp\\hump.csv")
attach(hump)
names(hump)
```

```
[1] "y" "x"
```

$x$의 평활 함수 s(x)를 이용해 일반화 가법 모형을 적합시켜보자.

```
model <- gam(y~s(x))
```

모형의 그래프를 그리고 데이터 포인트의 산점도를 추가해보자.

```
plot(model,col="blue")
points(x,y-mean(y),pch=21,bg="red")
```

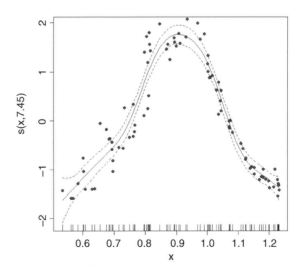

$y$축이 s(x, 7.45)로 표시돼 있는데 파란색 실선('비모수 평활기')으로 표시된 $x$의 평활 함수는 7.45의 자유도를 통해 얻어졌다고 이해하면 된다(단순한 선형 모형의 직선에서는 절편과 기울기에 대한 두 개의 자유도를 사용했다는 점을 기억해야 한다). 점선은 신뢰구간을 나타낸다. $x$축에서 러그 플롯을 볼 수 있는데, 이것은 그래프에 위치한 각각의 $x$ 포인트를 나타낸 것이다.

모형의 요약 방법은 지금까지와 동일하다.

**summary(model)**

```
Family: gaussian
Link function: identity

Formula:
y ~ s(x)

Parametric coefficients:
            Estimate  Std. Error  t value  Pr(>|t|)
(Intercept)  1.95737     0.03446     56.8   <2e-16 ***

Approximate significance of smooth terms:
       edf   Ref.df      F  p-value
s(x)  7.452   8.403   116.9  <2e-16 ***

R-sq.(adj) = 0.919   Deviance explained = 92.6%
GCV score = 0.1156 Scale est. = 0.1045  n = 88
```

$y$와 $x$ 사이에서 볼 수 있는 돌출된 모양의 관계가 통계적으로 매우 유의함을 알 수 있다(평활항 s(x)의 $p$ 값이 0.0000001보다 작다). 적합 모형에 의해 $y$의 분산 중 91.9%($r^2 = 0.919$)가 설명 가능하다. 절편(1.95737)은 $y$의 평균값을 나타낸다.

돌출된 모양의 관계 때문에 선형 모형 lm(y~x)는 두 변수 사이에 유의한 관계가 없다는 결과를 보여준다($p = 0.346$). 통계 분석의 결과로부터 결론을 이끌어내기 전에 데이터의 그래프를 확인해보는 것이 매우 중요함을 알 수 있다. 예제에서도 선형 모형으로 시작해 결론에 이르게 됐다면 아마 두 변수 사이에 연관성이 없다는 잘못된 결론을 얻었을 것이다. 돌출된 모양이 유의미하지만 모르고 지나갈 수 있는 것이다.


## 영향력

적합이 원활하게 이뤄지지 않는 가장 일반적인 경우는 데이터에 이상치가 존재할 때다. 중요하게 생각하고 이해해야 할 점이 하나 있다. 모형의 특정화가 정확하게 되지 않아 이상치로 보이는 경우가 실제적으로 데이터에 이상이 있는 경우보다 더 많다는 점이다.

$y$와 $x$ 사이에 연관성이 없는 경우를 만들어보자.

```
x <- c(2,3,3,3,4)
y <- c(2,3,2,1,2)
```

두 그래프를 가로로 놓고 같은 스케일의 축을 지정해주자.

```
windows(7,4)
par(mfrow=c(1,2))
plot(x,y,xlim=c(0,8),ylim=c(0,8))
```

두 변수 사이에 연관성이 없다는 점을 명확하게 확인할 수 있다. 좌표 (7, 6)에 이상치를 하나 추가해보자.

```
x1 <- c(x,7)
y1 <- c(y,6)
plot(x1,y1,xlim=c(0,8),ylim=c(0,8))
abline(lm(y1~x1),col="blue")
```

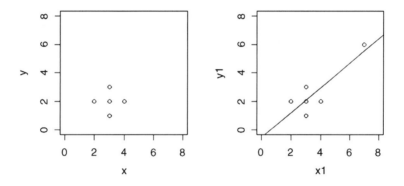

$x$에 대해 $y$의 회귀가 명확하게 관찰된다. 이상치가 매우 영향력influence이 높다고 할 수 있다.

영향점의 검정은 통계 모형에서 매우 중요한 부분이다. 하나의 데이터 포인트가 회귀 분석에 미치는 영향이 매우 클 수 있으므로 잔차의 분석에 너무 의존해서는 안 된다.

$y$의 지렛대 값은 $(x - \bar{x})^2$에 비례한다. 지렛대 값의 일반적 측정은 다음 공식과 같다.

$$h_i = \frac{1}{n} + \frac{(x_i - \bar{x})^2}{\sum (x_i - \bar{x})^2}$$

분모는 $SSX$다. 일반적으로는 다음과 같을 때 데이터 포인트가 영향력이 높다고 할 수 있다.

$$h_i > \frac{2p}{n}$$

$p$는 모형에서 모수의 수를 나타낸다. 영향점을 확인할 수 있는 유용한 함수로는 `influence.measures`가 있다.

```
reg <- lm(y1~x1)
influence.measures(reg)
```

```
Influence measures of
        lm(formula = y1 ~ x1) :

  dfb.1_   dfb.x1  dffit  cov.r  cook.d   hat inf
1  0.687  -0.5287 0.7326 1.529 0.26791 0.348
2  0.382  -0.2036 0.5290 1.155 0.13485 0.196
3 -0.031   0.0165 -0.0429 2.199 0.00122 0.196
4 -0.496   0.2645 -0.6871 0.815 0.19111 0.196
5 -0.105  -0.1052 -0.5156 1.066 0.12472 0.174
6 -3.023   4.1703 4.6251 4.679 7.62791 0.891   *
```

*로 표시돼 있는 데이터 포인트 6이 높은 영향력을 가지고 있음을 알 수 있다.

## 추가 참고 문헌

Cook, R.D. and Weisberg, S. (1982) *Residuals and Influence in Regression*, Chapman & Hall, New York.

Hastie, T. and Tibshirani, R. (1990) *Generalized Additive Models*, Chapman & Hall, London.

Wetherill, G.B., Duncombe, P., Kenward, M. et al. (1986) *Regression Analysis with Applications*, Chapman & Hall, London.

# 8

# 분산 분석

분산 분석^ANOVA^은 설명 변수들이 모두 범주형일 경우 사용한다. 설명 변수들을 요인이라 하며 각요인은 둘 또는 그 이상의 수준을 가진다. 셋 또는 그 이상의 수준을 가진 하나의 요인이 있다면 일원 분산 분석^one-way ANOVA^을 시행한다. 단지 두 개의 수준을 가진 하나의 요인에 대해서는 스튜던트 $t$ 검정을 시행하며(6장 참고), 이때 얻어진 결과는 분산 분석을 시행했을 때와 동일하다(두 개의 수준을 가진 경우 $F = t^2$임을 기억해야 한다). 둘 또는 그 이상의 요인이 있는 경우 설명 변수의 수에 따라 이원^two-way^ 또는 삼원^three-way^ 분산 분석을 시행한다. 다원 분산 분석에서 각 수준에 반복 시행이 있을 때 이를 **요인 설계**^factorial design^라 한다. 요인 설계에서는 변수들 간의 상호작용이 발생할 수 있다. 상호작용은 **한 요인에 대한 반응이 다른 요인의 수준에 의해 영향받는 현상**을 말한다.

## 일원 분산 분석

분산 분석을 이해하는 과정에서 한 가지 의문이 생길 수 있다. 둘 또는 그 이상의 평균을 비교하는 데 왜 분산의 개념을 이용하는 것일까?

좀 더 쉽게 이해할 수 있도록 그래프를 이용해보자. 되도록 간단한 상황 설정을 위해 두 개의 수준을 가진 하나의 요인을 예로 들어보자. 그러나 수준의 수가 증가해도 개념은 그대로 확장돼 똑같이 적용될 수 있다. 두 개의 채소 농원에서 pphm 단위로 측정한 대기 오존 농도 데이터가 있다(채소 농원은 간단하게 농원 A와 B로 나타낸다).

```
oneway <- read.csv("c:\\temp\\oneway.csv")
attach(oneway)
names(oneway)
```

```
[1] "ozone" "garden".
```

지금까지 그랬듯이 먼저 그래프를 그려보자. 오존 농도를 $y$ 값으로 해서 측정 순서대로 표시하자.

```
plot(1:20,ozone,ylim=c(0,8),ylab="y",xlab="order",pch=21,bg="red")
```

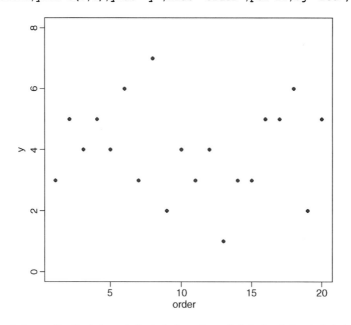

　　퍼져 있는 양상으로 볼 때 일단 $y$ 값의 분산이 크다고 생각할 수 있다. 전반적인 분산을 확인하기 위해 먼저 $y$의 평균값을 수평선으로 표시하고 개별적인 잔차를 mean($y$)로부터 수직선으로 나타내보자.

```
abline(h=mean(ozone),col="blue")
for(i in 1:20) lines(c(i,i),c(mean(ozone),ozone[i]),col="green")
```

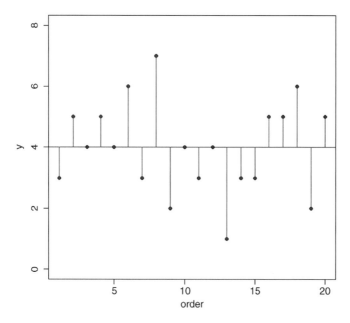

이 잔차들을 모두 더한 값을 **총제곱합** SSY라 하며, 그래프에서 초록색 선들의 길이를 모두 더한 값이다. 공식으로 정리하면 다음과 같다.

$$SSY = \sum (y - \bar{y})^2$$

분산에 대한 공식($s^2$ = 제곱합/자유도, 4장 참고)에서 이미 봤으므로 어렵지 않게 이해할 수 있을 것이다.

다음 단계는 분산 분석의 개념을 이해하는 데 매우 중요한 부분이다. 전체적인 $y$의 평균과 각 데이터 포인트 사이의 거리 대신 개별적 처치의 평균(농원 A의 평균과 농원 B의 평균)과 해당 처치의 데이터 포인트들 사이의 거리를 생각해보자. 농원에 따라 색을 달리 하면 이해가 더 쉬울 것이다. 농원 A는 검정색(col=1)으로, 농원 B는 빨간색(col=2)으로 지정하자. 색상(bg) 선택을 위해 as.numeric을 사용해 요인의 수준 A와 B를 숫자 1과 2로 바꿔준다.

```
plot(1:20,ozone,ylim=c(0,8),ylab="y",xlab="order",
                            pch=21,bg=as.numeric(garden))
abline(h=mean(ozone[garden=="A"]))
abline(h=mean(ozone[garden=="B"]),col="red")
```

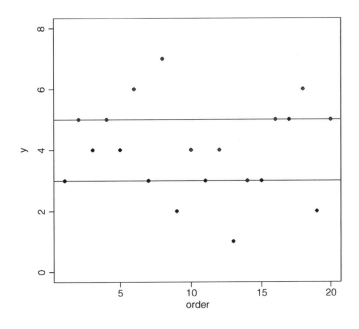

농원 A(검정색)와 비교해 농원 B(빨간색)의 평균 오존 농도가 더 높다는 것을 한눈에 알 수 있다. 분산 분석의 목적은 이런 차이가 통계학적으로 유의한지, 아니면 두 농원의 평균 오존 농도는 실제적으로 같은데 우연하게 차이가 발생한 것인지를 판단하는 것이다.

이제 오존 농도의 측정 값과 해당 농원의 평균 오존 농도를 고려해 잔차를 그려보자.

```
index <- 1:length(ozone)
for (i in 1:length(index)){
if (garden[i] == "A")
    lines(c(index[i],index[i]),c(mean(ozone[garden=="A"]),ozone
[i]))
else
    lines(c(index[i],index[i]),c(mean(ozone[garden=="B"]),ozone
[i]), col="red")
}
```

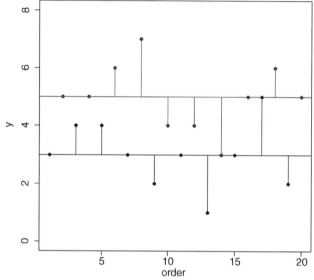

찬찬히 생각해야 할 부분이 하나 있다. 두 농원의 평균 오존 농도가 통계적으로 유의하게 다르지 않다면 바로 앞 그래프의 빨간색 및 검은색 잔차 선들의 길이 합과 처음 그래프의 초록색 선의 길이 합의 차이는 어떻게 될까? 잠깐 동안 집중해서 생각해보면 평균이 같을 때 빨간색과 검은색의 선들 중 평균 자체를 나타내는 두 수평선은 같은 자리에 있을 것이라고 생각할 수 있다. 여기서 생각을 확장하면 평균이 같을 때 두 그래프의 수직선의 길이 합은 같다는 것을 알 수 있다.

이제 중간쯤 왔다. 두 농원의 평균 오존 농도가 **다르다고** 가정해보자. 바로 앞에서 생각해본 빨간색과 검은색의 수직선 길이 합과 초록색 수직선의 길이 합 중 어느 것이 더 작을까? **개별적인 처치 평균이 다르다면** 개별적인 처치 평균에서 계산한, 즉 빨간색과 검은색의 수직선 길이 합이 더 작을 것이다.

이것이 분산 분석의 대략적인 개념이다. **평균이 통계적으로 유의하게 다르다면 개별적인 처치 평균을 이용해 계산한 제곱합이 전체 평균을 이용해 계산한 제곱합보다 작을 것이다.** 분산 분석을 통해 두 제곱합 차이의 유의성을 판단할 수 있다.

이전에 개념적으로 자세히 설명하지 않았던 **오차 제곱합 $SSE$**에 대해 생각해보자. 오차 제곱합은 개별적인 $y$ 값과 각 값의 해당 처치 평균 사이의 차이를 계산해 제곱합을 구한 것이다. 여기에서 오차라는 용어는 실수라는 의미가 아니라 '잔차'의 개념으로 사용한 것이다. 오차 제곱합은 그래프에서 빨간색과 검은색의 수직선 길이 합으로 나타낼 수 있다.

$$SSE = \sum_{j=1}^{k} \sum (y - \bar{y}_j)^2$$

먼저 요인의 $j$번째 수준 평균을 구하고 해당 수준의 데이터들과의 차이를 제곱해 모두 더한다. 이 계산을 각 수준에 대해 시행하고 총합을 구하면 된다. 이때 생각해봐야 할 것이 하나 있다. $SSE$와 연관된 자유도는 얼마나 될까? 각 처치에서 $n$개의 반복 시행이 있다고 가정해보자(예제에서 $n = 10$). 그리고 각 인자는 $k$개의 수준이 있다고 하자(예제에서 $k = 2$). 계산을 시행하기 전에 데이터를 통해 $k$개의 모수를 추정했다고 하면 결국 $k$개의 자유도를 잃게 된 것이다. 요인의 $k$개의 수준이 개별적으로 $n$개의 반복 시행을 가지고 있으므로 반복 시행의 총합은 $k \times n$이 된다(예제에서는 $2 \times 10 = 20$). 지금까지의 정보들을 종합하면 $SSE$와 연관된 자유도는 $kn - k = k(n - 1)$이다. 다른 접근 방식도 가능하다. 각 처치의 반복 시행의 수는 $n$이므로 개별적으로 생각해보면 자유도는 일단 $n - 1$이다(각 처치에서 평균을 미리 계산해야 하므로 자유도 1을 잃는다). 요인에 $k$개의 수준이 있으므로 전체적인 자유도를 고려할 때 개별적인 자유도 $n - 1$에 $k$를 곱하면 된다. 결국 같은 결과인 $k(n - 1)$을 얻을 수 있다.

이제 분산 분석에서 '분석' 부분에 집중해보자. $y$의 총제곱합 $SSY$는 구성 성분에 따라 구분할 수 있다. 그리고 이를 분석의 개념으로 받아들일 수 있다. 변이 중 설명이 어려운 부분은 오차 제곱합 $SSE$로 나타낸다. 개별적인 처치 평균과의 차이를 이용해 설명이 가능한 부분은 처치 제곱합이라 하며 일반적으로 $SSA$로 나타낸다. 두 개의 설명 변수를 고려하는 이원 분산 분석에서는 두 번째 요인 평균이 연관된 처치 제곱합을 $SSB$로 표현한다. 이런 식으로 생각하면, 세 번째 요인에 대해서는 $SSC$로 표현한다는 것을 바로 알 수 있다.

분산 분석은 총제곱합의 구성 요소를 나눠 분석을 진행한다는 개념적인 부분을 잘 이해하고 있어야 한다.

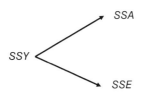

일반적으로 모든 구성 요소 중 한 개만 제외하고 모두 계산한 후 마지막으로 남은 하나는 *SSY*에서 뺄셈을 해 계산한다. *SSE*에 대한 공식을 이미 알고 있으므로 $SSA = SSY - SSE$의 공식을 이용해 *SSA*를 구할 수 있다. *SSY*부터 시작해보자. $y$ 값과 전체 평균의 차이를 제곱해 구할 수 있다.

```
SSY <- sum((ozone-mean(ozone))^2)
SSY
```

[1] 44

여기에서 가장 중요한 질문을 하나 던질 수 있다. '계산에 의해 얻어진 44에서 어느 정도가 농원 A와 B의 평균 차이(*SSA* = 설명이 가능한 변이)에 의한 부분이며 어느 정도가 표본 추출 오차 sampling error(*SSE* = 설명이 어려운 변이)에 의한 부분일까?' *SSE*는 개별적 평균을 이용해 계산한 각 농원의 편차 제곱에 대한 총합이다. 먼저 농원 A에 대해 계산해보자.

```
sum((ozone[garden=="A"]-mean(ozone[garden=="A"]))^2)
```

[1] 12

이어서 농원 B에 대해 계산한다.

```
sum((ozone[garden=="B"]-mean(ozone[garden=="B"]))^2)
```

[1] 12

오차 제곱합은 농원 A와 B의 값을 더하면 되므로 $SSE = 12 + 12 = 24$의 값이 얻어진다. 마지막으로 총제곱합 *SSY*에서 오차 제곱합 *SSE*를 빼면 처치 제곱합 *SSA*를 구할 수 있다.

$$SSA = 44 - 24 = 20$$

이 시점에서 ANOVA 테이블을 작성할 수 있다(7장 참고).

| 항목 | 제곱합 | 자유도 | 제곱 평균 | $F$ 비 |
|---|---|---|---|---|
| Garden | 20.0 | 1 | 20.0 | 15.0 |
| 오차 | 24.0 | 18 | $s^2 = 1.3333$ | |
| 총 | 44.0 | 19 | | |

15.0이라는 $F$ 비가 큰 값인지 아니면 작은 값인지 결정해야 한다. 이를 위해 $F$ 분포 qf의 분위수로부터 얻어진 $F$ 임계값과의 비교가 필요하다. 분자에 자유도 1, 분모에 자유도 18을 지정해

야 되고 95%의 확실성($\alpha = 0.05$)을 가정해 임계값을 계산해보자.

```
qf(0.95,1,18)
```

```
[1] 4.413873
```

**검정 통계량** 15.0은 **임계값** 4.41보다 매우 크기 때문에 귀무가설(평균이 같다.)을 기각하고 대립가설(두 평균은 통계적으로 유의하게 다르다.)을 받아들일 수 있다. 처치 분산이 오차 분산과 비교해 더 클 것인지 여부를 검정하는 것이므로 단측 검정을 시행했다(qf 함수에서 0.975 대신 0.95를 사용). 그러나 이러한 접근은 예전 방식이라 볼 수 있다. 최근에는 **효과 크기**(평균 차이 2.0 pphm)를 계산하고 두 농원 사이의 평균 오존 농도가 같다는 귀무가설이 참이라고 가정할 때 효과 크기만큼의 차이가 우연히 일어날 확률을 제시하는 방식을 주로 사용한다. 먼저 $F$ 분포의 분위수 대신 누적 확률을 계산해보자.

```
1-pf(15.0,1,18)
```

```
[1] 0.001114539
```

두 평균이 실제적으로 같다고 할 때 효과 크기만큼 또는 그 이상의 차이가 우연히 일어날 확률은 대략 0.1%다.

이 과정이 약간 복잡하게 느껴질 수도 있다. 그런데 R에서는 이 과정을 한 줄의 명령어로 끝낼 수 있다.

```
summary(aov(ozone~garden))
```

```
             Df Sum Sq  Mean Sq  F value   Pr(>F)
garden        1     20   20.000       15  0.00111 **
Residuals    18     24    1.333
```

첫째 열은 개별적인 변이 항목($SSA$와 $SSE$)을 보여준다. R에서 총변이 $SSY$를 제외하고 결과를 제시했다는 것을 알 수 있다. 다음 열에서는 자유도를 볼 수 있다. garden은 A와 B, 두 개의 수준을 가지고 있으므로 $2 - 1 = 1$의 자유도를 가지게 되고, 개별적인 garden에 10개의 반복 시행이 있으므로 $10 - 1 = 9$의 자유도를 계산한 후 두 개의 수준을 고려해 $2 \times 9 = 18$의 오차 자유도를 구할 수 있다. 다음 열은 제곱합을 나타낸다. $SSA = 20$이고 $SSE = 24$임을 확인할 수 있다. 넷째 열에서는 제곱 평균(제곱합을 자유도로 나눈 값)을 볼 수 있다. 처치 평균 제곱은 20.0이고 오차 분산 $s^2$(잔차 평균 제곱이라고도 한다.)은 $24/18 = 1.3333$이다. $F$ 비는 $20/1.3333 = 15$로 두 평균이 실제적으로 같다고 할 때 15 또는 이보다 큰 값을 우연히 얻을 확률은 0.001115다(앞에서 직접 계산해 얻은 값과 동일하다).

모형의 가정 사항을 검증하기 위해 그래프를 그려보자.

```
plot(aov(ozone~garden))
```

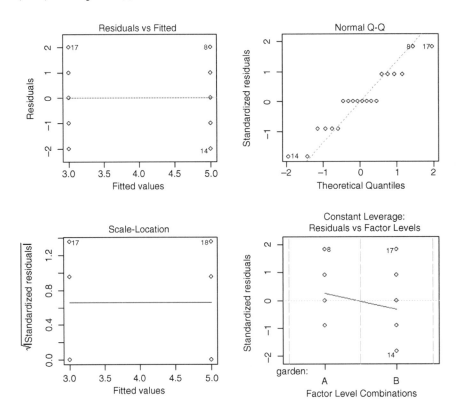

첫 번째 그래프에서는 분산이 두 처치에서 동일함을 볼 수 있다. 두 번째 정규 분위수-분위수 플롯에서는 $y$ 값이 정수라는 점을 고려할 때 직선의 모양은 합당하다고 간주할 수 있으므로 오차의 비정규성은 문제 되지 않는다. 세 번째 그래프는 다른 스케일에서 적합 값에 대한 잔차를 보여주는데 역시 등분산을 확인할 수 있다. 네 번째 그래프에서는 쿡 통계량으로 판단할 때 데이터 포인트 8, 17, 14에서 잔차가 크다는 점을 알 수 있다.

## 간단한 공식

계산기를 사용해 분산 분석을 시행할 일은 별로 없겠지만 $SSA$를 계산할 수 있는 간단한 공식을 알아두면 유용할 것이다. 앞에서는 $SSE$를 이용해 간접적으로 계산한 적이 있다. 이론적인 방식으로 $SSA$에 접근하기 위해서는 먼저 '처치 합'의 개념을 이해해야 한다. 처치 합은 요인의 특정한 수준 내에서 $y$ 값의 총합을 의미한다. 두 개의 농원에 대해 생각해보자.

```
cbind(ozone[garden=="A"],ozone[garden=="B"])
```

```
       [,1] [,2]
 [1,]     3    5
 [2,]     4    5
 [3,]     4    6
 [4,]     3    7
 [5,]     2    4
 [6,]     3    4
 [7,]     1    3
 [8,]     3    5
 [9,]     5    6
[10,]     2    5
```

```
tapply(ozone,garden,sum)
```

```
 A  B
30 50
```

농원 A와 B의 처리 합은 각각 30과 50이다. 이 값을 $T_1$과 $T_2$라 하자. $SSA$에 대한 간단한 공식은 다음과 같이 정리할 수 있다(박스 8.1).

$$SSA = \frac{\sum T_i^2}{n} - \frac{\left(\sum y\right)^2}{kn}$$

직접 숫자를 대입해보자.

$$SSA = \frac{30^2 + 50^2}{10} - \frac{80^2}{2 \times 10} = \frac{3400}{10} - \frac{6400}{20} = 340 - 320 = 20$$

분산 분석에서 중요한 점은 **부분합 제곱의 합이 각 부분합을 이루는 수에 의해 나눠진다**는 것이다. 복잡하게 느껴지겠지만 개념은 매우 간단하다. 예제에서 부분합 $T_1$과 $T_2$가 먼저 더해지고 이 값에 대해 $T_1$과 $T_2$를 각각 이루고 있는 시행 수 10으로 나누는 것이다.

---

**박스 8.1. 일원 분산 분석에서 수정 제곱합**

총제곱합 $SSY$는 모든 데이터 포인트 $y$와 전체 평균 $\bar{\bar{y}}$ 사이의 차이 제곱합으로 정의할 수 있다.

$$SSY = \sum_{i=1}^{k} \sum (y - \bar{\bar{y}})^2$$

안쪽의 $\sum$는 요인의 개별적인 수준 안에서 $n$개의 반복 시행을 고려하는 것이고, 바깥쪽의 $\sum$는 각 수준들의 부분합을 모두 더하는 것이다. 오차 제곱합 $SSE$는 데이터 포인트 $y$와 개별적인 처치 평균 $\bar{y}_i$ 사이의 차이를 제곱해 모두 더한 것이다.

$$SSE = \sum_{i=1}^{k} \sum (y - \bar{y}_i)^2$$

처치 제곱합 $SSA$는 개별적인 처치 평균 $\bar{y}_i$과 전체 평균 $\bar{\bar{y}}$ 사이의 차이를 제곱해 모두 더한 것이다.

$$SSA = \sum_{i=1}^{k} \sum_{j=1}^{n} (\bar{y}_i - \bar{\bar{y}})^2 = n \sum_{i=1}^{k} (\bar{y}_i - \bar{\bar{y}})^2$$

괄호를 풀어서 계산하고 $\sum$를 적용해보자.

$$\sum \bar{y}_i^2 - 2\bar{\bar{y}} \sum \bar{y}_i + k.\bar{\bar{y}}^2$$

이제 $\bar{y}_i$를 $T_i/n$으로 바꾸고($T_i$는 개별 수준의 처치합을 의미한다.) $\bar{\bar{y}}$를 $\sum y/k.n$으로 바꾸고 나면 다음과 같이 정리할 수 있다.

$$\frac{\sum_{i=1}^{k} T_i^2}{n^2} - 2 \frac{\sum y \sum_{i=1}^{k} T_i}{n.k.n} + k \frac{\sum y \sum y}{k.n.k.n}$$

$\sum_{i=1}^{k} T_i = \sum_{i=1}^{j} \sum_{j=1}^{n} y_{ij}$이므로 두 번째와 세 번째 항은 $(\sum y)^2/k.n^2$을 동일하게 포함하고 있다. 마지막으로 각 항에 $n$을 곱하면 다음 식을 확인할 수 있다.

$$SSA = \frac{\sum T^2}{n} - \frac{(\sum y)^2}{k.n}$$

추가적으로 $SSY = SSA + SSE$를 증명해보기 바란다(박스 7.4 참고).

## 효과 크기

지금까지는 summary.aov를 사용한 가설 검정을 집중적으로 설명했다. 그러나 summary.lm을 사용해 개별적인 요인 수준의 효과를 알아보는 것이 정보를 얻는 입장에서 더 유용할 수 있다.

```
summary.lm(aov(ozone~garden))
```

이런 형식의 결과를 회귀라는 배경에서 해석하는 것은 그리 어렵지 않았고, 회귀라는 개념적 배경 아래에서 절편과 기울기를 모수의 추정으로 이끌어냈었다. 분산 분석의 개념에서는 좀 더 깊은 생각과 경험이 필요하다.

```
Coefficients:
            Estimate Std.  Error  t value   Pr(>|t|)
(Intercept)   3.0000     0.3651    8.216  1.67e-07 ***
gardenB       2.0000     0.5164    3.873   0.00111 **

Residual standard error: 1.155 on 18 degrees of freedom
Multiple R-squared: 0.4545,  Adjusted R-squared: 0.4242
F-statistic:  15 on 1 and 18 DF, p-value: 0.001115
```

행이 (Intercept)와 gardenB로 라벨링돼 있다. 모수 추정치 3.0과 2.0은 무엇을 의미하는 것일까? 그리고 두 행에 있어 표준오차(0.3651과 0.5164)는 왜 다른 것일까? 그런데 두 농원에서 분산은 동일했다.

이 문제에 대한 답을 얻기 위해 먼저 설명 변수가 범주형일 때 설명 변수를 포함한 식의 구성에 대해 먼저 이해해야 한다. 우선 선형 모형의 식을 보자.

$$lm(y \sim x)$$

R이 두 개의 모수를 가진 선형 모형으로 해석한다.

$$y = a + bx$$

두 모수 $a$와 $b$의 추정치는 데이터로부터 얻어진다. 그런데 분산 분석인 경우에는 어떨까? 예제에서는 하나의 설명 변수, $x$ = 'garden'을 가지고 있으며 설명 변수는 두 개의 수준 A와 B를 가진다. aov 모형은 회귀 모형과 동일하다.

$$aov(y \sim x)$$

이와 연관된 공식을 먼저 살펴보자.

$$y = a + bx_1 + cx_2$$

두 개의 설명 변수 $x_1$과 $x_2$를 가진 다중 회귀와 유사하게 보일 것이다. 꼭 이해해야 할 부분은 $x_1$과 $x_2$가 요인 $x$에서 수준을 의미하는 것이다. 'garden'이 네 개의 수준을 가진 요인이라고 하면 식은 그 안에 네 개의 설명 변수 $x_1, \ldots, x_4$를 포함해야 한다. 범주형 설명 변수의 경우 $y$ 값과 연관성이 있는 수준만 1로 코딩되고 나머지는 0으로 코딩된다. 예제를 통해 직접 작업을 진행해보기 전에는 아마도 쉽게 이해하기 어려울 것이다. 예제 데이터 프레임의 첫 번째 행 데이터를 확인해보자.

**garden[1]**

[1] A

데이터 프레임의 첫 번째 오존 값은 농원 A로부터 온 것이다. 이것을 식의 관점에서 표현하면 $x_1 = 1$이고 $x_2 = 0$이 된다. 첫 번째 행에 대한 식은 다음과 같이 정리할 수 있다.

$$y = a + b \times 1 + c \times 0 = a + b \times 1 = a + b$$

데이터 프레임의 두 번째 행은 어떻게 될까?

**garden[2]**

[1] B

농원 B로부터 온 데이터이므로 $x_1$은 0으로, $x_2$는 1로 코딩하면 된다.

$$y = a + b \times 0 + c \times 1 = a + c \times 1 = a + c$$

그런데 이쯤에서 한 가지 의문이 생길 수 있다. 실험에서 두 개의 평균값을 제시해줬는데 왜 모수가 세 개가 돼야 하는가? 이 질문으로부터 시작해서 분산 분석의 summary.lm 결과에 대해 깊이 생각해보자. 지금까지의 내용들을 기초로 해서 생각해보면 절편 $a$는 실험의 전체 평균이라고 유추할 수 있을 것이다. 실제로도 그렇다.

**mean(ozone)**

[1] 4

$a$가 전체 평균이라 할 때 식을 통해 생각해보면 $a + b$는 농원 A의 평균이고 $a + c$는 농원 B의 평균이 돼야 한다. 결국 $b$는 **농원 A의 평균과 전체 평균 사이의 차이**가 되며 $c$는 **농원 B의 평균과 전체 평균 사이의 차이**가 된다. 여기까지를 정리하면 절편은 평균, 그리고 다른 모수들은 **평균 사이의 차이**를 나타낸다. 결과 테이블의 행마다 표준오차가 다른 이유도 이제 설명이 가능하다. 절편의 표준오차는 평균의 표준오차다.

$$SE_{\bar{y}} = \sqrt{\frac{s_A^2}{n_A}}$$

다른 행에 있는 표준오차는 두 평균 사이의 표준오차다.

$$SE_{\text{diff}} = \sqrt{\frac{s_A^2}{n_A} + \frac{s_B^2}{n_B}}$$

앞에서보다 조금 큰 수가 된다(예제에서처럼 표본 수가 같고 분산이 같다면 $1.414 = \sqrt{2}$만큼 클 것이다).

세 개의 모수를 고려할 때 $b$는 농원 A의 평균에서 4를 뺀 값이고 $c$는 농원 B의 평균에서 4를 뺀 값이다.

```
mean(ozone[garden=="A"])-mean(ozone)
```

```
[1] -1
```

```
mean(ozone[garden=="B"])-mean(ozone)
```

```
[1] 1
```

분산 분석의 모수들을 제대로 추정한 것 같다. 그러나 문제가 하나 있다. 불필요한 모수가 하나 포함돼 있는 것이다. 실험은 두 개의 평균(두 농원에 대한 평균)을 제시하고 있으므로 세 개의 모수를 고려해야 할 이유가 없다. 세 개의 모수 중 하나에 대해서는 '에일리어싱'의 개념이 적용된다(1장 참고). 이 문제점에 대해 여러 가지 해결책들이 제시되고 있다. 이에 대해서는 12장에서 자세히 다룰 것이다. R에서 기본 설정으로 제시하고 있는 방법은 **처리 대비**treatment contrast다. 전체 평균 $a$를 생략하고 $b$와 $c$만 남기는 것이다. 처리 대비에서 **알파벳 순서로 볼 때 먼저 나오는 요인 수준이 절편이 된다.** 나머지 모수들은 절편과의 차이로 표현된다. 예제에서는 농원 A의 평균이 절편이 된다.

```
mean(ozone[garden=="A"])
```

```
[1] 3
```

농원 B의 평균과 농원 A의 평균 사이의 차이가 두 번째 모수다.

```
mean(ozone[garden=="B"])-mean(ozone[garden=="A"])
```

```
[1] 2
```

이제 summary.lm 테이블을 다시 보면 느낌이 조금 다를 것이다.

```
Coefficients:
            Estimate Std. Error t value  Pr(>|t|)
 (Intercept)  3.0000     0.3651    8.216 1.67e-07 ***
gardenB       2.0000     0.5164    3.873  0.00111 **
```

절편은 농원 A의 평균 3.0이다. 농원 B의 모수 추정치는 2.0이다. 농원 B의 평균 오존 농도가 농원 A의 평균 오존 농도보다 2 pphm 높다는 것을 나타낸다(음의 기호가 없으므로 높다고 해석할 수 있다). 농원 B의 평균 오존 농도는 3.0 + 2.0이다. 실제적으로, 이런 식으로 계산하기보다는 간단하게 `tapply`를 사용하면 된다.

```
tapply(ozone, garden, mean)
```

```
A      B
3      5
```

이 주제에 대해서는 12장에서 더 자세히 다룰 것이다.

## 일원 분산 분석의 해석을 위한 그래프

분산 분석의 결과를 그래프로 작성하는 방법에는 일반적으로 두 가지가 있다.

- 박스 플롯
- 오차 막대를 포함한 막대 그래프

예제 데이터를 이용해서 두 방식을 비교해보자. 식물 경합plant competition에 대한 실험 데이터를 불러와서 그 세부 내용을 확인해보자. 반응 변수는 biomass이고 설명 변수로 다섯 개의 수준을 가진 요인이 하나 있다. 요인의 이름은 clipping이며 수준은 통제 집단control(처치가 이뤄지지 않은 집단), 줄기 제거 집단 두 개(처치의 강도에 따라 구분됨), 뿌리 제거 집단 두 개(처치의 강도에 따라 구분됨)로 모두 다섯 개가 된다.

```
comp <- read.csv("c:\\temp\\competition.csv")
attach(comp)
names(comp)
```

```
[1] "biomass" "clipping"
```

박스 플롯을 먼저 그려보자.

```
plot(clipping,biomass,xlab="Competition treatment",
                      ylab="Biomass",col="lightgrey")
```

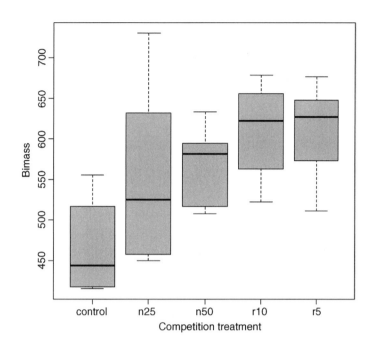

박스 플롯은 각 처치 안에서의 변이와 왜도를 잘 보여준다(통제 집단에서 보면 중앙값과 상위 사분위 사이의 범위가 중앙값과 하위 사분위 사이의 범위보다 넓다). 그래프 전반에 걸쳐서 수염의 범위를 넘어서는 이상치가 존재하지 않으므로 수염의 윗부분과 아랫부분은 각 집단의 최댓값과 최솟값을 나타낸다. 처치 집단의 중앙값은 모두 통제 집단의 상위 사분위보다 높은 값이므로 통계적으로 유의하게 통제 집단과 다르다는 점을 추측할 수 있다. 그러나 처치 집단들 사이에서의 차이는 확실히 판단하기 어렵다(이 부분은 뒤에 이어질 막대 그래프에서 설명한다).

오차 막대를 포함한 막대 그래프는 저널 편집자들이 선호하는 스타일이며, 가설 검정에 적용하기가 수월한 면이 있다. S-PLUS와 달리 R은 오차 막대에 대한 내재 함수가 없으므로 사용자가 직접 함수를 만들어야 한다. 먼저 막대 그래프부터 시작해보자. 다섯 개 집단의 biomass 평균값을 나타내기 위해 막대의 높이를 계산해야 한다. 가장 간단한 방법은 tapply를 사용하는 것이다.

```
heights <- tapply(biomass,clipping,mean)
```

barplot 함수를 사용해 막대 그래프를 그린다. 이때 추가적으로 넣어야 할 오차 막대의 공간을 고려해 y축의 범위가 충분한지 미리 확인해봐야 한다.

```
barplot(heights,col="green",ylim=c(0,700),
              ylab="mean biomass",xlab="competition treatment")
```

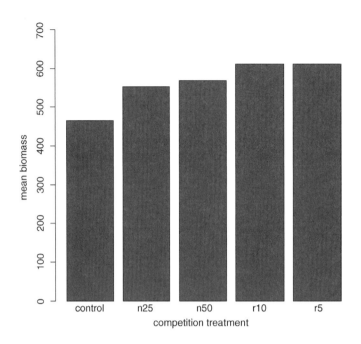

지금까지 잘 진행해왔지만, 막대의 추정 높이에 더해 불확실성에 대한 정보가 필요할 것 같다. 다음은 오차 막대를 작성하기 위한 간단한 함수의 예다. 이름은 error.bars로 하자. 함수에는 막대의 높이 y와 오차 막대의 길이 z, 이렇게 두 개의 인자가 있다.

```
error.bars <- function(y,z) {
x <- barplot(y,plot=F)
n <- length(y)
for (i in 1:n)
    arrows(x[i],y[i]-z,x[i],y[i]+z,code=3,angle=90,length=0.15)
}
```

두 번째 줄은 막대 그래프를 다시 그리지 않고(plot=FALSE) 막대 가운데의 $x$ 좌표를 계산한다. 다음 줄에서는 얼마나 많은 오차 막대를 그려야 하는지 지정해준다(n<-length(y), 이 예제에서는 5). 함수의 코드 안에서 arrows 함수를 약간 수정한 부분을 볼 수 있다. 오차 막대의 머리 부분을 직각(angle=90)으로 하고, 위와 아래 두 방향으로 표시(code=3)하도록 조정했다. 기본 설정으로 돼 있는 머리 부분의 길이는 다소 투박해 보여서 0.15인치로 약간 줄였다. 개별적으로 $n$개의 오차 막대를 그리기 위해 for 루프를 사용한다.

이제 오차 막대의 길이를 지정해줘야 한다. ANOVA 테이블의 합동 오차 분산[pooled error variance]에 기초해 **평균의 1 표준오차**를 사용해보자. 이어서 다른 종류의 오차 막대를 그리고 차이점에 대해 알아볼 것이다. 먼저 일원 분산 분석을 시행해보자.

```
model <- aov(biomass~clipping)
summary(model)

            Df   Sum Sq   Mean Sq   F value    Pr(>F)
clipping     4    85356     21339    4.3015    0.008752 **
Residuals   25   124020      4961
```

ANOVA 테이블에서 합동 오차 분산 $s^2 = 4961$이다. 이제 다섯 집단에 대한 평균값을 계산하기 위해 각각 몇 개의 반복 시행이 있었는지 알아야 한다.

```
table(clipping)

clipping
control   n25   n50   r10    r5
      6     6     6     6     6
```

동일한 수의 반복 시행이 있었다(일이 많이 쉬워진다). 각각의 평균은 여섯 개의 반복 시행에서 얻어진 것이므로 평균의 표준오차는 $\sqrt{s^2/n} = \sqrt{4961/6} = 28.75$가 된다. 오차 막대는 각각의 평균으로부터 위와 아래로 28.75만큼 그려주면 된다. 일단 28.75라는 값이 다섯 개 필요하다.

```
se <- rep(28.75,5)
```

막대 그래프에 오차 막대를 추가하기 위해 새로운 함수를 작성해야 한다.

```
error.bars(heights,se)
```

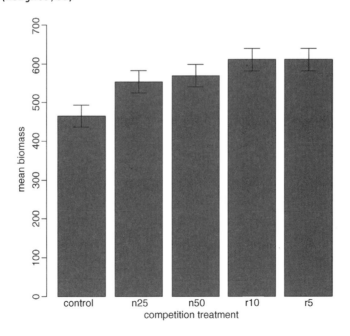

박스 플롯에서처럼 각 처치 안에서 데이터의 분포를 알아보기는 어렵지만 평균들이 통계적으로 유의하게 다르지는 않다는 점을 확실히 느낄 수 있다. 앞에서처럼 오차 막대의 길이로 1 표준오차를 사용했을 때 **오차 막대들이 서로 겹치면 두 평균은 통계적으로 유의하게 다르지 않음**을 나타낸다. 일반적으로 유의성이 있다고 판단하려면 2 표준오차 이상의 차이가 필요하며 오차 막대가 서로 겹친다는 것은 평균 사이의 차이가 2 표준오차보다는 작다는 점을 의미한다. 그래프에서 처치 집단들(n25, n50, r10, r5)의 평균은 서로 통계적으로 유의하게 다르지 않다(n25 오차 막대의 윗부분과 r10 오차 막대의 아랫부분이 겹친다.)는 점을 확인할 수 있다.

다른 주제가 하나 있다. 평균을 비교할 때 두 평균 사이의 차이에 대한 표준오차(6장 참고)를 사용하는 것이 더 합리적이다. 앞에서 그렸던 오차 막대보다 1.4배 더 길어야 하는 것이다. 이런 배경 아래에서 다시 생각해보면 그래프를 통해 처치 집단들의 평균이 서로 다르지 않다고 판단할 수는 있으나 통제 집단이 처치 집단들에 비해 평균값이 유의하게 작다고 정확히 결론 내릴 수는 없다.

오차 막대를 그리는 또 다른 방법을 생각해보자. 오차 막대의 길이로 평균의 표준오차 대신 95% 신뢰구간을 사용하는 것이다. 방법은 매우 쉽다. 표준오차에 스튜던트 $t$, $\mathrm{qt}(0.975,5) = 2.570582$를 곱하면 신뢰구간의 길이를 얻을 수 있다.

```
ci <- se*qt(.975,5)
barplot(heights,col="green",ylim=c(0,700),
                ylab="mean biomass",xlab="competition treatment")
error.bars(heights,ci)
```

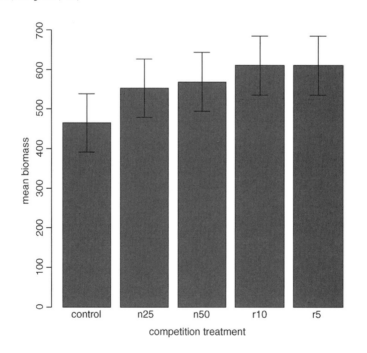

이제 모든 오차 막대가 겹친다. 평균 사이에 유의한 차이가 없다는 것을 의미한다. 그러나 앞에서 시행한 분산 분석의 결과를 참고하면 다른 결과임을 알 수 있다. 분산 분석에서는 모든 평균이 같다는 귀무가설을 $p = 0.00875$라는 결과를 통해 기각했다. 신뢰구간을 사용해 판단할 때 오차 막대가 겹치지 않으면 평균은 4 표준오차 이상의 차이가 있음을 의미한다. 4 표준오차는 유의성을 확보하기 위한 차이보다 훨씬 크다. 역시 개념적으로 완벽하지는 않다. 표준오차를 참고할 때 오차 막대가 겹친다면 평균의 유의한 차이가 없음을 확신할 수 있고, 신뢰구간을 참고할 때 오차 막대가 겹치지 않는다면 평균이 유의하게 다르다고 확신할 수 있다. 이와 다른 조건에서는 확실한 결론을 내리기 어렵다. 오차 막대가 겹치지 않을 때 평균이 유의하게 다르고 오차 막대가 겹치면 평균이 유의하게 다르지 않다는 결론에 이를 수 있는 방법은 없을까?

LSD$^{least\ significance\ difference}$(최소 유의차) 막대를 사용하면 가능하다. 스튜던트 $t$ 검정 공식을 다시 기억해보자.

$$t = \frac{차이}{차이의\ 표준오차}$$

일반적으로 $t > 2$일 때(좀 더 정확하게 하면 $t > \mathrm{qt}(0.975,\ \mathrm{df})$) 유의한 차이가 있다고 판단할 수 있다. 유의하다고 판단할 수 있는 최소의 차이를 나타내는 공식을 다시 정리해보자. 이 공식은 최수 유의차를 나타낸다.

$$LSD = \mathrm{qt}(0.975,\ \mathrm{df}) \times 차이의\ 표준오차 \approx 2 \times SE_{diff}$$

예제에 대해 계산해보자. 차이의 계산에 대해 $12 - 2 = 10$의 자유도를 갖는다.

```
qt(0.975,10)*sqrt(2*4961/6)
```

```
[1] 90.60794
```

두 평균이 90.61과 같거나 그보다 크다면 유의하게 다르다고 할 수 있다. 그래프에서는 어떻게 확인할 수 있을까? 90.61보다 작은 차이가 있을 때에만 오차 막대가 겹치도록 하면 될 것이다. 오차 막대가 겹치지 않으면 90.61보다 큰 차이를 나타낼 수 있는 것이다. 잠시 생각해보면, 평균에서 위와 아래로 LSD/2만큼의 길이로 오차 막대를 그리면 된다는 것을 알 수 있다. 예제에 대해 적용해보자.

```
lsd <- qt(0.975,10)*sqrt(2*4961/6)
lsdbars <- rep(lsd,5)/2
```

```
barplot(heights,col="green",ylim=c(0,700),
                ylab="mean biomass",xlab="competition treatment")
error.bars(heights,lsdbars)
```

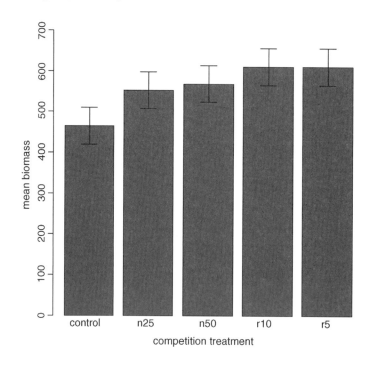

이제 눈으로 보고 직접적으로 유의성을 판단할 수 있다. 통제 집단의 평균은 다른 네 처치 집단과 비교해 통계적으로 유의한 차이가 있다. 네 처치 집단의 평균은 서로 다르지 않다. 대비 contrast의 통계 분석은 12장에서 자세히 다룰 것이다. 아쉽게도 대부분의 저널 편집자들은 1 표준오차를 이용한 오차 막대를 선호한다. LSD 오차 막대를 사용할 때에도 복잡한 문제들(특히 다중 비교의 문제가 있다. 1장 참고)을 고려해야 하지만 적어도 오차 막대의 개념적인 측면에서 보면 가장 적절한 방법이다(겹치는 오차 막대는 평균의 유의한 차이가 없음을 나타내고 겹치지 않는 오차 막대는 평균의 유의한 차이가 있음을 나타낸다). 표준오차나 신뢰구간은 둘 다 적절한 방법으로 보기 어렵다. 박스 플롯에서는 notch=T를 지정해 유의성을 확인할 수 있다(6장 참고).

## 요인 실험

요인 실험factorial experiments은 둘 또는 그 이상의 요인으로 이뤄져 있다. 각 요인은 둘 또는 그 이상의 수준을 가지고 있으며 수준별로 반복 시행을 확인할 수 있다. 이런 조건에서는 통계적 상호작용을 고려해야 한다. 한 요인에 대한 반응은 다른 요인의 수준에 의해 영향받을 수 있다는 개념이 상호작용이다. 예제 데이터는 농장 단위로 이뤄진 동물 사료 실험에서 얻은 것이다. 두 개의 요인, diet^사료와 supplement^보충제가 있다. diet는 세 개의 수준(barley^보리, oats^귀리, wheat^밀)을 가지고 있는 요인이다. supplement는 네 개의 수준(agrimore, control, supergain, supersupp)을 가지고 있는 요인이다. 반응 변수로 6주 후의 체중 증가를 측정했다.

```
weights <- read.csv("c:\\temp\\growth.csv")
attach(weights)
```

barplot 함수를 이용해 그래프를 그려보자(beside=T로 지정하면 막대들을 수직으로 세워진 형식 대신 군집 형식으로 모을 수 있다. 뒤에서는 오차 막대를 추가할 것이다).

```
barplot(tapply(gain,list(diet,supplement),mean),beside=T)
```

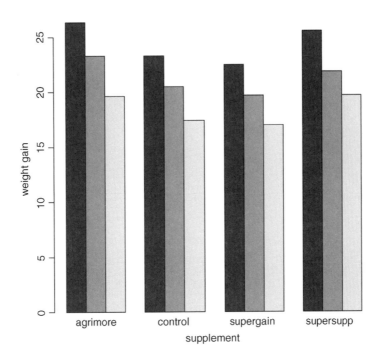

두 번째 요인 supplement는 x축에 알파벳 순서로 왼쪽에서 오른쪽으로 배치됐다. 첫 번째 요인 diet는 세 개의 수준이 알파벳 순서로 배치돼 하나로 묶여 supplement의 각 수준에 표시돼 있다. 요인의 수준은 명암으로 구분돼 있다(어두움 = 보리, 중간 = 귀리, 밝음 = 밀). diet의 수준을 설명하기 위해 범례^legend를 반드시 추가해야 한다. 수준의 이름을 표시하기 위해 levels 함수를 사용한다.

```
labels <- levels(diet)
```

지금까지는 구분의 목적으로 색상을 사용했지만 이번에는 gray 스케일을 적용해보자. 0 = black에서 1 = white의 연속적인 스케일이므로 예제를 위해 0.2, 0.6, 0.9를 사용해보자.

```
shade <- c(0.2,0.6,0.9)
```

여기서 하나 주의해야 할 점은 범례가 그래프의 막대와 겹치지 않도록 하는 것이다. R은 범례 상자의 **왼쪽 위 모서리**를 기준으로 범례의 위치를 고정한다. 그러므로 오른쪽 아래에 적당한 공간을 확보할 수 있도록 커서를 위치시키고 클릭해야 한다.

```
barplot(tapply(gain,list(diet,supplement),mean),beside=T,
                ylab="weight gain",xlab="supplement",ylim=c(0,30))
legend(locator(1),labels,gray(shade))
```

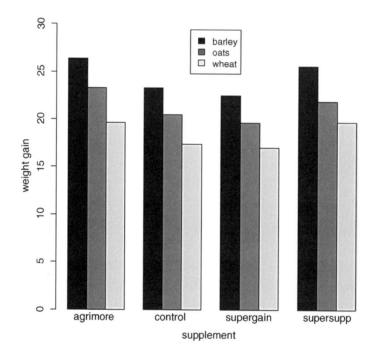

diet의 세 개 수준에 대해서는 명확한 차이를 확인할 수 있으나 supplement의 효과는 분명하게 알기가 어렵다. 먼저 taaply를 사용해 평균값을 확인해보자.

```
tapply(gain,list(diet,supplement),mean)
```

```
        agrimore   control  supergain  supersupp
barley  26.34848  23.29665  22.46612   25.57530
oats    23.29838  20.49366  19.66300   21.86023
wheat   19.63907  17.40552  17.01243   19.66834
```

이제 요인 분산 분석을 적합시키기 위해 aov 또는 lm을 사용한다(summary 함수를 사용해서 확인하고자 하는 기본적 결과가 ANOVA 테이블인지 아니면 모수 추정치의 리스트인지에 따라 선택하면 된다). diet와 supplement 요인의 각 수준들에 대한 주효과의 모수를 추정하고 이에 더해 두 요인 사이의 상호작용에 대한 추정을 시행한다. 상호작용의 자유도는 각 요인에서의 자유도를 곱해 구할 수 있다($(3-1) \times (4-1) = 6$). 모형은 다음과 같다.

```
gain ~ diet + supplement + diet:supplement
```

\* 기호를 사용해 다음과 같이 단순하게 표현할 수도 있다.

```
model <- aov(gain~diet*supplement)
summary(model)
```

```
                  Df   Sum Sq   Mean Sq  F value   Pr(>F)
diet               2   287.17   143.59    83.52   3.00e-14 ***
supplement         3    91.88    30.63    17.82   2.95e-07 ***
diet:supplement    6     3.41     0.57     0.33     0.917
Residuals         36    61.89     1.72
```

ANOVA 테이블은 두 설명 변수 사이에 상호작용이 없음을 보여준다($p = 0.9166$). diet와 supplement의 효과는 가산성을 보이며 두 효과 모두 통계적 유의성을 가지고 있다. 오차 분산 $s^2 = 1.72$를 알게 됐으므로 그래프에 오차 막대를 추가할 수 있다. 오차 막대가 표준오차를 나타내도록 하기 위해 각 요인 수준의 반복 시행 수를 알아야 한다.

```
tapply(gain,list(diet,supplement),length)
```

```
        agrimore  control  supergain  supersupp
barley      4        4         4          4
oats        4        4         4          4
wheat       4        4         4          4
```

표준오차는 $\sqrt{1.72/4} = 0.656$이다. 앞에서 작성했던 error.bsrs 함수는 집단으로 묶인 막대에 대해 제대로 작동할 수 없으므로 코드를 다음과 같이 수정해야 한다.

```
x <- as.vector(barplot(tapply(gain,list(diet,supplement),mean),
beside=T,ylim=c(0,30)))
y <- as.vector(tapply(gain,list(diet,supplement),mean))
z <- rep(0.656,length(x))
for( i in 1:length(x))
arrows(x[i],y[i]-z[i],x[i],y[i]+z[i],length=0.05,code=3,angle=90)
```

오차 막대 추가를 위해 $y$축에 적절한 공간을 미리 만들어둬야 한다. tapply에 의한 테이블 형식의 결과를 그래프에 적절하게 적용하기 위해 as.vector 함수를 사용해야 한다. 범례를 추가해야 한다는 점을 잊지 말아야 한다.

```
legend(locator(1),labels,gray(shade))
```

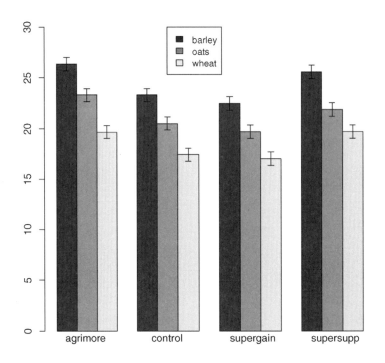

ANOVA 테이블의 단점은 효과 크기를 제시하지 않고 요인을 이루고 있는 수준들 중에서 몇 개가 통계적으로 유의한 차이를 나타내는지 알 수 없다는 것이다. 모형 단순화를 위해서는 summary.aov보다는 summary.lm이 더 유용하다.

```
summary.lm(model)

Coefficients:

                                 Estimate Std. Error t value Pr(>|t|)
(Intercept)                       26.3485     0.6556  40.191  < 2e-16 ***
dietoats                          -3.0501     0.9271  -3.290 0.002248 **
dietwheat                         -6.7094     0.9271  -7.237 1.61e-08 ***
supplementcontrol                 -3.0518     0.9271  -3.292 0.002237 **
supplementsupergain               -3.8824     0.9271  -4.187 0.000174 ***
supplementsupersupp               -0.7732     0.9271  -0.834 0.409816
dietoats:supplementcontrol         0.2471     1.3112   0.188 0.851571
dietwheat:supplementcontrol        0.8183     1.3112   0.624 0.536512
dietoats:supplementsupergain       0.2470     1.3112   0.188 0.851652
dietwheat:supplementsupergain      1.2557     1.3112   0.958 0.344601
dietoats:supplementsupersupp      -0.6650     1.3112  -0.507 0.615135
dietwheat:supplementsupersupp      0.8024     1.3112   0.612 0.544381

Residual standard error: 1.311 on 36 degrees of freedom
Multiple R-squared: 0.8607,  Adjusted R-squared: 0.8182
F-statistic: 20.22 on 11 and 36 DF, p-value: 3.295e-12
```

조금 복잡한 모형이다. 12개의 모수 추정치가 있다(테이블에서 행의 수). 여섯 개는 주효과며 나머지 여섯 개는 상호작용을 나타낸다. 결과를 통해 상호작용에는 유의한 항이 없으며 최소 적합 모형에 다섯 개의 모수(절편, oats에 의한 차이, wheat에 의한 차이, control에 의한 차이, supergain에 의한 차이)를 포함하면 된다는 점을 알 수 있다. 이 다섯 개의 모수를 포함한 행은 * 기호로 표시돼 있다. 이렇게 기본 설정인 처리 대비를 이용할 때 가장 중요한 단점이 하나 있다. 테이블을 유심히 보면 supplement 중 control과 supergain의 효과 크기는 서로 유의하게 다르지 않다. 머릿속으로 빨리 $t$ 검정과 같은 비교를 하기 위해서는 많은 경험이 필요하다. 두 추정치 모두 음수이므로 앞의 음수 기호를 무시하면 3.05와 3.88에서 차이가 0.83임을 알 수 있다. 두 추정치의 표준오차가 모두 0.927이라는 점을 고려하면 두 추정치의 차이는 1 표준오차에도 미치지 못한다. 유의성을 위해 일반적으로는 대략 2 표준오차의 차이가 필요하다(5장 참고). 처리 대비는 효과를 절편과 비교해 유의성을 판단하는데 각 요인의 수준을 알파벳으로 정렬해 제일 처음의 수준을 절편으로 정한다(예제에서는 barley와 agrimore). 예제에서처럼 여러 수준들이 서로 유의하게 다르지 않더라도 절편과 비교해 유의하게 다르기만 하면 * 기호로 표시된다. 그러므로 서로 다른 수준들에 대한 정확한 파악이 어렵다.

일단 상호작용 항들을 제외해 모형 단순화를 진행해보자.

```
model <- lm(gain~diet+supplement)
summary(model)

Coefficients:
                     Estimate  Std. Error   t  value    Pr(>|t|)
(Intercept)           26.1230      0.4408      59.258    < 2e-16 ***
dietoats              -3.0928      0.4408      -7.016    1.38e-08 ***
dietwheat             -5.9903      0.4408     -13.589    < 2e-16 ***
supplementcontrol     -2.6967      0.5090      -5.298    4.03e-06 ***
supplementsupergain   -3.3815      0.5090      -6.643    4.72e-08 ***
supplementsupersupp   -0.7274      0.5090      -1.429     0.16

Residual standard error: 1.247 on 42 degrees of freedom
Multiple R-squared: 0.8531,   Adjusted R-squared: 0.8356
F-statistic: 48.76 on 5 and 42 DF, p-value: < 2.2e-16
```

diet 요인에서 oats와 wheat의 차이는 5.99 − 3.10 = 2.89이고, 표준오차가 모두 0.44($t \gg 2$) 이므로 세 개 수준 모두를 모형에 포함시켜야 한다. 그러나 supplement 요인의 네 개 수준을 모두 포함시켜야 하는지는 명확하지 않다. supersupp는 agrimore와 비교해 유의하게 다르지 않다(차이 −0.727, 표준오차 0.509). 또한 supergain은 control과 비교해 유의하게 다르지 않다 (3.38 − 2.70 = 0.68). 이상을 고려해 네 개의 수준을 두 개의 수준으로 축소해 새 모형을 만들어보 자. agrimore와 supersupp는 'best'로, control과 supergain은 'worst'로 코딩한다.

```
supp2 <- factor(supplement)
levels(supp2)

[1] "agrimore" "control" "supergain" "supersupp"

levels(supp2)[c(1,4)] <- "best"
levels(supp2)[c(2,3)] <- "worst"
levels(supp2)

[1] "best" "worst"
```

단순화한 모형을 적합시키고 앞의 모형과 비교해보자.

```
model2 <- lm(gain~diet+supp2)
anova(model,model2)

Analysis of Variance Table
Model 1:  gain ~ diet + supplement
Model 2:  gain ~ diet + supp2
  Res.Df    RSS Df Sum of Sq      F Pr(>F)
1     42 65.296
2     44 71.284 -2  -5.9876 1.9257 0.1584
```

단순화한 모형 model2를 사용하면 두 개의 자유도를 아낄 수 있으며 앞의 모형과 비교해서 유의한 차이도 없다($p = 0.158$). 그러므로 model2를 최소 적합 모형이라 할 수 있다. model2에서는 모든 모수들의 유의성뿐 아니라 서로 간의 차이에 대한 유의성도 확인할 수 있다.

```
summary(model2)
Coefficients:
              Estimate   Std. Error   t value    Pr(>|t|)
(Intercept)   25.7593       0.3674      70.106    < 2e-16 ***
dietoats      -3.0928       0.4500      -6.873    1.76e-08 ***
dietwheat     -5.9903       0.4500     -13.311    < 2e-16 ***
supp2worst    -2.6754       0.3674      -7.281    4.43e-09 ***

Residual standard error: 1.273 on 44 degrees of freedom
Multiple R-squared: 0.8396,   Adjusted R-squared: 0.8286
F-statistic: 76.76 on 3 and 44 DF, p-value: < 2.2e-16
```

모형 단순화를 통해 12개의 모수를 가지고 있는 초기의 모형을 훨씬 다루기 쉬운 네 개의 모수를 포함한 모형으로 축소시킬 수 있었다. 동물들의 몸무게 증가가 목적이라면 barley에 agrimore 또는 supersupp를 첨가하는 것이 좋을 것이다. 그러나 실험에서는 비용을 고려하지 않았으므로 그 해석에 있어 주의를 기울여야 한다.

## 인위적 반복: 내재 설계와 분할 구획

aov, lme, lmer과 같은 모형 적합 함수는 복잡한 오차 구조를 다룰 수 있는 기능을 가지고 있다. 이 주제에 대한 자세한 설명은 이 책의 범위를 넘어간다(『The R Book』(Crawley, 2013) 참고). 그러나 개념적인 이해를 통해 인위적 반복pseudoreplication을 피하도록 노력하는 것은 중요하다. 다음의 두 경우를 보자.

- 내재 설계nested design: 반복 측정이 동일한 개인에 대해 이뤄지거나 관찰 실험이 여러 다른 공간 스케일에서 이뤄진 경우(**임의 효과**)
- 분할 구획split plots 분석: 다른 처치가 적용되는 계획 실험이 다른 크기의 구획에 대해 이뤄지는 경우(**고정 효과**)

## 분할 구획 실험

분할 구획 실험split-plot experiments에서는 다른 처치들이 다른 크기를 가진 구획에 적용된다. 개별적인 다른 크기의 구획은 자체적인 오차 분산과 연관되며 지금까지의 ANOVA 테이블처럼 하나의 오차 분산을 가지는 것이 아니라 구획 크기에 따라 많은 오차항을 가지게 된다. 분석 결과는 구획 크기에 따라 여러 개의 ANOVA 테이블로 제시된다. 큰 구획에서부터 작은 구획으로 순서대로 보여준다.

예제는 세 개의 처치가 적용된 농작물 수확량에 대한 설계 실험 데이터다. 처치는 관개irrigation (두 개의 수준: irrigated, control), 파종 밀도density(세 개의 수준: low, medium, high), 비료fertilizer(세 개의 수준: N, P, NP)로 이뤄져 있다.

```
yields <- read.csv("c:\\temp\\splityield.csv")
attach(yields)
names(yields)
```

```
[1] "yield" "block" "irrigation" "density" "fertilizer"
```

가장 큰 구획은 네 개의 블록으로 이뤄져 있고, 각 블록은 반으로 나눠 임의적으로 irrigation 의 두 수준이 적용된다. 이렇게 구분된 각각의 구획은 다시 세 부분으로 구분돼 임의적으로 density의 세 수준이 적용되며, 마지막으로 각 구획을 다시 세 부분으로 나눠 fertilizer의 세 수준이 임의적으로 적용된다. 모형식은 * 기호를 사용해 요인 실험의 형식으로 작성된다. 오차 구조는 Error() 형식으로 왼쪽에서 오른쪽으로 구획 크기에 따라 정리하며 / 기호를 사용해 구분한다. 가장 작은 크기의 구획은 Error() 안에 넣어주지 않아도 된다.

```
model <-
aov(yield~irrigation*density*fertilizer+Error(block/irrigation/
density))
summary(model)
```

```
Error: block
            Df Sum Sq Mean Sq F value Pr(>F)
Residuals 3  194.4   64.81

Error: block:irrigation
           Df Sum Sq Mean Sq F value  Pr(>F)
irrigation  1   8278    8278   17.59  0.0247 *
Residuals   3   1412     471

Error: block:irrigation:density
                  Df Sum Sq Mean Sq  F value  Pr(>F)
density            2   1758   879.2    3.784  0.0532 .
irrigation:density 2   2747  1373.5    5.912  0.0163 *
Residuals         12   2788   232.3
```

```
Error: Within
                            Df  Sum Sq  Mean Sq  F value    Pr(>F)
fertilizer                   2  1977.4    988.7   11.449  0.000142 ***
irrigation:fertilizer        2   953.4    476.7    5.520  0.008108 **
density:fertilizer           4   304.9     76.2    0.883  0.484053
irrigation:density:fertilizer 4  234.7     58.7    0.680  0.610667
Residuals                   36  3108.8     86.4
```

결과에 네 개의 ANOVA 테이블이 제시됐다. 가장 큰 구획 block에 대한 테이블이 먼저 나오고, 가장 마지막으로 가장 작은 구획인 fertilizer에 대한 결과가 나타난다. 각 구획의 크기에 따라 오차 분산이 다르다. density의 주효과가 유의성이 없게 표시됐다 해서($p = 0.053$) density의 중요성이 작은 것은 아니다. density와 irrigation 간 상호작용의 유의성을 확인할 수 있으므로 중요한 의미를 가진다고 해석해야 한다. 상호작용을 이해하기 위해 interaction.plot을 사용해 그래프를 그려보자.

**interaction.plot(fertilizer,irrigation,yield)**

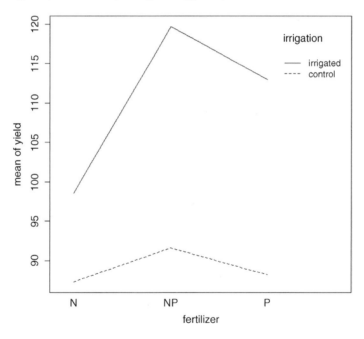

irrigated 수준인 경우 fertilizer가 N인 구획에서보다 P인 구획에서 수확량이 더 크다. irrigation과 density의 상호작용은 더 복잡하다.

**interaction.plot(density,irrigation,yield)**

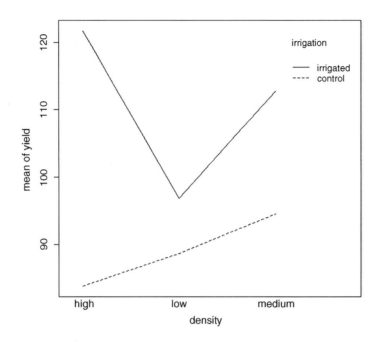

irrigated 수준인 경우 density가 low인 구획에서 수확량이 가장 작고 control의 경우 density가 high인 구획에서 수확량이 가장 작다.

## 임의 효과와 내재 설계

고정 효과와 임의 효과가 혼합된 설명 변수인 경우 혼합 효과 모형이라 한다.

- 고정 효과는 $y$의 평균에만 영향을 미친다.
- 임의 효과는 $y$의 분산에만 영향을 미친다.

효과들의 모집단population으로 개념을 확장시킨 것이 임의 효과다. 모집단은 추가적 가정이라 할 수 있다. 임의 효과에 대해서는 추정estimation보다는 **예측**prediction이라는 용어가 합당하다. 추정은 데이터를 통해 고정 효과를 산출하는 과정이다. 이와 다르게 임의 효과는 모집단으로부터의 추출을 통해 예측을 시행하는 것이다. 고정 효과는 데이터로부터 추정한 상수의 형식이다. 임의 효과는 반응 변수의 분산-공분산 구조와 연관된 것이다. 고정 효과는 실험을 진행할 때 처치에 의해 드러날 수 있는 내용에 관한 것인 반면에 임의 효과는 모수보다는 범주형 또는 연속형 변수가 설명할 수 있는 분산에 초점을 맞추는 것이다.

하나 또는 그 이상의 설명 변수를 시간이나 공간의 측면에서 **집단화**grouping할 수 있다. 같은 집단에서의 임의 효과에 의해 연관성이 관찰될 수 있으며 결과적으로 일반적인 통계 분석의 기본적인 가정 사항인 **오차의 독립성**에 위배된다. 혼합 효과 모형은 데이터의 집단화에 의해 발생하는 공분산 구조를 모형화해 오차의 독립성을 확보하기 위해 사용한다. 임의 효과의 가장 큰 장점은 요인 수준들에 의해 사용되는 자유도의 수를 아낄 수 있다는 점이다. 임의 효과는 개별적인 요인 수준에 대한 평균을 추정하는 대신 평균의 분포를 고려하는 것이다(일반적으로는 요인 수준의 평균과 전체 평균 사이의 차이에서 표준편차를 계산한다). 혼합 효과 모형은 시간상의 인위적 반복(반복 측정)이나 공간상의 인위적 반복(내재 설계 또는 분할 구획 실험)이 있는 경우 매우 유용하며, 다음과 같은 점들을 고려해 분석을 진행한다.

- 공간적 자기 상관
- 동일한 개인에서의 반복 측정에 의한 시간적 자기 상관
- 현장 실험의 블록 사이에 발생하는 반응 평균의 차이
- 반복 측정이 이뤄지는 의학 연구에서 개체 사이의 차이

중요한 점은 범주형 변수의 개별적인 수준에 대한 모수를 추정하고자 아까운 자유도를 잃고 싶지 않다는 것이다. 여기에 더해 가지고 있는 모든 측정 값들을 모두 사용하고 싶을 것이다. 그러나 인위적 반복을 고려해 다음 두 가지 사항을 반드시 참고해야 한다.

- 시간적 그리고 공간적 의존성과 연관된 집단 내의 상관을 모형화하기 위한 상관 구조
- 집단 내의 오차 분산을 모형화하기 위한 분산 구조

## 고정 효과와 임의 효과 사이에서의 선택

범주형 변수에 대해 고정 효과와 임의 효과 중 어느 것을 선택해 사용할지 제대로 판단하기 위해서는 많은 경험이 필요하다. 다음 사항을 참고하면 도움이 될 것이다.

- 효과 크기에 관심이 있다면 고정 효과
- 모집단으로부터의 요인 수준을 고려하는 것이 합당하다면 임의 효과
- 효과 집단의 분산을 추정하기에 합당한 데이터가 아니라면 고정 효과
- 요인 수준이 정보적 의미를 가지고 있다면 고정 효과
- 요인 수준이 숫자 형식이기는 하지만 개별적인 의미를 가지고 있다고 생각되지 않는다면 임의 효과
- 추출한 자료에 기초해 효과의 분포 추론을 수행하는 것이 목적이라면 임의 효과
- 다층 구조의 데이터인 경우 실험 데이터인지 아니면 관찰 데이터인지에 따라 판단이 달라질 수 있다.
- 실험적 조작을 통해 요인 수준이 결정된 다층 구조의 실험 데이터인 경우 분할 구획 설계에 의한 고정 효과

- 다층 구조의 관찰 데이터인 경우 임의 효과(일반적으로 분산 성분 분석<sup>variance component analysis</sup> 시행, 8장 참고)
- 모형이 고정 효과와 임의 효과를 모두 포함해야 한다면 혼합 효과
- 선형 모형 구조인 경우 선형 혼합 모형<sup>linear mixed effects</sup>(lmer)
- 이외의 경우 모형식을 특정화한 비선형 혼합 효과<sup>non-linear mixes effects</sup>(nlme)

## 인위적 반복의 제거

데이터의 인위적 반복에 대한 극단적인 대처는 단순히 모두 지워버리는 것이다. 공간상의 인위적 반복은 평균으로 처리할 수 있으며, 공간상의 인위적 반복에 대해서는 개별적으로 분산 분석을 시행하면 된다. 그런데 이런 접근 방식은 다음의 큰 약점을 가지고 있다.

- 종단<sup>longitudinal</sup> 연구 데이터의 처치 효과(예: 시간의 흐름에 따른 성장률의 차이)에 대한 해결이 어렵다.
- 개별적 분석에 따른 추론은 서로 독립적이지 않으므로 그 통합에 어려움이 있다.

## 종단 자료의 분석

종단 자료의 특징은 동일한 개인에 대해 시간의 흐름에 따라 반복적 측정이 이뤄진다는 점이다. 회귀나 분산 분석에서 제대로 다뤄지지 않을 경우 시간상의 인위적 반복이 발생할 수 있다. 동일한 개인에서 반복적으로 관찰이 이뤄질 경우 양의 상관성이 나타날 수 있고 이에 대한 고려가 필요하다. 이와 다른 연구 방식으로는 단면 연구<sup>cross-sectional study</sup>가 있다. 단면 연구는 모든 데이터를 시간상의 특정한 한 시점에 모은다는 특징이 있다. 종단 연구의 장점은 **코호트 효과**<sup>cohort effect</sup>로부터 **연령 효과**<sup>age effect</sup>를 분리할 수 있다는 것이다. 종단 연구의 극단적인 예를 들어보자.

- 많은 수의 개인이 있고 각 개인에 대한 작은 수의 측정
- 작은 수의 개인이 있고 각 개인에 대한 많은 수의 측정

첫 번째 예에서는 개인 안에서의 변화를 반영할 수 있는 정확한 모형을 적합시키기 어렵지만 처치 효과에 대한 효과적 검정이 가능하다. 두 번째 예에서는 시간에 따른 개인의 변화를 모형에 잘 반영할 수 있으나 개인 간의 변이가 크면 처치 효과의 유의성 검정에 어려움이 있다. 첫 번째 예에서는 상관 구조에 크게 집중하지 않아도 되지만, 두 번째 예에서는 공분산 모형이 초점이 된다. 분석의 목적을 다시 정리해보자.

- 시간에 따른 평균적인 요약과 추정
- 개인 사이의 이질성 분석
- 코호트 효과를 포함해 이상의 요소들과 연관된 요인의 탐색

반응은 개별적인 측정 값이 아니라 **개인에 대한 순차적 측정의 집합**이며, 이를 통해 연령 효과와 연 영향year effects을 구분할 수 있다(자세한 내용은 관련 문헌(Diggle, Liang and Zeger, 1994)을 참고하기 바란다).

## 파생 변수 분석

파생 변수 분석derived variable analysis은 인위적 반복을 제거하기 위해 반복 측정을 요약 통계량(기울기, 절편, 평균)으로 줄이고 분산 분석이나 회귀 분석 같은 일반적인 모수적 기법을 사용해 **요약 통계량을 분석**하는 것이다. 시간의 흐름에 따라 설명 변수의 값이 변하면 이 기법의 효과는 떨어진다. 각 시점에 따라 과학적으로 해석 가능한 비선형 모형의 모수에 근거해 진행될 때 파생 변수 분석의 유용성은 높아진다. 그러나 이론적 측면에서 바라본 최상의 모형은 통계적 측면에서 판단한 최상의 모형과 반드시 일치하지는 않는다.

변이가 일어나는 원인은 다음과 같이 정리할 수 있다.

- **임의 효과:** 실험 개체들은 유전자형, 과거력, 크기, 생리적 상태 등의 조건에서 서로 다를 수 있으므로 반응 또한 다를 수 있다.
- **계열 상관**serial correlation**:** 개체 내에서도 시간에 따른 확률적 변이가 있을 수 있다.
- **측정오차:** 측정에 따라서도 상관이 발생할 수 있다.

## 인위적 반복에 대한 해법

임의 효과의 경우 평균을 추정하거나 평균 사이의 차이에 대한 유의성을 평가하는 부분보다는 특정 요인이 반응 변수의 변이에 기여하는 정도를 확인하는 것에 더 관심이 많다. 이 과정을 분산 성분 분석이라 한다.

```
rats <- read.csv("c:\\temp\\rats.csv")
attach(rats)
names(rats)
```

```
[1] "Glycogen" "Treatment" "Rat" "Liver"
```

이 데이터는 인위적 반복에 대한 전형적인 예로, 관련 문헌(Snedecor and Cochran, 1980)에서 확인할 수 있다. 세 종류의 실험 처치를 쥐에게 투여하고 쥐의 간에서 글리코겐glycogen 농도를 반응 변수로 이용해 분석한다. 실험을 요약해보자. 각 처치에 대해 두 마리의 쥐가 배정된다. 표본의 총수는 $n = 3 \times 2 = 6$이 된다. 쥐를 희생시키고 나서 간의 세 부분(왼쪽, 가운데, 오른쪽)을 잘라낸다. 여섯 마리의 쥐에서 간을 세 부분씩 잘라냈으므로 표본의 총수는 6×3 = 18로 늘어난다. 마지막으로 측정오차를 평가하기 위해 잘라낸 조각에 대해 두 종류의 전처치를 시행한다. 이 시점에서 표본의 총수는 다시 2×18 = 36으로 늘어난다. 요인의 수준은 숫자로 구분하는데 이를 위해 설명 변수를 미리 범주형 변수로 고쳐야 한다.

```
Treatment <- factor(Treatment)
Rat <- factor(Rat)
Liver <- factor(Liver)
```

**옳지 않은 분석**을 먼저 보자.

```
model <- aov(Glycogen~Treatment)
summary(model)
```

```
          Df Sum Sq Mean Sq F value   Pr(>F)
Treatment  2   1558   778.8    14.5 3.03e-05 ***
Residuals 33   1773    53.7
```

처치는 간의 글리코겐 농도에 매우 유의한 영향을 미친다($p$ = 0.00003). 그러나 이것은 틀린 결론이다. 전형적인 방식으로 인위적 반복의 오류를 범했다. ANOVA 테이블의 오차 행을 보자. 잔차의 자유도가 33이다. 실험에 사용한 쥐는 여섯 마리뿐이므로 오차 자유도는 33이 아니라 6 − 2 − 1 = 3이 돼야 한다.

인위적 반복을 평균으로 처리해 제대로 분산 분석을 진행해보자. 먼저 쥐 한 마리당 평균값을 계산해 데이터 프레임 안에 표시된 표본 총수를 36에서 6으로 줄인다.

```
yv <- tapply(Glycogen,list(Treatment,Rat),mean)
yv
```

```
          1          2
1 132.5000   148.5000
2 149.6667   152.3333
3 134.3333   136.0000
```

yv 객체는 반응 변수로 이용해야 하므로 벡터 형식으로 바꿔준다.

```
(yv <- as.vector(yv))
```

```
[1]   132.5000   149.6667   134.3333   148.5000   152.3333   136.0000
```

tapply에 의한 결과에서 보면 데이터는 열의 형식으로 정리돼 있다. 각 열(1, 2)은 개별적인 쥐를 나타내고 각 행(1, 2, 3)은 처치(control, supplement, supplement plus sugar)를 나타낸다. 새로 만든 벡터에 요인 수준을 적용시키기 위해 길이가 6인 새로운 요인의 순서(1, 2, 3 그리고 나서 다시 1, 2, 3)를 만들어야 한다.

```
treatment <- factor(c(1,2,3,1,2,3))
```

이제 인위적 반복을 제거한 모형을 적합시켜보자.

```
model <- aov(yv~treatment)
summary(model)
```

```
            Df  Sum Sq  Mean Sq  F value Pr(>F)
treatment    2   259.6  129.80    2.929 0.197
Residuals    3   132.9   44.31
```

오차 자유도는 3으로 옳게 제시됐고 결론도 완전히 다르게 내려진다. 세 실험 처치에 따라 간의 글리코겐 농도에는 유의한 차이가 없다($p = 0.197$).

R을 이용해 바로 분석을 시행할 수 있는 방법은 다항의 오차를 포함한 분산 분석(aov)과 선형 혼합 효과 모형, 이렇게 두 가지가 있다. 예제 데이터에서 반드시 고려해야 할 점은 다음과 같다. 같은 간에서 잘라낸 조각은 같은 쥐에서 유래한 것이므로 공간상의 상관성이 높다. 이는 인위적 반복을 나타낸다. 독립성도 확보하기 어렵다. 같은 식으로 두 전처치도 간을 잘라낸 후 이뤄졌으므로 상관성이 높으며 비독립적이다.

다항의 오차를 포함한 분산 분석을 시행해보자. 오차항은 제일 큰 스케일(처치)에서 시작해 작은 스케일로 이어진다.

```
model2 <- aov(Glycogen~Treatment+Error(Treatment/Rat/Liver))
summary(model2)
```

```
Error: Treatment
            Df   Sum Sq   Mean Sq
Treatment    2     1558    778.8

Error: Treatment:Rat
            Df   Sum Sq   Mean Sq  F value Pr(>F)
Residuals    3    797.7    265.9

Error: Treatment:Rat:Liver
            Df   Sum Sq   Mean Sq  F value Pr(>F)
Residuals   12     594     49.5

Error: Within
            Df   Sum Sq   Mean Sq  F value Pr(>F)
Residuals   18     381    21.17
```

이 결과를 가지고 인위적 반복을 제거한 분석을 시행할 수 있다. 처치 분산(778.8)을 **바로 밑에 있는 공간 스케일상에서의 오차 분산**(265.9)으로 나눠 $F$ 검정을 시행한다. 검정 통계량 $F = 778.8/265.9 = 2.928921$(8장의 틀린 분석에서의 $F$ 값과 비교해보기 바란다.)이며 바로 앞에서의 $F$ 값과 동일하다. 이 $F$ 값에 대한 임계값은 다음과 같이 구할 수 있다.

```
qf(0.95,2,3)
```

```
[1] 9.552094
```

---

### 박스 8.2. 다층 구조 설계에서의 제곱합

먼저 이해하고 넘어가야 할 것이 하나 있다. 내재 설계에서의 범주형 설명 변수의 경우 제곱합에서 빼야 할 부분이 이전에서처럼 $(\sum y)^2/kn$이 아니라는 점이다. 대신에 바로 위의 수준에서 수정하기 전의 제곱합을 이용한다. 이 부분은 직접 작업을 진행해서 경험하기 전에는 이해하기 어려울 것이다. 총제곱합 $SSY$와 처치 제곱합 $SSA$는 박스 8.1과 같이 계산할 수 있다.

$$SSY = \sum y^2 - \frac{\left(\sum y\right)^2}{n}$$

$$SSA = \frac{\sum_{i=1}^{k} C_i^2}{n} - \frac{\left(\sum y\right)^2}{kn}$$

예를 통해 이해하면 훨씬 빠를 것이다. 앞에서 봤던 쥐 실험 데이터에서 처치 합은 12개의 시행 수에 기초했다(두 마리의 쥐, 쥐 한 마리당 세 개씩의 간 조각, 간 조각 하나당 두 개씩의 전처치). 이때 $SSA$의 식에서 $n = 12$, $kn = 36$이 된다. 상위의 스케일을 전제하고 쥐의 제곱합 $SS_{\text{Rats}}$, 간 조각의 제곱합 $SS_{\text{Liverbits}}$, 전처치의 제곱합 $SS_{\text{Preparations}}$를 계산해보자.

$$SS_{\text{Rats}} = \frac{\sum R^2}{6} - \frac{\sum C^2}{12}$$

$$SS_{\text{Liverbits}} = \frac{\sum L^2}{2} - \frac{\sum R^2}{6}$$

$$SS_{\text{Preparations}} = \frac{\sum y^2}{1} - \frac{\sum L^2}{2}$$

바로 위의 수준에 대한 공식의 일부가 이용되는 것을 볼 수 있다. 이 관계를 이용해 마지막에 위치한 제곱합은 다음과 같이 정리할 수 있다.

$$SS_{\text{Preparations}} = SSY - SSA - SS_{\text{Rats}} - SS_{\text{Liverbits}}$$

---

# 분산 성분 분석

내재 설계의 ANOVA 테이블을 분산 성분 분석<sup>VCA, Variance Components Analysis</sup>으로 전환하기 위해서는 약간의 작업이 필요하다. 테이블의 각 행은 바로 아래 수준의 변이와 해당 행의 변이가 합해져 있는 값이다. 테이블의 가장 아래에 있는 21.17의 분산 값은 측정오차(유사한 표본을 같은 기계로 측정했다 하더라도 그 측정 값을 읽어내는 과정에서 발생하는 차이)를 나타낸다. 그 위의 값은 개별적인 쥐 간 조각들 안에서의 이질성(예를 들어 가운데 조각에서의 글리코겐 농도가 왼쪽이나 오른쪽 조각과는 다른지의 여부 등)을 나타낸다. 하나 더 위의 값은 쥐들 사이의 차이를 나타낸다. 여기에서 고려할 수 있는 점들은 성별의 영향, 유전적 영향, 영양의 효과 등이다(이런 부분들은 실험 설계에서 조절되면 더 좋을 것이다).

다층 구조 아래에서 각 수준에서의 분산을 알아내는 것이 관심 사항이다. 주변 수준 사이에서의 분산 차이를 먼저 계산해야 한다.

수준 2 vs. 수준 1: 49.5 − 21.17 = 28.33 (간 조각들 사이에서의 차이)
수준 3 vs. 수준 2: 265.9 − 49.5 = 26.4 (쥐들 사이의 차이)

여기에서 멈춘다. 하나 더 위의 값은 고정 효과(처치)에 대한 내용이지 임의 효과에 대한 내용이 아니다.

다음 단계는 위에서 계산한 값들을 하위 수준의 인위적 반복 수로 나누는 것이다.

잔차 = 21.17
간 조각 = (49.5 − 21.17)/2 = 14.165
쥐 = (265.89 − 49.5)/6 = 36.065

이 숫자들을 분산 성분<sup>variance components</sup>이라 한다. 이 실험에서의 주요한 변이는 쥐들 사이의 간 글리코겐 농도 차이에서 유래한다는 것을 알 수 있다(36.065). 가장 작은 변이가 간 조각의 차이에서 유래했다(14.165).

분산 성분 분석의 결과는 일반적으로 퍼센트로 표현한다. 이를 위해 세 성분을 더하고 계산을 진행해보자.

```
vc <- c(21.17,14.165,36.065)
100*vc/sum(vc)
```

```
[1] 29.64986 19.83894 50.51120
```

이런 방식의 분석은 이후의 실험을 계획할 때 많은 도움이 된다. 분산의 50% 이상이 쥐들 사이의 차이에서 나오므로 실험에 포함할 쥐들의 수를 늘리면 다음에 시행할 실험의 검정력을 올려

줄 것이다(이와 동시에 쥐의 나이, 성별, 유전자형의 차이를 조절해야 한다). 간 조각을 세 위치에서 잘라내는 것은 20% 이하의 분산을 설명하는 정도이므로 중요한 의미가 없다고 판단할 수 있다.

## 참고 문헌

Crawley, M.J. (2013) *The R Book*, 2nd edn, John Wiley & Sons, Chichester.

Diggle, P.J., Liang, K.-Y. and Zeger, S.L. (1994) *Analysis of Longitudinal Data*, Clarendon Press, Oxford.

Snedecor, G.W. and Cochran, W.G. (1980) *Statistical Methods*, Ames, Iowa State University Press.

## 추가 참고 문헌

Pinheiro, J.C. and Bates, D.M. (2000) *Mixed-Effects Models in S and S-PLUS*, Springer-Verlag, New York.

# 9

# 공분산 분석

공분산 분석ANCOVA, analysis of covariance은 회귀 분석과 분산 분석이 혼합돼 있는 형식이다. 반응 변수는 연속형이고 설명 변수는 연속형과 범주형이 적어도 하나 이상씩 있는 경우다. 일반적으로 최대 모형은 범주형 변수의 각 수준(분산 분석의 요소)에 대해 기울기와 절편(회귀 분석의 요소)을 추정한다. 구체적인 예를 들어보자. 성별과 연령을 설명 변수로, 체중을 반응 변수로 하는 모형을 생각해보자. 성별은 두 수준(남성과 여성)을 가진 요인이고, 연령은 연속형 변수다. 이에 따라 최대 모형은 두 개의 기울기(남성에 대한 기울기, 여성에 대한 기울기)와 두 개의 절편(남성에 대한 절편, 여성에 대한 절편), 이렇게 네 개의 모수를 가진다.

$$체중_{남성} = a_{남성} + b_{남성} \times 연령$$

$$체중_{여성} = a_{여성} + b_{여성} \times 연령$$

간결성의 원칙에 따라 되도록 작은 수의 모수를 모형에 포함해야 하므로 모형 단순화는 공분산 분석의 중요한 부분이다.

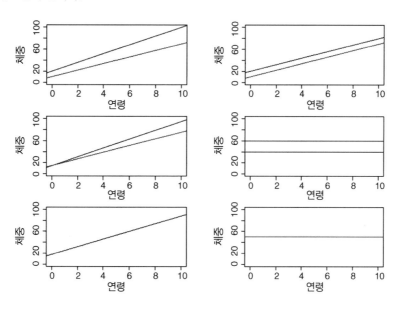

이 경우 적어도 여섯 개의 모형이 가능하다. 모형 단순화는 네 개의 모수를 모두 고려해야 하는 경우에서부터 시작한다(왼쪽 위). 두 개의 절편과 동일한 하나의 기울기도 생각할 수 있다(오른쪽 위). 또는 동일한 절편과 두 개의 다른 기울기도 있다(왼쪽 가운데). 연령이 반응 변수에 영향을 미치지 못하고 성별의 주효과만을 설명하는 두 개의 모수만 필요할 수도 있다. 이 경우 두 개의 개별적인 수평선으로 나타낼 수 있다. 각 수평선은 개별적인 성별에서의 평균 체중을 나타낸다(오른쪽 가운데). 다른 경우로 성별의 영향은 없고 체중에 대한 연령의 효과만을 설명하도록 두 개의 모수(하나의 기울기와 하나의 절편)만 필요할 수도 있다(왼쪽 아래). 극단적으로 생각하면 반응 변수에 연속형 변수와 범주형 변수 모두 영향을 못 미치는 경우도 있을 수 있다. 이 경우 모형 단순화에 의해 하나의 모수를 가지고 있는 귀무 모형 $\hat{y} = \bar{y}$의 결론에 이를 수 있다(오른쪽 아래).

모형의 설명력을 고려해 모형 단순화를 결정해야 한다. 단순화한 모형이 반응의 변이를 통계적으로 의미 있는 정도로 작게 설명하지만 않는다면 단순화한 모형을 선택하게 된다. 설명력에 대한 검정을 위해 두 모형을 비교해야 하는데, 이때 anova 또는 AIC를 사용한다. anova의 경우 두 모형을 비교해서 얻은 $p$ 값이 0.05보다 작을 때에만 복잡한 모형을 선택한다. AIC를 사용하는 경우 두 모형 중 작은 값을 가진 모형을 선택하면 된다.

실제적인 예를 가지고 다시 자세히 살펴보자. 데이터 프레임은 방목을 시행한 후의 식물 성장과 생산 능력에 대한 실험 데이터를 담고 있다. 방목 시행 전의 식물의 초기 크기는 뿌리줄기 윗부분의 직경을 측정해 나타낸다. Grazing방목 요인은 두 개의 수준, Grazed와 Ungrazed(울타리로 보호되는 경우)를 가진다. 반응은 성장 시기가 끝난 후 식물에서 생산한 씨앗의 무게로 나타낸다. 예측하기에는 큰 식물이 작은 식물보다 더 많은 양의 씨앗을 생산할 것이고, 방목 후의 식물이 방목이 시행되지 않은 식물에 비해 더 작은 양의 씨앗을 생산할 것이다. 실제로 분석을 진행해보자.

```
compensation <- read.csv("c:\\temp\\ipomopsis.csv")
attach(compensation)
names(compensation)
```

```
[1] "Root" "Fruit" "Grazing"
```

그래프를 먼저 그려보자. 초기의 식물 크기는 중요한 의미가 있을까?

```
plot(Root,Fruit,pch=16,col="blue")
```

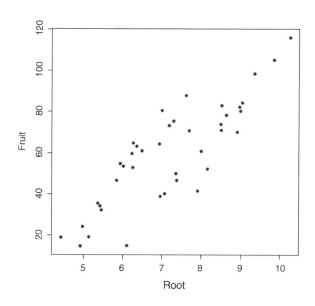

그런 것 같다. 큰 식물일수록 성장 시기가 끝나고 더 많은 씨앗을 생산했다. 방목의 영향은 어떨까?

```
plot(Grazing,Fruit,col="lightgreen")
```

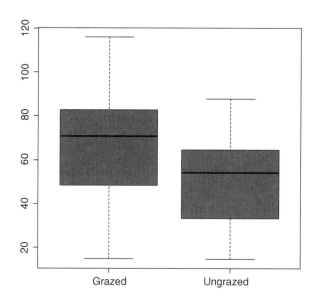

예상한 바와 전혀 다르다. 방목이 시행된 식물이 더 많은 씨앗을 생산했다. 효과도 통계적으로 의미가 있다고 볼 수 있다($p < 0.03$).

```
summary(aov(Fruit~Grazing))
```

|  | Df | Sum Sq | Mean Sq | F value | Pr(>F) |
|---|---|---|---|---|---|
| Grazing | 1 | 2910 | 2910.4 | 5.309 | 0.0268 * |
| Residuals | 38 | 20833 | 548.2 | | |

분석을 바르게 다시 진행한 후 이 부분으로 다시 돌아오기로 하자.

공분산 분석은 지금까지의 분석들과 형식적인 면에서 매우 유사하다. 설명 변수에 연속형 변수와 범주형 변수가 혼합돼 있다는 점이 조금 다를 뿐이다. 가장 복잡한 모형부터 시작해보자. Grazed와 Ungrazed, 두 수준에 다른 기울기와 절편을 적용해보자. 이를 위해 * 기호를 사용해야 한다.

```
model <- lm(Fruit~Root*Grazing)
```

공분산 분석에서 꼭 기억해야 할 점이 있다. **순서가 매우 중요하다**는 것이다. Root를 먼저 적합시켰을 때의 ANOVA 테이블에서 회귀 제곱합을 보자.

```
summary.aov(model)
```

|  | Df | Sum Sq | Mean Sq | F value | Pr(>F) |
|---|---|---|---|---|---|
| Root | 1 | 16795 | 16795 | 359.968 | < 2e-16 *** |
| Grazing | 1 | 5264 | 5264 | 112.832 | 1.21e-12 *** |
| Root:Grazing | 1 | 5 | 5 | 0.103 | 0.75 |
| Residuals | 36 | 1680 | 47 | | |

이제 Root를 두 번째 순서로 적합시켜보자.

```
model <- lm(Fruit~Grazing*Root)
summary.aov(model)
```

|  | | Df | Sum Sq | Mean Sq | F value | Pr(>F) |
|---|---|---|---|---|---|---|
| Grazing | | 1 | 2910 | 2910 | 62.380 | 2.26e-09 *** |
| Root | | 1 | 19149 | 19149 | 410.420 | < 2e-16 *** |
| Grazing:Root | 1 | 5 | 5 | 0.103 | 0.75 | |
| Residuals | | 36 | 1680 | 47 | | |

두 경우에서 모두 오차 제곱합(1680)과 상호작용 항에서의 제곱합(5)은 동일하다. 그러나 Root로 표시된 행의 회귀 제곱합은 Grazing에 이어서 두 번째 순서로 적합됐을 때(19149)가 첫 번째 순서로 적합됐을 때(16795)보다 더 크다. 이런 결과가 나오는 이유는 공분산 분석을 위

해 사용하는 데이터가 대부분 비직교적이기 때문이다. **비직교 데이터의 경우 순서가 중요하다**는 점을 반드시 기억해야 한다(박스 9.1).

---

### 박스 9.1. 공분산 분석에서의 수정 제곱합

총제곱합 $SSY$와 처치 제곱합 $SSA$는 분산 분석에서와 동일한 방식으로 계산하면 된다(박스 8.1). 각 요인 수준 $i$에서의 개별적인 회귀 제곱합은 박스 7.3을 참고해 계산하면 된다. $SSXY_i$, $SSX_i$, $SSR_i$, $SSE_i$가 구해지면 요인 수준들에 대해 모두 더한다.

$$SSXY_{\text{total}} = \sum SSXY_i$$

$$SSX_{\text{total}} = \sum SSX_i$$

$$SSR_{\text{total}} = \sum SSR_i$$

총 회귀 제곱합 $SSR$은 총 수정 곱의 합과 $x$의 총 수정 제곱합을 이용해 계산한다.

$$SSR = \frac{(SSXY_{\text{total}})^2}{SSX_{\text{total}}}$$

두 추정치 $SSR$과 $SSR_{\text{total}}$의 차이 $SSR_{\text{diff}}$는 회귀 기울기 사이의 차이에 대한 유의성을 의미한다. 이제 $SSE$를 계산할 수 있다.

$$SSE = SSY - SSA - SSR - SSR_{\text{diff}}$$

$SSE$는 정의를 이용해 다음과 같이 계산할 수도 있다.

$$SSE = \sum_{i=1}^{k} \sum (y - a_i - b_i x)^2$$

두 방법 모두 같은 결과를 제시해준다.

---

다시 분석으로 돌아가보자. 상호작용 $SSR_{\text{diff}}$는 Grazed와 Ungrazed 처치 사이의 기울기 차이를 나타내는데 유의성을 확인할 수 없으므로 제거한다.

```
model2 <- lm(Fruit~Grazing+Root)
```

모형식에 * 기호 대신 + 기호를 사용했다. 이것은 'Grazed와 Ungrazed에 대해 다른 절편을 적합시키지만 기울기는 동일한 값을 적합시킨다.'는 의미다. anova를 사용해 설명력을 비교해보자.

**anova(model,model2)**

```
Analysis of Variance Table

Model 1: Fruit  ~ Grazing * Root
Model 2: Fruit  ~ Grazing + Root
  Res.Df      RSS  Df Sum of Sq       F Pr(>F)
1     36  1679.7
2     37  1684.5  -1   -4.8122  0.1031  0.75
```

단순화한 모형의 설명력이 통계적으로 유의하게 낮지 않다($p = 0.75$). 그러므로 단순화한 모형을 선택한다. 그런데 이 경우 군이 anova를 사용하지 않아도 된다. summary.aov(model) 테이블에서는 제거를 시행한 상태에서의 $p$ 값을 제시해주고 있다. 지금까지의 최소 적합 모형의 모수 추정치를 확인해보자.

**summary.lm(model2)**

```
Coefficients:
                Estimate Std.   Error   t value  Pr (>|t|)
(Intercept)     -127.829     9.664   -13.23   1.35e-15 ***
GrazingUngrazed   36.103     3.357    10.75   6.11e-13 ***
Root              23.560     1.149    20.51    < 2e-16 ***


Residual standard error: 6.747 on 37 degrees of freedom
Multiple R-squared: 0.9291,  Adjusted R-squared: 0.9252
F-statistic: 242.3 on 2 and 37 DF, p-value: < 2.2e-16
```

모형의 설명력은 매우 높다. 반응 변수의 변이 중 90% 이상을 설명해주고 있다(다중 $r^2$). 공분산 분석에서 어려운 점은 모수 추정치가 무엇을 의미하는지 파악하는 것이다. 첫 번째 행은 절편을 나타낸다. Grazing의 수준 중 알파벳 순서상 먼저 나오게 되는 Grazed에서 크기에 대한 씨앗 생산 그래프의 절편을 나타내는 것이다. 어느 것인지 확실히 알고 싶으면 levels 함수를 사용한다.

**levels(Grazing)**

```
[1] "Grazed" "Ungrazed"
```

절편은 확실히 Grazed 요인에 대한 것임을 알 수 있다. 두 번째 행은 GrazingUngrazed로 표시돼 있다. 이것은 **두 절편 사이의 차이**를 의미한다. Ungrazed 수준에 대한 절편을 확인하려면 Grazed 수준의 절편 값에 36.103을 더하면 된다(−127.829 + 36.103 = −91.726). 세 번째 행은 Root로 표시돼 있으며 **기울기**를 나타낸다. 초기의 뿌리줄기 크기에 대한 씨앗 생산의 기울기를 나타내는데 Grazed와 Ungrazed 수준에서 동일하다. 유의한 상호작용이 존재한다면 네 번째 행에 **두 기울기 사이의 차이**로 표시됐을 것이다.

이제 산점도를 그려보자. 요인에 대해 다른 색으로 그려주는 것이 좋을 것이다. Grazed 요인에는 빨간색을, Ungrazed 요인에는 초록색을 적용해보자.

```
plot(Root,Fruit,pch=21,bg=(1+as.numeric(Grazing)))
```

다른 색상을 만들기 위해 1+as.numeric(Grazing)을 사용한 점을 유의해서 봐야 한다. Grazed에 대해서는 2(빨간색), Ungrazed에 대해서는 3(초록색)이 대응됐다.

```
legend(locator(1),c("grazed","ungrazed"),col=c(2,3),pch=16)
```

범례를 추가해보자. 범례의 왼쪽 윗부분이 놓일 위치에 커서를 두고 클릭한다.

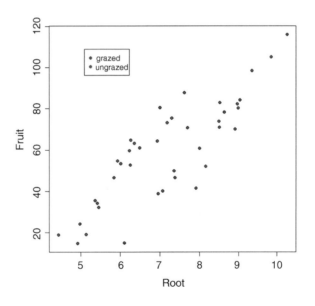

Grazing 처치 집단이 더 많은 씨앗을 생산한다는 앞에서의 이상한 결과가 왜 나오게 됐는지 이제 알 수 있을 것 같다. 대부분의 큰 식물들은 Grazing 처치 집단에 속해 있다(빨간색). *x* 좌표의 특정한 점 7에서 생각해보면 Ungrazed 처치 집단(초록색)이 더 많은 씨앗을 생산했다(정확히 36.103만큼 더 많이 생산했다). 그래프에 선을 추가하면 더 명확해질 것이다.

```
abline(-127.829,23.56,col="blue")
abline(-127.829+36.103,23.56,col="blue")
```

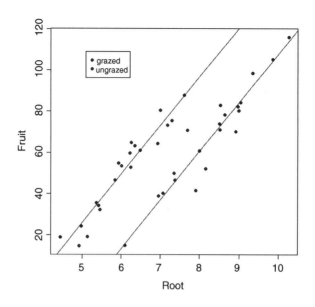

이 예제를 통해 공분산 분석의 강력함을 확인할 수 있다. 초기의 식물 크기를 통제함으로써 완전히 다른 결과를 얻게 됐다. 처음에 잘못 얻은 결론은 Grazing 집단이 더 많은 씨앗 생산을 한다는 것이었다.

```
tapply(Fruit,Grazing,mean)

 Grazed   Ungrazed
67.9405   50.8805
```

주의를 기울이지 않고 분석을 진행하다 보면 $p = 0.0268$이라는 결론에 이르게 된다. 그러나 공분산 분석을 시행하면 완전히 다른 결론에 이른다. 방목을 시행하면 식물의 초기 크기를 고려할 때 **씨앗 생산을 더 적게 하게 된다**는 결론을 이끌어낼 수 있다. 식물 크기의 평균에서 계산해보면 각각 77.46과 41.36의 결과를 얻을 수 있다.

```
-127.829+36.103+23.56*mean(Root)
```

[1] 77.4619

```
-127.829+23.56*mean(Root)
```

[1] 41.35889

중요한 점을 깨달을 수 있게 됐다. 데이터에 공변량(예제에서는 식물의 초기 크기)이 포함돼 있다면 공분산 분석을 시행하는 것이 좋다. 해가 될 일은 하나도 없다. 공변량의 유의성이 없다면 모형 단순화 과정에서 제거될 것이다. 또한 공분산 분석에서는 **순서가 중요하다**는 점도 꼭 기억해야 한다. 모형 단순화 과정에서 고차의 상호작용 제거를 제일 먼저 생각해봐야 한다. 공분산 분석에서는 상호작용 항이 개별적인 요인 수준들 사이의 기울기 차이를 나타낸다(다원 분산 분석의 상호작용 항은 평균 사이의 차이를 나타낸다). 카운트 데이터, 비율 데이터, 바이너리 반응 변수에서의 공분산 분석에 대해서는 13, 14, 15장에서 다룰 것이다.

## 추가 참고 문헌

Huitema, B.E. (1980) *The Analysis of Covariance and Alternatives*, John Wiley & Sons, New York.

# 10

# 다중 회귀

연속형 반응 변수와 둘 또는 그 이상의 연속형 설명 변수를 가지고 있는 경우 다중 회귀multiple regression를 시행한다. 다중 회귀 분석은 그 시행에서 다른 통계 분석들보다 더 까다로운 부분이 있다. 다중 회귀 분석 과정을 어렵게 만드는 여러 가지 상황들을 생각해보자.

- 통제 실험controlled experiments이 아닌 관찰 연구로 실험이 진행됐다.
- 너무 많은 설명 변수를 가지고 있다.
- 데이터 포인트의 수가 작다.
- 설명 변수들에서 결측 값이 자주 발생한다.

통계학적으로 중요한 주제들도 여러 가지가 있다.

- 설명 변수들은 서로 상관성을 가지고 있다(비직교성).
- 어느 설명 변수를 포함시켜야 하는지에 대한 결정
- 설명 변수에 대응하는 반응 변수가 곡선형을 이룬다.
- 설명 변수들 사이에서 상호작용이 발생한다.
- 마지막 세 개의 주제는 결국 모수의 급증으로 이어진다.

개인적으로 특정 모형을 선호하는 현상이 생길 수 있다. 통계학자들은 이런 상황을 '모형과 사랑에 빠진다.'라고 한다. 모형에 대해 다음과 같은 사항들을 항상 기억하고 있어야 한다.

- 어떤 모형도 완벽한 것은 없다.
- 다른 모형들과 비교할 때 좀 더 적합한 모형들이 있다.
- 선택된 모형에 대해 절대적 확신을 가질 수는 없다.
- 모형은 단순할수록 좋다.

데이터에 모형을 적합시키는 것은 R의 주요한 기능이다. 이 과정은 근본적으로 탐색의 형식으로 진행된다. 어떤 고정된 법칙이나 절대적인 것은 없다. 목적은 주어진 데이터를 설명해줄 수 있는 많은 모형들 중 최소 적합 모형을 찾아내는 것이다. 다섯 가지 형식의 모형들을 생각해보자.

- 귀무 모형
- 최소 적합 모형
- 현재 모형
- 최대 모형
- 포화 모형saturated model

포화 모형(또는 최대 모형)으로부터 단계적으로 단순화를 시행해 최소 적합 모형을 얻어내는 과정의 핵심은 **제거 검정**deletion tests이다. 이 검정 방법에는 *F* 검정, AIC, *t* 검정, 카이제곱 검정 등이 포함되며 특정 항이 현재 모형에서 제거됐을 때 편차 증가의 유의성을 평가한다.

모형은 되도록 정확하고 적당해야 한다. 그러나 모형의 현실성, 보편성, 전체성을 동시에 최대화하는 것은 불가능하며 간결성의 원칙(오컴의 면도날의 원칙, 1장 참고)을 고려해 최선의 모형을 선택해야 한다. 모형의 효과를 통계적으로 유의하게 향상시킬 수 있는 설명 변수만을 포함시켜야 한다. 특정 설명 변수의 측정에 많은 수고를 기울였다고 해서 반드시 모형에 포함시켜야 하는 것은 절대 아니다. 다른 조건들이 같다면, 간결성의 원칙에 의해 다음의 상황에서 선택이 가능하다.

- *n*개보다는 *n* − 1개의 모수를 가진 모형
- *k*개보다는 *k* − 1개의 설명 변수를 가진 모형
- 곡선형보다는 선형 모형
- 돌출이 있는 모형보다는 없는 모형
- 변수들 사이의 상호작용이 있는 모형보다는 없는 모형

다른 경우로는 측정에 어려움이 있거나 비용이 많이 드는 설명 변수보다는 측정이 쉬운 경우를 선택하는 것이다. 또한 경험적인 부분에 근거하기보다는 체계적인 이해가 가능한 모형을 선택해야 한다.

간결함은 되도록 모형이 단순해야 한다는 점을 전제로 한다. 이것은 불필요한 모수 혹은 요인 수준이 포함되지 않아야 한다는 것을 의미한다. 이런 전제 조건을 충족시키기 위해 먼저 최대 모형을 적합시키고 다음의 과정들을 진행하면서 모형을 단순화시켜야 한다.

- 유의성 없는 상호작용 항을 제거한다.
- 유의성 없는 이차항 또는 다른 비선형 항을 제거한다.
- 유의성 없는 설명 변수들을 제거한다.
- 서로 다르지 않은 요인 수준들은 통합한다.
- 공분산 분석에서 연속형 설명 변수의 유의성 없는 기울기를 0으로 조정한다.

완벽한 모형은 있을 수 없으므로 모형 안의 스케일에서도 절대적으로 최적인 것은 없다. 예를 들어 설명 변수들 사이에 곱 형식의 효과를 가진 포아송 오차를 다룬다고 가정해보자. 각각의 장점을 고려해 다음 세 가지 스케일 중 하나를 선택해야 한다.

1. $\sqrt{y}$ 스케일은 등분산의 장점이 있다.
2. $y^{2/3}$ 스케일은 정규 오차의 장점이 있다.
3. $\ln(y)$ 스케일은 가산성의 장점이 있다.

이런 여러 가지 조건들을 고려해 모형에 가장 합당하다고 판단되는 측정 스케일을 정해야 한다.

| 모형 | 해석 |
| --- | --- |
| 포화 모형 | 각 데이터 포인트에 대해 하나씩의 모수 |
| | 적합: 완벽 |
| | 자유도: 없음 |
| | 모형의 설명력: 없음 |
| 최대 모형 | 요인, 상호작용, 공변량 등의 모든 모수를 포함 |
| | 자유도: $n - p - 1$ |
| | 모형의 설명력: 경우에 따라 다름 |
| 최소 적합 모형 | $0 \leq p' \leq p$의 모수를 가진 단순화한 모형 |
| | 적합: 최대 모형보다는 부족할 수 있으나 통계적으로 유의한 차이는 없음 |
| | 자유도: $n - p' - 1$ |
| | 모형의 설명력: $r^2 = SSR/SSY$ |
| 귀무 모형 | 단 하나의 모수, 전체 평균 $\bar{y}$ |
| | 적합: 없음; $SSE = SSY$ |
| | 자유도: $n - 1$ |
| | 모형의 설명력: 없음 |

## 모형 단순화의 과정

모형 단순화의 확정적인 규칙은 없으나 다음 테이블에 정리돼 있는 과정대로 진행하면 작업에 많은 도움이 될 것이다. 설명 변수의 수가 많고 상호작용 항과 비선형 항이 다수 포함돼 있으면 모형 단순화에 많은 시간이 소모된다. 그러나 어느 정도 시간을 소모해서라도 모형 단순화가 잘 진행된다면 데이터에 숨겨져 있는 중요한 측면을 간과하고 넘어가는 위험성을 줄일 수 있다. **복잡한 데이터 프레임에서 모든 중요한 구조를 찾아낼 수 있는 확실한 방법은 없다**는 점을 잘 인지하고 있어야 한다.

| 단계 | 과정 | 설명 |
|---|---|---|
| 1 | 최대 모형을 적합시킨다. | 요인, 상호작용 항, 공변량 등을 모두 포함해 적합시킨다. 잔차의 편차를 확인한다. 포아송 또는 이항 오차를 사용한다면 과대 산포 가능성을 고려해야 하며 필요시 스케일을 다시 설정해야 한다. |
| 2 | 모형 단순화를 시작한다. | `summary`를 통해 모수 추정을 확인한다. `update-`를 사용해 유의성이 적은 항을 제거하는데 고차의 상호작용 항을 제일 먼저 고려한다. |
| 3 | 제거를 통한 편차의 증가가 통계적 유의성을 가진다면 | 모형에서 해당 항을 제거한다. 다시 모수 값을 확인한다. 유의성을 고려해 다른 항의 제거를 다시 시행한다. |
| 4 | 제거를 통한 편차의 증가가 통계적 유의성을 가지지 않는다면 | `update+`를 사용해 모형에 해당 항을 다시 포함시킨다. 이런 항들은 통계적으로 유의성이 있는 항으로 판단한다. |
| 5 | 모형으로부터 항의 제거를 계속 진행한다. | 모형이 유의한 항들만 포함할 때까지 3 또는 4단계를 반복한다. 결과적으로 최소 적합 모형이 얻어진다. 유의성을 가진 모수가 하나도 없다면 최소 적합 모형은 귀무 모형이 된다. |

## 주의 사항

모형 단순화는 중요한 과정이기는 하지만 너무 극단적인 방식에 대해서는 주의를 기울여야 한다. 데이터로부터 추정한 모수의 편차와 표준오차의 해석에 대해 깊은 주의가 필요하다. 또한 특정 숫자에 관련된 탐색과 연구에서 객관적인 태도를 유지해야 한다. 가끔은 특정한 숫자를 과학적 근거에 의해 사용하기도 한다. 이해도를 높이기 위해 숫자를 단순하게 사용하는 경우도 있다. 예를 들어 추가적인 비료 사용에 따른 수확량의 증가를 $1.947\,kg/ha$라고 하기보다는 일반적으로 $2\,kg/ha$로 표현한다. 비슷한 경우로, 특정 처치가 이뤄졌을 때 감염의 로짓[logit]이 $2.321$만큼 증가했다고 하기보다는 오즈가 열 배 증가했다고 표현한다. 그러나 추정치를 표현하는 과정에서 $6.1$이라는 값을 단지 정수라는 이유로 $6$으로 표현하는 것은 합리적이지 않다.

## 제거의 순서

대부분의 다중 회귀에서 그렇듯이 설명 변수들 사이에 상관성이 존재할 때 **순서는 매우 중요하다**. 설명 변수들 사이에 상관성이 있다면 개별적인 설명 변수에 대해 계산되는 유의성은 최대 모형에서 제거의 과정을 통해 계산됐는지 아니면 귀무 모형에 더해 평가했는지에 따라 달라질 수 있다. 항상 모형 단순화의 과정을 통해 검정을 진행한다면 이 부분에서 혼란이 발생하지 않을 것이다.

많은 어려움을 극복하고 특정한 실험적 처치를 진행했다고 해서 설명력이 없음에도 불구하고 해당 요인이 모형에 포함돼야 하는 것은 아니다. 가끔 ANOVA 테이블에 유의한 효과와 유의하지 않은 효과가 같이 제시돼 있는 경우도 있다. 직교 설계인 경우에는 문제가 되지 않는다. 그러나 결측 값이 있거나 동일하지 않은 가중치가 작용하는 경우에는 유의성이 없는 항이 제거됐을 때 유의성이 있는 항의 모수 추정치와 표준오차에 어떤 변화가 나타나는지 정확하게 판단하기가 어렵다. 최선의 대책을 세워보자.

- 데이터의 직교성 여부를 밝힌다.
- 최소 적합 모형을 제시한다.
- 유의성이 없어 제거한 항의 리스트와 제거에 의해 발생한 편차의 변화를 제시한다.

이 결과를 보면서 각자 유의성이 없는 요인의 상대적 의미와 설명 변수들 사이의 상관성에 대한 중요성을 판단할 수 있을 것이다.

'유의성에 거의 가까운' 정도의 수치를 나타내는 항을 모형에 포함시키고 싶은 유혹은 항상 있게 마련이나 매우 주의해야 한다. 가장 적절한 해결책은 좀 더 확실하게 통계적 방식으로 중요성을 증명하는 것이다. 이를 위해 반복 시행의 수를 늘리거나 블록화를 시행해볼 수 있다.

## 다중 회귀의 시행

다중 회귀 분석에서 본격적으로 모형화를 하기 전에 먼저 두 가지 작업을 해보는 것이 좋다.

- 복잡한 상호작용이 있는지 알아보기 위해 나무 모형을 사용한다.
- 모형의 곡선적인 추세를 확인해보기 위해 일반화 가법 모형generalized addictive model을 사용한다.

공기 오염 연구 데이터를 가지고 분석을 시행해보자. 풍속, 공기 온도, 태양 복사의 강도와 연관된 오존 농도에 대해 생각해보자.

```
ozone.pollution <- read.csv("c:\\temp\\ozone.data.csv")
attach(ozone.pollution)
names(ozone.pollution)
```
```
[1] "rad" "temp" "wind" "ozone"
```

다중 회귀 분석에서는 모든 상관성을 살펴보기 위해 pairs 함수를 사용하는 것이 매우 유용하다.

```
pairs(ozone.pollution,panel=panel.smooth)
```

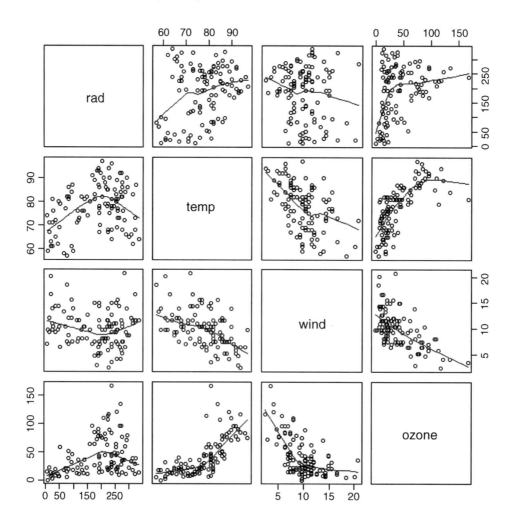

반응 변수인 오존 농도는 패널 마지막 행의 y축에 표시된다. 풍속과는 강한 음의 관계, 공기의 온도와는 강한 양의 관계를 보여주며 명확하지는 않지만 태양 복사의 강도와는 돌출된 모양의 관계를 보여준다.

다중 회귀 분석을 시작하고자 할 때 먼저 일반화 가법 모형(gam)의 비모수적 평활기를 사용해 보는 것이 좋다.

```
library(mgcv)
par(mfrow=c(2,2))
model <- gam(ozone~s(rad)+s(temp)+s(wind))
```

```
plot(model,col= "blue")
```

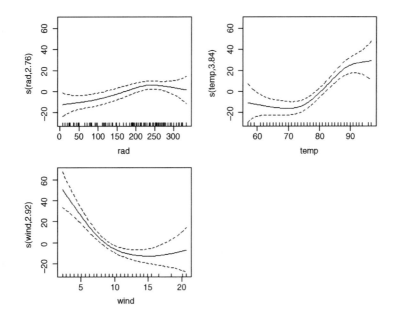

신뢰구간은 충분히 좁기 때문에 세 그래프에서의 곡선적인 관계는 실제적일 수 있다고 생각할 수 있다.

다음 단계는 나무 모형을 적합시켜 설명 변수들 사이에 복잡한 상호작용이 존재하는지의 여부를 확인하는 것이다. 이전부터 사용하던 tree 함수는 최근의 rpart 함수에 비해 그래프를 이용해 상호작용을 확인하는 부분에서 더 유용하다. 이에 반해 rpart 함수는 통계적 모형화에 더 유용하다.

```
par(mfrow=c(1,1))
library(tree)
model <- tree(ozone~.,data=ozone.pollution)
plot(model)
text(model)
```

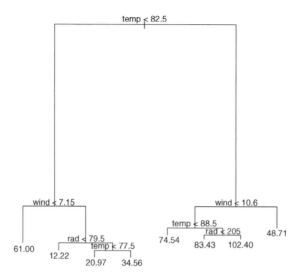

공기의 온도가 오존 농도에 영향을 미치는 가장 중요한 요인이라는 점을 보여준다(나무의 가지 길이가 길수록 더 많은 편차를 설명하는 것으로 생각하면 된다). 풍속은 온도가 높을 때와 낮을 때, 두 경우 모두에서 중요한 요인임을 알 수 있다. 복사는 흥미로우면서 미묘한 효과를 보여준다. 저온에서는 풍속이 상대적으로 높은 경우(>7.15)에, 그리고 고온에서는 풍속이 상대적으로 낮은 경우(<10.6)에 복사가 중요한 요인이 된다. 두 경우 모두 복사가 강하면 오존 농도가 높음을 알 수 있다(그래프의 끝부분은 평균 오존 농도를 나타낸다). 나무 모형의 정보를 종합해보면 데이터의 상호작용 구조는 그렇게 복잡하지 않다고 생각할 수 있다(다행스러운 결과다).

지금까지의 정보들을 모두 종합해서(반응의 곡선형 모양과 상대적으로 그리 복잡하지 않은 상호작용 구조) 선형 모형 분석을 시작해보자. 가장 복잡한 모형부터 시작한다. 이 모형은 세 개의 설명 변수 사이의 상호작용, 각 설명 변수에 대한 반응의 곡선형을 검정하기 위한 이차항을 모두 포함한다.

```
model1 <- lm(ozone~temp*wind*rad+I(rad^2)+I(temp^2)+I(wind^2))
summary(model1)
```

```
Coefficients:
                Estimate  Std. Error  t value  Pr (>|t|)
(Intercept)     5.683e+02  2.073e+02   2.741    0.00725 **
temp           -1.076e+01  4.303e+00  -2.501    0.01401 *
wind           -3.237e+01  1.173e+01  -2.760    0.00687 **
rad            -3.117e-01  5.585e-01  -0.558    0.57799
I(rad^2)       -3.619e-04  2.573e-04  -1.407    0.16265
I(temp^2)       5.833e-02  2.396e-02   2.435    0.01668 *
I(wind^2)       6.106e-01  1.469e-01   4.157  6.81e-05 ***
temp:wind       2.377e-01  1.367e-01   1.739    0.08519 .
temp:rad        8.403e-03  7.512e-03   1.119    0.26602
```

```
wind:rad         2.054e-02   4.892e-02    0.420    0.67552
temp:wind:rad  -4.324e-04   6.595e-04   -0.656    0.51358
```

Residual standard error: 17.82 on 100 degrees of freedom
Multiple R-squared: 0.7394,   Adjusted R-squared: 0.7133
F-statistic: 28.37 on 10 and 100 DF, p-value: < 2.2e-16

삼원 상호작용 항은 분명히 유의성이 없으므로 모형 단순화 과정의 시작 단계에서 먼저 제거한다.

```
model2 <- update(model1,~. - temp:wind:rad)
summary(model2)
```

다음으로 가장 유의성이 적은 이원 상호작용 항인 wind:rad를 제거한다.

```
model3 <- update(model2,~. - wind:rad)
summary(model3)
```

이어서 temp:wind를 제거한다.

```
model4 <- update(model3,~. - temp:wind)
summary(model4)
```

일단 $p = 0.04578$인 temp:rad는 남기기로 한다. 나머지 상호작용은 모두 제거했다. model4에서 가장 유의성이 적은 이차항은 rad이므로 먼저 제거한다.

```
model5 <- update(model4,~. - I(rad^2))
summary(model5)
```

이 제거에 의해 temp:rad도 유의성이 없는 것으로 판단되며, 이에 더해 rad의 주효과도 유의성이 없게 됐다. 먼저 temp:rad를 제거해보자.

```
model6 <- update(model5,~. - temp:rad)
summary(model6)
```

```
Coefficients:
             Estimate   Std. Error  t value   Pr (>|t|)
(Intercept) 291.16758  100.87723     2.886   0.00473 **
temp         -6.33955    2.71627    -2.334   0.02150 *
wind        -13.39674    2.29623    -5.834   6.05e-08 ***
rad           0.06586    0.02005     3.285   0.00139 **
I(temp^2)     0.05102    0.01774     2.876   0.00488 **
I(wind^2)     0.46464    0.10060     4.619   1.10e-05 ***
```

```
Residual standard error: 18.25 on 105 degrees of freedom
Multiple R-Squared: 0.713,      Adjusted R-squared: 0.6994
F-statistic: 52.18 on 5 and 105 DF, p-value:        0
```

많은 발전이 있는 것 같다. model6의 모든 항들이 유의성을 가지게 됐다. 이 시점에서 가정 사항에 대한 검증을 시행해보자.

**plot(model6)**

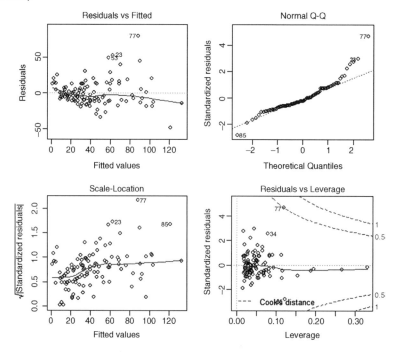

적합 값이 커짐에 따라 잔차의 분산이 증가하는 패턴을 확인할 수 있다. 좋지 않은 뉴스다(이 분산성). 또한 정규성 그래프도 직선에서 약간 벗어나 있다. 역시 좋지 않은 뉴스다. 이에 대한 대 안으로 반응 변수를 변환시켜보자. 반응의 수치에 0이 포함돼 있지 않기 때문에 로그 변환을 시 행해볼 수 있다. 변환 과정이 분산 구조와 모든 관계의 선형성을 변화시키기 때문에 처음부터 모 형 단순화 과정을 다시 시작해야 한다.

**model7 <- lm(log(ozone)~temp*wind*rad+I(rad^2)+I(temp^2)+I(wind^2))**

step 함수를 사용해 모형 단순화 과정의 속도를 높일 수 있다.

**model8 <- step(model7)**
**summary(model8)**

```
Coefficients:
             Estimate  Std. Error  t value  Pr(>|t|)
(Intercept)  7.724e-01  6.350e-01    1.216  0.226543
temp         4.193e-02  6.237e-03    6.723  9.52e-10 ***
wind        -2.211e-01  5.874e-02   -3.765  0.000275 ***
rad          7.466e-03  2.323e-03    3.215  0.001736 **
I(rad^2)    -1.470e-05  6.734e-06   -2.183  0.031246 *
I(wind^2)    7.390e-03  2.585e-03    2.859  0.005126 **

Residual standard error: 0.4851 on 105 degrees of freedom
Multiple R-squared:   0.7004,    Adjusted R-squared:   0.6861
F-statistic:  49.1 on 5 and 105 DF,  p-value:  < 2.2e-16
```

변환 후 단순화를 시행한 모형은 이전과 다른 구조를 가지고 있다. 주효과 세 개 모두 유의성을 가지며, 변수들 사이의 상호작용 중 유의성을 가진 항은 없다. 그러나 temp의 이차항은 제거됐고 rad의 이차항은 추가됐다. 변환 전에 문제가 됐던 이분산성과 비정규성에 대해 변환 후의 모형을 가지고 다시 검증해보자.

**plot(model8)**

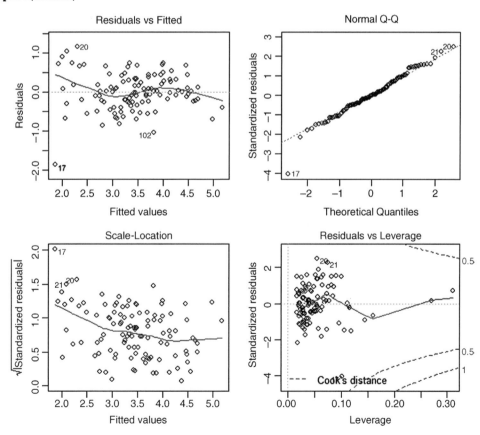

분산과 정규성에 대해 문제가 없어 보인다. 여기에서 분석을 마치기로 한다. 최소 적합 모형을 찾을 수 있게 됐으며, 나무 모형(상호작용의 의미는 없음)과 일반화 가법 모형(곡선형의 모양)에서의 추측이 통계 모형을 통해 틀리지 않았음을 확인할 수 있었다.

## 실전 예제

이번 예제에서는 실제적으로 자주 만나게 되는 상황을 다뤄보자. 설명 변수의 수는 많고 데이터 포인트 수는 적은 경우다. 이런 경우 분석에 많은 어려움이 따르게 된다. 예제 데이터는 앞의 예제와는 다른 또 하나의 공기 오염 데이터다. 반응 변수는 이산화황 농도며 설명 변수의 수는 여섯 개다.

```
pollute <- read.csv("c:\\temp\\sulphur.dioxide.csv")
attach(pollute)
names(pollute)

[1] "Pollution" "Temp"    "Industry" "Population" "Wind"
[6] "Rain"     "Wet.days"
```

pairs 함수를 사용해서 그래프를 그려보면 36개의 산점도를 확인할 수 있다.

```
pairs(pollute,panel=panel.smooth)
```

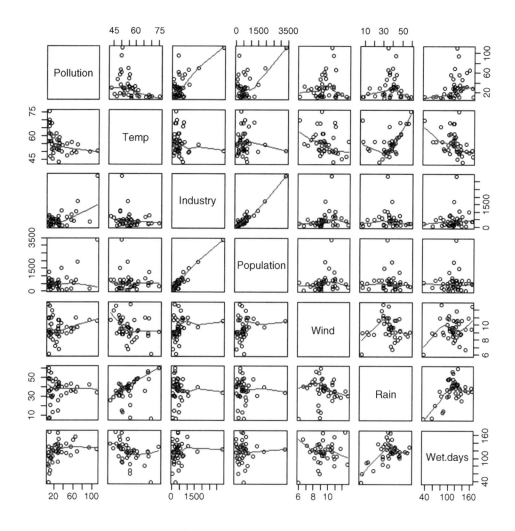

이번에는 일반화 가법 모형 전에 나무 모형을 먼저 확인해보자.

```
par(mfrow=c(1,1))
library(tree)
model <- tree(Pollution~.,data=pollute)
plot(model)
text(model)
```

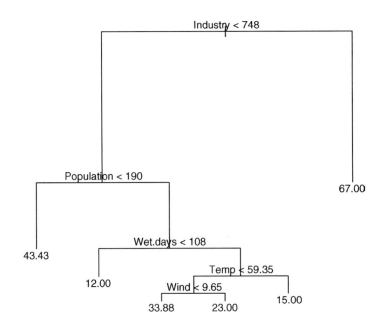

 이번 나무 모형은 이전의 오존 농도 예제보다 좀 더 복잡하다. 다음과 같이 해석한다. 가장 중요한 설명 변수는 Industry고, 낮은 값과 높은 값을 나누는 기준은 748이다. 오른쪽의 가지는 높은 값을 가진 Industy에서의 공기 오염 평균값을 나타낸다(67.00). 가지의 분화가 없다는 것은 높은 값의 Industy에서 반응 변수의 변이를 설명할 수 있는 다른 설명 변수가 없다는 것을 의미한다. 왼쪽의 가지에서는 다른 설명 변수들에 의해 반응 변수의 변이를 설명할 수 있기 때문에 바로 수치들이 나타나지 않고 가지의 끝부분에 제시돼 있다. 낮은 값의 Industry에서는 Population이 의미 있는 영향을 미친다는 것을 알 수 있다. 낮은 값의 Population(<190)에서는 공기 오염의 평균값이 43.43이다. 높은 값의 Population에서는 Wet.days의 수가 중요한 의미를 가진다. Wet.days의 수가 작은 경우(<108) 공기 오염의 평균 농도는 12.00이다. Wet.days의 수가 큰 경우 Temp가 중요한 의미를 가진다. Temp가 높은 경우(>59.35°F) 공기 오염의 평균값은 15.0이다. 반면에 Temp가 낮은 경우 Wind가 중요한 의미를 가지며, 낮은 값을 가진 경우(<9.65) 공기 오염의 평균값(33.88)은 높은 값을 가진 경우의 평균값(23.00)보다 크다.
 나무 모형을 통한 분석은 여러 가지 장점이 있다.

- 다른 사람들에게 쉽게 설명이 가능하다.
- 가장 중요한 변수가 두드러지게 나타난다.
- 상호작용이 명확하게 드러난다.
- 비선형 효과를 판단하기 쉽다.
- 설명 변수들의 효과가 복잡할 때 쉽게 이해할 수 있다.

상호작용 구조가 매우 복잡하다고 생각할 수 있다. 선형 모형 분석을 시행하는 과정에서는 깊은 주의를 기울여야 한다.

기초적인 계산부터 시작해보자. 여섯 개의 설명 변수가 있을 때 얼마나 많은 상호작용을 고려해야 할까? $5 + 4 + 3 + 2 + 1 = 15$개의 이원, 그리고 20개의 삼원, 15개의 사원, 여섯 개의 오원, 한 개의 육원 상호작용을 생각할 수 있다. 여섯 개의 설명 변수에 대해 개별적으로 하나씩의 이차항이 있다. 최대 모형에서 데이터로부터 추정해야 할 모수의 수가 대략 70에 가깝다. 그런데 데이터 포인트의 수는 얼마나 될까?

```
length(Pollution)
```

```
[1] 41
```

데이터 포인트 수와 비교해서 두 배 가까운 모수를 추정해야 한다. 이것은 좋은 방법이 아닌 것 같다. 다음과 같은 질문이 바로 떠오를 것이다. **하나의 모수를 추정하기 위해 얼마나 많은 데이터 포인트가 필요한 것일까?**

완전한 지침은 없겠지만 일반적인 법칙은 있지 않을까? 문제를 다른 관점에서 접근해보자. 41개의 데이터 포인트가 있을 때 몇 개의 모수를 데이터로부터 추정하는 것이 합당한 것일까?

최소의 숫자를 생각해보면 모수당 적어도 세 개의 데이터 포인트는 필요할 것이다(두 개의 데이터 포인트만 있으면 직선 하나가 만들어질 수 있을 뿐이다). 일단 하나의 모수 추정을 위해 세 개의 데이터 포인트가 있으면 된다고 생각하고 41개의 데이터 포인트에 적용해보면 $41/3 = 13$개의 모수를 추정할 수 있을 것이다(하나의 절편과 12개의 기울기). 조금 현실적으로 생각했을 때 일반적으로 모수 하나당 10개의 데이터 포인트가 필요하다. 이런 가정하에 다시 41개의 데이터에 적용해보면 하나의 절편과 단지 세 개의 기울기를 추정할 수 있다.

현실의 벽이 너무 높은 것 같다. 원하는 만큼의 모든 설명 변수를 추정할 수 없다면 선택해야 할 것이다. 다음의 제한 사항을 고려해야 한다.

- 곡선형의 관계가 강한 경우 주효과가 무의미하게 보일 수도 있다. 그러므로 이차항을 적합시키지 않으면 모형에서 변수를 제거해야 하는지에 대해 확신을 가질 수 없다
- 둘 또는 그 이상의 변수들 사이에서 상호작용이 명확히 존재한다면 주효과가 무의미하게 보일 수도 있다
- 변수들이 동일한 모형에 포함돼 있어야 상호작용의 존재 여부를 확인할 수 있다(두 연속형 설명 변수 사이의 상호작용은 두 변수의 곱 형식으로 모형에 포함되며, 이때 두 변수의 주효과는 모형에 포함돼야 한다).

이상적인 전략은 모든 설명 변수, 각 설명 변수의 이차항, 가능한 상호작용 항을 포함해 최대 모형을 적합시키고 step 함수를 이용해 속도를 높여 모형을 단순화하는 것이다. 그러나 이 예제

에서는 지금 다른 문제가 있다. 너무 많은 수의 변수와 너무 작은 수의 데이터 포인트가 있는 것이다.

모든 변수들을 동시에 모형에 포함시키기는 어려우며 중요한 상호작용 항을 간과할 가능성도 있다. 나무 모형에서 상호작용 구조가 복잡할 수 있을 것이라는 점을 확인했으므로 이 부분에 집중해야 한다. 이보다 먼저 변이의 주요한 원인인 곡선형 관계를 제거할 수 있는지에 대해 확인해보자. 모든 설명 변수와 각 설명 변수에 대한 이차항을 적합시키면 절편과 12개의 기울기가 추정된다. 다행히도 모수 하나당 세 개의 데이터 포인트라는 극단적인 범위의 조건은 충족시키고 있다.

```
model1 <- lm(Pollution~Temp+I(Temp^2)+Industry+I(Industry^2)+
Population+I(Population^2)+Wind+I(Wind^2)+Rain+I(Rain^2)+Wet.
days+I(Wet.days^2))
summary(model1)
```

```
Coefficients:
                   Estimate   Std. Error   t value   Pr (>|t|)
(Intercept)      -6.641e+01    2.234e+02    -0.297   0.76844
Temp              5.814e-01    6.295e+00     0.092   0.92708
I(Temp^2)        -1.297e-02    5.188e-02    -0.250   0.80445
Industry          8.123e-02    2.868e-02     2.832   0.00847 **
I(Industry^2)    -1.969e-05    1.899e-05    -1.037   0.30862
Population       -7.844e-02    3.573e-02    -2.195   0.03662 *
I(Population^2)   2.551e-05    2.158e-05     1.182   0.24714
Wind              3.172e+01    2.067e+01     1.535   0.13606
I(Wind^2)        -1.784e+00    1.078e+00    -1.655   0.10912
Rain              1.155e+00    1.636e+00     0.706   0.48575
I(Rain^2)        -9.714e-03    2.538e-02    -0.383   0.70476
Wet.days         -1.048e+00    1.049e+00    -0.999   0.32615
I(Wet.days^2)     4.555e-03    3.996e-03     1.140   0.26398

Residual standard error: 14.98 on 28 degrees of freedom
Multiple R-squared: 0.7148,   Adjusted R-squared: 0.5925
F-statistic: 5.848 on 12 and 28 DF, p-value: 5.868e-05
```

좋은 뉴스가 하나 있다. 아직 단순화는 시행하지 않았지만 모형 안의 여섯 개 설명 변수에 대해 곡선형 관계의 증거는 관찰되지 않는다. 모형에서 Industry와 Population, 이렇게 두 개의 주효과만 유의성이 있다. 이 모형에 step 함수를 적용해보자.

```
model2 <- step(model1)
summary(model2)
```

```
Coefficients:
              Estimate Std. Error  t value   Pr (>|t|)
(Intercept)  54.468341  14.448336    3.770   0.000604   ***
I(Temp^2)    -0.009525   0.003395   -2.805   0.008150   **
Industry      0.065719   0.015246    4.310   0.000126   ***


Population   -0.040189   0.014635   -2.746   0.009457   **
I(Wind^2)    -0.165965   0.089946   -1.845   0.073488   .
Rain          0.405113   0.211787    1.913   0.063980   .

Residual standard error: 14.25 on 35 degrees of freedom
Multiple R-squared: 0.6773,  Adjusted R-squared: 0.6312
F-statistic: 14.69 on 5 and 35 DF, p-value: 8.951e-08
```

단순화한 모형은 Temp의 곡선형 관계에 대한 유의성을 보여주며, Wind에 대해서는 곡선형 관계에 대한 유의성까지는 아니지만 어느 정도의 가능성을 나타낸다. step 함수는 Temp와 Wind에 대한 선형 항을 제거했다. 일반적으로 이차항을 모형에 포함시킬 때에는 선형 항의 기울기에 대한 유의성이 없다 하더라도, 즉 일차항의 유의성이 없다 하더라도 해당 일차항은 모형에 포함시킨다. 일단 model2에서 의미 없는 항을 제거해보자.

**model3 <- update(model2, ~.- Rain-I(Wind^2))**
**summary(model3)**

```
Coefficients:
              Estimate Std. Error  t value   Pr (>|t|)
(Intercept)  42.068701   9.993087    4.210   0.000157   ***
I(Temp^2)    -0.005234   0.003100   -1.688   0.099752   .
Industry      0.071489   0.015871    4.504   6.45e-05   ***
Population   -0.046880   0.015199   -3.084   0.003846   **

Residual standard error: 15.08 on 37 degrees of freedom
Multiple R-squared: 0.6183,  Adjusted R-squared: 0.5874
F-statistic: 19.98 on 3 and 37 DF, p-value: 7.209e-08
```

단순화 이후 Temp의 이차항에 대한 유의성이 없어졌다. 여기에서 앞의 나무 모형 결과를 다시 기억해보자. Industry의 주효과가 가장 중요했으며, Population의 주효과도 의미를 가지고 있었다.

이제 상호작용 항을 고려해보자. 모든 이원 상호작용을 동시에 포함시키는 것은 일반적인 법칙들을 고려할 때 현실적으로 불가능하다. 다른 접근 방식을 생각해보자. 임의로 상호작용 항을 추출해 적합시켜보는 방식을 시도해보자. 15개의 이원 상호작용 이름을 가진 벡터를 만들어보자.

```
interactions <- c("ti","tp","tw","tr","td","ip","iw",
"ir","id","pw","pr","pd","wr","wd","rd")
```

sample 함수를 사용해 벡터에서 비복원 추출을 시행한다.

```
sample(interactions)
[1] "wr" "wd" "id" "ir" "rd" "pr" "tp" "pw" "ti"
[10]"iw" "tw" "pd" "tr" "td" "ip"
```

이 순서를 기초로 해서 다섯 개씩 나눈 후 이원 상호작용의 세 집합을 만들고, 이에 따라 해당 주효과의 리스트를 만들 수 있다. 이제 세 개의 모형을 만들어보자.

```
model4 <- lm(Pollution~Temp+Industry+Population+Wind+Rain+Wet.
days+Wind:Rain+Wind:Wet.days+Industry:Wet.days+Industry:Rain+Rain:
Wet.days)
model5 <- lm(Pollution~Temp+Industry+Population+Wind+Rain+Wet.
days+Population:Rain+Temp:Population+Population:Wind+Temp:
Industry+Industry:Wind)
model6 <- lm(Pollution~Temp+Industry+Population+Wind+Rain+Wet.
days+Temp:Wind+Population:Wet.days+Temp:Rain+Temp:Wet.
days+Industry:Population)
```

세 모형으로부터 상호작용 항만 뽑아보자.

```
Industry:Rain        -1.616e-04    9.207e-04   -0.176    0.861891
Industry:Wet.days     2.311e-04    3.680e-04    0.628    0.534949
Wind:Rain             9.049e-01    2.383e-01    3.798    0.000690    ***
Wind:Wet.days        -1.662e-01    5.991e-02   -2.774    0.009593    **
Rain:Wet.days         1.814e-02    1.293e-02    1.403    0.171318

Temp:Industry        -1.643e-04    3.208e-03   -0.051    0.9595
Temp:Population       1.125e-03    2.382e-03    0.472    0.6402
Industry:Wind         2.668e-02    1.697e-02    1.572    0.1267
Population:Wind      -2.753e-02    1.333e-02   -2.066    0.0479      *
Population:Rain       6.898e-04    1.063e-03    0.649    0.5214

Temp:Wind             1.261e-01    2.848e-01    0.443    0.66117
Temp:Rain            -7.819e-02    4.126e-02   -1.895    0.06811     .
Temp:Wet.days         1.934e-02    2.522e-02    0.767    0.44949
Industry:Population   1.441e-06    4.178e-06    0.345    0.73277
Population:Wet.days   1.979e-05    4.674e-04    0.042    0.96652
```

이 결과를 참고해 유의성이 있거나 그에 가까운 항들을 포함시켜 모형을 만들어보자.

```
model7 <- lm(Pollution~Temp+Industry+Population+Wind+Rain+Wet.
days+Wind:Rain+Wind:Wet.days+Population:Wind+Temp:Rain)
summary(model7)

Coefficients:
                     Estimate   Std. Error   t value   Pr (>|t|)
(Intercept)        323.054546   151.458618     2.133   0.041226   *
Temp                -2.792238     1.481312    -1.885   0.069153   .
Industry             0.073744     0.013646     5.404   7.44e-06   ***
Population           0.008314     0.056406     0.147   0.883810
Wind               -19.447031     8.670820    -2.243   0.032450   *
Rain                -9.162020     3.381100    -2.710   0.011022   *
Wet.days             1.290201     0.561599     2.297   0.028750   *
Temp:Rain            0.017644     0.027311     0.646   0.523171
Population:Wind     -0.005684     0.005845    -0.972   0.338660
Wind:Rain            0.997374     0.258447     3.859   0.000562   ***
Wind:Wet.days       -0.140606     0.053582    -2.624   0.013530   *
```

Temp:Rain은 제거해도 된다.

```
model8 <- update(model7,~.-Temp:Rain)
summary(model8)
```

Population:Wind도 제거해보자.

```
model9 <- update(model8,~.-Population:Wind)
summary(model9)

Coefficients:
                   Estimate   Std. Error   t value   Pr (>|t|)
(Intercept)       290.12137     71.14345     4.078   0.000281   ***
Temp               -2.04741      0.55359    -3.698   0.000811   ***
Industry            0.06926      0.01268     5.461   5.19e-06   ***
Population         -0.04525      0.01221    -3.707   0.000793   ***
Wind              -20.17138      5.61123    -3.595   0.001076   **
Rain               -7.48116      1.84412    -4.057   0.000299   ***
Wet.days            1.17593      0.54137     2.172   0.037363   *
Wind:Rain           0.92518      0.20739     4.461   9.44e-05   ***
Wind:Wet.days      -0.12925      0.05200    -2.486   0.018346   *
```

Residual standard error: 11.75 on 32 degrees of freedom
Multiple R-squared: 0.7996,   Adjusted R-squared: 0.7495
F-statistic: 15.96 on 8 and 32 DF, p-value: 3.51e-09All the terms in
model7 are significant.  Time for a check on the behaviour of the model:

Wind:Rain과 Wind:Wet.days, 이렇게 의미 있는 두 개의 이원 상호작용이 있다. 이제 가
정에 대해 검증해보자.

```
plot(model9)
```

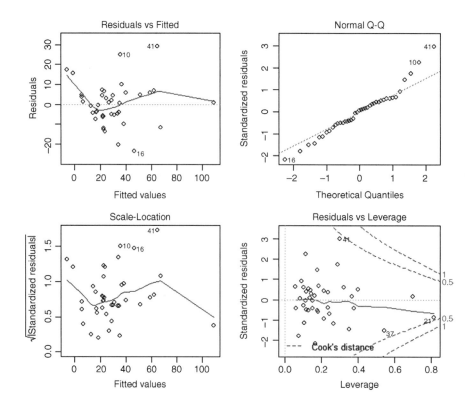

분산은 문제없어 보이지만 오차의 비정규성이 있는 것으로 판단된다. 고차의 상호작용은 어떨까? 모형식에 ^3을 입력해 상호작용의 수준을 특정화해도 되지만, 이렇게 했을 때 자유도를 모두소모하게 된다. 다른 방법으로 마지막 모형의 이원 상호작용 항에 나타나는 변수들만 조합해 삼원 상호작용 항을 만들고 모형을 적합시킨다. 예제에서는 `Wind:Rain:Wet.days`라는 항이 만들어진다.

```
model10 <- update(model9,~. + Wind:Rain:Wet.days)
summary(model10)

Coefficients:
                Estimate  Std. Error  t value  Pr (>|t|)
(Intercept)   278.464474   68.041497    4.093   0.000282  ***
Temp           -2.710981    0.618472   -4.383   0.000125  ***
Industry        0.064988    0.012264    5.299   9.11e-06  ***
Population     -0.039430    0.011976   -3.293   0.002485  **
Wind           -7.519344    8.151943   -0.922   0.363444
Rain           -6.760530    1.792173   -3.772   0.000685  ***
```

```
Wet.days                1.266742    0.517850     2.446    0.020311    *
Wind:Rain               0.631457    0.243866     2.589    0.014516    *
Wind:Wet.days          -0.230452    0.069843    -3.300    0.002440    **
Wind:Rain:Wet.days      0.002497    0.001214     2.056    0.048247    *

Residual standard error: 11.2 on 31 degrees of freedom
Multiple R-squared: 0.8236,  Adjusted R-squared: 0.7724
F-statistic: 16.09 on 9 and 31 DF, p-value: 2.231e-09
```

삼원 상호작용에 대해 0.05에 거의 가까운 $p$ 값을 확인할 수 있다.

여기까지면 충분한 것 같다. 어느 정도 분석에 대해 감을 잡을 수 있을 것이다. 다중 회귀는 어려운 부분이 많고 시간도 많이 걸린다. 또한 항의 포함과 제거를 위한 결정에서도 주관적인 부분이 있어 더 복잡해질 수 있다. 선형 모형을 통해 나무 모형으로부터의 잠정적 결론을 재확인할 수 있다. 낮은 값의 Industry에서는 이산화황의 수준이 간단하게는 인구수(사람들은 공기가 깨끗한 곳에 살기를 원한다.)에 의해, 그리고 복잡하게는 날씨(바람, 총강수량, 건조한 날의 수 사이의 삼원 상호작용)에 의해 영향을 받는다.

## 추가 참고 문헌

Claeskens, G. and Hjort, N.L. (2008) *Model Selection and Model Averaging*, Cambridge University Press, Cambridge.

Draper, N.R. and Smith, H. (1981) *Applied Regression Analysis*, John Wiley & Sons, New York.

Fox, J. (2002) *An R and S-Plus Companion to Applied Regression*, Sage, Thousand Oaks, CA.

Mosteller, F. and Tukey, J.W. (1977) *Data Analysis and Regression*, Addison-Wesley, Reading, MA.

# 11

# 대비

통계 작업에서 가장 어려운 점 중 하나는 데이터에 적합시킨 모형의 결과를 해석하는 것이다. 결과를 해석하기 어려운 이유는 결과가 대비contrasts에 기초하고 있기 때문이다. 아마 대비라는 개념은 매우 생소하게 느껴질 것이다.

대비는 가설 검정과 모형 단순화의 핵심이다. 평균이나 평균의 집단을 다른 평균이나 평균의 집단과 비교하기 위해 **단일 자유도 비교**single degree of freedom comparison 방식을 사용한다. 두 종류의 대비가 있다.

- 실험 설계 단계에서 대비가 계획된다(**사전 대비**priori contrasts).
- 결과를 보고 대비를 진행한다(**사후 대비**posteriori contrasts).

분석을 마치고 나서 어떻게 비교해야 할지 결정하는 것은 좋은 방식이 아니지만 과학자들은 이런 방식으로 주로 진행하고 있다. 분산 분석에서는 유의성 있는 차이를 확인하고 나서 대비를 시행해야 한다. 분산 분석에서 귀무가설을 기각하지 못한다는 결론을 얻었을 때 가장 큰 평균과 가장 작은 평균을 비교해보는 것은 바람직하지 않다.

대비에 대해 중요한 두 가지 사항이 있다.

- 가능한 대비의 수는 매우 많다.
- 단지 $k-1$개의 **직교 대비**orthogonal contrasts가 존재한다.

$k$는 요인 수준의 수다. 비교를 통해 통계적으로 독립성이 확인된 경우 두 대비가 직교라고 표현한다. 기술적으로는 **대비 계수**contrast coefficients **곱의 합**이 0이면 두 대비가 직교가 된다(잠시 후에 다룰 것이다).

간단한 예를 보자. 다섯 개의 수준을 가진 요인이 있다고 하자. 요인의 수준은 $a, b, c, d, e$다. 가능한 대비들을 직접 써보자. 일단 각 평균을 일대일로 비교할 수 있을 것이다.

$$a \text{ vs. } b, a \text{ vs. } c, a \text{ vs. } d, a \text{ vs. } e, b \text{ vs. } c, b \text{ vs. } d, b \text{ vs. } e, c \text{ vs. } d, c \text{ vs. } e, d \text{ vs. } e$$

평균을 두 개씩 비교할 수도 있다.

$$\{a,b\} \text{ vs. } \{c,d\}, \{a,b\} \text{ vs. } \{c,e\}, \{a,b\} \text{ vs. } \{d,e\}, \{a,c\} \text{ vs. } \{b,d\}, \{a,c\} \text{ vs. } \{b,e\}, \dots$$

세 개도 가능하다.

$$\{a,b,c\} \text{ vs. } d, \{a,b,c\} \text{ vs. } e, \{a,b,d\} \text{ vs. } c, \{a,b,d\} \text{ vs. } e, \{a,c,d\} \text{ vs. } b, \dots$$

네 개도 가능하다.

$$\{a,b,c,d\} \text{ vs. } e, \{a,b,c,e\} \text{ vs. } d, \{b,c,d,e\} \text{ vs. } a, \{a,b,d,e\} \text{ vs. } c, \{a,b,c,e\} \text{ vs. } d$$

어느 정도 감을 잡았을 것이다. 많은 수의 대비가 있을 수 있다. 그러나 직접적이든 간접적이든 한 번만 비교할 수 있다는 점을 잘 알고 있어야 한다. $a$ vs. $b$와 $a$ vs. $c$는 내재적으로 $b$ vs. $c$를 나타낼 수 있다. 두 개의 대비 $a$ vs. $b$와 $a$ vs. $c$를 시행했다면 $b$ vs. $c$는 내재적으로 이미 시행된 것이므로 **직교 대비가 아니다**. 대비의 직교성은 처음에 어떤 대비를 선택하느냐에 따라 많이 좌우된다. $\{a, b, c, e\}$ vs. $d$를 비교해야 할 분명한 이유가 있다고 가정해보자. 예를 들어 $d$는 위약<sup></sup>placebo이고, 그 밖의 네 개는 다른 종류의 약물 치료일 수 있다. 그렇다면 $\{a, b, c, e\}$ vs. $d$를 첫 대비로 하는 것이 합당하다. $k - 1 = 4$이므로 이제 세 개의 직교 대비만이 남았다. 사전적으로 $\{a, b\}$ vs. $\{c, e\}$가 합당한 이유가 있다고 하면 이것을 두 번째 직교 대비로 할 수 있다. 이제 남은 두 직교 대비에 대해서는 자유도가 없다. 반드시 $a$ vs. $b$와 $c$ vs. $e$가 돼야 한다. **직교 대비에서는 반드시 한 번만 비교할 수 있다**는 점을 기억하기 바란다.

## 대비 계수

대비 계수를 통해 가설 검정을 구체화할 수 있다. 대비 계수를 구조화하는 방법은 비교적 간단하다.

- 함께 묶여야 하는 처치는 같은 부호를 갖는다(+ 또는 -).
- 비교하는 집단은 반대의 부호를 갖게 된다.
- 제외되는 집단에는 대비 계수 0을 지정한다.
- 대비 계수의 합은 0이 돼야 한다.

다섯 개의 수준을 가진 요인 $\{a, b, c, d, e\}$가 있고, 먼저 네 개의 수준 $\{a, b, c, e\}$와 하나의 수준 $d$를 비교한다고 가정해보자. 모든 수준들이 대비에 포함됐으므로 어떤 계수도 0이 아니다. $\{a, b, c, e\}$는 한 집단으로 같이 묶였으므로 같은 부호를 가져야 한다(어떤 부호를 가져도 상관없지만 일단 -로 해보자). 이 집단을 $d$와 비교해야 한다. $d$는 자동적으로 + 부호를 가지게 된다. 대비 계수에 어떤 숫자를 지정해줘야 하는지의 문제는 전적으로 분석을 시행하는 본인에게 달려 있다. 대부분의 경우 정수를 사용하지만 다른 방식으로 해도 큰 문제가 되지는 않는다. 중요한 것은 계수들의 합이 0이 돼야 한다는 것이다. + 부호와 - 부호의 계수 합이 같아야 할 것이다. 예제는 네 개의 평균과 하나의 평균을 비교하는 것이므로 $\{a, b, c, e\}$에서 각각의 수준에 −1을 지정해주고 $d$에 대해 +4를 지정해주면 된다. 다른 방식으로 $\{a, b, c, e\}$ 각각의 수준에 +0.25를, $d$에 대해 −1을 지정해줘도 된다.

| 요인 수준: | a | b | c | d | e |
|---|---|---|---|---|---|
| 대비 1 계수 : | -1 | -1 | -1 | 4 | -1 |

두 번째 대비는 $\{a, b\}$ vs. $\{c, e\}$라고 해보자. 이 경우 $d$가 제외됐으므로 $d$의 계수를 0으로 하고 $\{a, b\}$와 $\{c, e\}$는 앞에서와 같이 집단별로 같은 부호를 지정해주면 된다. 각 집단의 수준 수가 두 개씩으로 동일하기 때문에 각 계수에 대해 같은 절댓값의 수를 지정해주면 된다. 1이 가장 일반적인 선택일 것이다(그러나 원한다면 13.7을 사용해도 문제 될 것은 없다).

| 요인 수준: | a | b | c | d | e |
|---|---|---|---|---|---|
| 대비 1 계수 : | 1 | 1 | -1 | 0 | -1 |

남은 두 직교 대비, $a$ vs. $b$와 $c$ vs. $e$에 대해서도 다음과 같이 진행할 수 있다.

| 요인 수준: | a | b | c | d | e |
|---|---|---|---|---|---|
| 대비 3 계수 : | 1 | -1 | 0 | 0 | 0 |
| 대비 4 계수 : | 0 | 0 | 1 | 0 | -1 |

# R에서 시행한 대비의 예

예제는 8장에서 다뤘던 식물 경합 실험 데이터를 다시 사용하기로 한다. 통제 집단에 속한 식물의 biomass를 네 종류의 다른 처치에 의해 경합이 줄어든 상황들에서의 biomass와 비교한 실험이다. 주변 식물의 뿌리를 제거한 두 집단(5 cm 또는 10 cm 깊이)과 줄기를 제거한 두 집단(25% 또는 50%)으로 처치 집단을 나눴다(8장 참고).

```
comp <- read.csv("c:\\temp\\competition.csv")
attach(comp)
names(comp)

[1] "biomass" "clipping"
```

일원 분산 분석부터 시작해보자.

```
model1 <- aov(biomass~clipping)
summary(model1)

          Df  Sum Sq  Mean Sq  F value   Pr(>F)
clipping   4   85356    21339    4.302   0.00875 **
Residuals 25  124020     4961
```

clipping 처치는 biomass에 의미 있는 영향을 미친다는 것을 알 수 있다. 그러나 이것이 실험에서 알 수 있는 전부일까? 그렇지는 않다. 어떤 요인 수준이 biomass에 가장 큰 영향을 미칠까? 네 개의 clipping 처치 모두가 통제 집단과 비교해 유의한 차이가 있는 것일까? 이 문제에 대해답하기 위해 summary.lm 함수를 사용해보자.

```
summary.lm(model1)

Coefficients:
            Estimate Std. Error t value   Pr(>|t|)
(Intercept)   465.17      28.75  16.177   9.4e-15   ***
clippingn25    88.17      40.66   2.168   0.03987   *
clippingn50   104.17      40.66   2.562   0.01683   *
clippingr10   145.50      40.66   3.578   0.00145   **
clippingr5    145.33      40.66   3.574   0.00147   **

Residual standard error: 70.43 on 25 degrees of freedom
Multiple R-squared: 0.4077,  Adjusted R-squared: 0.3129
F-statistic: 4.302 on 4 and 25 DF, p-value: 0.008752
```

모든 모수들에서 유의성이 확인되므로 다섯 개의 모수 모두를 모형에 포함시켜야 할 것 같다. 그러나 사실은 그렇지 않다. 이 예제는 R의 기본 설정 대비 방법인 처리 대비의 단점을 그대로 보여준다. 처리 대비는 최소 적합 모형에 몇 개의 요인 수준을 포함시켜야 하는지를 확실히 보여주지 못한다.

## 사전 대비

실험을 기초로 해서 사전에 여러 가지 비교를 계획할 수 있다. 가장 먼저 식물 경합이 제한 없이 이뤄진 통제 집단과 나머지 처치 집단들을 비교해보면 좋을 것이다.

```
levels(clipping)

[1]   "control"   "n25"   "n50"   "r10"   "r5"
```

첫 번째 수준을 나머지 네 수준들과 비교하는 것이다. 대비 계수는 4, −1, −1, −1, −1로 한다. 다음으로 계획하는 대비는 줄기 제거 처치(n25와 n50)와 뿌리 제거 처치(r10과 r5)를 비교하는 것이다. 적당한 대비 계수는 0, 1, 1, −1, −1로 지정한다(통제 집단은 무시한다). 세 번째 대비는 대비 계수 0, 0, 0, 1, −1을 사용해 뿌리 제거의 깊이를 비교하는 것이다. 마지막 직교 대비는 대비 계수 0, 1, −1, 0, 0을 사용해 줄기 제거의 강도를 비교하는 것이 돼야만 한다. clipping 요인이 다섯 개의 수준을 가지고 있으므로 5 − 1 = 4개만의 직교 대비가 존재한다.

R은 대비를 다루는 데 매우 훌륭한 기능을 보여준다. 계획한 네 개의 사전 대비를 clipping이라는 범주 변수로 이름 붙여 다음과 같이 쉽게 처리할 수 있다.

**contrasts(clipping) <-**
**cbind(c(4,-1,-1,-1,-1),c(0,1,1,-1,-1),c(0,0,0,1,-1),c(0,1,-1,0,0))**

내용을 확인해보자.

**contrasts(clipping)**

```
          [,1]   [,2]   [,3]   [,4]
control     4      0      0      0
n25        -1      1      0      1
n50        -1      1      0     -1
r10        -1     -1      1      0
r5         -1     -1     -1      0
```

대비 계수의 행렬이 만들어진다. 모든 열의 합은 0이다(각 대비 계수가 제대로 지정된 것이다). 두 개의 열을 선택해서 각 행의 곱을 계산한 후 모두 더하면 0이 된다(의도대로 모든 대비가 직교임을 확인할 수 있다). 예를 들어 대비 1과 2에 대한 곱의 합은 0 + (−1) + (−1) + 1 + 1 = 0이 된다.

이제 모형 적합을 다시 시행해서 사전 대비의 결과를 앞에서 봤던 기본 설정 대비인 처리 대비와 비교해보자.

**model2 <- aov(biomass~clipping)**
**summary.lm(model2)**

```
Coefficients:
              Estimate Std. Error t value   Pr (>|t|)
(Intercept)  561.80000   12.85926  43.688    < 2e-16  ***
clipping1    -24.15833    6.42963  -3.757   0.000921  ***
clipping2    -24.62500   14.37708  -1.713   0.099128  .
clipping3      0.08333   20.33227   0.004   0.996762
clipping4     -8.00000   20.33227  -0.393   0.697313
```

```
Residual standard error: 70.43 on 25 degrees of freedom
Multiple R-squared: 0.4077,  Adjusted R-squared: 0.3129
F-statistic: 4.302 on 4 and 25 DF, p-value: 0.008752
```

처리 대비에서처럼 다섯 개의 모수가 필요한 것이 아니라 단지 두 개의 모수만 필요하다는 결과를 확인할 수 있다. 전체 평균(561.8)과 더불어 통제 집단과 네 처치 사이의 대비, 이렇게 두 개의 모수만 유의성이 있다. 나머지 대비에서는 유의성을 확인할 수 없다. 열의 이름은 clipping 이라는 변수 이름에 대비의 숫자(1에서 4)가 붙어 만들어진 것이다.

## 처리 대비

R의 기본 설정을 이해하는 것도 매우 중요하다. 이 **방법을 처리 대비**라 한다.

```
options(contrasts=c("contr.treatment","contr.poly"))
```

첫 번째 인자인 "contr.treatment"는 처리 대비를 지정하는 것이고, 두 번째 인자인 "contr.poly"는 순서가 있는 요인을 비교하기 위한 기본 설정이다. 잠시 후 이 생소한 내용을 다시 다뤄볼 것이다. 앞에서 설명 변수 clipping에 대비 계수를 지정했으므로 이에 대한 정보를 제거하고 처리 대비를 시행해야 한다.

```
contrasts(clipping) <- NULL
```

모형을 다시 적합시키고 summary 함수를 사용해 결과를 살펴보자.

```
model3 <- lm(biomass~clipping)
summary(model3)
```

```
Coefficients:
            Estimate Std. Error  t value    Pr(>|t|)
(Intercept)    465.17      28.75   16.177    9.4e-15    ***
clippingn25     88.17      40.66    2.168    0.03987    *
clippingn50    104.17      40.66    2.562    0.01683    *
clippingr10    145.50      40.66    3.578    0.00145    **
clippingr5     145.33      40.66    3.574    0.00147    **

Residual standard error: 70.43 on 25 degrees of freedom
Multiple R-squared: 0.4077,  Adjusted R-squared: 0.3129
F-statistic: 4.302 on 4 and 25 DF, p-value: 0.008752
```

제일 중요한 것을 가장 먼저 해야 한다. 요약 테이블에 다섯 개의 행이 있다((Intercept),

clippingn25, clippingn50, clippingr10, clippingr5). 왜 다섯 개가 있는 것일까? 데이터로부터 각 요인 수준당 하나씩 모두 다섯 개의 모수를 추정했기 때문이다. 매우 중요한 부분이다. 이와 다른 모형들은 요약 테이블에 다른 수의 행을 가지고 있을 것이다. 분석을 시행할 때 항상 데이터로부터 몇 개의 모수를 추정했는지 확인해야 한다.

그다음으로 개별적인 행의 정확한 의미를 알고 있어야 한다. biomass의 평균값을 계산해서 요약 테이블 어딘가에 있는지 확인해보자.

**mean(biomass)**

[1] 561.8

어디에도 없다. 각 처치의 평균도 구해보자. tapply 함수를 사용해보자.

**tapply(biomass,clipping, mean)**

```
  control       n25       n50       r10       r5
465.1667  553.3333  569.3333  610.6667  610.5000
```

흥미롭게도 첫 번째 집단인 control의 평균(465.1677)이 첫 번째 행에 나타난다. 그러나 나머지 평균들은 요약 테이블에서 찾을 수 없다. 두 번째 행의 88.17은 무엇을 의미하는 것일까? tapply의 결과에서 각 평균값들을 찬찬히 살펴보면 88.17이 n25의 biomass 평균과 control의 biomass 평균 사이의 **차이**임을 알 수 있다. 그러면 104.17은 무엇일까? 좀 더 자세히 생각해보면 n50의 biomass 평균과 control의 biomass 평균 사이의 **차이**임을 알 수 있다. 처리 대비는 **특정한 요인 수준의 평균과 알파벳 순서상 제일 먼저 나오는 요인 수준의 평균** 사이의 차이로 표현된다. 어렵기는 하지만 그리 대단한 것은 아니었다.

그런데 왜 이렇게 복잡해야만 하는 것일까? 쉽게 다섯 개의 평균값을 보여주면 안 되는 것일까? 이 부분은 간결성의 원칙과 모형 단순화, 이 두 개념과 깊은 연관성이 있다. 우리는 tapply 등을 사용해서 얻은 평균 사이에 차이가 있는지 알고 싶다. 이것을 평가하기 위해 평균 사이의 차이와 평균 사이의 표준오차를 알아야 한다(6장 참고). summary.lm에 의해 얻어진 테이블은 이 과정을 되도록 간단하게 만들어준다. 단지 하나의 평균(절편)을 제시해주고 다른 행에는 제시된 평균과의 차이를 보여준다. 같은 방식으로 다음 열의 첫 번째 행에는 절편의 평균값에 대한 표준오차를 제시해주고 다른 행에는 두 평균 사이의 차이에 대한 표준오차를 보여준다. 첫 번째 행의 표준오차(28.75)가 다른 네 행의 표준오차(40.66)보다 작은 이유는 무엇일까? 하나의 평균에 대한 표준오차는 다음 식과 같다.

$$\sqrt{\frac{s^2}{n}}$$

반면에 평균 차이의 표준오차는 다음과 같은 식으로 정리할 수 있다.

$$\sqrt{\frac{s_A^2}{n_A} + \frac{s_B^2}{n_B}} = \sqrt{\frac{2s^2}{n}}$$

예제를 다시 보자. 다섯 개의 요인 수준에서 각각 동일한 여섯 개의 반복 시행이 있다. 이런 경우 합동 오차 분산 $s^2$을 사용할 수 있다. 두 평균 사이의 차이에 대한 표준오차는 평균의 표준오차에 $\sqrt{2} = 1.414$를 곱한 값이다. 예제에 적용해보자.

```
28.75*sqrt(2)
```
```
[1] 40.65864
```

분명히 들어맞는다. 요인 수준의 알파벳 순서상 첫 번째 오는 수준 대신에 다른 수준을 절편으로 지정해주고 싶을 때도 있을 것이다. 그런 경우 factor 함수를 사용해서 요인의 수준에 대한 순서를 다시 조정해주면 된다. 이 부분은 13장을 참고하기 바란다. 다른 방식으로 이 장의 앞부분에서 봤듯이 요인의 contrasts 속성을 조정해줄 수도 있다.

## 단계적 제거에 의한 모형 단순화

처리 대비에 의한 모형 단순화를 위해 단계적인 사후 과정을 통해 무의미한 요인 수준들을 모아야 한다. 이 과정을 통해 얻어진 결과는 앞에서 살펴봤던 설명 변수의 contrasts 속성을 지정해 얻은 결과와 **정확히 동일하다**.

모수 추정치의 리스트를 보면 가장 유사한 효과 크기를 가지고 있는 것은 r5와 r10이다(뿌리를 5 cm, 그리고 10 cm 제거한 후의 효과). 그 효과 크기는 145.33과 145.5다. 이 두 요인 수준을 단일한 뿌리 제거 집단으로 단순화하고 root라 하자. 요인을 그대로 복사해서 이름만 바꿔주자.

```
clip2 <- clipping
```

먼저 수준을 확인해보자.

```
levels(clip2)
```
```
[1] "control" "n25" "n50" "r10" "r5"
```

root라는 이름으로 r10과 r5를 묶어보자. r10과 r5는 clip2 요인의 네 번째와 다섯 번째 수준이므로 다음과 같이 입력하면 된다.

```
levels(clip2)[4:5] <- "root"
```

무슨 변화가 생겼는지 확인해보자.

```
levels(clip2)
```

```
[1] "control" "n25" "n50" "root"
```

"r10"과 "r5"가 같이 묶여서 "root"로 이름이 바뀌었다. 다음 단계는 clipping 대신 clip2를 이용해 새 모형을 적합시키고, anova를 사용해 네 개의 요인 수준을 가진 단순화한 모형이 데이터를 설명하는 데 의미 있게 나빠졌는지를 확인해야 한다.

```
model4 <- lm(biomass~clip2)
```

```
anova(model3,model4)
```

```
Analysis of Variance Table

Model 1: biomass ~ clipping
Model 2: biomass ~ clip2
  Res.Df    RSS Df  Sum of Sq        F Pr(>F)
1     25 124020
2     26 124020 -1 -0.0833333 0.0000168 0.9968
```

바라는 대로 모형 단순화는 문제없어 보인다. 다음 단계는 summary를 사용해 효과를 알아보는 것이다.

```
summary(model4)
```

```
Coefficients:
            Estimate Std. Error  t value    Pr(>|t|)
(Intercept)   465.17      28.20   16.498    2.72e-15 ***
clip2n25       88.17      39.87    2.211    0.036029 *
clip2n50      104.17      39.87    2.612    0.014744 *
clip2root     145.42      34.53    4.211    0.000269 ***

Residual standard error: 69.07 on 26 degrees of freedom
Multiple R-squared: 0.4077,  Adjusted R-squared: 0.3393
F-statistic: 5.965 on 3 and 26 DF, p-value: 0.003099
```

이제 88.17과 104.17이라는 효과 크기를 이용해 줄기 제거 처치를 비교해보자. 차이는 16.0이다. 뿌리 제거 처치 때보다는 훨씬 크다. 그러나 차이의 표준오차가 39.87이다. 유의성을 위해 $t$가 2보다 커야 한다는 일반적 법칙을 적용해보자. 유의성을 확보하려면 차이는 적어도

2 × 39.87 = 79.74보다 커야 하므로 이 두 처치를 합친다 해서 설명력의 유의한 감소가 일어나지 않을 것이라 추측할 수 있다. 다음과 같이 줄기 처치 집단을 "shoot"라는 수준으로 묶어 다시 지정해보자.

```
clip3 <- clip2
levels(clip3)[2:3] <- "shoot"
levels(clip3)
```

```
[1] "control" "shoot" "root"
```

clip2 대신 clip3를 이용해 새 모형을 적합시켜보자.

```
model5 <- lm(biomass~clip3)
anova(model4,model5)
```

```
Analysis of Variance Table

Model 1: biomass ~ clip2
Model 2: biomass ~ clip3
  Res.Df   RSS Df Sum of Sq   F Pr(>F)
1     26 124020
2     27 124788 -1    -768 0.161 0.6915
```

이번에도 모형 단순화에는 문제가 없다. root와 shoot, 두 처치 사이에는 차이가 있을까?

```
summary(model5)
```

```
Coefficients:
            Estimate Std. Error  t value    Pr(>|t|)
(Intercept)   465.17      27.75   16.760    8.52e-16 ***
clip3shoot     96.17      33.99    2.829    0.008697 **
clip3root     145.42      33.99    4.278    0.000211 ***

Residual standard error: 67.98 on 27 degrees of freedom
Multiple R-squared: 0.404,   Adjusted R-squared: 0.3599
F-statistic: 9.151 on 2 and 27 DF, p-value: 0.0009243
```

두 효과 크기의 차이는 145,52 − 96.17 = 49.25이고 표준오차는 33.99다. 결과적으로 $t$는 2보다 작다. 두 요인 수준을 또 한 번 합쳐보자.

```
clip4 <- clip3
levels(clip4)[2:3] <- "pruned"
levels(clip4)
```

```
[1] "control" "pruned"
```

clip3 대신 clip4를 이용해 새 모형을 적합시켜보자.

```
model6 <- lm(biomass~clip4)
anova(model5,model6)
```

```
Analysis of Variance Table
```

```
Model 1: biomass ~ clip3
Model 2: biomass ~ clip4
  Res.Df      RSS Df Sum of Sq      F Pr(>F)
1      27 124788
2      28 139342 -1   -14553 3.1489 0.08726 .
```

단순화에 의한 $p$ 값은 0.05보다 크고, 단순화를 받아들일 수 있다. 이제 최소 적합 모형이 얻어졌다.

```
summary(model6)
```

```
Coefficients:
            Estimate Std. Error  t value     Pr(>|t|)
(Intercept)    465.2       28.8   16.152    1.01e-15  ***
clip4pruned    120.8       32.2    3.751    0.000815  ***

Residual standard error: 70.54 on 28 degrees of freedom
Multiple R-squared: 0.3345,  Adjusted R-squared: 0.3107
F-statistic: 14.07 on 1 and 28 DF, p-value: 0.0008149
```

단지 두 개의 모수, 통제 집단의 평균(465.2)과 더불어 통제 집단 평균과 나머지 네 처치 집단 평균(465.2 + 120.8 = 586.0) 사이의 차이를 가지고 있다.

```
tapply(biomass,clip4,mean)
```

```
control pruned
465.1667 585.9583
```

0.000815의 $p$ 값으로부터 두 평균이 유의하게 다르다는 것을 알 수 있다. 한 걸음 더 나아가 설명 변수를 하나도 갖고 있지 않은 마지막 모형 model7을 만들어보자. 모형식에 y~1을 입력해 쉽게 만들 수 있다(R에서 모수 1은 절편이다).

```
model7 <- lm(biomass~1)
anova(model6,model7)
```

Analysis of Variance Table

```
Model 1: biomass ~ clip4
Model 2: biomass ~ 1
  Res.Df   RSS Df Sum of Sq    F   Pr(>F)
1      28 139342
2      29 209377 -1   -70035 14.073 0.0008149 ***
```

$p$ 값이 model6과 정확히 동일하다. R에서 $p$ 값은 모형 단순화에서 이 마지막 과정을 피하고 자 하는 측면에서 계산되는 것이다. 이를 가리켜 '제거의 $p$'라 한다.

요인의 contrasts 속성을 특정화해 얻은 결과와 단계적으로 요인 수준을 줄여가면서 얻은 결과를 비교해보면 많은 도움이 될 것이다.

## 대비 제곱합의 계산

꼭 기억해야 할 중요한 내용이 있다. **처치 제곱합 $SSA$는 모든 $k-1$개의 직교 제곱합의 합이다.** 어느 대 비가 $SSA$에 가장 큰 영향을 미치는지 알게 되면 매우 유용할 것이다. 계산을 위해 다음과 같이 대 비 제곱합 $SSC$를 먼저 구해야 한다.

$$SSC = \frac{\left( \sum \frac{c_i T_i}{n_i} \right)^2}{\sum \frac{c_i^2}{n_i}}$$

각 요인 수준에 대해 표본의 수가 동일하면 다음과 같이 다시 정리할 수 있다.

$$SSC = \frac{\left( \frac{1}{n} \sum c_i T_i \right)^2}{\frac{1}{n} \sum c_i^2}$$

대비의 유의성은 $F$ 검정을 시행해 판단한다. 대비 분산을 ANOVA 테이블의 합동 오차 분산 $s^2$과 비교하는 것이다. 모든 대비는 하나의 자유도를 가지고 있으므로 대비 분산은 $SSC$와 동일하 다. $F$ 검정은 다음과 같이 정리할 수 있다.

$$F = \frac{SSC}{s^2}$$

계산한 검정 값이 1과 $k(n-1)$의 자유도를 가진 F의 임계값보다 크면 대비는 의미 있다(두 대비 집단은 의미 있게 다른 평균을 가진다.)고 판단할 수 있다. 앞에서의 예제로 다시 생각해보자. 제거에 의한 분석에서 네 개의 직교 대비에 대한 제곱합을 모형 비교 ANOVA 테이블에서 확인할 수 있다.

| 대비 | 제곱합 |
|---|---|
| 통제 집단 vs. 네 개의 처치 집단 | 70035 |
| 줄기 제거 vs. 뿌리 제거 | 14553 |
| n25 vs. n50 (줄기 제거) | 768 |
| r10 vs. r5 (뿌리 제거) | 0.083 |
| 총합 | |

사전 대비의 결과와 같은지 확인해보자. 대비 제곱합 $SSC$를 계산하기 위해 처치합 $T_i$와 대비 계수 $c_i$를 구해야 한다. 대비 계수를 다시 정리해보자(11장 참고).

| 대비 | 대비 계수 | | | | |
|---|---|---|---|---|---|
| 통제 집단 vs. 네 개의 처치 집단 | 4 | −1 | −1 | −1 | −1 |
| 줄기 제거 vs. 뿌리 제거 | 0 | 1 | 1 | −1 | −1 |
| n25 vs. n50 (줄기 제거) | 0 | 1 | −1 | 0 | 0 |
| r10 vs. r5 (뿌리 제거) | 0 | 0 | 0 | 1 | −1 |

다섯 개의 처치합을 구하기 위해 `tapply`를 사용한다.

```
tapply(biomass,clipping,sum)

control    n25    n50    r10     r5
   2791   3320   3416   3664   3663
```

첫 번째 대비에서 대비 계수는 $4, -1, -1, -1, -1$이다. $SSC$에 대한 식은 다음과 같다.

$$\frac{\left[\frac{1}{6} \times \{(4 \times 2791) + (-1 \times 3320) + (-1 \times 3416) + (-1 \times 3664) + (-1 \times 3663)\}\right]^2}{\frac{1}{6} \times \left[4^2 + (-1)^2 + (-1)^2 + (-1)^2 + (-1)^2\right]}$$

$$= \frac{\left(\frac{1}{6} \times -2899\right)^2}{\frac{20}{6}} = \frac{233450}{3.33333} = 70035$$

두 번째 대비에서 통제 집단에 대한 대비 계수는 0이므로 제외한다.

$$\frac{\left[\frac{1}{6} \times \{(1 \times 3320) + (1 \times 3416) + (-1 \times 3664) + (-1 \times 3663)\}\right]^2}{\frac{1}{6} \times \left[(-1)^2 + (-1)^2 + (-1)^2 + (-1)^2\right]} = \frac{\left(\frac{1}{6} \times -591\right)^2}{\frac{4}{6}}$$

$$= \frac{9702.25}{0.666666} = 14553$$

세 번째 대비는 두 줄기 처치를 비교한다.

$$\frac{\left[\frac{1}{6} \times \{(1 \times 3320) + (-1 \times 3416)\}\right]^2}{\frac{1}{6} \times \left[(-1)^2 + (1)^2\right]} = \frac{\left(\frac{1}{6} \times -96\right)^2}{\frac{2}{6}} = \frac{256}{0.33333} = 768$$

마지막으로 두 뿌리 처치를 비교한다.

$$\frac{\left[\frac{1}{6} \times \{(1 \times 3664) + (-1 \times 3663)\}\right]^2}{\frac{1}{6} \times \left[(-1)^2 + (1)^2\right]} = \frac{\left(\frac{1}{6} \times 1\right)^2}{\frac{2}{6}} = \frac{0.027778}{0.333333} = 0.083333$$

이렇게 구한 값들은 단계적으로 요인 수준을 줄여서 계산한 값들과 정확하게 같다.

## 이외의 대비

작업을 진행하면서 헬머트[Helmert] 대비나 합 대비를 사용할 경우는 아마도 거의 없을 것이다. 그렇지만 이 대비들에 대해 더 알아보고 싶다면 『The R Book』(Crawley, 2013)을 참고하기 바란다.

## 참고 문헌

Crawley, M.J. (2013) *The R Book*, 2nd edn, John Wiley & Sons, Chichester.

## 추가 참고 문헌

Ellis, P.D. (2010) *The Essential Guide to Effect Sizes: Statistical Power, Meta-Analysis, and the Interpretation of Research Results*, Cambridge University Press, Cambridge.

Miller, R.G. (1997) *Beyond ANOVA: Basics of Applied Statistics*, Chapman & Hall, London.

# 12

# 기타 반응 변수들

지금까지 기타 반응 변수는 체중, 길이, 농도 등과 같이 연속성 실수였다. 우리는 반응 변수에 대해 몇 가지 중요한 가정을 하고 분석을 진행했다. 중요성의 순서에 따라 다시 나열해보자.

- 무작위 추출
- 등분산
- 오차의 정규성
- 오차의 독립성
- 효과의 가산성

하나 또는 그 이상의 가정이 충족되지 않으면 제일 먼저 반응 변수의 변환을 시도했다. 이때 하나 또는 그 이상의 설명 변수에 대한 변환을 시도하기도 했다.

작업을 진행하는 과정에서 이런저런 노력에도 불구하고 반응 변수에 대한 가정 사항을 충족시키지 못하는 경우를 종종 만나게 된다. 이런 경우 모형의 기능을 향상시킬 수 있는 다른 대안을 찾아야 한다. 이 책에서는 실제 분석 과정에서 자주 만나게 되는 네 개의 새로운 반응 변수를 다룰 것이다.

- 카운트 데이터
- 비율 데이터
- 바이너리 반응 데이터
- 사망 시점의 나이 데이터age-at-death data

이 모든 변수들은 등분산과 오차의 정규성에 대한 가정 사항을 충족시키지 못한다. 이 변수들은 우리가 일반적으로 생각하는 것보다 더 많은 특징들을 가지고 있기 때문에 일반 선형화 모형의 틀 안에서 다뤄야 한다. 일반화 선형 모형에서는 분산이 다르고 오차의 분포가 비정규적이라 하더라도 별문제가 되지 않는다. 그러나 무작위 추출과 오차의 독립성에 대한 가정은 여전히 필요하다. 일반화 선형 모형의 효과는 상황에 따라 가산적이거나 곱의 형식으로 표현된다.

분산부터 먼저 생각해보자. 카운트 데이터는 정수 형식이므로 평균값이 작으면 대부분 0으로 이뤄져 있을 수도 있다. 이런 상황이라면 카운트 데이터의 분산도 작은 값을 가지게 될 것이다 (분산은 평균과 개별적인 카운트 사이의 차이에 대한 제곱합을 자유도로 나눈 값임을 다시 기억해보자). 그러나 카운트 데이터의 평균이 크다면 개별적인 카운트들의 분포 범위도 0에서 매우 큰 수까지 넓어질 수 있다. 이에 따라 잔차와 그 제곱은 커질 수 있으며 결과적으로 분산도 커지게 된다. 그러므로 카운트 데이터에서는 선형 모형에서 가정하듯이 분산이 일정한 것이 아니라 평균이 커짐에 따라 같이 증가한다고 예측할 수 있다. 그리고 카운트 데이터가 나타내는 것에 대한 이해가 필요하다. 카운트 데이터는 어떤 일이 일어나는 횟수(벼락이 치는 경우, 현미경 슬라이드에서 특정한 세포가 관찰되는 경우, 나뭇잎에 있는 벌레의 수)를 나타내지만 어떤 일이 **일어나지 않는** 횟수를 제시해주지는 않는다.

비율 데이터에서는 개별적인 일이 일어나는 수의 카운트와 일어나지 않는 수의 카운트를 같이 고려한다. 두 카운트는 쉽게 변할 수 있으며 데이터를 분석하는 데 이 두 카운트가 모두 중요한 역할을 한다. 일반적으로 어떤 일이 일어나는 것을 **성공**success으로, 어떤 일이 일어나지 않는 것을 **실패**failure로 나타낸다. 카운트에 기초한 비율 데이터의 예를 들어보자.

| 성공 | 실패 |
|------|------|
| 사망 | 생존 |
| 여성 | 남성 |
| 질병에 걸린 상태 | 건강한 상태 |
| 사용 중 | 비어있음 |
| 성인 | 청소년 |

카운트에 기초한 비율 데이터는 실제로 많은 상황에서 만날 수 있다. 비율 데이터의 분산에 대해 생각해보자. 성공 확률이 100%라면 모든 데이터는 동일하고 분산이 0이 된다. 성공 확률이 0%일 때도 모든 데이터는 동일하고 분산이 0이 된다. 그러나 성공 확률이 중간 정도인 50%라 할 때 데이터가 양쪽 집단으로 나눠지므로 분산도 커지게 된다. 평균이 증가함에 따라 분산이 커지는 카운트 데이터와 다르게 비율 데이터에서는 평균에 대해 돌출된 모양의 분산 분포를 볼 수 있다. 이항 분포는 비율 데이터의 분석에 사용되는 중요한 분포 중 하나다. 성공의 확률을 $p$, 시행 수를 $n$이라 할 때 성공 횟수의 평균은 $np$이고 분산은 $np(1-p)$가 된다. $p$가 1이거나 0이면 분산은 0이 되고 $p$가 0.5일 때 최댓값에 이르게 된다.

카운트에 기초하지 않는 다른 종류의 비율 데이터도 있다(식물생태학에서의 퍼센티지 커버 데이터를 예로 들 수 있다). 이 경우 연속적인 수의 형식이며 위와 아래의 경계가 있다(음수의 퍼센티지 커버나 100%보다 큰 경우는 없다). 이런 종류의 비율 데이터는 분석 전에 아크사인 변환을 시행하고 나서 선형 모형을 사용하면 된다(14장 참고).

의학 연구에서 사망 시점의 나이라는 특수한 종류의 반응 변수를 다루는 경우가 있다. 연구의 목적은 위약 치료를 받은 통제 집단과 비교해 특정한 치료를 받은 환자들에서 사망 시점의 나이가 증가하는지 확인해보는 것이다. 사망 시점의 나이 데이터는 분산이 매우 일정하지 않다. 카운트 데이터에서는 평균에 따라 분산이 증가하지만 사망 시점의 나이 데이터는 더 극단적인 양상을 보인다. 평균의 제곱에 비례해 분산이 증가한다.

네 종류의 반응 변수에서 평균의 증가에 따른 분산의 양상을 그래프로 확인해보자. 왼쪽 위는 선형 모형에 합당한 데이터의 양상을 보여준다. 분산이 일정하다. 오른쪽 위는 카운트 데이터다. 평균이 증가함에 따라 분산이 선형으로 증가한다. 왼쪽 아래는 비율 데이터다. 돌출된 모양을 볼 수 있다. 오른쪽 아래는 사망 시점의 나이 데이터다. 이차식의 양상을 볼 수 있다.

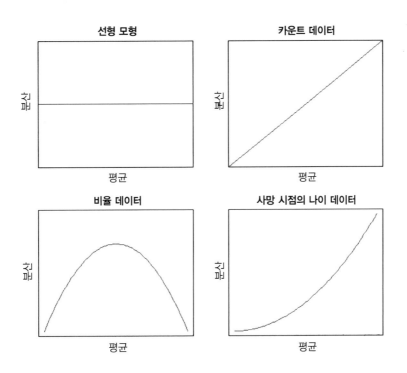

## 일반화 선형 모형

일반화 선형 모형은 세 가지 중요한 특징이 있다.

- 오차 구조error structure
- 선형 예측치linear predictor
- 연결 함수link function

모두 생소한 개념일 것이다. 개념적인 내용은 그리 복잡하지 않다. 이제부터 하나씩 살펴보자.

## 오차 구조

지금까지는 정규 오차를 가진 데이터에 대한 분석을 다뤘다. 그러나 실제로는 많은 데이터들이 비정규 오차를 가지고 있다.

- 왜도가 심한 오차
- 첨도가 심한 오차
- 비율처럼 경계가 명확한 오차
- 카운트처럼 음의 적합 값을 생각할 수 없는 오차

과거에 많이 사용하던 해결 방법은 반응 변수의 변환이나 비모수 방법의 적용이다. 이에 더해 일반화 선형 모형은 많은 종류의 오차 분포들을 특정화해 분석을 진행할 수 있다.

- 카운트 데이터에 유용한 포아송 오차
- 비율 데이터에 유용한 이항 오차
- 일정한 변이 계수를 나타내는 데이터에 유용한 감마 오차
- 사망 시점까지의 시간에 대한 데이터(생존 분석survival analysis)에 유용한 지수 오차

오차 구조는 family 인자를 특정화해 지정해줄 수 있다.

```
glm(y ~ z, family = poisson)
```

반응 변수 $y$는 포아송 오차 형식이라는 의미다.

```
glm(y ~ z, family = binomial)
```

반응 변수가 바이너리 형식임을 알 수 있으며 모형은 이항 오차를 가진다. 설명 변수 $z$는 연속형(회귀 모형 적용 가능)뿐만 아니라 범주형(분산 분석과 유사한 편차 분석analysis of deviance 적용 가능)일 수도 있다.

## 선형 예측치

모형의 구조는 개별적인 관측 값 $y$를 예측 값에 연계시켜준다. **선형 예측치로부터 생성된 값을 변환해** 예측 값이 얻어진다. 선형 예측치 $\eta$(에타$^{\text{eta}}$)는 하나 또는 그 이상의 설명 변수 $x_j$에 의한 효과들의 선형 합이며 summary.lm을 사용해 확인할 수 있다.

$$\eta_i = \sum_{j=1}^{p} x_{ib} \beta_j$$

$x$는 $p$개의 서로 다른 설명 변수 값들이며 $\beta$는 데이터로부터 추정해야 할 모수를 나타낸다. 식의 오른쪽 부분을 **선형 구조**라 한다.

선형 예측치에는 데이터로부터 추정해야 하는 모수 수만큼의 항이 포함돼 있다. 간단한 선형 회귀에서 선형 예측치는 모수가 절편과 기울기인 두 항의 합이다. 네 개의 처치에 대한 일원 분산 분석에서 선형 예측치는 각 요인 수준의 평균을 추정하는 네 항의 합이다. 모형에 공변량이 포함돼 있다면 선형 예측치에 각각 하나의 항을 추가한다(각 관계에 대해 기울기를 추가한다). 요인 분산 분석에서 상호작용 항은 선형 예측치에 하나 또는 그 이상의 모수를 추가한다. 이때 각 요인의 자유도가 영향을 미칠 수 있다(두 개의 수준을 가진 요인과 세 개의 수준을 가진 요인 사이의 상호작용에 대해 추가적인 세 개의 모수를 생각할 수 있다. $(2-1) \times (4-1) = 3$).

summary.lm을 사용해 선형 예측치를 확인할 수 있다. 모형에 포함되는 모수의 수만큼 결과의 행이 길어질 것이다. 두 번째 열에서 각 모수에 대한 효과 크기와 표준오차를 볼 수 있다. 나머지 열들($t$ 값, $p$ 값, 유의성을 나타내는 * 기호)은 쉽게 계산할 수 있기 때문에 중요성이 다소 떨어진다.

처음에 조금 어렵게 느껴지는 부분은 각 행에서 나타내는 효과의 정확한 의미를 파악하는 것이다. 예를 들어 공분산 분석에서 첫 번째 행은 절편을, 두 번째 행은 기울기를 나타내며 나머지 행들은 절편과의 차이 또는 기울기와의 차이를 나타낸다(모형에서 많은 절편과 기울기를 적합시킨다 하더라도 테이블에는 **하나의 절편과 하나의 기울기**가 표시된다).

## 적합 값

일반화 선형 모형의 가장 큰 장점 중 하나는 반응 변수에 따라 같은 측정 스케일을 사용해 서로 다른 모형들을 비교할 수 있다는 것이다. 지금까지는 모형과 데이터 사이의 적합도 결여에 대해 측정할 때 분산을 사용했다. 반응 변수 $y$와 모형에 의한 적합 값 $\hat{y}$ 사이의 차이에 대한 제곱합 $\sum (y - \hat{y})^2$을 자유도로 나눠 분산을 구했다. 예를 들어 $\log(y) = a + bx$와 같이 다른 모형을 적합시켰을 때 $\sum (\log(y) - \hat{y})^2$에 기초해 분산이 계산되므로 완전히 다른 결과가 된다. 이런 이유로 모형 비교가 어려워진다. 두 모형의 적합도를 측정할 수 있는 공통적인 부분이 없어지기 때문이다. 그러나 일반화 선형 모형에서는 항상 같은 스케일로 $y$와 $\hat{y}$을 비교할 수 있다(카운트의 형식으로, 또는 두 개의 카운트에 기초한 비율의 형식으로). 모형의 비교가 훨씬 수월하게 진행된다.

## 변동성의 일반적 측정

일반화 선형 모형에서의 큰 차이점은 데이터에 대한 모형의 적합도 결여 측정이 상황에 따라 달라질 수 있다는 것이다. 이 시점에서 **편차**deviance라는 개념을 이야기하려 한다. 기술적인 정의는 큰 의미가 없을 듯하며 일단 공식으로 나타내본다.

$$\text{편차} = -2 \times \text{로그 가능도}$$

로그 가능도는 모형에 따라 달라질 수 있다. 편차는 등분산과 정규 오차의 조건 아래에서 분산과 같다(회귀 분석, 분산 분석, 공분산 분석의 경우). 그러나 카운트 데이터에서는 적합도 결여의 측정을 위해 다른 방식이 필요하다($(y-\hat{y})^2$이 아니고 $y\log(y/\hat{y})$에 기초한다). 역시 비율 데이터에 대해서도 편차에 대한 새로운 정의가 필요하다. 그러나 적합도 측정에서는 변환을 시행하지 않은 원래의 스케일에서 $y$와 $\hat{y}$을 비교할 수 있다. 다음에 이어지는 장들에서 다양한 편차 측정을 자세히 다뤄볼 것이다. 비교를 목적으로 해서 주요한 적합도 결여 측정에 대해 살펴보자.

| 모형 | 편차 | 오차 | 연결 |
|---|---|---|---|
| 선형 | $\displaystyle\sum (y - \hat{y})^2$ | 가우시안 | 항등 |
| 로그 선형 | $\displaystyle 2\sum y\log\left(\frac{y}{\hat{y}}\right)$ | 포아송 | 로그 |
| 로지스틱 | $\displaystyle 2\sum y\log\left(\frac{y}{\hat{y}}\right) + (n-y)\log\left(\frac{n-y}{n-\hat{y}}\right)$ | 이항 | 로짓 |
| 감마 | $\displaystyle 2\sum \frac{(y-\hat{y})}{y} - \log\left(\frac{y}{\hat{y}}\right)$ | 감마 | 역수 |

특정 모형의 적합도를 결정할 때 일반화 선형 모형은 반응 변수의 각 값에 대해 선형 예측치를 계산하고 관찰 값과 비교하기 위해 예측 값을 역변환한다. 모수를 평가한 후 변환된 스케일 아래에서 모형 적합 과정을 중단 시점까지 반복적으로 시행한다. 과정을 이해할 때까지 시간이

좀 걸릴 것이다. 걱정하지 않아도 된다. 직접 작업을 시행해보면서 익혀나가면 그리 어렵지 않을 것이다.

## 연결 함수

일반화 선형 모형에서 이해하기 어려운 것 중 하나가 반응 변수 값(데이터의 측정 값과 모형에 의해 얻어진 적합 값)과 선형 예측치 사이의 관계다.

변환은 연결 함수link functions에 의해 지정된다. 적합 값은 원래의 스케일로 조정해주기 위해 연결 함수의 역함수를 사용해 계산한다. 연결 함수가 로그인 경우 적합 값은 선형 예측치의 안티로그가 되며 연결 함수가 역수인 경우 적합 값은 선형 예측치의 역수가 된다.

꼭 기억해야 할 것은 **연결 함수가 y의 평균값을 선형 예측치에 연계시킨다는 점**이다. 식으로 정리해보자.

$$\eta = g(\mu)$$

간단하지만 잘 생각해야 할 부분이다. 선형 예측치 $\eta$는 각 모수에 대한 항들의 합으로 이뤄진 선형 모형으로부터 얻어진다. 이것은 **y의 값이 아니다**(지금까지 사용했던 항등 연결이라는 특수한 경우만 제외된다). $\eta$ 값은 연결 함수에 의해 y 값을 변환해 얻어지며 y의 예측 값은 $\eta$ 값에 연결 함수의 역함수를 적용해 구할 수 있다.

가장 흔히 사용하는 연결 함수는 테이블에서 확인할 수 있다. 연결 함수를 선택하는 과정에서는 적합 값이 적절한 범위 내에 있는지 고려해야 한다. 예를 들어 카운트는 0과 같거나 커야 한다(음수의 카운트 데이터는 적절하지 않다). 같은 식으로 반응 변수가 사망률일 때 적합 값은 0과 1 사이에 있어야 한다(적합 값이 1보다 크거나 0보다 작은 것은 역시 적절하지 않다). 첫 번째 예에서는 적합 값이 선형 예측치의 안티로그고 모든 안티로그가 0과 같거나 커야 하므로 로그 연결 함수가 적당하다. 두 번째 예에서는 적합 값이 로그 오즈odds, $\log(p/q)$의 안티로그로 계산되므로 로짓 연결 함수가 적당하다.

여러 연결 함수를 사용하면서 다양한 모형들의 결과를 직접적으로 비교할 수 있다. 가장 합당한 연결 함수는 잔차 편차를 최소화하는 것이다.

## 정준 연결 함수

family 인자에서 특정한 오차 구조를 지정했을 때 기본 설정돼 있는 연결 함수를 정준 연결 함수canonical link functions라 한다. link 인자를 생략하면 다음의 정준 연결 함수가 사용된다.

| 오차 | 정준 연결 |
|---|---|
| gaussian | 항등 |
| poisson | 로그 |
| binomial | 로짓 |
| Gamma | 역수 |

정준 연결 함수를 기억해두고 각 오차 분포와의 연관성이 있는 이유를 이해하는 과정도 필요하다. R에서는 감마 오차만 첫 글자를 대문자로 사용한다는 점에 유의해야 한다.

일반화 선형 모형에서 연결 함수(예를 들어 로그 연결)를 선택하고 반응 변수를 변환($y$ 대신 $\log(y)$)해서 선형 모형을 사용하는 과정은 어느 정도의 경험이 필요하다.

앞으로 이어질 네 개의 장을 읽으면서 새로운 개념에 점점 익숙해질 것이다. 물론 처음에는 이해하기 어려울 것이다. 그리고 실제 작업이 중요하다. 분산이 일정하지 않고 오차의 분포가 비정규적일 때 우리는 무엇인가를 해야 한다. 선형 모형 대신 일반화 선형 모형을 사용하는 것이 가장 적절한 해결책이다. 이를 위해 편차, 연결 함수, 선형 예측치를 배우고 이해하는 것은 충분한 가치가 있다.

## 모형 적합도 측정을 위한 아케이케 정보 척도

모형에 모든 모수들이 추가되면 설명하기 어려운 변이는 작아진다. 모형에 모수들이 많이 포함될수록 적합도는 좋아진다. 모든 데이터 포인트에 대해 개별적 모수를 대응시키면 적합은 완벽해진다(포화 모형, 10장 참고). 그러나 이 모형은 설명력이 없다. 적합도라는 측면과 간결함을 고려한 적당한 모수의 수 사이에서 어느 정도 균형을 맞춰야 한다.

개별적인 모수의 유용성을 판단하는 방법에 대해 생각해보자. 간단한 방법으로 각 모수에 대해 벌점을 부여하는 방식이 있다. 모수를 추가해 벌점을 받더라도 그 이상으로 설명하기 어려운 변이가 작아진다면 모수 추가를 허용하는 것이다. 두 모형을 비교할 때 AIC가 작을수록 적합도가 높다고 판단한다. 이것은 step을 사용해 자동적으로 모형 단순화를 시행하는 과정의 기초가 된다. AIC는 모수당 2점의 벌점을 부과한다. 다음 식으로 정리할 수 있다.

$$\text{AIC} = \text{편차} + 2p$$

편차가 2 미만으로 작아진다면 모수를 추가하는 것은 적절하지 않다. 다른 체계를 가진 베이지안 정보 척도[BIC, Bayesian Information Criterion]는 아케이케 정보 척도[AIC, Akaike's Information Criterion]보다 좀 더 엄격해서 최소 적합 모형에 더 작은 수의 모수가 추가된다(BIC는 각 모수에 대해 $\log(n)$의 벌점을 부과한다. $n$ = 관측 수).

## 추가 참고 문헌

Aitkin, M., Francis, B., Hinde, J. and Darnell, R. (2009) *Statistical Modelling in R*, Clarendon Press, Oxford.

McCullagh, P. and Nelder, J.A. (1989) *Generalized Linear Models*, 2nd edn, Chapman & Hall, London.

McCulloch, C.E. and Searle, S.R. (2001) *Generalized, Linear and Mixed Models*, John Wiley & Sons, New York.

# *13*
# 카운트 데이터

지금까지 다룬 반응 변수는 체중, 키, 길이, 온도, 성장률과 같은 연속형 측정 데이터였다. 그러나 과학자, 의학 통계학자, 경제학자들에 의해 수집된 많은 데이터는 **카운트**(정수) 형식이다. 사망한 사람의 수, 파산한 회사의 수, 서리가 내린 날의 수, 현미경 슬라이드에서 관찰되는 적혈구의 수, 달 표면에 있는 분화구의 수 등은 모두 연구의 측면에서 볼 때 매우 흥미 있는 변수다. 카운트 데이터에서 0이라는 숫자는 반응 변수 값으로 자주 나타난다(바로 앞의 예에서 0이 무엇을 의미하는지 생각해보자). 이 장에서는 **빈도**frequencies에 대한 데이터를 다룬다. 어떤 사건이 몇 번 발생했는지 세기는 하지만, 얼마나 자주 발생하지 않았는지에 대해서는 알 수 없다(번개, 파산, 사망, 출생). **비율**에 대한 카운트는 조금 다르다. 특정한 일을 시행한 횟수를 알아야 할 뿐만 아니라 시행하지 않은 횟수까지 알고 있어야 한다(사망률, 출생 시 성별의 비율, 설문지에 대한 대답이 다른 집단 간의 비율).

다음 네 가지의 주요한 이유 때문에 등분산과 오차의 정규성을 가정하는 선형 회귀는 카운트 데이터의 분석에 적합하지 않다.

- 선형 회귀는 음수의 카운트를 예측할 수도 있다.
- 반응 변수의 분산은 평균이 증가함에 따라 커지기 쉽다.
- 오차는 정규분포를 따르지 않는다.
- 0은 변환을 통해 다루기가 어렵다.

R에서 카운트 데이터는 일반화 선형 모형으로 잘 처리할 수 있다. family=poisson으로 설정해 포아송 오차와 로그 연결을 사용해야 한다(13장 참고). 로그 연결을 위해서는 모든 적합 값이 양수여야 한다. 포아송 오차의 적용을 위해서는 데이터가 정수고 평균과 같은 분산을 갖는다는 점을 고려해야 한다.

## 포아송 오차를 사용한 회귀

예제 데이터는 카운트(병원별 연간 암 발생 보고 건수) 형식의 반응 변수와 하나의 연속형 설명 변수(원자력 발전소에서 병원까지의 거리, km 단위)를 가지고 있다. 데이터를 통해 원자로 근접 여부가 암 발생에 영향을 미치는지 알아보고자 한다.

```
clusters <- read.csv("c:\\temp\\clusters.csv")
attach(clusters)
names(clusters)
```

```
[1] "Cancers" "Distance"
```

```
plot(Distance,Cancers,pch=21,bg="lightblue")
```

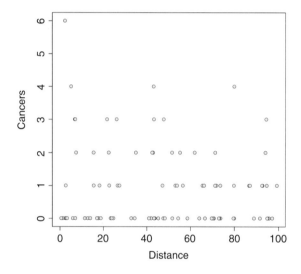

카운트 데이터에서는 반응 변수가 회귀선 중심으로 모이지 않으며, 개별적인 행에 퍼져 있는 양상으로 관찰된다. 0에서 100 km의 $x$축 전 범위에 걸쳐 많은 0의 값이 보인다. 제일 큰 반응 변수 값인 6은 $x$축의 작은 값에 대응해 관찰된다. 거리에 따라 암 발생의 감소 추세가 있는 것처럼 보인다. 추세에 유의성이 있을까? 유의성을 알아보기 위해 거리에 대한 암 발생의 회귀 분석을 시행해보자. 포아송 오차를 사용한 일반화 선형 모형을 적용해보자.

```
model1 <- glm(Cancers~Distance,poisson)
summary(model1)
```

```
Coefficients:
              Estimate    Std. Error   z value   Pr(>|z|)
(Intercept)   0.186865    0.188728      0.990     0.3221
Distance     -0.006138    0.003667     -1.674     0.0941 .

(Dispersion parameter for poisson family taken to be 1)

    Null deviance: 149.48 on 93 degrees of freedom
Residual deviance: 146.64 on 92 degrees of freedom
AIC: 262.41

Number of Fisher Scoring iterations: 5
```

추세의 유의성은 없어 보인다. 그러나 먼저 잔차 편차를 확인해봐야 한다. 잔차 편차가 잔차 자유도와 같아야 한다는 가정 사항을 충족시켜야 한다. 잔차 편차가 잔차 자유도보다 큰 경우 **과대 산포**overdispersion가 있음을 의미한다. 포아송 오차 대신 쿼시포아송quasipoisson을 사용해 모형을 재적합시켜 과대 산포를 보정해야 한다.

**model2 <- glm(Cancers~Distance,quasipoisson)**
**summary(model2)**

```
Coefficients:
              Estimate    Std. Error   t value   Pr(>|t|)
(Intercept)   0.186865    0.235364      0.794     0.429
Distance     -0.006138    0.004573     -1.342     0.183

(Dispersion parameter for quasipoisson family taken to be 1.555271)

    Null deviance: 149.48 on 93 degrees of freedom
Residual deviance: 146.64 on 92 degrees of freedom
AIC: NA

Number of Fisher Scoring iterations: 5
```

과대 산포에 대한 보정은 $p$ 값을 0.183으로 증가시켰으므로 원자력 발전소부터 병원까지의 거리에 따른 암 발생의 추세가 유의성이 있다는 명확한 증거는 없다. 데이터로부터 모형을 적합시키고 그래프를 그리기 위해 반드시 먼저 이해하고 있어야 할 점이 있다. 포아송 오차에 의한 일반화 선형 모형은 로그 연결을 사용하므로 모형으로부터의 모수 추정과 예측은 로그로 제시된다. 그러므로 적합선을 그리기 전에 먼저 안티로그를 적용해야 한다.

$x$ 값의 범위를 0부터 100으로 해야 한다.

**xv <- 0:100**

그래프를 그리기 위해 선형 예측치와 $y$ 값의 관계를 잘 고려해야 한다. 선형 예측치를 yv로 지정해주자. 절편은 0.186865이고 기울기는 $-0.006138$이다.

```
yv <- 0.186865-0.006138*xv
```

주의를 기울여야 할 중요한 점이 있다. yv의 스케일은 로그다. 우리는 로그 형식이 아닌 원 데이터 형식의 $y$ 값을 그래프에 표시해야 한다. 안티로그를 적용해서 역변환을 해보자.

```
y <- exp(yv)
lines(xv,y,col="red")
```

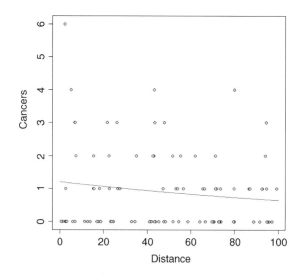

$p = 0.183$으로 추세의 유의성은 없다. 선형 예측치, 연결 함수, 예측 카운트 데이터 사이의 관계를 명확히 이해했다면 predict 함수를 사용해 속도를 높일 수 있다. 이때 type="response"를 입력해 자동적으로 역변환을 시행할 수 있다.

```
y <- predict(model2,list(Distance=xv), type="response")
lines(xv,y,col="red")
```

## 카운트 데이터에서 편차 분석

반응 변수는 임의로 선정한 개인으로부터 얻은 현미경 슬라이드에서 mm²당 관찰되는 감염된 혈액 세포의 카운트다. 설명 변수는 흡연자(논리 변수 값 'yes' 또는 'no'), 나이(세 수준: 20 이하, 21-59, 60 이상), 성별(남성 또는 여성), 체질량 점수(세 수준: 정상, 과체중, 비만) 등이다.

```
count <- read.csv("c:\\temp\\cells.csv")
attach(count)
names(count)

[1] "cells"    "smoker"   "age"      "sex"      "weight"
```

카운트 데이터에 대해 분석할 때는 table 함수를 사용해서 빈도의 전체적 분포를 먼저 확인하는 것이 좋다.

```
table(cells)

  0    1    2    3    4    5    6    7
314   75   50   32   18   13    7    2
```

대부분의 경우(314) 감염된 혈액 세포를 볼 수 없었고, 단지 두 명에게서 일곱 개의 감염된 혈액 세포를 볼 수 있었다. 먼저 주효과 평균을 테이블로 만들어 데이터를 살펴보자.

```
tapply(cells,smoker,mean)

    FALSE       TRUE
0.5478723  1.9111111


tapply(cells,weight,mean)

   normal      obese       over
0.5833333  1.2814371  0.9357143


tapply(cells,sex,mean)

   female       male
0.6584507  1.2202643


tapply(cells,age,mean)

      mid        old      young
0.8676471  0.7835821  1.2710280
```

흡연자가 비흡연자에 비해 높은 평균 카운트를 가지며, 과체중과 비만인 경우 정상 체중인 경우에 비해 높은 평균 카운트를 가진다. 남성이 여성에 비해 높은 평균 카운트를 가지며, 나이가 젊은 집단이 중년이나 노년 집단에 비해 높은 평균 카운트를 가진다. 이 차이들이 유의미한지 검정해야 하고 설명 변수들 사이에 상호작용이 있는지 확인해봐야 한다.

```
model1 <- glm(cells~smoker*sex*age*weight,poisson)
summary(model1)
```

과대 산포 여부를 검정하기 위해 잔차 편차와 잔차 자유도를 비교해봐야 한다.

```
Null deviance: 1052.95 on 510 degrees of freedom
Residual deviance: 736.33 on 477 degrees of freedom
AIC: 1318

Number of Fisher Scoring iterations: 6
```

잔차 편차(736.33)가 잔차 자유도(477)보다 크다. 이는 과대 산포를 의미한다. 효과를 해석하기 전에 퀴시포아송 오차를 사용해 재적합을 시행해보자.

**model2 <- glm(cells~smoker\*sex\*age\*weight,quasipoisson)**
**summary(model2)**

```
Coefficients: (2 not defined because of singularities)
                                     Estimate Std.  Error t  value   Pr(>|t|)
(Intercept)                           -0.8329       0.4307  -1.934   0.0537   .
smokerTRUE                            -0.1787       0.8057  -0.222   0.8246
sexmale                                0.1823       0.5831   0.313   0.7547
ageold                                -0.1830       0.5233  -0.350   0.7267
ageyoung                               0.1398       0.6712   0.208   0.8351
weightobese                            1.2384       0.8965   1.381   0.1678
weightover                            -0.5534       1.4284  -0.387   0.6986
smokerTRUE:sexmale                     0.8293       0.9630   0.861   0.3896
smokerTRUE:ageold                     -1.7227       2.4243  -0.711   0.4777
smokerTRUE:ageyoung                    1.1232       1.0584   1.061   0.2892
sexmale:ageold                        -0.2650       0.9445  -0.281   0.7791
sexmale:ageyoung                      -0.2776       0.9879  -0.281   0.7788
smokerTRUE:weightobese                 3.5689       1.9053   1.873   0.0617   .
smokerTRUE:weightover                  2.2581       1.8524   1.219   0.2234
sexmale:weightobese                   -1.1583       1.0493  -1.104   0.2702
sexmale:weightover                     0.7985       1.5256   0.523   0.6009
ageold:weightobese                    -0.9280       0.9687  -0.958   0.3386
ageyoung:weightobese                  -1.2384       1.7098  -0.724   0.4693
ageold:weightover                      1.0013       1.4776   0.678   0.4983
ageyoung:weightover                    0.5534       1.7980   0.308   0.7584
smokerTRUE:sexmale:ageold              1.8342       2.1827   0.840   0.4011
smokerTRUE:sexmale:ageyoung           -0.8249       1.3558  -0.608   0.5432
smokerTRUE:sexmale:weightobese        -2.2379       1.7788  -1.258   0.2090
smokerTRUE:sexmale:weightover         -2.5033       2.1120  -1.185   0.2365
smokerTRUE:ageold:weightobese          0.8298       3.3269   0.249   0.8031
smokerTRUE:ageyoung:weightobese       -2.2108       1.0865  -2.035   0.0424   *
smokerTRUE:ageold:weightover           1.1275       1.6897   0.667   0.5049
smokerTRUE:ageyoung:weightover        -1.6156       2.2168  -0.729   0.4665
sexmale:ageold:weightobese             2.2210       1.3318   1.668   0.0960   .
sexmale:ageyoung:weightobese           2.5346       1.9488   1.301   0.1940
sexmale:ageold:weightover             -1.0641       1.9650  -0.542   0.5884
sexmale:ageyoung:weightover           -1.1087       2.1234  -0.522   0.6018
smokerTRUE:sexmale:ageold:weightobese -1.6169       3.0561  -0.529   0.5970

smokerTRUE:sexmale:ageyoung:weightobese   NA          NA      NA       NA
smokerTRUE:sexmale:ageold:weightover      NA          NA      NA       NA
smokerTRUE:sexmale:ageyoung:weightover  2.4160       2.6846   0.900   0.3686
```

(Dispersion parameter for quasipoisson family taken to be 1.854815)

```
    Null deviance: 1052.95 on 510 degrees of freedom
Residual deviance: 736.33 on 477 degrees of freedom
AIC: NA

Number of Fisher Scoring iterations: 6
```

선형 예측치 테이블의 제일 앞에서 NA(결측 값)가 있음을 확인할 수 있다(Coefficients: (2 not defined because of singularities)). 이것은 1장에서 설명했던 에일리어싱의 예가 될 수 있다. 흡연, 성별, 나이, 체중 사이의 사원 상호작용 중 두 항에 대해서는 추정에 필요한 데이터가 데이터 프레임 안에 없다는 것을 의미한다.

흡연, 나이, 비만 사이에 의미 있는 삼원 상호작용이 있어 보인다($p = 0.0424$). 이 예제와 같이 복잡한 모형에서는 step 함수를 사용해 모형 단순화의 초기 단계 속도를 높이는 것이 좋다. 그러나 퀴시포아송 오차에서는 이것이 불가능하다. 그러므로 직접 분석을 단계적으로 시행해야 한다. 먼저 에일리어싱이 관찰되는 사원 상호작용을 제거해보자. 그리고 나서 삼원 상호작용 중 가장 의미가 적을 것으로 생각되는 sex-age-weight부터 제거한다.

```
model3 <- update(model2, ~. -smoker:sex:age:weight)
model4 <- update(model3, ~. -sex:age:weight)
anova(model4,model3,test="F")
```

Analysis of Deviance Table

```
Resid. Df Resid. Dev Df Deviance      F Pr(>F)
1       483     745.31
2       479     737.87  4   7.4416 1.0067 0.4035
```

유의성이 없으므로($p = 0.4035$) sex:age:weight를 제거하고 다시 유의성이 떨어질 것으로 생각되는 상호작용을 제거해보자.

```
model5 <- update(model4, ~. -smoker:sex:age)
anova(model5,model4,test="F")
```

유의성이 없다. 제거해도 된다.

```
model6 <- update(model5, ~. -smoker:age:weight)
anova(model6,model5,test="F")
```

summary(model2)에서는 유의성이 있었으나 지금은 유의성이 없다. 제거한다.

```
model7 <- update(model6, ~. -smoker:sex:weight)
anova(model7,model6,test="F")
```

삼원 상호작용의 마지막이었으므로 이제 이원 상호작용을 제거해보자. 역시 가장 의미가 떨어질 것으로 생각되는 상호작용부터 시작한다.

```
model8 <- update(model7, ~. -smoker:age)
anova(model8,model7,test="F")
```

의미가 없다. 계속 진행한다.

```
model9 <- update(model8, ~. -sex:weight)
anova(model9,model8,test="F")
```

의미가 없다. 계속 진행한다.

```
model10 <- update(model9, ~. -age:weight)
anova(model10,model9,test="F")
```

의미가 없다. 계속 진행한다.

```
model11 <- update(model10, ~. -smoker:sex)
anova(model11,model10,test="F")
```

의미가 없다. 계속 진행한다.

```
model12 <- update(model11, ~. -sex:age)
anova(model12,model11,test="F")
```

```
Analysis of Deviance Table

  Resid. Df Resid.  Dev Df Deviance       F  Pr(>F)
1       502     791.59
2       500     778.69  2    12.899  3.4805 0.03154 *
```

의미가 있으므로 sex:age는 모형에 남기도록 한다. smoker:weight는 어떨까? model12가 아니라 model11과 비교해야 한다.

```
model13 <- update(model11, ~. -smoker:weight)
anova(model13,model11,test="F")
```

```
Analysis of Deviance Table

  Resid. Df Resid. Dev Df Deviance       F    Pr(>F)
1      502     790.08
2      500     778.69  2   11.395  3.0747  0.04708 *
```

의미가 있으므로 역시 모형에 포함시킨다. model11이 최소 적합 모형이다. 흡연과 체중 사이에, 그리고 성별과 나이 사이에 이원 상호작용이 존재하므로 모두 네 개의 설명 변수는 모형에 주효과로 포함해야 한다. 이 설명 변수들은 주효과로서의 유의성이 없더라도 의미 있는 상호작용항에 포함돼 있다면 모형에서 제거해서는 안 된다. 이 예제에서는 성별과 나이가 이에 해당된다. $p$ 값으로 판단했을 때 주효과가 가장 큰 것은 흡연이다. 절편의 유의성은 그리 중요한 것은 아니다. 다만 흡연을 하지 않는 정상 체중의 중년 여성에 대한 감염 세포의 평균 수는 0보다 크다는 것을 의미한다. 그러나 데이터 자체가 카운트 형식이므로 그리 대단한 사실은 아니다.

```
Coefficients:
                        Estimate Std. Error t value  Pr(>|t|)
(Intercept)             -1.09888    0.33330  -3.297   0.00105 **
smokerTRUE               0.79483    0.26062   3.050   0.00241 **
sexmale                  0.32917    0.34468   0.955   0.34004
ageold                   0.12274    0.34991   0.351   0.72590
ageyoung                 0.54004    0.36558   1.477   0.14025
weightobese              0.49447    0.23376   2.115   0.03490 *
weightover               0.28517    0.25790   1.106   0.26937
sexmale:ageold           0.06898    0.40297   0.171   0.86414
sexmale:ageyoung        -0.75914    0.41819  -1.815   0.07007 .
smokerTRUE:weightobese   0.75913    0.31421   2.416   0.01605 *
smokerTRUE:weightover    0.32172    0.35561   0.905   0.36606

(Dispersion parameter for quasipoisson family taken to be 1.853039)

    Null deviance: 1052.95 on 510 degrees of freedom
Residual deviance:  778.69 on 500 degrees of freedom
```

이 모형은 흡연과 체중 사이에 유의한 상호작용이 있음을 보여준다($p = 0.05$).

**tapply(cells,list(smoker,weight),mean)**

```
          normal     obese      over
FALSE  0.4184397  0.689394  0.5436893
TRUE   0.9523810  3.514286  2.0270270
```

성별과 나이 사이에도 유의한 상호작용이 있음을 보여준다($p = 0.03$).

**tapply(cells,list(sex,age),mean)**

```
              mid        old      young
female  0.4878049  0.5441176   1.435897
male    1.0315789  1.5468750   1.176471
```

요약 테이블에서 보면 중년과 노년층(남성의 경우에 카운트가 훨씬 크다.)에 비해 젊은 사람들(여성의
경우에 카운트가 약간 크다.)에서 성별 차이에 의한 효과가 작음을 알 수 있다.

이렇게 복잡한 상호작용이 있는 경우, 효과에 대한 그래프를 그려보는 것이 매우 유용하다. 흡
연과 체중 사이의 관계는 다음과 같이 그려볼 수 있다.

```
barplot(tapply(cells,list(smoker,weight),mean),beside=T)
```

괜찮아 보이지만, 막대의 순서를 조금 조정하면 좋을 것 같다. 정상, 과체중, 비만의 순서가
적당할 것 같다. 기본 설정인 알파벳 순서 대신 직접 순서를 지정하기 위해 factor 함수를 사용
한다.

```
weight <- factor(weight,c("normal","over","obese"))
barplot(tapply(cells,list(smoker,weight),mean),beside=T)
```

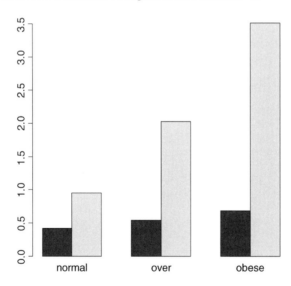

훨씬 좋아졌다. 마지막으로 흡연에 대한 구분을 해주기 위해 범례를 추가해야 한다.

```
barplot(tapply(cells,list(smoker,weight),mean),beside=T)
legend(locator(1),c("non smoker","smoker"),fill=gray(c(0.2,0.8)))
```

범례가 놓일 곳을 미리 선정하고 왼쪽 윗부분에 커서를 위치시킨 후 클릭한다.

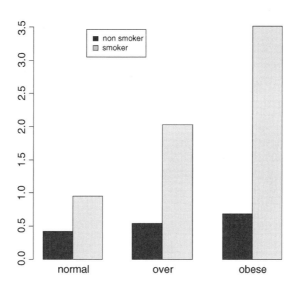

## 분할표의 위험

이미 단순 분할표와 피셔의 정확 검정이나 피어슨의 카이제곱 검정을 이용한 분석을 6장에서 다뤘다. 그러나 추가적으로 더 다뤄야 할 주제가 있다. 관찰 연구에서는 제한된 수의 설명 변수만을 수량화한다. 분석 중에 있는 시스템에 중요한 영향을 미치는 많은 요인들을 측정하지 못할 가능성이 있다. 이런 중요한 요인들을 찾아내고자 수많은 이런저런 노력을 기울이기는 하지만, 사실할 수 있는 일이 그리 많지는 않다. 반응 변수에 중요한 영향을 미치는 요인들을 무시할 때 문제가 발생하게 된다. **중요한 설명 변수들에 대해서만 데이터를 모으게 되면** 어려움은 더 커질 것이다.

나무에 대한 방제<sup>defence</sup> 연구 시행을 생각해보자. 예비 실험을 시행해 시즌 초반에 진딧물<sup>aphids</sup>이 잎을 먹으면 잎에 화학적 변화를 일으켜 시즌 후반에 잎에 구멍을 뚫는 곤충에 의한 피해가 줄어든다는 결과를 확인했다. 체계적 실험을 위해 잎의 코호트를 나눠 표시하고 시즌 초반에 진딧물이 많이 있었는지, 그리고 시즌 후반에 곤충에 의해 구멍이 뚫렸는지의 여부를 확인했다. 다른 두 나무에 대해 실험을 진행하고 결과를 다음과 같이 정리했다.

| 나무 | 진딧물 | 구멍 뚫림 | 구멍 없음 | 잎의 총수 | 구멍의 비율 |
|---|---|---|---|---|---|
| 나무 1 | 없음 | 35 | 1750 | 1785 | 0.0196 |
| | 있음 | 23 | 1146 | 1169 | 0.0197 |
| 나무 2 | 없음 | 146 | 1642 | 1788 | 0.0817 |
| | 있음 | 30 | 333 | 363 | 0.0826 |

네 개의 변수가 있다. 요약해보자. 여덟 개의 값으로 이뤄진 카운트 형식의 반응 변수, 시즌 후반 곤충에 의한 두 수준의 요인(구멍 뚫림, 구멍 없음), 시즌 초반 진딧물에 의한 두 수준의 요인(없음, 있음), 나무에 대한 두 수준의 요인(나무1, 나무2), 이렇게 정리할 수 있다.

```
induced <- read.csv("c:\\temp\\induced.csv")
attach(induced)
names(induced)
```

```
[1] "Tree" "Aphid" "Caterpillar" "Count"
```

포화 모형으로 시작해보자. 반응 변수의 개별적인 데이터에 대해 모두 각각의 모수가 대응되는 경우다. 모형의 적합은 완벽하다. 그러므로 잔차 자유도와 잔차 편차가 없다. 복잡한 분할표에 대한 모형화를 시작할 때 포화 모형을 사용하는 것이 가장 합당하다. 포화 모형을 사용하면 '잡음 변수nuisance variables' 사이의 중요한 상호작용을 부주의하게 누락시키는 일은 없을 것이다.

```
model <- glm(Count~Tree*Aphid*Caterpillar,family=poisson)
```

* 기호를 사용해 주효과, 이원 상호작용, 삼원 상호작용을 모두 포함해 포화 모형을 적합시킬 수 있다. 모형 적합은 $2 \times 2 \times 2 = 8$개의 모수 추정을 포함하며 반응 변수 카운트 데이터에 대한 여덟 개의 값과 정확히 일치한다. 포화 모형을 자세하게 살펴볼 이유는 별로 없다. 별로 필요하지도 않은 너무나 많은 정보가 들어있다. 모형화의 첫 번째 단계는 update 함수를 사용해 삼원 상호작용을 제거하는 것이다. 그러고 나서 anova를 사용해 삼원 상호작용의 유의성을 확인해야 한다.

```
model2 <- update(model, ~ . - Tree:Aphid:Caterpillar)
```

여기서 구두점들(, ~. -)이 매우 중요하다. * 기호 대신 : 기호를 사용해서 주효과와 상호작용 모두가 아니라 상호작용 항만 지정하는 방식에 유의해야 한다. 이제 test="Chi"로 설정해 삼원 상호작용의 유의성에 대해 확인해보자.

```
anova(model,model2,test="Chi")
```

```
Analysis of Deviance Table

Model 1: Count ~ Tree * Aphid * Caterpillar
Model 2: Count ~ Tree + Aphid + Caterpillar + Tree:Aphid +
Tree:Caterpillar + Aphid:Caterpillar

  Resid. Df Resid. Dev Df    Deviance  Pr(>Chi)
1         0 0.00000000
2         1 0.00079137 -1 -0.00079137    0.9776
```

Tree:Aphid:Caterpillar로 나타낼 수 있는 삼원 상호작용은 의미가 없다는 것을 보여준다($p = 0.9776$). 나무에 따라 진딧물의 유무와 곤충에 의한 피해 사이의 상호작용이 다르지 않다는 점을 알 수 있다. 이 상호작용이 의미 있다고 결과가 제시되면 여기서 모형화를 중단하면 된다. 그러나 그렇지 않은 결과이므로 삼원 상호작용을 제거한 후 계속 진행한다. 다음 문제는 무엇일까? Aphid:Caterpillar의 이원 상호작용에 대한 의미를 확인해야 한다. Aphid:Caterpillar의 이원 상호작용 항을 제거하고 anova를 사용해 유의성을 확인해보자.

```
model3 <- update(model2, ~ . - Aphid:Caterpillar)
anova(model3,model2,test="Chi")
```

Analysis of Deviance Table

```
Model 1: Count ~ Tree + Aphid + Caterpillar + Tree:Aphid +
Tree:Caterpillar
Model 2: Count ~ Tree + Aphid + Caterpillar + Tree:Aphid +
Tree:Caterpillar +  Aphid:Caterpillar

  Resid. Df Resid. Dev Df Deviance  Pr(>Chi)
1         2 0.0040853
2         1 0.0007914  1 0.003294    0.9542
```

Aphid:Caterpillar의 이원 상호작용은 유의성이 없다($p = 0.954$). 명확하게 해석할 수 있으며, 시즌 초기에 진딧물에 의한 효과는 없다고 판단할 수 있다.

이번에는 **잘못된 방식으로** 분석을 진행하고, 어떤 결과를 얻게 되는지 확인해보자. 바로 Aphid:Caterpillar의 이원 상호작용에 초점을 맞추는 것이다.

```
wrong <- glm(Count~Aphid*Caterpillar,family=poisson)
wrong1 <- update(wrong,~. - Aphid:Caterpillar)
anova(wrong,wrong1,test="Chi")
```

Analysis of Deviance Table

```
Model 1: Count ~ Aphid * Caterpillar
Model 2: Count ~ Aphid + Caterpillar

  Resid. Df Resid. Dev Df  Deviance  Pr(>Chi)
1         4     550.19
2         5     556.85 -1  -6.6594 0.009864 **
```

Aphid:Caterpillar의 이원 상호작용의 유의성을 확인할 수 있다($p < 0.01$). 틀린 결론이다. 모형에 나무에 대한 변수를 포함시키지 못했다. 결국 중요한 설명 변수가 빠진 것이다. 나무에 따라 잎에 구멍이 뚫리는 경우를 카운트 측면에서 정리해보자.

```
tapply(Count,list(Tree,Caterpillar),sum)
```

```
        holed    not
Tree1      58   2896
Tree2     176   1975
```

나무 1에서 구멍이 뚫린 잎의 비율은 58/(58 + 2896) = 0.0196이고, 나무 2에서는 176/(176 + 1975) = 0.0818이다. 나무 2에서의 비율이 네 배 이상 크다. 앞에서 봤던 잘못된 방식의 분석에서는 이 부분을 간과한 것이다. Aphid와 Caterpillar만 모형에 포함시켰을 때 과대 산포가 발생하게 되고, 이에 따라 전혀 다른 결과를 얻게 된다.

여기에서 기억하고 넘어가야 할 것은 단순하고 분명하다. 시작 시점에서 상호작용과 잡음 변수(예제에서는 나무) 등 모든 변수들을 포함해 포화 모델을 적합시켜야 한다. 모형에서 관심이 있는 상호작용(예제에서는 Aphid:Caterpillar)만 제거한다. 분할표에서 주효과는 별 의미가 없다. 그리고 과대 산포를 주의 깊게 살펴봐야 한다. 과대 모형으로부터 단순화하는 과정으로 분석을 진행하면 무의미한 항만 제거하고 잡음 변수와 관계 있는 항은 제거하지 않으므로 큰 문제가 생기지 않는다. 다만 모형 단순화의 초기 단계에서 고차 상호작용은 예외 사항이다(예제에서는 Tree:Aphid:Caterpillar).

## 카운트 데이터에서 공분산 분석

예제 데이터에서 반응 변수는 생물 종의 수를 나타내는 카운트고, 설명 변수는 구역별로 측정한 Biomass(연속형 설명 변수)와 토양 pH(세 개의 수준(high, mild, low)을 가진 범주형 변수)다.

```
species <- read.csv("c:\\temp\\species.csv")
attach(species)
names(species)
```

```
[1] "pH" "Biomass" "Species"
```

세 개의 pH 수준에 따른 색을 적용해 그래프를 그려보자.

```
plot(Biomass,Species,pch=21,bg=(1+as.numeric(pH)))
```

공분산 분석 모형을 적합시켜보자.

```
model <- lm(Species~Biomass*pH)
summary(model)
```

```
Call:
lm(formula = Species ~ Biomass * pH)

Residuals:
   Min     1Q  Median     3Q     Max
-9.290  -2.554  -0.124   2.208  15.677

Coefficients:
                Estimate Std. Error t value  Pr(>|t|)
(Intercept)     40.60407    1.36701  29.703  < 2e-16 ***
Biomass         -2.80045    0.23856 -11.739  < 2e-16 ***
pHlow          -22.75667    1.83564 -12.397  < 2e-16 ***
pHmid          -11.57307    1.86926  -6.191  2.1e-08 ***
Biomass:pHlow   -0.02733    0.51248  -0.053    0.958
Biomass:pHmid    0.23535    0.38579   0.610    0.543

Residual standard error: 3.818 on 84 degrees of freedom
Multiple R-squared: 0.8531,  Adjusted R-squared: 0.8444
F-statistic: 97.58 on 5 and 84 DF, p-value: < 2.2e-16
```

선형 모형에서, 다른 토양 pH에서 기울기의 차이가 있다는 증거는 없다. abline을 이용해 적합선을 그려보자.

```
abline(40.60407,-2.80045,col="red")
abline(40.60407-22.75667,-2.80045-0.02733,col="green")
abline(40.60407-11.57307,-2.80045+0.23535,col="blue")
```

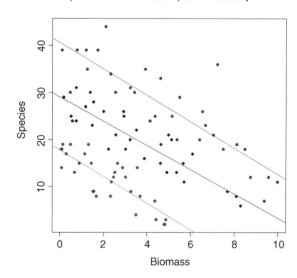

Species는 Biomass가 증가함에 따라 감소하는 추세를 확실히 보여준다. 토양 pH는 Species에 대해 큰 영향을 미친다는 점도 확인할 수 있다. 그런데 Species와 Biomass 사이의 기울기는 토양 pH에 의해 영향을 받는 것일까? 이 선형 모형이 가지고 있는 가장 큰 문제는 카운트 형식의 반응 변수에 대해 음수의 예측 값이 존재한다는 것이다. 예를 들어 pH의 low 수준에서 6보다 작은 Biomass 값에 대한 반응 변수는 음수라는 것을 그래프를 통해 쉽게 알 수 있다. 카운트 데이터는 0보다 작은 값을 가질 수 없으므로 이에 대한 고려가 필요하다.

선형 모형 대신에 포아송 오차를 이용한 일반화 선형 모형으로 다시 적합을 시도해보자.

```
model <- glm(Species~Biomass*pH,poisson)
summary(model)
```

```
Coefficients:
                  Estimate   Std. Error   z value    Pr(>|z|)
(Intercept)        3.76812      0.06153     61.240     < 2e-16    ***
Biomass           -0.10713      0.01249     -8.577     < 2e-16    ***
pHlow             -0.81557      0.10284     -7.931     2.18e-15   ***
pHmid             -0.33146      0.09217     -3.596     0.000323   ***
Biomass:pHlow     -0.15503      0.04003     -3.873     0.000108   ***
Biomass:pHmid     -0.03189      0.02308     -1.382     0.166954
```

(Dispersion parameter for poisson family taken to be 1)

```
    Null deviance: 452.346 on 89 degrees of freedom
Residual deviance:  83.201 on 84 degrees of freedom
AIC: 514.39
```

Number of Fisher Scoring iterations: 4

잔차 편차가 잔차 자유도보다 크지 않으므로 과대 산포를 고려할 필요는 없다. 상호작용 항을 모형에 남겨도 될까? 제거를 시도해보자.

```
model2 <- glm(Species~Biomass+pH,poisson)
anova(model,model2,test="Chi")
```

Analysis of Deviance Table

Model 1: Species ~ Biomass * pH
Model 2: Species ~ Biomass + pH

```
  Resid. Df  Resid. Dev   Df   Deviance    Pr(>Chi)
1        84      83.201
2        86      99.242   -2     -16.04   0.0003288 ***
```

pH의 수준이 달라짐에 따라 기울기의 차이가 존재함을 알 수 있다. 처음의 모형이 최소 적합 모형이 된다.

마지막으로 predict 함수를 이용해 적합선을 그려보자. 각 pH 수준에 대해 개별적인 선을 그려야 한다든 점에 유의해야 한다.

```
plot(Biomass,Species,pch=21,bg=(1+as.numeric(pH)))
xv <- seq(0,10,0.1)
length(xv)
```

[1] 101

```
acidity <- rep("low",101)

yv <- predict(model,list(Biomass=xv,pH=acidity),type="response")
lines(xv,yv,col="green")

acidity <- rep("mid",101)

yv <- predict(model,list(Biomass=xv,pH=acidity),type="response")
lines(xv,yv,col="blue")

acidity <- rep("high",101)

yv <- predict(model,list(Biomass=xv,pH=acidity),type="response")
lines(xv,yv,col="red")
```

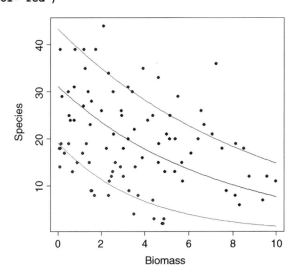

predict 함수에서 type="response"를 사용한 점에 주목해야 한다. 반응 변수는 로그 형식이 아닌 자체의 카운트 형식으로 계산됐고, 적합선을 그리기 전에 안티로그를 사용해 역변환을 할 필요가 없었다. 예제에서는 pH의 수준이 세 개였지만, R 코드를 약간 수정하면 요인 수준의 수가 이와 다른 경우에도 적합선의 수를 조정해 그래프를 그릴 수 있다.

## 빈도 분포

80개의 구역에서 회사가 파산한 경우의 수를 기록한 데이터가 있다. 일부 지역에서 예측 수보다 많은 파산이 있었는지를 알아보고자 한다.

어떻게 예측할 수 있을까? 물론 어느 정보의 변이는 감안해야 한다. 그런데 얼마나 정확히 예측할 수 있을까? 이 부분은 설정한 모형에 따라 다를 것이다. 아마 가장 간단한 모형은 아무 일도 일어나지 않고 개별적인 파산이 다른 파산들과 독립적인 경우에 의해 세워질 수 있다. 이를 통해 구역당 파산의 수에 대한 예측은 포아송 과정을 따르게 된다. 포아송 분포에서는 평균과 분산이 동일하다(박스 13.1).

---

### 박스 13.1. 포아송 분포

포아송 분포는 카운트 데이터를 설명할 때 자주 사용된다. 어떤 일이 몇 번 일어났는지(말의 뒷발질, 번개, 폭발)는 알아야 하지만, 얼마나 일어나지 않았는지는 알 수도 없고 관심 사항도 아니다. 포아송은 한 모수에 대한 분포며, 전적으로 평균에 의해 결정된다. 분산은 평균($\lambda$)과 동일하므로 분산-평균 비는 1이다. $x$의 카운트를 관찰할 확률은 다음과 같이 정리할 수 있다.

$$P(x) = \frac{e^{-\lambda}\lambda^x}{x!}$$

다음과 같이 간단하게 정리할 수도 있다.

$$P(x) = P(x-1)\frac{\lambda}{x}$$

먼저 $x$에 0을 대입해보자.

$$P(0) = e^{-\lambda}$$

이후에 이어지는 확률들은 바로 앞의 확률에 평균을 곱하고 $x$로 나눠 구할 수 있다.

---

데이터를 먼저 확인해보자.

```
case.book <- read.csv("c:\\temp\\cases.csv")
attach(case.book)
names(case.book)
```

```
[1] "cases"
```

파산이라는 사건의 수에 따른 구역의 카운트를 정리해야 한다. 이런 목적으로 table이라는 R 함수를 사용할 수 있다.

```
frequencies <- table(cases)
frequencies
```

```
cases
 0  1  2  3  4  5  6  7  8  9 10
34 14 10  7  4  5  2  1  1  1  1
```

34개의 구역에서는 파산이 없었다. 한 구역에서는 열 번의 파산이 있었다. 이렇게 얻어진 분포를 우리가 모형에서 가정한 것처럼 포아송 분포로부터 데이터가 왔다고 했을 때의 예측 값과 비교해봐야 한다. 0에서 10까지의 11개 빈도 각각에 대해 dpois 함수를 사용해 확률 밀도를 구할 수 있다. dpois에 의해 구해진 값에 총구역의 수 80을 곱하면 예측 빈도를 확인할 수 있다. 구역당 평균 파산의 수를 먼저 구해야 한다. 평균은 포아송 분포의 유일한 모수다.

```
mean(cases)
```

```
[1] 1.775
```

두 개의 분포를 가로로 배열해보자.

```
windows(7,4)
par(mfrow=c(1,2))
```

왼쪽에 관측 빈도를 그린다.

```
barplot(frequencies,ylab="Frequency",xlab="Cases",
col="red",main="observed")
```

오른쪽에는 예측한 포아송 분포를 그린다.

```
barplot(dpois(0:10,1.775)*80,names=as.character(0:10),
ylab="Frequency",xlab="Cases",col="blue",main="expected")
```

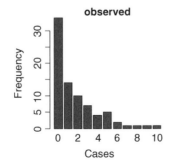
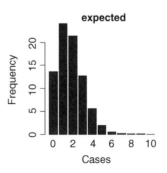

분포가 많이 다르다. 관측 데이터의 최빈값은 0이지만, 같은 평균값을 가진 포아송 분포의 최빈값은 1이다. 관측 데이터에서는 사건의 카운트가 8, 9, 10인 경우 빈도가 1로 확인되지만, 포아송 과정에서는 빈도가 훨씬 낮게 예측된다. 포아송 분포에서 분산-평균 비는 1이지만 관측 데이터에서는 거의 3에 가깝다.

**var(cases)/mean(cases)**

[1] 2.99483

데이터가 포아송 분포를 따르지 않는다면 어떤 다른 분포를 생각해볼 수 있을까? 분산-평균 비가 클 때에는 음이항 분포를 고려해볼 수 있다.

---

**박스 13.2. 음이항 분포**

음이항 분포는 두 모수의 이산 분포로 분산이 평균보다 큰 경우의 카운트 데이터 분포를 설명하는 데 유용하다. 두 모수는 평균 $\mu$와 집중 모수 $k$다. $k$의 값이 작아질수록 집중의 정도는 커진다. 밀도 함수는 다음과 같다.

$$p(x) = \left(1 + \frac{\mu}{k}\right)^{-k} \frac{\Gamma(k+x)}{x!\Gamma(k)} \left(\frac{\mu}{\mu + k}\right)^x$$

$\Gamma$는 감마 함수다. $x$에 0을 대입해보자.

$$p(0) = \left(1 + \frac{\mu}{k}\right)^{-k}$$

다음 식을 이용해 연속되는 항들에 대한 계산이 가능하다.

$$p(x) = p(x-1)\left(\frac{k+x-1}{x}\right)\left(\frac{\mu}{\mu + k}\right)$$

$k$의 추정 값은 평균과 분산에 의해 얻을 수 있다.

$$k \approx \frac{\mu^2}{s^2 - \mu}$$

$k$는 음수일 수는 없으므로 음이항 분포는 분산이 평균보다 작은 경우 데이터에 적합시켜서는 안 된다(대신 이항 분포를 사용해야 한다). $k$의 정확한 최대 가능도 모수는 다음 식의 왼쪽 항과 오른쪽 항이 같아질 때까지 반복적으로 시행해 찾을 수 있다.

$$n \ln\left(1 + \frac{\mu}{k}\right) = \sum_{x=0}^{\max}\left(\frac{A_{(x)}}{k+x}\right)$$

---

벡터 $A(x)$는 $x$보다 큰 값의 총빈도를 담고 있다.

확률 밀도를 계산하는 함수를 다음과 같이 만들 수 있다.

```
negbin <- function(x,u,k)
    (1+u/k)^(-k)*(u/(u+k))^x*gamma(k+x)/(factorial(x)*gamma(k))
```

$x$의 범위(0에서 10)에서 특정한 평균 $\mu = 0.8$과 집중 모수 $k = 0.2$를 가진 분포에 대한 확률 밀도의 막대 그래프를 그려보자.

```
xf <- numeric(11)
for (i in 0:10) xf[i+1] <- negbin(i,0.8,0.2)
barplot(xf)
```

박스 13.2에서 확인한 것처럼 음이항 분포는 두 모수에 대한 분포다. 우리는 이미 파산이라는 사건 카운트의 평균 1.775를 계산했다. 이제 데이터에서 집중의 정도를 확인하기 위해 집중 모수를 추정해야 한다($k < 1$처럼 k 값이 작으면 높은 집중을 나타내는 것이고 $k > 5$처럼 $k$ 값이 크면 임의성을 나타내는 것이다). 박스 13.2에서 추정 값을 얻을 수 있다.

$$k = \frac{\mu^2}{s^2 - \mu}$$

예제 데이터에 적용해보자.

```
mean(cases)^2/(var(cases)-mean(cases))
```

```
[1] 0.8898003
```

$k = 0.8898$이라는 결과를 얻었으며 이 값을 이용해 분석을 계속 진행할 수 있다.

어떻게 기대 빈도를 계산할 수 있을까? 음이항 분포에 대한 밀도 함수는 dnbinom이고 세 개의 인자를 가진다. 카운트(예제에서는 0에서 10), 집중 모수(size = 0.8898), 평균(mu = 1.775), 이렇게 세 개를 지정해줘야 한다. 기대 빈도를 얻기 위해 구역의 총수 80을 곱해야 한다.

```
expected <- dnbinom(0:10,size=0.8898,mu=1.775)*80
```

관측 빈도와 기대 빈도를 하나의 그래프에 같이 그려보자. 관측 빈도와 기대 빈도 벡터보다 길이가 두 배($2 \times 11 = 22$) 늘어난 새로운 벡터(both)를 만든 후 홀수 번째의 순서에는 관측 빈도를 넣고 짝수 번째의 순서에는 기대 빈도를 넣는다. 서브스크립트 값 계산을 위해서는 모듈로를 사용한다.

```
both <- numeric(22)
both[1:22 %% 2 != 0] <- frequencies
both[1:22 %% 2 == 0] <- expected
```

$x$축에는 한 칸씩 건너서 카운트를 표시한다.

```
labels <- character(22)
labels[1:22 %% 2 == 0] <- as.character(0:10)
```

이제 관측 빈도에 밝은 회색을, 음이항 빈도에 어두운 회색을 사용해 막대 그래프를 그려보자.

```
barplot(both,col=rep(c("lightgray","darkgray"),11),names=labels,
ylab="Frequency",xlab="Cases")
```

색이 나타내는 의미에 대한 범례를 추가해야 한다. 시행하고 실패해보면서 범례를 제 위치에 넣을 수 있을 것이다. locate(1) 함수를 사용하고 커서를 알맞은 위치에 놓은 후 마우스 왼쪽 버튼을 클릭한다.

```
legend(locator(1),c("Observed","Expected"),
fill=c("lightgray","darkgray"))
```

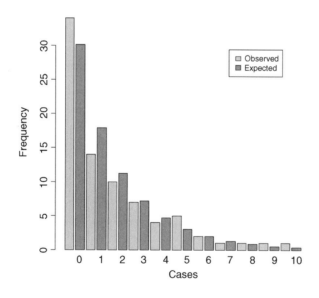

포아송 분포보다 음이항 분포에 대한 적합이 더 나은 것 같다. 특히 오른쪽 꼬리 부분이 많이 좋아졌다. 그러나 관측 데이터는 음이항 분포와 비교해 너무 많은 수의 0을 가지고 있으며 또한 너무 적은 수의 1을 가지고 있다. 관측 빈도와 기대 빈도 사이의 적합성 결여를 수량화하기 위해 기대 빈도가 4보다 큰 경우의 숫자에 기초해 피어슨의 카이제곱 $\sum (O - E)^2/E$를 계산한다.

```
expected
```

```
 [1] 30.1449097 17.8665264 11.2450066  7.2150606  4.6734866  3.0443588
 [7]  1.9905765  1.3050321  0.8572962  0.5640455  0.3715655
```

오른쪽의 여섯 개 빈도를 합치면 expected의 모든 값들은 4보다 크게 된다. 자유도는 비교하고자 하는 개별적인 카운트 개수의 합(6)에서 데이터로부터 추정한 모수의 수(예제에서는 2, 평균과 집중 모수)를 빼준다. 그리고 이 값에서 1을 더 빼줘야 한다. 총빈도의 합이 80으로 일정하게 정해져 있기 때문이다. 결국 자유도는 3이 된다. 앞에서 관측 빈도와 기대 빈도 벡터의 길이를 줄이기로 했으므로 다음과 같이 벡터를 다시 만든다.

```
cs <- factor(0:10)
levels(cs)[6:11] <-"5+"
levels(cs)
```

```
[1] "0" "1" "2" "3" "4" "5+"
```

이렇게 줄여서 만든 관측 빈도와 기대 빈도의 벡터를 각각 of와 ef라 하자.

```
ef <- as.vector(tapply(expected,cs,sum))
of <- as.vector(tapply(frequencies,cs,sum))
```

마지막으로 카이제곱을 계산하고 1-pchisq를 사용해 $p$ 값을 얻는다.

```
sum((of-ef)^2/ef)
```

```
[1] 2.581842
```

```
1 - pchisq(2.581842,3)
```

```
[1] 0.4606818
```

예제 데이터에 대한 음이항 분포는 적절하다고 결론 내릴 수 있다(관측 분포와 기대 분포는 통계적으로 유의하게 다르지 않다. $p = 0.46$).

## 추가 참고 문헌

Agresti, A. (1990) *Categorical Data Analysis*, John Wiley & Sons, New York.

Santer, T.J. and Duffy, D.E. (1990) *The Statistical Analysis of Discrete Data*, Springer-Verlag, New York.

# 14

# 비율 데이터

많은 문제들이 비율 데이터와 연관돼 있다.

- 사망률에 대한 연구
- 질병의 감염률
- 임상 처치에 대한 반응의 비율
- 부문별 투표율
- 성별의 비율
- 실험 처치에 대한 반응의 비율

기본적으로는 카운트 데이터의 형식이다. 얼마나 많은 실험 객체들이 하나의 범주(사망, 지불 불능, 남성, 감염 상태)에 속하고, 이에 더해 얼마나 많은 실험 객체들이 반대의 범주(생존, 지불 가능, 여성, 미감염 상태)에 속하는지 모두 알아야 한다. 사건이 얼마나 많이 일어났는지는 알지만 얼마나 많이 일어나지 않았는지는 알지 못하는 포아송 카운트 데이터와는 다른 부분이 있다.

R에서 비율 반응 변수에 대한 모형 분석을 시행하기 위해서는 family=binomial로 설정해 일반화 선형 모형을 특정화하면 된다. 포아송 오차에서는 family=poisson으로 간단하게 지정하고 진행하면 되지만 이항 오차에서는 약간 복잡하다. 성공의 횟수뿐 아니라 실패의 횟수까지 모두 확보해 두 개의 반응 변수를 만들고 cbind 함수를 사용해 하나의 객체 $y$를 만든다. 결국 객체 $y$는 성공 횟수와 실패 횟수를 모두 포함하게 된다. **이항 분모**binomial denominator, $n$은 총표 본 수다.

```
number.of.failures <- binomial.denominator ? number.of.successes
y <- cbind(number.of.successes, number.of.failures)
```

이런 종류의 데이터를 모형화하기 위해 예전에는 반응 변수로 사망률과 같은 퍼센티지 데이터를 사용했다. 그런데 다음과 같은 문제점들이 있다.

- 오차의 분포가 비정규적이다.
- 분산이 일정하지 않다.
- 반응 변수 값에 대해 위와 아래의 한계치가 있다(위로 100, 아래로 0).
- 퍼센티지를 계산하고 이를 이용함으로써 표본 크기 $n$에 대한 정보를 잃게 된다.

R은 표본 크기 $n$을 가중치로 해서 가중 회귀$^{weighted\ regression}$를 시행하고 선형화를 위해 로그 연결 함수를 사용한다. 이를 통해 일반화 선형 모형을 적용할 수 있다. **퍼센티지 커버**$^{percentage\ cover}$와 같은 비율 데이터는 **아크사인 변환** 후 일반적인 선형 모형(정규 오차와 등분산을 가정할 수 있다.)을 사용해 분석할 수 있다. 이 경우 라디안으로 측정한 반응 변수는 $\sin^{-1}\sqrt{0.01 \times p}$다. 여기서 $p$는 퍼센티지 커버를 나타낸다. 그러나 반응 변수가 연속형 측정에서 **퍼센티지 변화**(예를 들어 특정한 식이 요법 후의 체중 변화) 형식이라면 아크사인 변환보다는 다음 중 하나의 방식을 선택하는 것이 좋다.

- 최종 체중을 반응 변수로, 초기 체중을 공변량으로 해서 공분산 분석을 시행한다(9장 참고).
- 반응 변수를 log(최종 체중/초기 체중)으로 해서 상대적 성장률로 특정화한다.

두 가지 방법 모두 변환 없이 오차의 정규성을 가정하고 진행할 수 있다.

## 하나 또는 두 개의 비율에 대한 데이터 분석

하나의 이항 비율을 상수와 비교하기 위해서는 `binom.test`를 사용한다(6장 참고). 두 표본의 비율 데이터를 비교하기 위해서는 `prop.test`를 사용한다(6장 참고). 이번 장에서는 비율 데이터 분석 방법들 중 일반화 선형 모형을 사용한 회귀와 분할표 등 복잡한 모형들에 대해 설명할 것이다.

## 비율의 평균

비율의 평균을 구할 때는 다른 실수들의 평균을 계산할 때와 다르게 접근해야 한다. 성별 비율에 대한 네 개의 데이터가 있다. 각 데이터는 0.2, 0.17, 0.2, 0.53이다. 모두 더하면 1.1이 되므로 평균은 1.1/4 = 0.275다. 그런데 이것은 틀린 계산이다. 비율의 평균을 계산할 때는 이런 식으로 하면 안 된다. 비율은 카운트 데이터로 이뤄져 있으므로 평균을 계산할 때 카운트를 이용해야 한다. 비율 데이터에서 평균의 계산은 다음과 같이 정리할 수 있다.

$$\text{평균 비율} = \frac{\text{성공의 총횟수}}{\text{시도의 총횟수}}$$

처음으로 다시 돌아와서 네 개의 비율에 대한 카운트를 확인해야 한다. 각 데이터를 확인해서 5회 중 1회, 6회 중 1회, 10회 중 2회, 100회 중 53회의 카운트를 얻었다고 가정해보자. 성공의 총횟수는 1 + 1 + 2 + 53 = 57회고, 시도의 총횟수는 5 + 6 + 10 + 100 = 121회가 된다. 평균 비율은 57/121 = 0.4711이다. 틀린 방식으로 얻었던 평균보다 두 배 가까이 크다. 이런 계산 방법의 차이를 반드시 유의해야 한다.

## 비율에서의 카운트 데이터

비율 데이터에 대한 일반적 변환 방식은 아크사인과 프로빗probit을 이용하는 것이다. 아크사인 변환은 오차 분포를 위한 것이고, 프로빗 변환은 생물학적 검정에서 사망률과 로그 용량 사이의 관계를 선형화하기 위해 사용한다. 이런 분석의 경우 과정상으로는 아무 문제가 없으며 R에서도 쉽게 시행할 수 있다. 그러나 좀 더 간단한 방식으로 접근해 결과를 쉽게 해석할 수 있는 방법이 있으면 그 방법을 선택하는 것이 합당할 것이다.

비율 데이터를 모형화하는 과정에서 가장 어려운 점은 반응의 범위가 명확하게 정해져 있다는 것이다. 사망률은 100%보다 클 수도 없고 0%보다 작을 수도 없다. 그러나 선형 회귀나 공분산 분석과 같이 단순한 기법을 사용한다면 모형이 음수 값이나 100%보다 큰 값을 예측할 수도 있다. 특히 분산이 크거나 많은 수의 데이터가 0 또는 100%에 가까우면 더욱 가능성이 높을 것이다.

비율 데이터의 설명을 위해 로지스틱 곡선을 주로 사용한다. 직선 모형과 달리 0과 1에 대해 근사적인 접근을 나타내므로 앞에서 설명한 것처럼 음수 값이나 100%보다 큰 값을 예측하는 문제는 발생하지 않는다. 특정 방식의 반응에 대한 비율을 $p$라 하자. 많은 용어들을 도박의 이론으로부터 그대로 가져와서 통계적으로는 **성공**success이라 표현한다. 반응이 두 가지 방식만 있다고 했을 때 다른 방식의 반응은 **실패**failure로 표현하며 그 비율은 $1 - p$라 할 수 있다. 실패의 비율을 $q$라 하면 $p + q = 1$이 된다. 세 번째 변수로 표본 크기 $n$이 있다. 이항 분모라 할 수 있으며 통계적으로는 **시도 횟수**number of attempts라 한다.

이항 분포에서 중요한 점은 분산이 일정하지 않다는 것이다, 평균이 $np$인 이항 분포의 분산은 다음과 같다.

$$s^2 = npq$$

$p$에 따라 분산이 다음 그림과 같이 변할 수 있다.

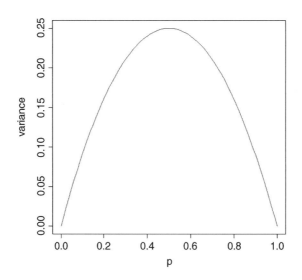

분산은 $p$가 매우 크거나 작을 때에는 작은 값을 갖고 $p = q = 0.5$일 때 가장 큰 값을 갖는다. $p$가 작아지면 이항 분포는 포아송 분포에 가깝게 된다. 앞에서 본 이항 분포에서의 분산 공식을 참고하면 좀 더 쉽게 이해할 수 있다. 포아송 분포에서는 분산이 평균과 동일하므로 $s^2 = np$다. $p$가 작아지면 $q$가 1에 가깝게 되므로 이항 분포의 분산 또한 평균에 가깝게 되는 것이다.

$$s^2 = npq \approx np \ (q \approx 1)$$

## 오즈

$p$에 대한 로지스틱 모형을 $x$의 함수로 표현해보자.

$$p = \frac{e^{a+bx}}{1 + e^{a+bx}}$$

모형이 선형은 아닌 것 같다. 이렇게 새 공식을 만나면 **극단 값에서의 양상**을 먼저 확인해보는 것이 중요하다. $x = 0$일 때의 $y$ 값과 $x$가 매우 클 때(무한대)의 $y$ 값을 계산해보는 것이다.

$x = 0$일 때 $p = \exp(a)/(1 + \exp(a))$가 되고 이 값은 절편에 해당된다. 결과를 기억해두는 것이 좋은 두 가지 경우가 있다. $\exp(\infty) = \infty$이고 $\exp(-\infty) = 1/\exp(\infty) = 0$이 된다. 이 결과들을 참고해서 계산들을 계속 진행해보자. $x$가 매우 큰 양수일 때 $p = 1$이고, $x$가 매우 큰 음수일 때 $p = 0/1 = 0$이다. 모형의 한계 값 범위가 분명해졌다.

매우 간단한 변환을 통해 로지스틱 모형의 선형화가 가능하다. 마권 업자들은 오즈$^{odds}$의 개념으로 경마에 참가하는 말에 대해 승률을 평가한다(정말 좋은 말인 경우 2 대 1, 좋지 않은 말인 경우 25

대 1). 2 대 1은 무엇을 의미하는 것일까? 세 번의 경주가 있을 때 두 번은 지지만 한 번은 이긴다고 예측하는 것이다.

과학자들이 확률에 대한 정보를 제시하는 방식과는 조금 다르다. 과학자들은 앞의 경우를 0.3333의 비율(세 번의 시행 중 한 번의 성공)로 표현하지만 마권 업자들은 2 대 1의 오즈로 표현한다. 기호의 측면에서 살펴보면 과학자들은 확률 $p$로 나타내지만, 마권 업자들은 **오즈** $p/q$로 표현한다. 이제 오즈 $p/q$를 로지스틱 형식으로 바꿔보자.

$$\frac{p}{q} = \frac{e^{a+bx}}{1+e^{a+bx}} \left[ 1 - \frac{e^{a+bx}}{1+e^{a+bx}} \right]^{-1}$$

조금 어려워 보인다. 더 진행해보자.

$$\frac{p}{q} = \frac{e^{a+bx}}{1+e^{a+bx}} \left[ \frac{1}{1+e^{a+bx}} \right]^{-1} = e^{a+bx}$$

자연 로그를 적용해보자. $\ln(e^x) = x$이므로 다음과 같이 정리할 수 있다.

$$\ln\left(\frac{p}{q}\right) = a + bx$$

**선형 예측치** $a+bx$를 확인할 수 있다. 이것은 $p$에 대한 것이 아니라 $p$의 로짓 변환 $\ln(p/q)$에 대한 것이다. 로짓은 선형 예측치를 $p$ 값에 연계시켜주는 **연결 함수**다.

그래프를 통해 비교해보자. 왼쪽 그래프는 $x$에 대한 $p$ 값을 나타내고 있으며 오른쪽 그래프는 $x$에 대한 $\text{logit}(p)$를 보여준다($a = 0.2, b = 0.1$).

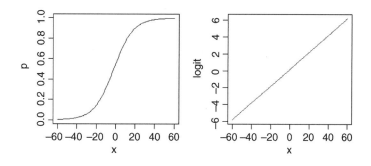

이런 의문이 생길 수 있다. '왜 간단하게 설명 변수 $x$에 대한 $\ln(p/q)$의 선형 회귀를 바로 사용하지 않을까?' 이항 분포를 이용한 일반화 선형 모형은 다음과 같은 큰 장점들이 있다.

• 일정하지 않은 이항 분산을 다룰 수 있다.

- 0과 1에 가까운 $p$에서의 로짓은 무한대가 될 수 있는데 이에 대한 처리가 가능하다.
- 표본 수에 대한 차이를 가중 회귀로 처리할 수 있다.

## 과대 산포와 가설 검정

지금까지 다뤘던 모든 다른 모형화 과정들은 비율 데이터에 대해서도 사용 가능하다. 요인 분산 분석, 공분산 분석, 다중 회귀 등은 일반화 선형 모형에 의해서도 시행이 가능하다. 유일한 차이점은 카이제곱을 기초로 해서 항의 유의성을 평가하는 것이다.

반드시 유의해야 할 중요한 점은 이항 분포에 의한 가설 검정은 정규분포에 의한 경우보다 분명함이 떨어진다는 것이다. 조정된 편차의 변화에 대한 카이제곱 근사는 표본 수가 클 때(일반적으로 30 정도를 기준으로 한다.) 의미가 있다. 표본 수가 작은 경우에는 근사의 정확도가 많이 떨어진다. 가장 문제가 되는 것은 만족스러운 근사의 정도가 명확하지 않다는 것이다. 이는 모수에 대한 가설 검정을 해석할 때 매우 주의를 기울여야 함을 의미한다. 특히 모수에 대한 유의성이 그리 크지 않거나 전체 편차의 매우 적은 부분만을 설명 가능할 때 각별한 주의가 필요하다. 이항 또는 포아송 오차의 경우, 가설 검정에서 정확한 $p$ 값을 제시할 수 있을 것이라 기대하기는 어렵다.

포아송 오차에서처럼 과대 산포의 문제를 고려해야 한다(13장 참고). 최소 적합 모형이 얻어졌다면 **잔차의 조정된 편차가 잔차 자유도와 대략 비슷해야 한다.** 잔차 편차가 잔차 자유도보다 크면 두 가지 가능성을 생각해야 한다. 모형의 특정화가 제대로 되지 않았거나 처치 수준에서 성공의 확률 $p$가 일정하지 않은 경우를 고려해야 한다. 임의로 변하는 $p$의 효과는 이항 분산을 $npq$에서 다음과 같이 증가시킨다.

$$s^2 = npq + n(n-1)\sigma^2$$

예상 잔차 편차보다 큰 값을 얻게 된다.

하나의 간단한 해결책은 분산을 $npq$가 아니라 $npqs$로 가정하는 것이다. 여기서 $s$는 미지의 **척도 모수**scale parameters다($s>1$). 피어슨의 카이제곱을 자유도로 나눠 미지의 척도 모수를 구할 수 있다. 이 추정치를 조정된 편차와 비교하기 위해 사용한다. 과대 산포가 있을 때에는 family=binomial 대신 family=quasibinomial을 사용한다.

이항 오차를 이용해 모형화를 시행할 때 가장 중요한 점들은 다음과 같다.

- 성공과 실패의 카운트를 담고 있는 두 개의 벡터를 cbind로 묶어서 두 개의 열로 이뤄진 객체를 만든다.
- 과대 산포(잔차 편차가 잔차 자유도보다 큰 경우)를 확인해 필요하면 family=binomial 대신 family=quasibinomial을 사용한다.

- 이항 오차를 이용해 정확한 $p$ 값을 구하기 어렵다는 점을 기억해야 한다. 카이제곱 근사는 큰 표본 수에서는 적당하지만 작은 표본 수에서는 문제가 될 수 있다.
- 적합 값은 반응 변수와 같이 카운트다.
- 원 잔차도 역시 카운트다.
- `summary(model)`에서 확인할 수 있는 선형 예측치는 로짓(오즈의 로그, $\ln(p/q)$) 형식이다.
- 로짓($z$)을 비율($p$)로 역변환할 수 있다. 이때 공식 $p = 1/(1 + 1/\exp(z))$를 이용한다.

## 적용

선형 모형에서처럼 일반화 선형 모형에서도 여러 종류의 모형화가 가능하다. 그 예를 들어보자.

- 이항 분포를 사용한 회귀(연속형 설명 변수)
- 이항 분포를 사용한 편차 분석(범주형 설명 변수)
- 이항 분포를 사용한 공분산 분석(연속형과 범주형 설명 변수)

## 이항 분포를 사용한 로지스틱 회귀

예제는 곤충의 성별비에 대한 데이터다. 조사 대상의 곤충에서 성별비는 매우 큰 변이를 보여준다. 실험은 개체 밀도에 의해 성별비가 영향받는지 여부를 확인하고자 시행됐다.

```
numbers <- read.csv("c:\\temp\\sexratio.csv")
numbers

  density females  males
1       1       1      0
2       4       3      1
3      10       7      3
4      22      18      4
5      55      22     33
6     121      41     80
7     210      52    158
8     444      79    365
```

개체 밀도가 높을수록 수컷의 비율이 큰 것처럼 보인다. 좀 더 정확히 살펴보기 위해 비율에 대해 그래프를 그려보자.

```
attach(numbers)
windows(7,4)
par(mfrow=c(1,2))
```

```
p <- males/(males+females)
plot(density,p,ylab="Proportion male")
plot(log(density),p,ylab="Proportion male")
```

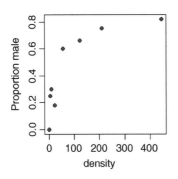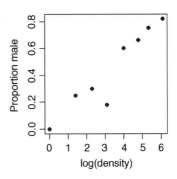

확실히 설명 변수에 대한 로그 변환이 모형 적합을 향상시킨다. 잠시 후에 이 부분을 다시 살펴보자.

개체 밀도가 증가하면 수컷의 밀도가 의미 있게 증가하는 것일까? 그래프만 보고 판단한다면 그렇다고 할 수 있을 것이다.

이항 오차를 이용한 일반화 선형 모형 작업을 위해 카운트 데이터의 조합이 준비돼 있다. 먼저 수컷과 암컷 카운트에 대한 벡터를 묶어 반응 변수에 이용할 객체를 만든다.

```
y <- cbind(males,females)
```

$y$는 모형에서 수컷의 비율로 해석해 이용될 것이다.

```
model <- glm(y~density,binomial)
```

model이라는 객체는 일반화 선형 모형을 취하게 된다. 여기서 density라 하는 연속형 설명 변수의 함수로 $y$(성별비)가 모형화된다. 이때 family=binomial을 사용해 오차 분포를 지정한다. 결과는 다음과 같다.

```
summary(model)

Coefficients:
            Estimate    Std. Error  z value   Pr (>|z|)
(Intercept) 0.0807368   0.1550376   0.521     0.603
density     0.0035101   0.0005116   6.862     6.81e-12   ***

(Dispersion parameter for binomial family taken to be 1)
```

```
    Null deviance: 71.159 on 7 degrees of freedom
Residual deviance: 22.091 on 6 degrees of freedom
AIC: 54.618
```

```
Number of Fisher Scoring iterations: 4
```

첫 번째 모수는 절편이고, 두 번째 모수는 개체 밀도에 대한 성별비의 기울기다. 기울기는 0과 비교했을 때 통계적 유의성이 있다(개체 밀도가 큰 경우 수컷이 더 많다. $p = 6.81 \times 10^{-12}$). 설명 변수의 로그 변환에 의해 잔차 편차가 22.091보다 작아질 수 있는지 확인해보자.

```
model <- glm(y~log(density),binomial)
summary(model)
```

```
Coefficients:
              Estimate   Std. Error   z   value   Pr (>|z|)
(Intercept)  -2.65927      0.48758       -5.454   4.92e-08   ***
log(density)  0.69410      0.09056        7.665   1.80e-14   ***
```

```
(Dispersion parameter for binomial family taken to be 1)
```

```
    Null deviance: 71.1593 on 7 degrees of freedom
Residual deviance:  5.6739 on 6 degrees of freedom
AIC: 38.201
```

```
Number of Fisher Scoring iterations: 4
```

매우 큰 향상을 확인할 수 있으므로 이 모형을 선택한다. 고려해야 할 기술적인 부분이 하나 더 있다. 일반화 선형 모형에서는 잔차 편차가 잔차 자유도와 같다고 전제한다. 잔차 편차가 잔차 자유도보다 크다면 이 현상을 과대 산포라 한다. 이항 분산의 측면에서 설명되지 않는 변이가 추가적으로 더 생기는 것이다. density에 로그를 적용한 모형에서는 과대 산포의 증거가 없다(잔차 자유도 6에 대해 잔차 편차가 5.67). 반면에 첫 번째 모형에서는 곡선형에 의한 적합도 결여가 상당한 과대 산포를 일으킨다(자유도 6에 대해 잔차 편차가 22.09). 이 모형에서는 density에 로그를 적용하지 않고 설명 변수로 사용한다.

plot(model)을 사용해 모형 검증을 시행한다. 적합 값에 대한 잔차의 패턴에는 큰 문제가 없으며 정규성 그래프도 선형을 나타내므로 역시 문제가 없다. 4번 데이터는 영향력이 높으며(쿡의 거리가 큰 값을 가진다.) 8번 데이터는 큰 지렛대 값을 가진다(이 데이터 포인트를 제거하더라도 모형의 유의성을 확인할 수 있다). 개체 밀도가 커지면 성별에서 수컷의 비는 커진다고 결론 내릴 수 있다. 그리고 설명 변수의 로그 변환에 따른 로지스틱 모형에 의해 선형화가 가능함을 확인할 수 있었다. 산점도에 적합선을 그려보자.

```
xv <- seq(0,6,0.1)
plot(log(density),p,ylab="Proportion male",pch=21,bg="blue")
lines(xv,predict(model,list(density=exp(xv)),
type="response"),col="brown")
```

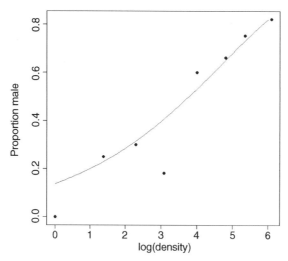

로짓 스케일에서 S 모양의 비율 스케일로 역변환하기 위해 type="response"를 사용하고 로그의 역변환을 위해 exp(xv)를 사용한 점에 유의해야 한다. 그래프에서 보듯이 density의 낮은 값과 $\log$(density)$\approx$3에 대해 모형의 적합은 좋지 않다. 그러나 나머지 범위에서는 적절해 보인다. 낮은 개체 밀도에서는 반복 시행의 수가 너무 작은 것도 성별비의 정확한 추정에 제한 요인으로 작용한다. 물론 모형의 부적절함이 아닌 이상점의 존재에 대해서도 관심을 기울여야 할 것이다.

## 범주형 설명 변수를 포함하는 비율 데이터

예제는 기생 식물인 **사철쑥더부살이**[Orobanche]의 두 유전자형에 대한 씨앗 발아와 발아 촉진을 위한 숙주 식물(콩[bean]과 오이[cucumber]) 추출물에 대한 데이터다. 그리고 편차에 대한 이원 요인 분석이 사용된다.

```
germination <- read.csv("c:\\temp\\germination.csv")
attach(germination)
names(germination)
```

```
[1] "count"    "sample"    "Orobanche"    "extract"
```

반응 변수 count는 size=sample인 실험군에서 발아된 씨앗의 수다. 따라서 발아되지 않은 씨앗의 수는 sample-count가 된다. 이를 이용해 반응 벡터를 만들어보자.

```
y <- cbind(count, sample-count)
```

개별적인 범주형 설명 변수는 두 개의 수준을 가진다.

```
levels(Orobanche)
```

```
[1] "a73" "a75"
```

```
levels(extract)
```

```
[1] "bean" "cucumber"
```

씨앗의 발아율에 대해 Orobanche 유전자형(a73 또는 a75)과 식물 추출물(bean 또는 cucumber) 사이의 상호작용이 이뤄지지 않는다는 가설을 검정하고자 한다. 이를 위해 * 기호를 사용해 요인 분석을 시행한다.

```
model <- glm(y ~ Orobanche * extract, binomial)
summary(model)
```

```
Coefficients:
                            Estimate Std. Error z value  Pr (>|z|)
(Intercept)                  -0.4122     0.1842  -2.238    0.0252 *
Orobanchea75                 -0.1459     0.2232  -0.654    0.5132
extractcucumber               0.5401     0.2498   2.162    0.0306 *
Orobanchea75:extractcucumber  0.7781     0.3064   2.539    0.0111 *
```

```
(Dispersion parameter for binomial family taken to be 1)
```

```
    Null deviance: 98.719 on 20 degrees of freedom
Residual deviance: 33.278 on 17 degrees of freedom
AIC: 117.87
```

```
Number of Fisher Scoring iterations: 4
```

얼핏 보기에는 상호작용이 매우 유의한 것으로 판단된다($p = 0.0111$). 그러나 모형의 적절성을 확인해봐야 한다. 가장 먼저 확인할 것은 과대 산포다. 자유도 17에 대해 잔차 편차는 33.278이므로 매우 큰 과대 산포가 있음을 알 수 있다.

```
33.279 / 17
```

```
[1] 1.957588
```

과대 산포 요인은 2에 가깝다. 이를 적용하는 가장 간단한 방법은 '경험적 척도 모수empirical scale parameter'를 사용해서 우리가 가정한 대로 오차가 이항 분포를 따르는 것이 아니라 1.9576

만큼 더 크다(과대 산포)고 나타내는 것이다. 과대 산포를 고려해 quasibinomial을 사용해 모형을 재적합시켜보자.

```
model <- glm(y ~ Orobanche * extract, quasibinomial)
```

일반적인 방법에서처럼 update를 사용해 상호작용 항을 제거한다.

```
model2 <- update(model, ~ . - Orobanche:extract)
```

원래 모형과 단순화한 모형을 비교하기 위해 카이제곱 대신 $F$ 검정을 사용한다.

```
anova(model,model2,test="F")
```

Analysis of Deviance Table

Model 1: y ~ Orobanche * extract
Model 2: y ~ Orobanche + extract

|   | Resid. Df | Resid. Dev | Df | Deviance | F | Pr(>F) |
|---|-----------|------------|----|----------|---|--------|
| 1 | 17 | 33.278 | | | | |
| 2 | 18 | 39.686 | -1 | -6.408 | 3.4419 | 0.08099 . |

상호작용이 유의하지 않음을 확인할 수 있다($p = 0.081$). 두 식물 추출물에 대해 Orobanche의 두 유전자형이 다르게 반응한다고 볼 수 있는 확실한 증거가 없다. 다음 과정은 추가적인 모형 단순화가 필요한지 확인하는 것이다.

```
anova(model2,test="F")
```

Analysis of Deviance Table

Model: quasibinomial, link: logit

Response: y

Terms added sequentially (first to last)

|   | Df | Deviance | Resid. Df | Resid. Dev | F | Pr(>F) |
|---|----|----------|-----------|------------|---|--------|
| NULL | | | 20 | 98.719 | | |
| Orobanche | 1 | 2.544 | 19 | 96.175 | 1.1954 | 0.2887 |
| extract | 1 | 56.489 | 18 | 39.686 | 26.5412 | 6.692e-05 *** |

발아율에 대해 두 식물 추출물 사이에 유의한 차이가 있으나 모형에 Orobanche 유전자형을 유지해야 하는지는 분명하지 않다. 일단 제거해보자.

```
model3 <- update(model2, ~ . - Orobanche)
anova(model2,model3,test="F")
```

Analysis of Deviance Table

```
Model 1: y ~ Orobanche + extract
Model 2: y ~ extract
  Resid. Df  Resid. Dev  Df  Deviance        F Pr(>F)
1        18      39.686
2        19      42.751  -1    -3.065  1.4401 0.2457
```

모형에 Orobanche를 유지해야 할 근거가 없다. 결국 최소 적합 모형은 단지 두 개의 모수를 갖는다.

```
coef(model3)
```

```
    (Intercept) extractcucumber
     -0.5121761       1.0574031
```

이 두 숫자가 정확하게 무엇을 의미하는 것일까? 계수들은 선형 예측치에서 나왔다는 것을 기억해야 한다. 이 계수들은 변환된 척도상의 값이다. 쿼시이항 오차를 사용했으므로 로짓 형식 ($\ln(p/(1-p))$)다. 두 식물 추출물에 대한 발아율로 바꾸기 위해서는 약간의 계산이 필요하다. 로짓 $x$에서 비율 $p$로 변환하기 위해 다음 식을 사용한다.

$$p = \frac{1}{1 + \frac{1}{e^x}}$$

첫 번째 $x$ 값이 $-0.5122$이므로 다음과 같이 계산한다.

```
1/(1+1/(exp(-0.5122)))
```

```
[1] 0.3746779
```

첫 번째 식물(bean) 추출물의 평균 발아율은 37%다. cucumber에 대한 모수(1.057)는 어떻게 처리해야 할까? 범주형 설명 변수에서 모수 값은 **평균 사이의 차이**라는 점을 꼭 기억해야 한다. 두 번째 발아율을 얻기 위해서는 변환하기 전에 먼저 **절편에 1.057을 더해야 한다**.

```
1/(1+1/(exp(-0.5122+1.0574)))
```

```
[1] 0.6330212
```

bean과 비교해 cucumber에서 발아율은 거의 두 배가 된다(63%). 이 과정을 일반화해 평균 비율 추정 값의 계산 속도를 높여보자. type="response"를 사용해 자동으로 역변환을 시행하고 predict 함수를 적용시킬 수 있다.

```
tapply(predict(model3,type="response"),extract,mean)
```

```
     bean   cucumber
0.3746835  0.6330275
```

원 비율의 평균값과 앞의 결과를 비교해보는 것도 흥미롭다. 우선 표본별로 발아 비율 $p$를 계산해야 한다.

```
p <- count/sample
```

다음으로 각 추출물별 발아율 평균을 구해보자.

```
tapply(p,extract,mean)
```

```
     bean   cucumber
0.3487189  0.6031824
```

다른 결과를 얻게 됐다. 큰 차이가 나지는 않지만 다른 것은 분명하다. 비율 데이터의 평균을 정확하게 계산하기 위해서는 각 수준별 총카운트를 모두 더하고 이를 비율로 변환해야 한다.

```
tapply(count,extract,sum)
```

```
 bean  cucumber
  148       276
```

콩 추출물에서 발아한 씨앗의 수는 148개고, 오이 추출물에서 발아한 씨앗의 수는 276개다. 그러나 개별적인 경우 전체 씨앗의 수는 얼마나 될까?

```
tapply(sample,extract,sum)
```

```
 bean  cucumber
  395       436
```

콩의 경우 395개고, 오이의 경우 436개다. 그러므로 정확한 평균 비율은 148/395와 276/436이다. 다음과 같이 자동적으로 계산할 수도 있다.

```
as.vector(tapply(count,extract,sum))/
as.vector(tapply(sample,extract,sum))
```

```
[1] 0.3746835 0.6330275
```

이 값은 일반화 선형 모형에 의한 정확한 평균 비율이다. 여기에서 꼭 기억하고 넘어가야 할 것이 하나 있다. **비율의 평균을 계산할 때 원 비율의 평균을 계산하는 것이 아니라 총카운트와 총표본 수를 이용해 평균 비율을 계산해야 한다는 것이다.**

분석을 요약해보자.

- 성공과 실패의 정보를 담고 있는 두 열로 이뤄진 반응 벡터를 만든다.
- `family=binomial`을 지정해 `glm` 함수를 사용한다(`family =` 부분은 생략 가능하다).
- 최대 모형을 적합시킨다(예제에서는 네 개의 모수를 포함한다).
- 과대 산포에 대해 검정한다.
- 과대 산포가 있다면 `quasibinomial` 오차를 사용한다.
- 상호작용 항을 제거해 모형 단순화를 시작한다.
- 예제에서 과대 산포를 고려한 단순화를 시행했을 때 유의성이 없음을 확인할 수 있었다.
- 주효과를 제거한다(예제 모형에서는 `Orobanche`를 제거한다).
- 모형 검증을 위해 `plot` 함수를 사용한다.
- 평균값을 얻기 위해 `type="response"`를 지정하고 `predict` 함수를 사용해 역변환을 시행한다.

## 이항 데이터를 이용한 공분산 분석

예제는 다년생 식물 다섯 종의 개화에 대한 데이터다. 무작위 설계에서의 각 개체에 대해 여섯 가지 용량의 성장 촉진 혼합물 중 하나를 뿌린다. 6주 후 식물들의 개화 여부를 확인한다. 개화한 개체의 카운트가 반응 변수다. 연속형 설명 변수(dose)와 범주형 설명 변수(variety)가 모두 포함돼 있으므로 공분산 분석을 시행할 수 있다. 반응 변수가 비율(flowered/number)로 표현할 수 있는 카운트(flowered)이므로 로지스틱 회귀를 사용한다.

```
props <- read.csv("c:\\temp\\flowering.csv")
attach(props)
names(props)

[1] "flowered" "number" "dose" "variety"

y <- cbind(flowered,number-flowered)
pf <- flowered/number
pfc <- split(pf,variety)
dc <- split(dose,variety)
```

이런 종류의 카운트 데이터에서는 그래프상의 데이터 포인트가 겹치기 쉽다. 약간씩 위치를 이동시켜 겹치지 않도록 만드는 데 `jitter` 함수를 사용한다.

```
plot(dose,pf,type="n",ylab="Proportion flowered")
points(jitter(dc[[1]]),jitter(pfc[[1]]),pch=21,bg="red")
points(jitter(dc[[2]]),jitter(pfc[[2]]),pch=22,bg="blue")
points(jitter(dc[[3]]),jitter(pfc[[3]]),pch=23,bg="gray")
points(jitter(dc[[4]]),jitter(pfc[[4]]),pch=24,bg="green")
points(jitter(dc[[5]]),jitter(pfc[[5]]),pch=25,bg="yellow")
```

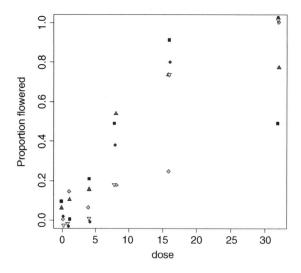

식물 종에 따라 개화 촉진에 대한 반응 차이가 명확해 보인다. 모형화 과정은 일반적인 방식으로 진행하면 된다. 각 종에 대해 다른 기울기와 다른 절편을 고려해 최대 모형을 적합시킨다(모두 10개의 모수를 추정한다).

```
model1 <- glm(y~dose*variety,binomial)
summary(model1)
```

모형은 매우 큰 과대 산포가 있음을 보여준다(51.083/20 > 2). 따라서 쿼시이항 오차를 이용해 재적합시킨다.

```
model2 <- glm(y~dose*variety,quasibinomial)
summary(model2)
```

```
Coefficients:
              Estimate Std. Error  t value  Pr (>|t|)
(Intercept)   -4.59165    1.56314   -2.937   0.00814    **
dose           0.41262    0.15195    2.716   0.01332    *
varietyB       3.06197    1.65555    1.850   0.07922    .
varietyC       1.23248    1.79934    0.685   0.50123
varietyD       3.17506    1.62828    1.950   0.06534    .
```

```
varietyE        -0.71466    2.34511    -0.305   0.76371
dose:varietyB   -0.34282    0.15506    -2.211   0.03886   *
dose:varietyC   -0.23039    0.16201    -1.422   0.17043
dose:varietyD   -0.30481    0.15534    -1.962   0.06380   .
dose:varietyE   -0.00649    0.20130    -0.032   0.97460
```

(Dispersion parameter for quasibinomial family taken to be 2.293557)

```
    Null deviance: 303.350 on 29 degrees of freedom
Residual deviance:  51.083 on 20 degrees of freedom
AIC: NA
```

Number of Fisher Scoring iterations: 5

상호작용 항을 모형에 포함시켜야 할까(단지 하나의 경우에서만 유의성이 확인된다.)? 상호작용 항을 제거하고 anova를 사용해 두 모형을 비교해보자.

```
model3 <- glm(y~dose+variety,quasibinomial)
anova(model2,model3,test="F")
```

Analysis of Deviance Table

```
Model 1: y ~ dose * variety
Model 2: y ~ dose + variety
  Resid. Df Resid. Dev Df Deviance      F    Pr(>F)
1      20      51.083
2      24      96.769 -4  -45.686 4.9798  0.005969 **
```

상호작용 항의 유의성을 확인할 수 있다($p = 0.005969$).

산점도에 다섯 개의 적합선을 그려보자. $x$축의 범위를 고려해서 다음과 같이 입력한다.

```
xv <- seq(0,32,0.25)
length(xv)
```

[1] 129

각 요인 수준에 대한 129개의 반복을 이용해 predict 함수를 사용한다.

```
yv <- predict(model3,list(dose=xv,variety=rep("A",129)),
type="response")
lines(xv,yv,col="red")
yv <- predict(model3,list(dose=xv,variety=rep("B",129)),
type="response")
lines(xv,yv,col="blue")
yv <- predict(model3,list(dose=xv,variety=rep("C",129)),
```

```
type="response")
lines(xv,yv,col="gray")
yv <- predict(model3,list(dose=xv,variety=rep("D",129)),
type="response")
lines(xv,yv,col="green")
yv <- predict(model3,list(dose=xv,variety=rep("E",129)),
type="response")
lines(xv,yv,col="yellow")
```

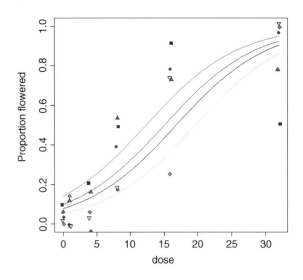

빨간색 A와 노란색 E에 대해서는 모형이 적절하게 적합됐음을 확인할 수 있다. 회색 C에 대해서는 그리 나쁘지 않고, 파란 색 B와 초록 색 D에 대해서는 매우 좋지 않다. 여러 종에 대해 전체적으로 보면 0의 용량에서 개화 비율이 과대평가됐음을 알 수 있다. B에서는 고용량에서 개화가 억제됨을 알 수 있다. 16의 용량에서는 90%이었으나 32의 용량에서는 50%로 떨어졌다. D는 80% 이상으로 올라가지 않고 그대로 유지됐다. 모형의 부정확성에 대해서는 추가적인 작업이 필요할 것이다.

비율 데이터를 가지고 있을 때 로지스틱이 이 데이터를 반드시 잘 설명해줄 것이라고 생각해서는 안 된다. 예를 들어 B의 반응을 설명하기 위해 모형은 돌출형의 모양을 가져야 하며 D의 반응을 설명하기 위해서는 추가적인 모수가 필요하다.

## 추가 참고 문헌

Hosmer, D.W. and Lemeshow, S. (2000) *Applied Logistic Regression*, 2nd edn, John Wiley & Sons, New York.

# 15

# 바이너리 반응 변수

많은 통계적 문제들이 바이너리 반응 변수로 이뤄져 있다. 예를 들어 사망 또는 생존, 사용 중 또는 비어있음, 건강 또는 질병 상태, 남성 또는 여성, 글을 읽고 쓸 줄 아는 경우 또는 문맹, 성숙 또는 미성숙, 지불 가능 또는 지불 불능, 취직 상태 또는 실직 상태 등을 생각할 수 있다. 한 개인이 어떤 집단에 속하게 될 때는 연관 요인을 이해하는 것이 중요하다. 다시 예를 들어보자. 회사 파산에 대한 연구에서 데이터는 파산한 회사에서 얻을 수 있는 여러 측정치의 리스트(설립 시기, 규모, 매출, 위치, 관리 경험, 직원 교육 등)와 지불 능력이 있는 회사에서의 리스트로 이뤄진다.

반응 변수는 0과 1로 이뤄진다. 예를 들어 0은 사망한 개인을 나타내고 1은 생존한 개인을 나타낼 수 있다. 그러므로 반응에 대한 숫자를 하나의 열로 만들 수 있다. 이와 다르게 비율 데이터는 두 개의 벡터(성공과 실패)로 묶여서 구성된다(14장 참고). 다른 방식으로 두 수준의 요인으로 제시하는 것도 가능하다('사망' 또는 '생존', '남성' 또는 '여성' 등).

**R은 표본 크기 1인 이항 시행**에서 반응 값이 나왔다고 가정한 후 바이너리 데이터를 다룬다. 개인의 사망 확률을 $p$라 할 때 $y$($y$는 사망 또는 생존, 즉 0 또는 1)의 결과를 얻을 확률은 베르누이 분포 Bernoulli distribution라고 알려진 $n = 1$인 이항 분포의 축약형으로 표현할 수 있다.

$$P(y) = p^y(1 - p)^{1-y}$$

임의 변수 $y$는 평균 $p$와 분산 $p(1 - p)$를 갖게 되며 설명 변수가 $p$ 값에 어떻게 영향을 미치는지 확인하는 것이 주목적이다. 바이너리 반응 변수를 효과적으로 사용할 수 있으려면 바이너리 반응 변수의 사용이 적절한 경우와 비율 데이터로 전환해 사용하는 것이 적절한 경우를 분명히 구분할 수 있어야 한다. 분명하게 확인해야 할 사항은 하나 또는 그 이상의 변수가 고유한 수치의 형식으로 제시돼 있는지 여부다. 그렇다면 바이너리 반응 변수에 의한 분석이 적절한 방식이다. 그렇지 않다면 데이터를 카운트 형식으로 바꿔 진행할 수 있다. 예를 들어 모든 설명 변수가 범주형이라고 가정해보자(성별(남성 또는 여성), 고용 상태(고용 또는 미고용), 지역(도시 또는 지방)). 이 경우 어떤 개인도 교유한 수치 형식의 설명 변수를 가지고 있지 않으므로 바이너리 반응을 이용한 분석에 의해 얻어낼 수 있는 것이 없다. 그런데 각 개인의 체중에 대한 데이터가 있다면, 성별과 지역을 조정한 상태에서 고체중의 개인이 저체중의 개인보다 고용이 잘되지 않는다는 가설을 검정해볼 수 있다. 설명 변수에 대해 고유한 수치가 없다면 다음 두 가지 선택 사항을 고려할 수 있다.

- 상황의 각 조합을 분할표의 각 항목으로 만들어 포아송 오차를 이용한 분할표 형식으로 데이터를 분석한다.
- 중요한 설명 변수를 결정해(성별) 비율 데이터 작업 형식으로 먼저 정리한 후(남성의 수와 여성의 수) 바이너리 반응을 두 수준의 요인에 대한 카운트로 바꿔준다. 이제 이항 분포를 이용한 비율 데이터 분석이 가능하다(14장 참고).

각 개인에 대한 하나 또는 그 이상의 설명 변수에서 고유한 측정 값이 있다면 이 값은 체중, 소득, 의료 기록, 핵 재처리 공장까지의 거리, 지역적 고립도 등의 연속 변수일 가능성이 높다. 이 경우 바이너리 데이터에 대한 분석은 다중 회귀 또는 공분산 분석 등으로 시행 가능하며, 모형 단순화와 모형 평가 등에 대해서는 10장과 11장을 참고하기 바란다.

바이너리 반응 변수에 대한 모형화 시행을 단계적으로 정리해보자.

- 반응 변수에 대해 0과 1(혹은 두 개의 요인 수준)을 포함하는 하나의 벡터를 만든다.
- `family=binomial`로 지정해 `glm` 함수를 사용한다.
- 기본 설정 연결 함수인 로짓을 로그-로그로 바꿀 수 있다.
- 일반적인 방식으로 모형 적합을 시도한다.
- 최대 모형에서의 항 제거를 통한 유의성 검정과 카이제곱을 이용한 편차 변화의 비교를 시행한다.
- 바이너리 반응 변수에서는 과대 산포를 고려하지 않아도 되므로 잔차 편차가 클 때 퀴시이항 오차를 사용하지 않아도 된다.
- `plot(model)`을 통한 모형 검증은 그리 유용하지 않다.

연결 함수의 선택에서는 두 연결 함수를 모두 시도해본 후 작은 편차를 제시해주는 연결 함수를 사용하는 것이 바람직하다. 로짓 연결 함수는 $p$와 $q$에서 대칭적이지만 로그-로그 연결 함수는 그렇지 않다.


## 발생률 함수

예제 데이터를 보자. 반응 변수는 `incidence`로, 1은 특정 종의 새가 섬에 서식하고 있음을 의미하며 0은 그렇지 않음을 의미한다. 설명 변수는 섬의 면적($km^2$)과 섬의 고립도(주요 섬과의 거리, km)다.

```
island <- read.csv("c:\\temp\\isolation.csv")
attach(island)
names(island)
```

[1] "incidence" "area" "isolation"

두 개의 연속형 설명 변수가 있으므로 다중 회귀가 적합하다. 반응은 바이너리 형식이므로 이항 오차를 이용한 로지스틱 회귀를 시행할 수 있다. 면적과 고립도의 상호작용을 아우르는 복잡한 모형 적합부터 시작해보자.

```
model1 <- glm(incidence~area*isolation,binomial)
```

면적과 고립도, 이렇게 두 개의 주효과만 포함하는 단순한 모형 적합을 해보자.

```
model2 <- glm(incidence~area+isolation,binomial)
```

이제 anova를 사용해 두 모형을 비교한다.

```
anova(model1,model2,test="Chi")
```

Analysis of Deviance Table

Model 1: incidence ~ area * isolation
Model 2: incidence ~ area + isolation

| Resid. | Df | Resid. Dev | Df | Deviance | Pr(>Chi) |
|--------|----|------------|----|----------|----------|
| 1      | 46 | 28.252     |    |          |          |
| 2      | 47 | 28.402     | -1 | -0.15043 | 0.6981   |

단순한 모형이 유의하게 나쁘지 않으므로 일단 이 모형을 선택하고 모수 추정치와 표준오차를 확인해보자.

```
summary(model2)
```

Coefficients:

|             | Estimate | Std. Error | z value | Pr(>\|z\|) |    |
|-------------|----------|------------|---------|-----------|----|
| (Intercept) | 6.6417   | 2.9218     | 2.273   | 0.02302   | *  |
| area        | 0.5807   | 0.2478     | 2.344   | 0.01909   | *  |
| isolation   | -1.3719  | 0.4769     | -2.877  | 0.00401   | ** |

(Dispersion parameter for binomial family taken to be 1)

    Null deviance: 68.029 on 49 degrees of freedom
Residual deviance: 28.402 on 47 degrees of freedom

AIC: 34.402

Number of Fisher Scoring iterations: 6

모수 추정치와 표준오차는 로짓 형식이다. 면적은 유의한 양의 효과(섬이 클수록 서식 확률이 높다.)를 보이지만 고립도는 매우 큰 음의 효과(고립된 섬일수록 서식 확률이 작다.)를 나타낸다. 이것이 최소 적합 모형이다. 데이터의 산점도에 대해 적합 모형을 그려보자. 개별적인 설명 변수를 구분해서 그래프를 작성하면 더 쉬울 것 같다.

```
windows(7,4)
par(mfrow=c(1,2))
xv <- seq(0,9,0.01)

modela <- glm(incidence~area,binomial)
modeli <- glm(incidence~isolation,binomial)

yv <- predict(modela,list(area=xv),type="response")
plot(area,incidence,pch=21,bg="yellow")
lines(xv,yv,col="blue")

xv2 <- seq(0,10,0.1)
yv2 <- predict(modeli,list(isolation=xv2),type="response")
plot(isolation,incidence,pch=21,bg="yellow")
lines(xv2,yv2,col="red")
```

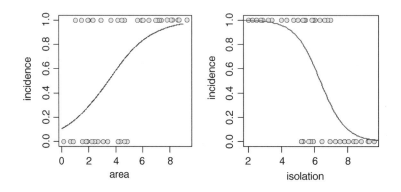

좋기는 한데 데이터가 0과 1로만 표시돼 있어 모형의 적합도를 명확히 판단하기 어렵다. 데이터로부터 확률적인 부분을 끌어내어 이 경험적 추정치empirical estimates를 적합도의 판단 기준으로 삼을 수 있다. 일단 면적과 고립도에 대한 범위를 세 부분으로 나눠 각 부분적 범위에서의 성공과 실패 카운트를 세고 평균 발생 비율 $p$와 표준오차 $\sqrt{p(1-p)/n}$을 계산해 이 값들을 그래프에 표시하면 된다. 먼저 면적과 고립도의 범위를 나누기 위해 cut 함수를 사용한다.

```
ac <- cut(area,3)
ic <- cut(isolation,3)
tapply(incidence,ac,sum)
```

```
(0.144,3.19]  (3.19,6.23]  (6.23,9.28]
         7            8           14
```

**tapply(incidence,ic,sum)**

```
(2.02,4.54] (4.54,7.06] (7.06,9.58]
        12          17           0
```

면적의 첫 번째 범위에 서식(성공)을 나타내는 데이터 포인트가 일곱 개 있으며 세 번째 범위에는 14개가 있다. 고립도의 첫 번째 범위에 서식을 나타내는 데이터 포인트가 12개 있으며 세 번째 범위에는 하나도 없다. 범위를 나타내는 기호에 유의해야 한다. (a, b]는 b는 포함하고 a는 포함하지 않는다는 의미다.

이제 각 부분적 범위에서 섬의 총수를 세어보자.

**table(ac)**

```
ac
(0.144,3.19]  (3.19,6.23]  (6.23,9.28]
        21           15           14
```

**table(ic)**

```
ic
(2.02,4.54] (4.54,7.06] (7.06,9.58]
        12          25           13
```

서식의 확률은 서식(성공)의 횟수를 섬의 총수로 나눠 구할 수 있다.

**tapply(incidence,ac,sum)/ table(ac)**

```
(0.144,3.19]  (3.19,6.23]  (6.23,9.28]
   0.3333333    0.5333333    1.0000000
```

**tapply(incidence,ic,sum)/ table(ic)**

```
(2.02,4.54] (4.54,7.06] (7.06,9.58]
      1.00        0.68        0.00
```

평균 비율과 표준오차($\sqrt{pq/n}$)를 모형의 회귀선과 같이 그려서 근접성을 확인할 수 있다.

```
xv <- seq(0,9,0.01)
yv <- predict(modela,list(area=xv),type="response")
plot(area,incidence,pch=21,bg="yellow")
lines(xv,yv,col="blue")
```

```
d <- (max(area)-min(area))/3
left <- min(area)+d/2
mid <- left+d
right <- mid+d
xva <- c(left,mid,right)
pa <- as.vector(tapply(incidence,ac,sum)/ table(ac))
se <- sqrt(pa*(1-pa)/table(ac))
xv <- seq(0,9,0.01)
yv <- predict(modela,list(area=xv),type="response")
lines(xv,yv,col="blue")
points(xva,pa,pch=16,col="red")
for (i in 1:3) lines(c(xva[i],xva[i]),
c(pa[i]+se[i],pa[i]-se[i]),col="red")
xv2 <- seq(0,10,0.1)
yv2 <- predict(modeli,list(isolation=xv2),type="response")
plot(isolation,incidence,pch=21,bg="yellow")
lines(xv2,yv2,col="red")
d <- (max(isolation)-min(isolation))/3
left <- min(isolation)+d/2
mid <- left+d
right <- mid+d
xvi <- c(left,mid,right)
pi <- as.vector(tapply(incidence,ic,sum)/ table(ic))
se <- sqrt(pi*(1-pi)/table(ic))
points(xvi,pi,pch=16,col="blue")
for (i in 1:3) lines(c(xvi[i],xvi[i]),
c(pi[i]+se[i],pi[i]-se[i]),col="blue")
```

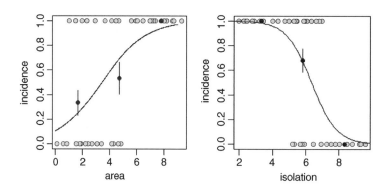

고립도에 대한 그래프에서는 추가된 점과 막대가 로지스틱 선과 거의 일치함을 알 수 있다. 로지스틱 모형이 매우 좋았음을 나타내는 것이다. 그러나 면적에 대한 그래프에서는 그리 좋지 않다. 낮은 면적에서는 로지스틱 선이 관측 데이터를 과소평가했고 중간 범위에서는 과대평가했다.

면적과 고립도 사이에 상호작용이 존재한다면 두 효과를 따로 그리는 접근 방식은 바람직하지 않을 것이다. 상호작용이 존재하는 경우에는 고립도의 정도를 구분한 후 면적에 대한 발생률을 표시하는 조건화 플롯을 작성해야 한다.

## 바이너리 반응 변수를 이용한 공분산 분석

예제에서 바이너리 반응 변수는 기생충 감염(있음 또는 없음)이고 설명 변수는 연속형인 체중과 나이, 그리고 범주형인 성별이다. 데이터를 먼저 살펴보자.

```
infection <- read.csv("c:\\temp\\infection.csv")
attach(infection)
names(infection)
```

```
[1] "infected" "age" "weight" "sex"
```

연속형 설명 변수, 체중과 나이에 대해서는 박스 그래프를 그려보는 것이 좋다.

```
windows(7,4)
par(mfrow=c(1,2))
plot(infected,weight,xlab="Infection",ylab="Weight",
col="lightblue")
plot(infected,age,xlab="Infection",ylab="Age", col="lightgreen")
```

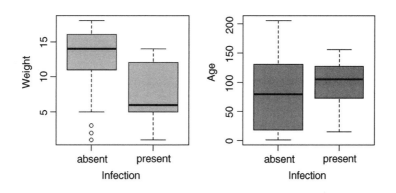

감염된 개인들이 감염되지 않은 개인들에 비해 저체중임을 알 수 있으며, 감염된 개인들의 나이 범위가 더 좁다는 점도 확인할 수 있다. 감염 유무와 성별의 관계를 확인해보기 위해서는 table 함수를 사용한다.

```
table(infected,sex)

          sex
infected  female  male
  absent      17    47
  present     11     6
```

감염이 남성(6/53)보다 여성(11/28)에게서 더 잘 일어난다는 것을 알 수 있다.

이전의 분석에서처럼 범주 변수의 각 수준에 대해 다른 기울기를 고려함으로써 최대 모형을 적합시켜보자.

```
model <- glm(infected~age*weight*sex,family=binomial)
summary(model)

Coefficients:
                    Estimate   Std. Error   z value   Pr(>|z|)
(Intercept)        -0.109124     1.375388    -0.079      0.937
age                 0.024128     0.020874     1.156      0.248
weight             -0.074156     0.147678    -0.502      0.616
sexmale            -5.969109     4.278066    -1.395      0.163
age:weight         -0.001977     0.002006    -0.985      0.325
age:sexmale         0.038086     0.041325     0.922      0.357
weight:sexmale      0.213830     0.343265     0.623      0.533
age:weight:sexmale -0.001651     0.003419    -0.483      0.629

(Dispersion parameter for binomial family taken to be 1)

    Null deviance: 83.234 on 80 degrees of freedom
Residual deviance: 55.706 on 73 degrees of freedom
AIC: 71.706

Number of Fisher Scoring iterations: 6
```

상호작용의 유의성은 없어 보인다. 모형 단순화를 위해 update와 anova 대신 step을 사용해서 각 항에 대한 AIC를 비교해보자.

```
model2 <- step(model)

Start: AIC= 71.71
```

먼저 삼원 상호작용이 필요한지 확인해보자.

```
                   Df   Deviance     AIC
- age:weight:sex    1     55.943   69.943
<none>                    55.706   71.706

Step: AIC= 69.94
```

AIC의 감소가 71.7 − 69.9 = 1.8밖에 되지 않는다. 유의성이 없으므로 삼원 상호작용은 제거한다.

다음으로 이원 상호작용을 보자.

```
               Df    Deviance      AIC
- weight:sex    1      56.122    68.122
- age:sex       1      57.828    69.828
<none>                 55.943    69.943
- age:weight    1      58.674    70.674

Step: AIC= 68.12
```

weight:sex의 제거만 AIC의 감소를 일으키므로 먼저 제거하고 나머지 두 상호작용은 남긴다.

**summary(model2)**

```
Call:
glm(formula = infected ~ age + weight + sex + age:weight + age:sex,
    family = binomial)

Coefficients:
              Estimate   Std. Error    z value    Pr(>|z|)
(Intercept)  -0.391572     1.264850     -0.310      0.7569
age           0.025764     0.014918      1.727      0.0842   .
weight       -0.036493     0.128907     -0.283      0.7771
sexmale      -3.743698     1.786011     -2.096      0.0361   *
age:weight   -0.002221     0.001365     -1.627      0.1037
age:sexmale   0.020464     0.015199      1.346      0.1782

(Dispersion parameter for binomial family taken to be 1)

    Null deviance: 83.234 on 80 degrees of freedom
Residual deviance: 56.122 on 75 degrees of freedom
AIC: 68.122
```

나머지 두 상호작용에 대한 $p$ 값은 모두 0.1보다 크다. model2를 단순화하기 위해 update를 사용한다.

**model3 <- update(model2,~.-age:weight)**
**anova(model2,model3,test="Chi")**

```
Analysis of Deviance Table

Model 1: infected ~ age + weight + sex + age:weight + age:sex
Model 2: infected ~ age + weight + sex + age:sex

Resid. Df  Resid. Dev  Df   Deviance  Pr(>Chi)
1     75      56.122
2     76      58.899   -1    -2.777   0.09562  .
```

age:weight에 대한 유의성은 없다($p = 0.096$).

```
model4 <- update(model2,~.-age:sex)
anova(model2,model4,test="Chi")
```

Analysis of Deviance Table

Model 1: infected ~ age + weight + sex + age:weight + age:sex
Model 2: infected ~ age + weight + sex + age:weight

```
Resid.  Df   Resid. Dev   Df   Deviance   Pr(>Chi)
1       75      56.122
2       76      58.142     -1   -2.0203    0.1552
```

model2에서 제거 과정에 의해 모든 이원 상호작용 항이 제거됐다($p = 0.1552$).
세 개의 주효과는 어떨까?

```
model5 <- glm(infected~age+weight+sex,family=binomial)
summary(model5)
```

Coefficients:

```
              Estimate    Std. Error    z value    Pr(>|z|)
(Intercept)   0.609369     0.803288      0.759     0.448096
age           0.012653     0.006772      1.868     0.061701   .
weight       -0.227912     0.068599     -3.322     0.000893  ***
sexmale      -1.543444     0.685681     -2.251     0.024388   *
```

(Dispersion parameter for binomial family taken to be 1)

```
    Null deviance: 83.234 on 80 degrees of freedom
Residual deviance: 59.859 on 77 degrees of freedom
AIC: 67.859
```

Number of Fisher Scoring iterations: 5

박스 그래프에서 봤듯이 체중은 유의성이 있다. 성별도 유의성이 확인되지만 성별은 경계에 있는 정도다. 체중과 나이에 대해서는 비선형성의 근거를 확인해볼 필요가 있다. 두 연속형 설명 변수에 이차항을 적용시켜 다시 적합을 시도해보자.

```
model6 <- glm(infected~age+weight+sex+I(weight^2)+I(age^2),
family=binomial)
summary(model6)
```

Coefficients:

```
              Estimate    Std. Error    z value    Pr(>|z|)
(Intercept)  -3.4475839   1.7978359     -1.918     0.0552   .
age           0.0829364   0.0360205      2.302     0.0213   *
weight        0.4466284   0.3372352      1.324     0.1854
```

```
sexmale        -1.2203683    0.7683288    -1.588    0.1122
I(weight^2)    -0.0415128    0.0209677    -1.980    0.0477  *
I(age^2)       -0.0004009    0.0002004    -2.000    0.0455  *
```

(Dispersion parameter for binomial family taken to be 1)

```
    Null deviance: 83.234 on 80 degrees of freedom
Residual deviance: 48.620 on 75 degrees of freedom
AIC: 60.62
```

Number of Fisher Scoring iterations: 6

비선형성을 확인할 수 있다. 다른 종류의 모형을 사용해 좀 더 자세히 확인해봐야 하며, 연속형 변수를 가지고 있을 때에는 일반화 가법 모형부터 시작해보는 것이 좋다.

```
library(mgcv)
model7 <- gam(infected~sex+s(age)+s(weight),family=binomial)
plot.gam(model7)
```

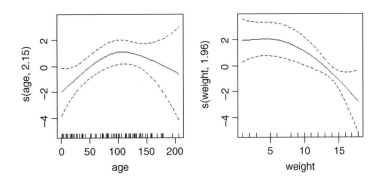

감염과 나이 사이에서 돌출형의 관계를 확인할 수 있으며, 대략 8 정도의 체중에서 한계 값의 가능성을 엿볼 수 있다.

다시 일반화 선형 모형으로 돌아와 앞의 정보들을 적용해보자. 나이의 주효과와 이차항을 모두 포함시키고 체중에 대해서는 구간에 따른 회귀를 시행한다. 체중의 한계 값에 대한 범위를 설정(예를 들어 8-14)해 가장 작은 잔차 편차를 제시하는 값을 선택해야 하는데, 예제에서는 12라는 값으로 확인된다(gam 플롯에서 보이는 것보다는 조금 크다). 구간에 따른 회귀는 다음과 같이 특정화할 수 있다.

```
I((weight - 12) * (weight > 12))
```

I 기호를 사용해 * 기호가 상호작용의 의미를 갖지 않도록 했다. 식이 의미하는 내용은 weight > 12가 참인 경우에 한해서만 weight - 12의 값에서 회귀를 시행하라는 것이다.

```
model8 <- glm(infected~sex+age+I(age^2)+
I((weight-12)*(weight>12)),family=binomial)
summary(model8)
```

```
Coefficients:
                             Estimate Std. Error  z value  Pr(>|z|)
(Intercept)                 -2.7511382  1.3678824   -2.011   0.0443 *
sexmale                     -1.2864683  0.7349201   -1.750   0.0800 .
age                          0.0798629  0.0348184    2.294   0.0218 *
I(age^2)                    -0.0003892  0.0001955   -1.991   0.0465 *


I((weight - 12) * (weight > 12)) -1.3547520  0.5350853   -2.532   0.0113 *
```

(Dispersion parameter for binomial family taken to be 1)

```
    Null deviance: 83.234 on 80 degrees of freedom
Residual deviance: 48.687 on 76 degrees of freedom
AIC: 58.687
```

Number of Fisher Scoring iterations: 7

```
model9 <- update(model8,~.-sex)
anova(model8,model9,test="Chi")
model10 <- update(model8,~.-I(age^2))
anova(model8,model10,test="Chi")
```

감염에 대한 성별의 효과는 유의성이 없다(제거에 대한 카이제곱 검정의 $p = 0.071$). 그리고 나이에 대한 이차항은 유의성이 크다고 볼 수 없다($p = 0.0465$). 그러나 제거 검정에서는 $p = 0.011$이므로 모형에 포함시킨다. 최소 적합 모형은 model9가 된다.

```
summary(model9)
```

```
Coefficients:
                             Estimate Std. Error  z value  Pr(>|z|)
(Intercept)                 -3.1207552  1.2665593   -2.464   0.0137 *
age                          0.0765784  0.0323376    2.368   0.0179 *
I(age^2)                    -0.0003843  0.0001846   -2.081   0.0374 *
I((weight - 12) * (weight > 12)) -1.3511706  0.5134681   -2.631   0.0085 **
```

(Dispersion parameter for binomial family taken to be 1)

```
    Null deviance: 83.234 on 80 degrees of freedom
Residual deviance: 51.953 on 77 degrees of freedom
AIC: 59.953
```

Number of Fisher Scoring iterations: 7

감염과 나이 사이에는 돌출형의 관계가 있으며 감염에 대한 체중의 한계 효과가 존재한다고 결론 내릴 수 있다. 성별의 효과는 정확한 판단을 내리기에 약간 애매하므로 추가적인 연구가 필요하다($p = 0.071$).

## 추가 참고 문헌

Collett, D. (1991) *Modelling Binary Data*, Chapman & Hall, London.

Cox, D.R. and Snell, E.J. (1989) *Analysis of Binary Data*, Chapman & Hall, London.

# 16

# 사망과 실패 데이터

사망까지의 시간 데이터는 통계 모형 작업에서 자주 만나게 된다. 가장 주요한 문제는 분산이 일정하지 않다는 것이며, 일반적 통계 방법들은 적절하지 않다. 감마 분포의 오차라면 **분산은 평균의 제곱**이 된다(포아송 오차에서는 분산과 평균이 동일하다). 사망까지의 시간 데이터를 다루기 위해서는 감마 오차를 이용해 일반화 선형 모형을 적합시키면 된다.

예제는 세 집단(통제 집단, 소용량의 항암제, 대용량의 항암제)에 대한 실험이다. 반응은 쥐의 사망 시점 나이(개월로 표시)로 측정했다.

```
mortality <- read.csv("c:\\temp\\deaths.csv")
attach(mortality)
names(mortality)
```

```
[1]   "death"   "treatment"
```

```
tapply(death,treatment,mean)
```

```
control     high      low
   3.46     6.88     4.70
```

고용량을 투여받은 쥐는 통제 집단에 비해 대략 두 배 정도 더 오래 살았다. 저용량을 투여받은 쥐는 기대 수명이 35% 정도 증가했다. 사망 시점의 나이에서 분산은 일정하지 않다.

```
tapply(death,treatment,var)
```

```
control          high           low
0.4167347     2.4751020     0.8265306
```

고용량의 항암제를 투여받은 집단에서 분산이 가장 크다. 이런 경우 등분산성과 오차의 정규성을 가정하는 일반적 통계 모형을 사용해서는 안 된다. 대신 감마 오차를 이용한 일반화 선형 모형을 사용할 수 있다.

```
model <- glm(death~treatment,Gamma)
summary(model)
```

Coefficients:

|  | Estimate | Std. Error | t value | Pr(>|t|) |
|---|---|---|---|---|
| (Intercept) | 0.289017 | 0.008327 | 34.708 | < 2e-16 *** |
| treatmenthigh | -0.143669 | 0.009321 | -15.414 | < 2e-16 *** |
| treatmentlow | -0.076251 | 0.010340 | -7.374 | 1.11e-11 *** |

(Dispersion parameter for Gamma family taken to be 0.04150576)

    Null deviance: 17.7190 on 149 degrees of freedom
Residual deviance:  5.8337 on 147 degrees of freedom
AIC: 413.52

Number of Fisher Scoring iterations: 4

감마 오차에 대한 연결 함수는 역수다. 요약 테이블에서 고용량 집단에 대한 모수가 음수가 되는 것도 바로 이 때문이다. 고용량 집단의 평균은 $0.289 - 0.1437 = 0.1453$의 역수, 즉 $1/0.1453 = 6.882$가 된다. plot(model)에 의한 모형 검증에서는 큰 문제가 없어 보인다 (lm(death~treatment)에 대해서도 모형 검증을 해서 비교해보자). 지금까지의 내용들을 종합해 세 처치 수준이 유의하게 다르다는 결론을 내릴 수 있다.

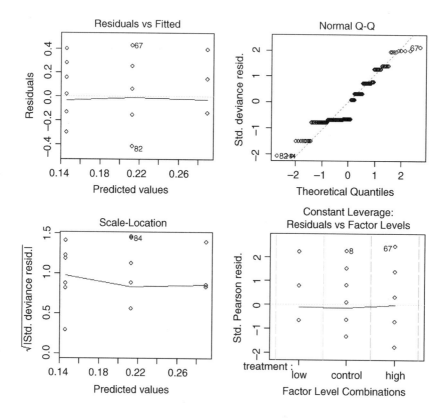

사망 시점 데이터를 다룰 때 가장 어려운 점은 개인들 중 일부는 실험 진행 중에 사망하지 않으며 사망 시점의 나이를 알 수 없다는 것이다(치료에 의해 회복됐을 수도 있고 중간에 실험에 참여하지 않을 수도 있으며 사망하기 전에 실험이 끝났을 수도 있다). 이런 개인들은 중도절단censoring됐다고 표현한다. 중도절단은 분석을 매우 복잡하게 만든다. 중도절단된 개인도 여러 정보를 제공하지만 유형이 다른 것이다. 지금까지의 내용에 대한 분석 방법을 **생존 분석**이라 한다.

```
detach(mortality)
```

## 중도절단을 포함한 생존 분석

예제는 야생 양 150마리의 사망률에 대한 데이터다. 세 개의 실험 집단을 대상으로 50개월 동안 실험이 진행됐다. 각 집단은 장 기생충에 대해 각기 다른 약이 투여됐다(집단 A는 고용량의 기생충약, 집단 B는 저용량의 기생충약, 집단 C는 위약). 개별적인 양의 초기 체중weight을 공변량으로 이용했다. 양이 사망한 개월 수(death)를 측정했고, 실험이 끝날 때까지 생존한 경우는 중도절단으로 처리했다(중도절단=0, 사망=1).

```
library(survival)
sheep <- read.csv("c:\\temp\\sheep.deaths.csv")
attach(sheep)
names(sheep)

[1] "death" "status" "weight" "group"
```

세 집단에 대한 생존 곡선은 다음과 같이 입력해 얻을 수 있다.

```
plot(survfit(Surv(death,status)~group),col=c(2,3,4),
                              xlab="Age at death (months)")
```

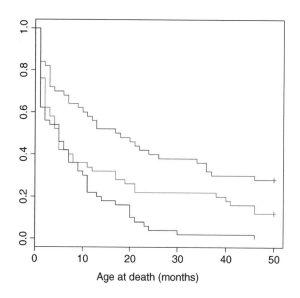

Age at death (months)

　　그래프 오른쪽 끝부분의 + 기호는 중도절단이 있음을 나타낸다. 집단 A와 B에서는 실험이 끝
난 시점에서 모든 양들이 사망하지 않았음을 나타내는 것이다. 생존 모형에서 모수 회귀를 위해
survreg 함수를 사용한다. 이 함수에서는 여러 종류의 오차 분포를 특정화할 수 있다. 예제에서
는 지수 분포를 사용했다. dist는 "extreme", "logistic", "gaussian", "exponential"
에서 선택이 가능하고 link는 "log", "identity"에서 선택이 가능하다. 이제 공분산 모형에
대한 분석을 시작해보자.

```
model <- survreg(Surv(death,status)~weight*group,dist="exponential")
summary(model)

Call:
survreg(formula = Surv(death, status) ~ weight * group, dist =
"exponential")
                Value    Std. Error        z         p
(Intercept)    3.8702      0.3854     10.041   1.00e-23
weight        -0.0803      0.0659     -1.219   2.23e-01
groupB        -0.8853      0.4508     -1.964   4.95e-02
groupC        -1.7804      0.4386     -4.059   4.92e-05
weight:groupB  0.0643      0.0674      0.954   3.40e-01
weight:groupC  0.0796      0.0674      1.180   2.38e-01

Scale fixed at 1

Exponential distribution
Loglik(model)= -480.6  Loglik(intercept only)= -502.1
        Chisq= 43.11 on 5 degrees of freedom, p= 3.5e-08
Number of Newton-Raphson Iterations: 5
n= 150
```

모형 단순화는 이전과 같은 방식으로 진행된다. update를 사용할 수도 있지만, 여기에서는 anova를 사용해 단계적으로 모형화를 시행해보자. 먼저 각 집단에 대한 각기 다른 기울기를 고려해보자.

```
model2 <- survreg(Surv(death,status)~weight+group,dist="exponential")
anova(model,model2,test="Chi")
```

|   | Terms | Resid. Df | -2*LL | Test Df | Deviance | P(>|Chi|) |
|---|-------|-----------|-------|---------|----------|-----------|
| 1 | weight * group | 144 | 961.1800 | NA | NA | NA |
| 2 | weight + group | 146 | 962.9411 | -weight:group -2 | -1.761142 | 0.4145462 |

상호작용은 유의성이 없으므로 제거하고 weight 제거를 시도해보자.

```
model3 <- survreg(Surv(death,status)~group,dist="exponential")
anova(model2,model3,test="Chi")
```

|   | Terms | Resid. Df | -2*LL | Test Df | Deviance | P(>|Chi|) |
|---|-------|-----------|-------|---------|----------|-----------|
| 1 | weight + group | 146 | 962.9411 | NA | NA | NA |
| 2 | group | 147 | 963.9393 | -weight -1 | -0.9981333 | 0.3177626 |

유의성이 없으므로 제거하고 group의 제거를 시도해보자.

```
model4 <- survreg(Surv(death,status)~1,dist="exponential")
anova(model3,model4,test="Chi")
```

|   | Terms | Resid. Df | -2*LL | Test Df | Deviance | P(>|Chi|) |
|---|-------|-----------|-------|---------|----------|-----------|
| 1 | group | 147 | 963.9393 | NA | NA | NA |
| 2 | 1 | 149 | 1004.2865 | -2 | -40.34721 | 1.732661e-09 |

유의성을 확인할 수 있으므로 모형에 포함시킨다. 이 최소 적합 모형을 model3라 하자. model3는 세 개의 수준을 가진 요인 group을 가진다. 그러나 weight는 생존에 영향을 미치지 않는다.

```
summary(model3)
```

```
Call:
survreg(formula = Surv(death, status) ~ group, dist = "exponential")
             Value   Std. Error      z        p
(Intercept)  3.467      0.167     20.80   3.91e-96
groupB      -0.671      0.225     -2.99   2.83e-03
groupC      -1.386      0.219     -6.34   2.32e-10

Scale fixed at 1

Exponential distribution
Loglik(model)= -482  Loglik(intercept only)= -502.1
        Chisq= 40.35 on 2 degrees of freedom, p= 1.7e-09
Number of Newton-Raphson Iterations: 5
n= 150
```

세 집단을 모두 포함시켜야 함을 알 수 있다.

동일한 모형 구조에 대해 여러 오차 분포를 적용해보는 것도 그리 어렵지 않다.

```
model3 <- survreg(Surv(death,status)~group,dist="exponential")
model4 <- survreg(Surv(death,status)~group,dist="extreme")
model5 <- survreg(Surv(death,status)~group,dist="gaussian")
model6 <- survreg(Surv(death,status)~group,dist="logistic")
anova(model3,model4,model5,model6)
```

```
    Terms Resid. Df       -2*LL  Test Df   Deviance      Pr(>Chi)
1   group      147    963.9393      NA         NA            NA
2   group      146   1225.3512   = 1 -261.411949            NA
3   group      146   1178.6582   = 0   46.692975            NA
4   group      146   1173.9478   = 0    4.710457            NA
```

가장 작은 잔차 편차(963.94)를 얻을 수 있는 것이 지수 분포이므로 처음의 선택이 좋았음을 알 수 있다.

생존 분석의 장점을 확인해보자. model3로부터 사망 시점 나이의 예측 값을 구하고, 이것을 원 데이터의 산술평균과 비교해보는 것이다.

```
tapply(predict(model3,type="response"),group,mean)
        A          B         C
 32.05555   16.38635       8.02
```

```
tapply(death,group,mean)
    A       B       C
23.08   14.42    8.02
```

집단 C처럼 중도절단이 없다면 두 값이 동일하다. 그러나 중도절단이 있으면 산술평균은 사망 시점 나이를 과소평가할 수 있으며, 집단 A처럼 중도절단이 많다면 과소평가의 정도도 커진다 (23.08개월 대 32.06개월).

## 추가 참고 문헌

Cox, D.R. and Oakes, D. (1984) *Analysis of Survival Data*, Chapman & Hall, London.

Kalbfleisch, J. and Prentice, R.L. ( 1980) *The Statistical Analysis of Failure Time Data*, John Wiley & Sons, New York.

# 부록

# R 언어의 핵심

## R의 계산 기능

R 화면의 > 프롬프트 다음에 명령어를 입력하면 바로 계산 기능이 실행된다.

```
> log(42/7.3)
[1] 1.749795
```

기본 설정으로 R은 로그의 밑을 $e$로 한다(밑을 10으로 하는 것이 아니라 자연 로그를 적용한다). 그러나 바꾸기를 원하면 log 함수의 두 번째 인자를 지정하면 된다. 다음은 밑을 2로 하는 로그 16이다.

```
> log(16,2)
[1] 4
```

명령어의 각 줄은 많은 문자와 숫자를 포함할 수 있으나 복잡하고 긴 명령어를 입력해야 하는 경우에는 명확성을 고려해 여러 줄에 이어서 입력할 수 있다. 한 줄이 끝날 때 R에게 아직 끝나지 않았음을 확실히 알려주면 다음 줄에 이어서 명령어를 입력할 수 있다(쉼표, 연산자, 오른쪽 괄호가 아닌 왼쪽 괄호(왼쪽 괄호 다음에 오른쪽 괄호가 이어진다)). 이어지는 것이 분명하면 다음 줄의 프롬프트가 >에서 +로 바뀐다.

```
> 5+6+3+6+4+2+4+8+
+        3+2+7

[1] 50
```

여기에서 + 프롬프트는 더하기를 의미하지 않는다. 실수가 있어 + 프롬프트를 제거하고 > 프롬프트로 돌아가기를 원하면 Esc 키를 누른다. 마지막 줄을 수정해서 작업하기를 원하면 키보드에서 위쪽 화살표 키를 눌러 마지막 줄로 돌아갈 수 있다.

지금부터 > 프롬프트는 생략할 것이다. 명령문에 대한 결과는 엔터 키만 누르면 바로 확인할 수 있다.

**2+3; 5\*7; 3-7**

```
[1] 5
[1] 35
[1] -4
```

대부분의 계산들이 직접 이뤄지며 일반적인 계산 순서가 적용된다. 거듭제곱과 거듭제곱근을 제일 먼저 계산하고, 그다음이 곱셈과 나눗셈, 마지막이 덧셈과 뺄셈인 순서다. 제곱근에 대한 함수 sqrt가 있지만, 다른 방법을 이용해 비율의 형식으로 거듭제곱을 적용해도 된다. 거듭제곱에는 ^ 연산자를 사용한다(포트란Fortran이나 GLIM과 같은 언어에서는 \*\*를 사용하므로 잘 구분해야 한다). 8의 세제곱근은 다음과 같이 나타낼 수 있다.

**8^(1/3)**

```
[1] 2
```

거듭제곱 연산자 ^는 **오른쪽에서 왼쪽으로** 진행하는 순서고, 나머지 연산자들은 왼쪽에서 오른쪽으로 진행하는 순서를 가진다. 2^2^3은 4^3이 아니라 2^8을 나타내고, 반대로 1-1-1은 1이 아니라 -1이다. 계산 순서의 조정이 필요한 경우에는 괄호를 사용한다. $t$ 검정을 위해 5.7, 6.8, 0.38을 $\dfrac{|y_A - y_B|}{SE_{\text{diff}}}$ 공식에 대입하려면 다음과 같이 해야 한다.

**abs(5.7-6.8)/0.38**

```
[1] 2.894737
```

방금처럼 출력되는 값의 수는 7이 기본 설정이다. 이 수를 다음과 같이 digits 인자를 지정해 조정할 수 있다.

**options(digits=3)**
**abs(5.7-6.8)/0.38**

```
[1] 2.89
```

# R 내재 함수

R의 수학 함수는 표 A.1을 참고한다. log 함수는 이미 만나본 적이 있다. 로그의 밑이 $e$일 때 안티로그 함수는 exp다.

**exp(1)**

[1] 2.718282

R에서 삼각 함수의 단위는 라디안을 사용한다. 원은 $2\pi$ 라디안으로 360°다. 이에 따라 직각 (90°)은 $\pi/2$ 라디안이 된다. R에서 $\pi$는 pi로 표시한다.

**pi**

[1] 3.141593

**sin(pi/2)**

[1] 1

**cos(pi/2)**

[1] 6.123032e-017

직각에 대해 사인 값은 정확히 1이지만, 코사인 값은 정확히 0을 반환하지 않는다는 점에 유의해야 한다. cos(pi/2)의 결과 값인 6.123032e-017에서 e-017은 $10^{-17}$을 곱하는 것을 의미한다. 매우 작은 값이기는 하지만 정확히 0은 아니다(따라서 실수의 동등성을 확인할 때 주의를 기울여야 한다. 부록 참고).

**표 A.1 R의 수학 함수**

| 함수 | 의미 |
| --- | --- |
| log(x) | 밑이 $e$인 로그 $x$ |
| exp(x) | $x$의 안티로그($=2.7818^x$) |
| log(x,n) | 밑이 $n$인 로그 $x$ |
| log10(x) | 밑이 10인 로그 $x$ |
| sqrt(x) | $x$의 제곱근 |
| factorial(x) | $x!$ |
| choose(n, x) | 이항 계수 |
| | $n!/(x!(n-x)!)$ |

(계속)

| | |
|---|---|
| gamma(x) | $\Gamma(x)$ |
| | 정수 x에 대한 $(x-1)!$ |
| lgamma(x) | gamma(x)의 자연로그 |
| floor(x) | $x$보다 작은 최대 정수 |
| ceiling(x) | $x$보다 큰 최소 정수 |
| trunc(x) | $x$와 0 사이에서 $x$에 가장 가까운 정수; trunc(1.5)=1, trunc(-1.5)=-1 |
| | 양수에 대해서는 floor, 음수에 대해서는 ceiling의 결과와 같음 |
| round(x, digits=0) | $x$를 반올림한 정수 |
| signif(x, digits=6) | $x$에 대한 여섯 자리 과학적 표기법 |
| runif(n) | 균일 분포에서 0과 1 사이의 수 중 $n$개의 난수를 생성 |
| cos(x) | 라디안 $x$의 코사인 |
| sin(x) | 라디안 $x$의 코사인 |
| tan(x) | 라디안 $x$의 탄젠트 |
| acos(x), asin(x), atan(x) | 실수 또는 복소수에 대한 역삼각변환 |
| acosh(x), asinh(x), atanh(x) | 실수 또는 복소수에 대한 역쌍곡선삼각변환 |
| abs(x) | $x$의 절댓값 |

## 지수를 포함하는 숫자

R에서 매우 크거나 작은 숫자를 표현하기 위해 다음과 같은 양식을 사용한다.

| | |
|---|---|
| 1.2e3 | e3가 '소수점을 오른쪽으로 세 자리 이동시킨다.'는 의미이므로 1,200을 나타낸다. |
| 1.2e-2 | e-2가 '소수점을 왼쪽으로 두 자리 이동시킨다.'는 의미이므로 0.012를 나타낸다. |
| 3.9+4.5i | 실수 부분(3.9)과 허수 부분(4.5)으로 이뤄진 복소수로 $i$는 $-1$의 제곱근이다. |

## 모듈로

%/%와 %%를 이용해 몫과 나머지를 구할 수 있다. 예를 들어 119를 13으로 나눴을 때의 몫을 알고 싶다면 다음과 같이 입력한다.

```
119 %/% 13
[1] 9
```

나머지를 알고 싶다면 다음과 같이 입력한다.

```
119 %% 13
[1] 2
```

어떤 수가 홀수인지 짝수인지를 검정하려고 할 때 모듈로를 이용하면 매우 간단하게 해결할 수 있다. 2를 적용했을 때 홀수는 1, 짝수는 0인 결과를 보여준다.

```
9%%2
[1] 1
8%%2
[1] 0
```

비슷한 방식으로 어떤 수가 다른 어떤 수를 곱해 얻을 수 있는 수인지 알기 위해서도 모듈로를 이용할 수 있다. 15,421이 7을 곱해 얻을 수 있는 수인지 확인해보자.

```
15421 %% 7 == 0
[1] TRUE
```

## 할당

R에서 객체는 할당<sup>assignment</sup>에 의해 특정 값을 배정받을 수 있다('x가 값을 가진다'). <와 – 기호를 조합한 <- 기호를 사용한다. 5라는 값을 가지는 스칼라 상수 x를 만들어보자.

```
x <-5
```

x = 5로 입력하지 않는 것이 좋다. <와 -, 두 기호 사이에 빈칸이 없어야 한다는 점을 유의해야 한다. 빈칸이 들어가면 의미가 달라진다. x <- 5는 'x가 5라는 값을 가진다.'라는 의미지만 x < -5는 'x가 25보다 작은가?'라는 논리의 문제가 돼 TRUE 혹은 FASLSE의 결과 중 하나를 얻게 된다.

## 반올림

여러 가지 방식의 반올림<sup>rounding</sup>(올림<sup>rounding up</sup>, 버림<sup>rounding down</sup>, 가장 가까운 정수로의 반올림)을 쉽게 시행할 수 있다. 5.7을 예로 들어보자. 특정 숫자에 대해 '작은 정수들 중 가장 큰 정수'를 찾는 함수는 floor다.

```
floor(5.7)
```

```
[1] 5
```

특정 숫자에 대해 '큰 정수들 중 가장 작은 정수'를 찾는 함수는 ceiling이다.

```
ceiling(5.7)
```

```
[1] 6
```

특정 숫자에 0.5를 더하고 floor를 사용하면 가장 가까운 정수로의 반올림이 가능하다. round라는 R 내재 함수가 있기는 하지만 간단하게 직접 함수를 작성할 수도 있다. rounded라는 이름으로 함수를 만들어보자.

```
rounded <- function(x) floor(x+0.5)
```

이 함수에 숫자를 적용해보자.

```
rounded(5.7)
```

```
[1] 6
```

```
rounded(5.4)
```

```
[1] 5
```

## 무한대와 NaN

계산의 결과가 양의 무한대infinity가 될 수도 있을 것이다. 이때 R에서는 Inf로 표시된다.

```
3/0
```

```
[1] Inf
```

음의 무한대인 경우 -Inf로 표시된다.

```
-12/0
```

```
[1] -Inf
```

무한대를 포함한 계산들의 결과를 확인해보자.

**exp(-Inf)**

```
[1] 0
```

**0/Inf**

```
[1] 0
```

**(0:3)^Inf**

```

[1] 0 1 Inf Inf
```

0:3이라는 표현은 매우 유용하다. 연속적인 수의 나열(이 경우 0, 1, 2, 3)을 쉽게 만들 수 있고, 이를 이용해서 벡터 형식의 결과가 얻어진다. 얻어진 벡터의 length는 4가 된다.

무한대를 포함한 계산들 중 일부는 숫자로 표시할 수 없는 경우가 있다. 이 경우 R은 NaN^Not a Number이라고 표시된다. 몇 가지 예를 보자.

**0/0**

```
[1] NaN
```

**Inf-Inf**

```
[1] NaN
```

**Inf/Inf**

```
[1] NaN
```

NaN과 NA('유용하지 않은^not available'의 의미며 R에서는 결측 값^missing value을 나타낸다.)의 차이점을 확실히 이해해야 한다. 어떤 숫자가 유한성을 가지는지 아니면 무한성을 가지는지 확인하기 위한 내재 함수가 있다.

**is.finite(10)**

```
[1] TRUE
```

**is.infinite(10)**

```
[1] FALSE
```

**is.infinite(Inf)**

```
[1] TRUE
```

## 결측 값

데이터 프레임에서 결측 값은 모형 작동에 영향을 줄 수 있는 요소며 모형의 검정력을 상당히 떨어뜨릴 수 있다.

데이터에 결측 값이 포함돼 있는 경우 어떤 함수들은 초기 설정상 계산이 수행되지 않고 NA를 반환하게 된다. 전형적인 예로 mean이 있다.

```
x <- c(1:8,NA)
mean(x)
```

```
[1] NA
```

결측 값이 포함돼 있는 데이터에서 평균을 계산하기 위해서는 먼저 na.rm=TRUE를 입력해 NA로 표시돼 있는 데이터를 제거해야 한다.

```
mean(x,na.rm=T)
```

```
[1] 4.5
```

벡터 안에서 결측 값의 위치를 확인하기 위해 is.na 함수를 사용한다. vmv라는 벡터 안에서 결측 값의 위치(7과 8)를 알아낼 수 있는 방법을 살펴보자.

```
(vmv <- c(1:6,NA,NA,9:12))
```
```
[1]  1  2  3  4  5  6 NA NA  9 10 11 12
```

명령어 전체를 괄호로 묶으면 바로 결과 값 확인이 가능함을 알 수 있다. 결측 값의 위치를 인덱스로 표현하기 위해 seq 함수를 사용할 수 있다.

```
seq(along=vmv)[is.na(vmv)]
```

```
[1] 7 8
```

그러나 which 함수를 사용하면 좀 더 간단하게 같은 결과를 얻을 수 있다.

```
which(is.na(vmv))
```

```
[1] 7 8
```

결측 값을 0으로 표현해야 한다면 다음과 같이 is.na 함수를 사용해 조정해줄 수 있다.

```
(vmv[is.na(vmv)] <-0)
```

```
[1] 1 2 3 4 5 6 0 0 9 10 11 12
```

`ifelse` 함수를 사용해서 같은 결과를 얻을 수도 있다.

```
vmv <- c(1:6,NA,NA,9:12)
ifelse(is.na(vmv),0,vmv)
```

```
[1]  1  2  3  4  5  6  0  0  9  10  11  12
```

## 연산자

R에서 다음과 같은 연산자<sup>operator</sup>들을 사용할 수 있다.

| | |
|---|---|
| + - * / %% ^ | 산술 |
| > >= < <= == != | 관계 |
| ! & \| | 논리 |
| ~ | 모형식 |
| <- -> | 할당 |
| $ | 리스트 인덱싱('요소 이름' 연산자) |
| : | 수열 생성 |

　　연산자들 중 많은 것들이 모형식 안에서는 다른 의미로 쓰인다. 모형식에서 *는 주효과와 상호작용을 모두 더하는 의미를 나타낸다. :은 두 변수 사이의 상호작용을 의미하며 ^는 표시된 거듭제곱까지의 모든 상호작용을 나타낸다.

## 벡터의 생성

벡터는 같은 유형의 변수들로 구성된다. 특정 값들은 여러 가지 방식을 이용해 벡터의 형식으로 만들 수 있다. :(콜론)을 사용해 10에서 16까지의 정수 수열을 벡터 $y$로 만들어보자.

```
y <- 10:16
```

　　**연결 함수**<sup>concatenation function</sup> $c$의 명령행에 값들을 직접 입력해 벡터를 만들 수도 있다.

```
y <- c(10, 11, 12, 13, 14, 15, 16)
```

또 다른 방법으로 scan을 이용해 한 번에 하나씩 값을 입력해 벡터를 만들 수 있다.

```
y <- scan()
1: 10
2: 11
3: 12
4: 13
5: 14
6: 15
7: 16
8:
Read 7 items
```

데이터 입력이 모두 끝나면 엔터 키를 두 번 누른다. 그러나 벡터를 만들 때 일반적으로 가장 많이 사용하는 방법은 read.csv나 read.table 함수로 외부 파일로부터 데이터를 불러오는 것이다(2장 참고).

## 벡터의 요소 이름

벡터의 성분들에 대해 이름을 붙이면 유용할 때가 있다. 예를 들어 0, 1, 2, ...의 발생 빈도를 counts라는 벡터로 만들어보자.

```
(counts <- c(25,12,7,4,6,2,1,0,2))

[1] 25 12  7  4  6  2  1  0  2
```

25개의 0, 12개의 1 등이 있다. 각 발생 횟수에 0, 1, ..., 8의 해당 숫자 이름을 붙여주면 도움이 될 수 있다.

```
names(counts) <- 0:8
```

counts 벡터에서 이름과 빈도를 모두 볼 수 있다.

```
counts
 0  1  2  3  4  5  6  7  8
25 12  7  4  6  2  1  0  2
```

table 함수를 이용해 카운트 데이터의 빈도를 자동적으로 계산할 수 있으며, 이름 부분을 제거하고 싶으면 다음과 같이 as.vector 함수를 사용한다.

```
(st <- table(rpois(2000,2.3)))
```

```
    0   1   2   3   4   5   6   7  8  9
  205 455 510 431 233 102  43  13  7  1
```

**as.vector(st)**

```
[1]  205  455  510  431  233  102  43  13  7  1
```

## 벡터 함수

R의 강력함 중 하나는 벡터 전체에 대해 함수의 기능을 적용할 수 있다는 점이다. 전체적 적용이 가능하므로 루프나 서브스크립트가 필요 없다. 가장 중요한 벡터 함수들은 표 A.2에서 확인할 수 있다.

**표 A.2　R의 벡터 함수**

| 함수 | 의미 |
|---|---|
| max(x) | $x$의 최댓값 |
| min(x) | $x$의 최솟값 |
| sum(x) | $x$에서 모든 값들의 총합 |
| mean(x) | $x$의 산술평균 |
| median(x) | x의 중간값 |
| range(x) | min(x)와 max(x)의 벡터 |
| var(x) | x의 표본 분산, 자유도=length(x)-1 |
| cor(x,y) | 벡터 $x$와 $y$의 상관 |
| sort(x) | $x$ 값들의 정렬 |
| rank(x) | $x$ 값들의 순위 |
| order(x) | $x$를 오름차순으로 정렬한 순열을 포함한 정수 벡터 |
| quantile(x) | $x$의 최솟값, 하위 사분위수, 중위수, 상위 사분위수를 포함한 벡터 |
| cumsum(x) | 각 요소 지점에서 판단할 때 요소들의 합을 나타내는 벡터 |
| cumprod(x) | 각 요소 지점에서 판단할 때 요소들의 곱을 나타내는 벡터 |
| cummax(x) | 각 요소 지점에서 판단할 때 지금까지의 최댓값을 나타내는 벡터 |
| cummin(x) | 각 요소 지점에서 판단할 때 지금까지의 최솟값을 나타내는 벡터 |
| pmax(x,y,z) | 각 벡터의 동일 위치 요소들의 최댓값을 나타내는 벡터 |
| pmin(x,y,z) | 각 벡터의 동일 위치 요소들의 최솟값을 나타내는 벡터 |
| colMeans(x) | 데이터 프레임 또는 행렬 $x$의 열 평균 |
| colSums(x) | 데이터 프레임 또는 행렬 $x$의 열 합계 |
| rowMeans(x) | 데이터 프레임 또는 행렬 $x$의 행 평균 |
| rowSums(x) | 데이터 프레임 또는 행렬 $x$의 행 합계 |

## 벡터의 그룹에 따른 요약

가장 중요하고 유용한 벡터 함수 중 하나는 tapply다. 't'는 'table'을 뜻하며 하나 또는 그 이상의 그룹 변수(대개 그룹은 요인 수준에 의해 구분된다.)에 기초해 반응 변수에 함수를 적용apply한다. 그 결과로 테이블이 만들어진다. 실제로는 별로 그렇지 않지만 설명을 읽기만 해서는 꽤 복잡하게 느껴질 것이다. 예제 데이터를 가지고 직접 tapply 함수를 시행해보자.

```
data <- read.csv("c:\\temp\\daphnia.csv")
attach(data)
names(data)
```

[1] "Growth.rate" "Water" "Detergent" "Daphnia"

반응 변수는 Growth.rate이고 나머지 세 변수는 요인이다. Detergent 요인의 각 수준에 대해 Growg.rate의 평균을 계산해보자.

```
tapply(Growth.rate,Detergent,mean)
```

BrandA Brand B BrandC BrandD
 3.88    4.01     3.95    3.56

네 개의 열로 이뤄진 테이블이 만들어지는데 각 열의 이름은 Detergent 요인의 수준이다. 두 개의 그룹 변수를 리스트 형식으로 넣어주면 이차원의 테이블이 만들어진다. Water와 Daphnia 요인의 수준에 기초해 Growth.rate의 중앙값을 계산해보자.

```
tapply(Growth.rate,list(Water,Daphnia),median)
```

      Clone1 Clone2 Clone3
Tyne   2.87   3.91   4.62
Wear   2.59   5.53   4.30

리스트의 첫 번째 변수는 테이블의 행에 위치하게 되고, 두 번째 변수는 열에 위치하게 된다.

## 서브스크립트와 인덱스

일반적으로는 벡터에 대해 전반적으로 함수를 적용하지만, 경우에 따라서는 벡터의 특정한 요소들을 선택해서 이 요소들에 대해서만 함수를 적용하고 싶을 때가 있다. 이런 선택은 서브스크립트(인덱스라고도 한다.)에 의해 이뤄진다. 서브스크립트에서는 [2]처럼 각이 진 괄호를 사용하지만 함수에서는 (2)처럼 둥근 괄호를 사용한다. 벡터, 행렬, 배열, 데이터 프레임에서의 서브스크립트는 [6], [3,4], [2, 3, 2, 1]처럼 각이 진 괄호 하나를 사용하지만 리스트에서의 서브스크립트는 [[2]], [[i, j]]처럼 각이 진 괄호 두 개를 사용한다. 행렬 또는 데이터 프레임의 객체에서 서브스크립트가 두 개면 첫 번째 것은 행의 숫자(구분상으로는 행을 숫자 1로 정의한다.)를, 두 번째 것은 열의 숫자(구분상으로는 열을 숫자 2로 정의한다.)를 나타낸다. 이 시점에서 R의 가장 중요한 표현 방식 중 하나를 꼭 기억해야 한다. **서브스크립트가 빈칸으로 표시돼 있으면 이것은 '전체'를 의미하는 것이다.**

- [, 4]는 네 번째 열의 모든 행을 의미한다.
- [2, ]는 두 번째 행의 모든 열을 의미한다.

또 다른 인덱싱 방법으로 model$coeformodel$resid처럼 $ 연산자를 이용해 확인하고자 하는 요소의 이름을 지정할 수도 있다.

## 벡터와 논리 서브스크립트

0에 10까지 11개의 숫자를 포함하고 있는 벡터를 예로 들어보자.

**x <- 0:10**

이 벡터를 가지고 두 가지 다른 방식의 작업이 가능하다. 먼저 모든 요소들의 값을 더할 수 있다.

**sum(x)**

[1] 55

다른 방식으로 일정한 논리에 부합되는 요소들의 수를 셀 수 있다. 예제 벡터에서 5보다 작은 수가 몇 개나 되는지 확인해보자.

**sum(x<5)**

[1] 5

차이를 분명하게 느낄 수 있을 것이다. 두 방식 모두에서 벡터 함수 sum을 사용했다. 그러나 sum(x)는 x의 값을 모두 더해 결과를 나타냈고 sum(x<5)는 'x가 5보다 작다.'는 논리에 부합하는 경우의 수를 세어서 결과를 보여줬다. 여기에서 강제 변환이 개념이 작동한다. TRUE는 숫자 1로, FALSE는 숫자 0으로 강제 변환된다.

그런데 벡터 x의 일부 요소들만의 값들을 모두 더할 수도 있을까? 논리에 부합하는 경우의 수를 세는 것이 아니라 개별적인 경우가 나타내는 실제 값을 모두 더하고 싶은 것이다. 이 문제가 바로 퍼즐의 마지막 조각이다. 이 조각을 맞추기 위해 **논리 서브스크립트**를 사용해야 한다. 5보다 작은 $x$ 값의 합을 구하기 위해서는 다음과 같이 입력하면 된다.

**sum(x[x<5])**

```
[1] 10
```

좀 더 자세히 살펴보자. x<5에 대한 논리 연산의 결과는 TRUE 또는 FALSE로 표시된다.

**x<5**

```
 [1]  TRUE  TRUE  TRUE  TRUE  TRUE FALSE FALSE FALSE FALSE
[10] FALSE FALSE
```

TRUE는 1, FALSE는 0으로 강제 변환되므로 논리 연산의 결과에 1을 곱하면 다음과 같이 다섯 개의 1과 여섯 개의 0을 확인할 수 있다.

**1*(x<5)**

```
[1] 1 1 1 1 1 0 0 0 0 0 0
```

$x$의 값에 논리 연산의 결과를 곱해보자.

**x*(x<5)**

```
[1] 0 1 2 3 4 0 0 0 0 0 0
```

결과 벡터에 sum 함수를 적용하면 우리가 원하는 결과를 얻을 수 있다. 5보다 작은 x 값의 합은 0 + 1 + 2 + 3 + 4 = 10이 된다.

**sum(x*(x<5))**

```
[1] 10
```

sum(x[x,5])와 동일한 결과를 얻을 수는 있지만 덜 고상하다는 느낌이 든다. 다른 예로, 벡터 내에서 그 값이 큰 순서로 세 개만을 뽑아 합을 구하는 방식을 생각해보자. 두 단계로 나눠 진행하면 된다. 먼저 벡터를 내림차순으로 정렬한다. 그리고 나서 정렬 상태에서 처음 세 개의 값을 더하면 된다. 직접 시행해보자. 먼저 $y$의 값을 만들자.

**y <- c(8,3,5,7,6,6,8,9,2,3,9,4,10,4,11)**

이 벡터에 sort 함수를 적용하면 오름차순으로 정렬이 이뤄진다. 큰 값들이 뒤에 위치하게 된다.

```
sort(y)
```

```
[1]  2 3 3 4 4 5 6 6 7 8 8 9 9 10 11
```

오름차순으로 정렬돼 있는 벡터에 rev 함수를 적용하면 내림차순으로 정렬된 벡터를 얻을 수 있다.

```
rev(sort(y))
```

```
[1] 11 10 9 9 8 8 7 6 6 5 4 4 3 3 2
```

이제 원하는 답 11＋10＋9＝30을 계산할 수 있다. 그런데 R의 명령문을 어떻게 작성해야 바로 답을 계산할 수 있을까? 벡터의 특정 요소를 서브스크립트로 지정해주면 문제가 쉽게 해결된다. 눈으로 볼 때 10이 두 번째로 큰 값이다. 이 값을 다음과 같이 서브스크립트로 지정할 수 있다.

```
rev(sort(y))[2]
```

```
[1]  10
```

1에서 3까지의 서브스크립트를 연속적으로 지정하려면 콜론을 사용해 범위를 지정한다.

```
rev(sort(y))[1:3]
```

```
[1] 11 10 9
```

예제의 답은 다음과 같다.

```
sum(rev(sort(y))[1:3])
```

```
[1]  30
```

벡터 y에 어떤 변화를 주지 않은 상태에서 새로운 순서의 벡터를 생성할 수 있었음을 기억하기 바란다.

## 벡터에서의 위치

배열 안에서 위치를 찾아주는 중요한 함수로 which가 있다. which는 별로 어렵지 않게 이해할 수 있는 함수다. 앞에서 본 벡터 y를 다시 예로 들어보자.

```
y
```

[1] 8 3 5 7 6 6 8 9 2 3 9 4 10 4 11

벡터 y의 요소들 중 5보다 큰 값들만의 위치를 알고 싶다면 다음과 같이 which 함수를 사용하면 된다.

```
which(y>5)
```

[1] 1 4 5 6 7 8 11 13 15

결과 값은 **서브스크립트의 조합**으로 이뤄져 있다는 점에 유의해야 한다. which 함수 자체에서는 서브스크립트를 사용하지 않았다. 함수는 배열 전체에 적용된다. 벡터 y에서 5보다 큰 값을 가진 요소들을 직접 확인하고 싶다면 다음과 같이 입력한다.

```
y[y>5]
```

[1] 8 7 6 6 8 9 9 10 11

5와 같거나 그보다 작은 값들은 제외됐으므로 y보다는 작은 길이의 벡터가 반환된다.

```
length(y)
```

[1] 15

```
length(y[y>5])
```

[1] 9

## 음의 서브스크립트를 사용한 벡터의 일부 제거

벡터에서 일부를 제거하기 위해 **음의 서브스크립트**를 사용할 수 있다. 작업 진행에서 매우 유용하게 사용할 수 있는 기능이다. 벡터 x에서 첫 번째 요소만을 제거한 새로운 벡터 z를 만들어보자.

```
x <- c(5,8,6,7,1,5,3)
z <- x[-1]
z
```

[1] 8 6 7 1 5 3

이제 새로운 함수를 하나 만들어보자. 벡터에서 가장 작은 값과 가장 작은 값을 제외하고 남은 값들만의 평균을 구하는 함수를 생각해보자(앞의 벡터 x에서는 1과 8이 제외되는 것이다). 두 단계의 과정을 거치면 된다. 먼저 sort 함수를 사용해 벡터를 정렬한다. 그러고 나서 x[-1]과 x[-length(x)]를 사용해 첫 번째 요소와 가장 마지막 요소를 제외시킨다. 이때 -c(1,length(x))로 연결해 코드를 작성할 수 있다. 내재 함수 mean을 사용해 함수의 코드를 다음과 같이 간단히 정리할 수 있다.

```
trim.mean <- function (x) mean(sort(x)[-c(1,length(x))])
```

벡터 $x$에 대해 답을 먼저 추측해보자. mean(c(5,6,7,5,3)) = 26/5 = 5.2가 될 것이다. 직접 trim.mean 함수에 벡터 $x$를 적용해보자.

```
trim.mean(x)
```
```
[1] 5.2
```

## 논리 연산

논리와 연관된 연산은 프로그래밍과 변수 선택에 매우 유용하다(표 A.3 참고). 핵심 사항을 정리하면 다음과 같다. 논리적 표현은 참이나 거짓으로 판단이 내려지고(R에서는 TRUE 또는 FALSE로 표시한다.), 이에 대해 R은 TRUE를 1로, FALSE는 0으로 강제 변환할 수 있다.

**표 A.3  논리 연산자**

| 기호 | 의미 |
| --- | --- |
| ! | 논리 연산자 NOT |
| & | 논리 연산자 AND |
| \| | 논리 연산자 OR |
| < | 미만 |
| <= | 이하 |
| > | 초과 |
| >= | 이상 |
| == | 논리 연산자 일치 |
| != | 논리 연산자 불일치 |
| && | 논리 AND의 결과가 결정될 때까지만 진행 |
| \|\| | 논리 OR의 결과가 결정될 때까지만 진행 |
| xor(x,y) | 배타적 논리합 |
| isTRUE(x) | identical(TRUE,x)의 축약 |

## 반복

숫자와 문자를 반복<sup>repeat</sup>해 나타내고자 할 때 rep 함수를 사용하면 된다. rep 함수의 첫 번째 인자는 반복하고자 하는 숫자나 문자고, 두 번째 인자는 반복 횟수다. 9라는 숫자를 다섯 번 반복해보자.

```
rep(9,5)
```
```
[1] 9 9 9 9 9
```

다음 세 가지 경우를 찬찬히 살펴보고 비교해보면 rep 함수에 대한 이해도가 높아질 것이다.

```
rep(1:4, 2)
```
```
[1] 1 2 3 4 1 2 3 4
```
```
rep(1:4, each = 2)
```
```
[1] 1 1 2 2 3 3 4 4
```
```
rep(1:4, each = 2, times = 3)
```
```
[1] 1 1 2 2 3 3 4 4 1 1 2 2 3 3 4 4 1 1 2 2 3 3 4 4
```

벡터의 개별적인 요소를 다른 횟수로 반복하고자 할 때에는 두 번째 인자에 넣어줄 벡터의 길이가 첫 번째 인자에 넣어주는 벡터의 길이와 같아야 한다. 9를 네 번, 15를 한 번, 21을 네 번, 83을 두 번 반복하고자 하면 두 개의 벡터를 만들어서 rep 함수에 적용해야 한다. 첫 번째 벡터는 반복하려는 숫자, 두 번째 벡터는 반복 횟수를 포함하고 있다.

```
rep(c(9,15,21,83),c(4,1,4,2))
```
```
[1] 9 9 9 9 15 21 21 21 21 83 83
```

## 요인 수준의 생성

gl('generate levels'를 의미한다.) 함수는 요인 수준이 담겨 있는 긴 벡터를 생성할 때 매우 유용하다. 다음과 같이 세 개의 인자가 필요하다.

gl('범위', '반복횟수', '총길이')

4까지로 수준의 범위를 지정하고 각 수준을 세 번 반복하는데, 이런 패턴이 한 번만 보이도록 (총길이 = 12) gl 함수에 인자를 넣어보자.

```
gl(4,3)
```

```
 [1] 1 1 1 2 2 2 3 3 3 4 4 4
Levels: 1 2 3 4
```

동일한 패턴을 두 번 반복해보자.

```
gl(4,3,24)
```

```
 [1] 1 1 1 2 2 2 3 3 3 4 4 4 1 1 1 2 2 2 3 3 3 4 4 4
Levels: 1 2 3 4
```

총길이가 패턴 길이의 배수 형식이 아니면 총길이까지만 진행된다.

```
gl(4,3,20)
```

```
 [1] 1 1 1 2 2 2 3 3 3 4 4 4 1 1 1 2 2 2 3 3
Levels: 1 2 3 4
```

요인 수준을 숫자가 아닌 텍스트 형식으로 지정하고자 하면 labels 인자를 사용한다.

```
gl(3,2,24,labels=c("A","B","C"))
```

```
 [1] A A B B C C A A B B C C A A B B C C A A B B C C
Levels: A B C
```

## 수열 생성

정수로 이뤄진 수열을 만들고자 할 때는 콜론 연산자를 사용한다. 간격이 1.0이 아니라면 seq 함수를 사용해야 한다. seq 함수의 세 인자는 초기 값, 최종 값, 증가 폭(감소 추세의 수열에서는 감소 폭)이 된다. 0에서 1.5까지 0.2씩 증가하는 수열을 만들어보자.

```
seq(0,1.5,0.2)
```

```
[1] 0.0 0.2 0.4 0.6 0.8 1.0 1.2 1.4
```

두 번째 인자의 최종 값인 1.5까지는 진행되지 못했다. 증가 폭이 적용됐을 때 1.4까지만 결과가 반환되고 1.5에 정확히 이르지는 못했다. 감소 추세의 수열을 만들고자 하면 세 번째 인자는 음수가 돼야 한다.

```
seq(1.5,0,-0.2)
```

```
[1] 1.5 1.3 1.1 0.9 0.7 0.5 0.3 0.1
```

역시 정확히 0에 이르지는 못했다. 현재 가지고 있는 벡터와 같은 길이의 수열을 생성하려면 along 인자를 사용해야 한다. 먼저 벡터 *x*를 만들어보자. 벡터 *x*는 평균 10.0, 표준편차 2.0의 정규분포로부터 추출한 18개의 난수로 이뤄져 있다고 하자. rnorm 함수로 간단하게 만들 수 있다.

```
x <- rnorm(18,10,2)
```

벡터 *x*와 같은 길이(18)의 수열을 만들어보자. 시작 값 80, 최종 값(x[18]) 50으로 지정해보자.

```
seq(88,50,along=x)
```

```
 [1] 88.00000 85.76471 83.52941 81.29412 79.05882 76.82353 74.58824 72.35294
 [9] 70. 11765 67.88235 65.64706 63.41176 61.17647 58.94118 56.70588 54.47059
[17] 52.23529 50.00000
```

증가 폭을 정확히 계산해서 지정할 필요 없이 시작 값(예에서는 80)과 최종 값(예에서는 50)만 지정해줘도 수열 생성이 가능함을 확인할 수 있다.

## 행렬

행렬을 만드는 방법은 여러 가지가 있다. 다음과 같이 직접 입력해도 된다.

```
X <- matrix(c(1,0,0,0,1,0,0,0,1),nrow=3)
X
```

```
     [,1] [,2] [,3]
[1,]   1    0    0
[2,]   0    1    0
[3,]   0    0    1
```

숫자들이 열의 방향으로 차례대로 채워지는 것이 기본 설정이다. class와 attribute를 통해 *X*는 세 개의 행과 세 개의 열로 이뤄진 행렬임을 알 수 있다.

```
class(X)
```

```
[1] "matrix"
```

```
attributes(X)
```

```
$dim
[1] 3 3
```

다음 예에서는 byrow=T로 지정해 데이터를 행의 방향으로 채우는 과정을 보여준다.

```
vector <- c(1,2,3,4,4,3,2,1)
V <- matrix(vector,byrow=T,nrow=2)
V

     [,1] [,2] [,3] [,4]
[1,]   1    2    3    4
[2,]   4    3    2    1
```

dim 함수를 사용해 벡터에 차원<sup>dimensions</sup>(행과 열)을 지정함으로써 행렬로 전환할 수도 있다. 바로 앞의 행렬과 같은 형식으로 다시 만들어보자.

```
dim(vector) <- c(4,2)
```

벡터가 행렬로 전환됐음을 확인할 수 있다.

```
is.matrix(vector)
```
```
[1] TRUE
```

그러나 열의 방향으로 전환이 이뤄져 있다.

```
vector

     [,1] [,2]
[1,]   1    4
[2,]   2    3
[3,]   3    2
[4,]   4    1
```

'transpose'를 의미하는 t를 사용해 원하는 형식의 행렬을 얻을 수 있다.

```
(vector <- t(vector))

     [,1] [,2] [,3] [,4]
[1,]   1    2    3    4
[2,]   4    3    2    1
```

## 문자열

R에서 문자열은 큰따옴표로 나타낸다.

```
phrase <- "the quick brown fox jumps over the lazy dog"
```

substr 함수를 사용해 문자열에서 특정 숫자만큼의 부분 문자열을 따로 떼어 표현할 수 있다. phrase 객체에서 순차적으로 20개까지 부분 문자열을 나타내는 함수를 만들어보자.

```
q <- character(20)
for (i in 1:20) q[i] <- substr(phrase,1,i)
q
```

```
[1]  "t"                   "th"                  "the"
[4]  "the "                "the q"               "the qu"
[7]  "the qui"             "the quic"            "the quick"
[10] "the quick "          "the quick b"         "the quick br"
[13] "the quick bro"       "the quick brow"      "the quick brown"
[16] "the quick brown "    "the quick brown f"   "the quick brown fo"
[19] "the quick brown fox" "the quick brown fox "
```

substr의 두 번째 인자는 부분 문자열의 추출이 시작되는 위치(예에서는 항상 1)를 나타내며 세 번째 인자는 추출이 끝나는 위치(예에서는 i)를 나타낸다. 문자열을 개별적 문자로 나누려면 strsplit 함수를 사용한다.

```
strsplit(phrase,split=character(0))
```

```
[[1]]
[1]  "t" "h" "e" " " "q" "u" "i" "c" "k" " " "b" "r" "o" "w" "n" " "
[17] "f" "o" "x" " " "j" "u" "m" "p" "s" " " "o" "v" "e" "r"
[31] " " "t" "h" "e" " " "l" "a" "z" "y" " " "d" "o" "g"
```

table 함수를 사용해 개별적인 문자가 나타나는 횟수를 알아볼 수 있다.

```
table(strsplit(phrase,split=character(0)))
```

```
  a b c d e f g h i j k l m n o p q r s t u v w x y z
8 1 1 1 1 3 1 1 2 1 1 1 1 1 4 1 1 2 1 2 2 1 1 1 1 1
```

phrase 객체에서는 알파벳의 모든 문자가 한 번 이상 사용됐으며 빈칸이 여덟 번 있음을 알 수 있다. 빈칸의 수에 1을 더하면 사용된 단어의 수도 금방 확인할 수 있다.

```
words <-1+table(strsplit(phrase,split=character(0)))[1]
words
```

```
9
```

toupper과 tolower 함수를 사용해 대문자와 소문자 사이를 쉽게 전환할 수 있다.

```
toupper(phrase)
```

```
[1] "THE QUICK BROWN FOX JUMPS OVER THE LAZY DOG"
```

```
tolower(toupper(phrase))
```

```
[1] "the quick brown fox jumps over the lazy dog"
```

## R에서의 함수 작성

R의 함수는 인자에 대해 연산을 시행하고 하나 또는 여러 개의 결과 값을 반환한다. 함수를 작성하는 문법은 다음과 같다.

```
function (인자 리스트) 본문
```

첫 부분에 보이는 function은 R에게 함수를 작성한다는 것을 알려주는 의미를 가진다. 인자 리스트argument list는 콤마로 구분한다. 인자에는 여러 가지 형식들이 올 수 있다. 본문body은 일반적으로 { } 안의 개별적인 줄에 구문들이 제시되는 형식으로 구성된다. 함수는 일정한 기호로 지정되는데 꼭 그래야만 하는 것은 아니다. 예를 통해 내용을 확인해보면 훨씬 빨리 이해될 것이다.

## 단일 표본에 대한 산술평균 계산 함수

산술평균은 각 숫자의 합을 숫자의 개수로 나눈 값이다. $y$라는 객체에서 각 숫자의 합은 $\sum y$, 숫자의 개수는 length(y)이므로 산술평균을 계산하는 함수는 다음과 같이 작성할 수 있다.

```
arithmetic.mean <- function(x) sum(x)/length(x)
```

데이터를 직접 적용해보자.

```
y <- c(3,3,4,5,5)
arithmetic.mean(y)
```

```
[1] 4
```

R 내재 함수인 mean도 사용 가능하다.

```
mean(y)
```

```
[1] 4
```

## 단일 표본에 대한 중앙값 계산 함수

중앙값(또는 50 분위수)은 숫자 벡터를 정렬했을 때 가운데에 있는 값이다.

```
sort(y)[ceiling(length(y)/2)
```

여기서 깊이 생각해봐야 할 점이 하나 있다. 벡터가 가지고 있는 수가 짝수 개라면 가운데의 값이 없다. 이 경우에는 가운데의 두 값에 대한 산술평균을 구해야 한다. 그러면 벡터가 가지고 있는 수의 개수가 홀수인지 짝수인지 어떻게 쉽게 알아낼 수 있을까? 모듈로를 사용하면 어렵지 않게 확인이 가능하다(3장 참고). 이제 중앙값 계산 함수를 작성하기 위한 모든 준비가 끝났다. 함수 이름은 med로 하자.

```
med <- function(x) {
odd.even <- length(x)%%2
if (odd.even == 0) (sort(x)[length(x)/2]+sort(x)[1+ length(x)/2])/2
else sort(x)[ceiling(length(x)/2)]
}
```

if 구문이 참이라면(벡터가 가지고 있는 수의 개수가 짝수라면) if 구문 다음에 나오는 명령어(개수가 짝수인 경우의 중앙값 계산)가 실행된다. if 구문이 거짓이라면(벡터가 가지고 있는 수의 개수가 홀수라면, odd.eve == 1) else 구문 다음에 나오는 명령어(개수가 홀수인 경우의 중앙값 계산)가 실행된다. 먼저 홀수 개의 요소를 가지고 있는 벡터 y에 대해 med 함수를 적용해보자. 그러고 나서 y[-1]을 사용해 벡터 y의 첫 번째 요소를 제외하고 med 함수를 적용해보자.

```
med(y)
```

```
[1] 4
```

```
med(y[-1])
```

```
[1] 4.5
```

이제 그다지 놀라지 않겠지만 R은 중앙값 계산에 대한 내재 함수인 median을 가지고 있다.

## 루프와 반복

고전적으로 포트란에서 사용하는 방식과 유사한 루프는 R에서도 사용할 수 있다. 문법은 조금 다르지만 개념은 동일하다. 값의 수열에서 인덱스 i를 고려할 때 여러 명령어들이 각각의 i에 대해 반복적으로 시행돼야 한다. 이 과정은 루프를 사용해 간단하게 정리할 수 있다. i에 대해 제곱근 계산을 다섯 번 시행하도록 루프를 설정해보자.

```
for (i in 1:5) print(i^2)
[1] 1
[1] 4
[1] 9
[1] 16
[1] 25
```

여러 줄로 구성된 코드에서 루프 작업이 이뤄지는 범위는 { }를 사용해 구분한다. 각 명령행의 끝에서 엔터 키를 치는 것이 구조적으로 중요하다(세미콜론(;)을 사용할 수도 있지만, 줄마다 구분해 명확하게 각각의 명령어를 제시해주는 것이 좋다).

다음은 while 함수를 사용해 특정한 숫자를 이진 형식으로 나타내주는 함수를 작성하는 예다. 짝수일 때는 0, 그리고 홀수일 때는 1을 코드의 32 위치에 들어가게 하는 것이다.

```
binary <- function(x) {
if (x == 0) return(0)
i <-0
     string <- numeric(32)
     while(x>0) {
          string[32-i] <-x%%2
          x <- x%/% 2
          i <-i+1}
first <- match(1,string)
string[first:32] }
```

1에서 first-1까지의 0은 출력되지 않는다. 15에서 17까지의 숫자를 함수에 적용해 이진 숫자 형식을 확인해보자.

```
sapply(15:17,binary)
[[1]]
[1] 1 1 1 1

[[2]]
[1] 1 0 0 0 0

[[3]]
[1] 1 0 0 0 1
```

## ifelse 함수

가끔씩은 TRUE와 FALSE의 논리적 상황에 따라 진행하는 작업이 달라지도록 해야 할 때가 있다. ifelse 함수를 적용하면 for 루프를 사용하지 않고 전체 벡터에 대해 이런 작업을 진행할 수 있다. $y$ 값이 음수면 −1로, 양수면 +1로 바꿔주고 싶을 때 다음과 같이 ifelse 함수를 사용한다.

```
z <- ifelse( y < 0, -1, 1)
```

## apply를 통한 함수의 적용

행렬과 데이터 프레임의 행(서브스크립트 1) 또는 열(서브스크립트 2)에 함수를 적용할 때 apply 함수를 사용한다.

```
(X <- matrix(1:24,nrow=4))

     [,1] [,2] [,3] [,4] [,5] [,6]
[1,]    1    5    9   13   17   21
[2,]    2    6   10   14   18   22
[3,]    3    7   11   15   19   23
[4,]    4    8   12   16   20   24
```

행렬의 개별적인 행(모두 네 개)에 대해 총합을 계산해보자.

```
apply(X,1,sum)

[1] 66 72 78 84
```

행렬의 개별적인 열(모두 여섯 개)에 대해 총합을 계산해보자.

```
apply(X,2,sum)

[1] 10 26 42 58 74 90
```

두 가지 경우 모두에서 apply 함수에 대한 결과는 행렬이 아니고 벡터 형식이다. 행렬의 개별적 요소들에 대해서도 함수를 적용시킬 수 있다. 행과 열 중 어느 것을 선택하느냐에 따라 결과로 제시되는 행렬의 모양이 바뀐다.

```
apply(X,1,sqrt)
```

```
          [,1]      [,2]      [,3]      [,4]
[1,] 1.000000 1.414214 1.732051 2.000000
[2,] 2.236068 2.449490 2.645751 2.828427
[3,] 3.000000 3.162278 3.316625 3.464102
[4,] 3.605551 3.741657 3.872983 4.000000
[5,] 4.123106 4.242641 4.358899 4.472136
[6,] 4.582576 4.690416 4.795832 4.898979
```

```
apply(X,2,sqrt)
```

```
          [,1]      [,2]      [,3]      [,4]      [,5]      [,6]
[1,] 1.000000 2.236068 3.000000 3.605551 4.123106 4.582576
[2,] 1.414214 2.449490 3.162278 3.741657 4.242641 4.690416
[3,] 1.732051 2.645751 3.316625 3.872983 4.358899 4.795832
[4,] 2.000000 2.828427 3.464102 4.000000 4.472136 4.898979
```

## 동일성 검정

두 개의 계산 결과가 같은지를 검정하는 단계에서 유의해야 할 점이 있다. R은 사용자가 기계적 정밀도에 근거해서 비교 대상이 '완전히 동일한지exactly equal' 검정한다고 가정한다. 대부분의 숫자는 53 이진 숫자의 정확도로 반올림한다. 같은 알고리즘으로 계산하지 않는다면 두 개의 부동 소수점 수는 확실히 다르게 된다. 예를 들어 2의 제곱근의 제곱이 2와 동일할까?

```
x <- sqrt(2)
x*x == 2
```

```
[1] FALSE
```

빼셈을 해서 두 값이 얼마나 다른지 확인해보자.

```
x*x - 2
```

```
[1] 4.440892e-16
```

## R에서의 검정과 강제 변환

객체는 유형을 가지고 있으며 `is.type` 함수를 사용해 객체의 유형을 검정testing할 수 있다(표 A.4 참고). 수학 함수는 입력 값으로 숫자가 필요하고 텍스트를 다루는 함수는 문자가 필요하다. 객체의 일부 유형은 다른 유형으로 강제 변환coercing할 수 있다(표 A.4 참고). 자주 보는 강제 변환 중 하나는 논리 변수인 TRUE와 FALSE를 숫자 1과 0으로 바꾸는 것이다. 요인 수준도 숫자로 강제 변환할 수 있다. 숫자는 문자로 강제 변환할 수 있지만, 숫자가 아닌 문자는 숫자로 강제 변환할 수 없다.

```
as.numeric(factor(c("a","b","c")))
```

[1] 1 2 3

```
as.numeric(c("a","b","c"))
```

[1] NA NA NA
Warning message:
NAs introduced by coercion

```
as.numeric(c("a","4","c"))
```

[1] NA 4 NA
Warning message:
NAs introduced by coercion

복소수를 숫자로 강제 변환하면 허수 부분은 버려진다. is.complex와 is.numeric은 동시에 TRUE가 될 수 없다.

**표 A.4  검정과 강제 변환**

| 유형 | 검정 | 강제 변환 |
| --- | --- | --- |
| 배열 | is.array | as.array |
| 문자 | is.character | as.character |
| 복소수 | is.complex | as.complex |
| 데이터 프레임 | is.data.frame | as.data.frame |
| 더블형 | is.double | as.double |
| 요인 | is.factor | as.factor |
| 원 데이터 | is.raw | as.raw |
| 리스트 | is.list | as.list |
| 논리 | is.logical | as.logical |
| 행렬 | is.matrix | as.matrix |
| 수치 | is.numeric | as.numeric |
| 시계열 | is.ts | as.ts |
| 벡터 | is.vector | as.vector |

테이블은 as.vector를 사용해 벡터로 바꿔줄 수 있고, 행렬은 as.data.frame을 사용해 데이터 프레임으로 바꿔줄 수 있다. 알맞지 않은 유형을 입력 값으로 사용하면 NOT 연산자 !를 사용한 검정에서 오류 메시지를 확인할 수 있다. 예를 들어 기하평균을 계산하기 위한 함수를 작성하고자 할 때 !is.numeric을 사용해 입력 값이 숫자인지 검정해보자.

```
geometric <- function(x){
if(!is.numeric(x)) stop ("Input must be numeric")
exp(mean(log(x)))  }
```

문자 데이터의 기하평균을 계산하고자 하면 다음과 같은 결과를 확인할 수 있다.

```
geometric(c("a","b","c"))
```

```
Error in geometric(c("a", "b", "c")) : Input must be numeric
```

또한 0이나 음수가 입력 값으로 들어가지 않도록 검정을 시행해야 한다. 이런 데이터에 대해서는 기하평균을 계산할 수 없다.

```
geometric <- function(x){
if(!is.numeric(x)) stop ("Input must be numeric")
if(min(x)<=0) stop ("Input must be greater than zero")
exp(mean(log(x)))  }
```

기하평균을 계산해보자.

```
geometric(c(2,3,0,4))
```

```
Error in geometric(c(2, 3, 0, 4)) : Input must be greater than zero
```

데이터에 문제가 없다면 오류 메시지 없이 숫자 값이 반환된다.

```
geometric(c(10,1000,10,1,1))
```

```
[1] 10
```

## R에서의 날짜와 시간

R에서 시간을 다루는 방식은 매우 특이하다. 각 연도에서 시작하는 요일은 다를 수 있다. 개별적인 달에 들어있는 날의 수도 모두 같지 않다. 윤년<sup>leap year</sup>은 2월에 하루가 더 추가돼 있다. 또한 미국과 영국에서 날짜를 표현하는 방법은 서로 다르다. 3/4/2006을 예로 들어보자. 미국에서는 3월 4일을 의미하는 표현이지만, 영국에서는 4월 3일로 받아들인다. 지구 자전의 속도가 조류의 차이로 인해 미세하게 변해 원자 시계와의 차이가 발생하므로 가끔씩 윤초<sup>leap second</sup>를 추가한다 (1958년 이후로 32초가 추가됐다). 최근 윤초를 포기하는 대신 세기마다 '윤분<sup>leap minute</sup>'을 도입하자는 논의가 이뤄지고 있다. 시간에 대한 계산은 표준시간대의 연산과 나라마다의 서머타임제 도입 유무에 따라 매우 복잡해진다. 이 모든 요소들이 복합적으로 작용해 날짜와 시간을 이용한 작

업에 많은 어려움을 초래한다. 다행스럽게도 R은 이런 복잡함을 다룰 수 있는 체계적인 시스템을 갖추고 있다. R에서 날짜와 시간을 다루는 방식을 보기 위해 Sys.time()을 입력해보자.

```
Sys.time()
```

```
[1] "2015-03-23 08:56:26 GMT"
```

날짜와 시간은 왼쪽에서 오른쪽으로 순차적으로 표현한다. 가장 큰 시간 스케일인 연도가 먼저 오고 다음으로 월, 일의 순서로 하이픈으로 구분해 표현한다. 이어서 빈칸이 있고 시간, 분, 초의 순서로 콜론으로 구분해 시간을 표현한다. 마지막으로 표준시간대를 설명하는 문자열이 나온다(GMT = Greenwich Mean Time). 여기에서 좀 더 실용적이고 확장적인 접근이 필요하다. R에서는 이런 문제를 해결하기 위해 POSIX<sup>Portable Operating System Interface system</sup>를 사용한다.

```
class(Sys.time())
```

```
[1] "POSIXct" "POSIXt"
```

시간을 표현하는 방식으로는 두 가지가 있다. 시간을 설명 변수로 사용해 그래프를 그리거나 회귀 분석을 시행하려면 시간이 연속형 변수로 표현되는 것이 좋다. 그러나 요약 통계를 시행하고자 할 때(예를 들어 오랜 기간 동안의 월별 평균)는 월이 12개의 수준을 가진 요인으로 표현되는 것이 좋다. R에서 이 차이점은 두 개의 클래스 POSIXct와 POSIXlt를 이용해 다룰 수 있다. 접미어 ct를 가진 첫 번째 클래스 POSIXct는 **연속 시간**<sup>continuous time</sup>을 의미하며, 접미어 lt를 가진 두 번째 클래스 POSIXt는 **리스트 시간**<sup>list time</sup>을 의미한다. 이런 두 문자어를 기억하는 것은 쉬운 일이 아니지만 충분히 그럴 만한 가치가 있다. 바로 앞에서 Sys.time이 두 개의 클래스 ct와 t를 나타내고 있음을 볼 수 있다. 클래스 lt의 시간은 클래스 t에 포함된다. 클래스 POSIXt는 표현 방식의 종류를 나타내는 것이 아니라 객체가 시간이라는 점을 의미한다. 연속 시간 ct와 리스트 시간 lt를 구분하는 것이 아니다. 시간 표현 방식의 전환은 다음과 같이 그리 어렵지 않게 시행할 수 있다.

```
time.list <- as.POSIXlt(Sys.time())
class(time.list)
```

```
[1] "POSIXlt" "POSIXt"
```

```
unlist(time.list)
```

```
 sec  min hour mday  mon year wday yday isdst
  26   56    8   23    2  115    1   81     0
```

POSIXlt 클래스 리스트에서 아홉 개의 요소를 확인할 수 있다. 시간은 초(sec), 분(min), 시 (hour, 24시간 기준)로 제시된다. 다음으로 한 달에서의 날짜(mday, 1부터 시작), 일 년에서의 월 (mon, 시작점 1월＝0), 년(year, 시작점 1900＝0)의 순서로 이어진다. 요일(wday)은 시작점 일요일 ＝0, 마지막 토요일＝6으로 표현한다. 일년 기준의 날짜(yday)는 시작점 1월 1일＝0으로 설정 한다. 논리 변수 isdst는 서머타임제 시행 여부(0＝FALSE)를 나타낸다. 가장 많이 확인하는 요 소들은 year(연도별 평균 계산을 위해 사용), mon(월별 평균을 계산을 위해 사용), wday(요일별 차이를 계 산하기 위해 사용, 예를 들어 '금요일이 월요일과 비교해 다른가?')다.

요소의 일부만을 빼내기 위해 요소 이름 연산자 $를 사용한다. 요일(date$wday=0은 일요일의 의미)과 줄리안 데이트<sup>julian date</sup>(date$yday)를 확인해보자.

**time.list$wday**

[1] 1

**time.list$yday**

[1] 81

월요일이며 일 년 중 82번째 날짜임(지금까지 81개의 날짜가 지나갔음을 의미함)을 나타낸다.

날짜와 시간 데이터를 읽어서 R에 어떻게 불러오는지를 잘 알고 있어야 한다. 가장 일반적인 두 가지 방법에 대해 알아보자.

- 엑셀 데이트
- 연, 월, 일, 시, 분, 초 등에 대해 구분된 변수로 저장돼 있는 시간 데이터

엑셀 데이트는 숫자를 /로 구분한다. 날짜의 영국식 표현은 일/월/년이고, 미국식 표현은 월/ 일/년이다. 월과 일에서 한 자리 수는 앞에 0을 붙여준다. 03/05/2015는 영국식으로 하면 5월 3 일이고, 미국식으로 하면 3월 5일이 된다. /로 구분돼 있으므로 데이터 자체는 숫자가 아닌 문자 열로 인식돼 R이 데이터 프레임에서 불러올 때 요인으로 해석한다. strptime(문자열에서 '시간 개 념으로 전환<sup>stripping the time</sup>') 함수를 사용해 이 요인을 날짜-시간 객체로 바꿔줘야 한다. 엑셀 데이 트를 읽어서 데이터 프레임 형식으로 불러오는 과정부터 시작해보자.

```
data <- read.table("c:\\temp\\date.txt",header=T)
head(data)
```

```
    x        date
1   3   15/06/2014
2   1   16/06/2014
3   6   17/06/2014
4   7   18/06/2014
5   8   19/06/2014
6   9   20/06/2014
```

R에서 날짜가 아직 요인으로 인식되고 있다.

**class(date)**

```
[1] "factor"
```

strptime 함수는 요인의 이름(date)에 더해 각 문자열의 요소들이 나타내는 내용과 분리하는 기호(예제에서는 /)의 형식적 요약을 인자로 받는다. 예제에서는 한 달을 기준으로 한 날짜(%d), 그리고 /, 다음으로 월(%m), 다시 /, 연도(%Y, 마지막 두 개의 숫자만 제시되면 소문자를 사용해 %y로 표시한다.) 순서로 나타낸다. 새로운 이름을 붙여 strptime 함수를 적용해보자.

**Rdate <- strptime(date,"%d/%m/%Y")**
**class(Rdate)**

```
[1] "POSIXlt" "POSIXt"
```

이제 날짜와 관련된 작업을 진행할 수 있다. 예를 들어 요일별로 *x*의 평균값을 구하려고 한다면 요일을 나타내는 wday를 이용해 다음과 같이 입력한다.

**tapply(x,Rdate$wday,mean)**

```
   0     1     2     3     4     5     6
5.660 2.892 5.092 7.692 8.692 9.692 8.892
```

월요일(day 1)에서 수치가 가장 낮고 금요일(day 5)에서 가장 높다.

데이터 파일이 날짜와 시간 요소들(예를 들어 시, 분, 초)을 나타내는 여러 개의 변수로 구분돼 있다면 paste 함수를 사용해 모두 통합하고 적절한 구분 기호(날짜에는 하이픈, 시간에는 콜론)를 이용해 하나의 문자열로 바꿔준다. 다음의 예를 보자.

**time <- read.csv("c:\\temp\\times.csv")**
**attach(time)**
**head(time)**

```
   hrs min sec experiment
1   2  23   6           A
2   3  16  17           A
3   3   2  56           A
4   2  45   0           A
5   3   4  42           A
6   2  56  25           A
```

paste 함수와 콜론을 사용해 시간의 벡터 y를 만든다.

```
y <- paste(hrs,min,sec,sep=":")
y
```

```
 [1] "2:23:6"  "3:16:17" "3:2:56"  "2:45:0"  "3:4:42"  "2:56:25"
 [7] "3:12:28" "1:57:12" "2:22:22" "1:42:7"  "2:31:17" "3:15:16"
[13] "2:28:4"  "1:55:34" "2:17:7"  "1:48:48"
```

이 문자열을 R이 인식할 수 있도록 다시 바꿔줘야 한다. strptime 함수를 사용하면 자동적으로 오늘의 날짜가 POSIXct 객체 형식으로 추가된다. "%T"는 "%H:%M:%S"의 축약형이다. 더 자세한 내용은 『The R Book』(Crawley, 2013)을 참고한다.

```
strptime(y,"%T")
```

```
[1] "2014-01-22 02:23:06" "2014-01-22 03:16:17" "2014-01-22 03:02:56"
[4] "2014-01-22 02:45:00" "2014-01-22 03:04:42" "2014-01-22 02:56:25"
    ....
```

날짜와 시간이 모두 포함돼 있지 않고 단지 시간 데이터만 있다면 작업을 위한 변수를 만들 때 as.POSIXct 대신 difftime 함수를 사용할 수 있다.

```
( Rtime <- as.difftime(y))
```

```
Time differences in hours
 [1] 2.385000 3.271389 3.048889 2.750000 3.078333 2.940278 3.207778
 [8] 1.953333 2.372778 1.701944 2.521389 3.254444 2.467778 1.926111
[15] 2.285278 1.813333
```

이 경우 모든 시간을 단위를 고려해 시의 개념으로 바꿔준다(시가 포함돼 있지 않으면 분의 개념으로 바꿔준다). 다음은 두 처치(A와 B)에 대한 평균 시간의 계산이다.

```
tapply(Rtime,experiment,mean)
```

```
       A        B
2.829375 2.292882
```

## 날짜와 시간의 계산

하나의 날짜에서 다른 하나를 뺄 수는 있으나 두 날짜를 더할 수는 없다. 날짜와 시간에 대해 다음의 계산이 가능하다.

- 시간 + 숫자
- 시간 − 숫자
- 시간1 − 시간2
- 시간1 '논리 연산자' 시간2

여기에서 논리 연산자는 ==, !=, <, <=, >, >= 중 하나다.

계산을 시행하기 전에 꼭 해야 할 일은 날짜와 시간을 POSIXlt로 바꿔주는 것이다. POSIXlt가 되고 나면 평균, 차이 등을 바로 계산할 수 있다. 두 날짜, 2015년 10월 22일과 2018년 10월 22일 사이의 날짜 수를 계산해보자.

```
y2 <- as.POSIXlt("2018-10-22")
y1 <- as.POSIXlt("2015-10-22")
```

이제 두 날짜를 가지고 계산이 가능하다.

```
y2-y1
```

```
Time difference of 1096 days
```

두 날짜를 더할 수는 없다는 점을 유의해야 한다. 시간 차이를 계산하는 것도 그리 어렵지는 않다. 날짜는 하이픈으로, 시간은 콜론으로 분리해 표현돼 있는 것도 눈여겨보자.

```
y3 <- as.POSIXlt("2018-10-22 09:30:59")
y4 <- as.POSIXlt("2018-10-22 12:45:06")
y4-y3
```

```
Time difference of 3.235278 hours
```

다른 방식으로 difftime 함수를 사용할 수도 있다.

```
difftime("2018-10-22 12:45:06","2018-10-22 09:30:59")
```

```
Time difference of 3.235278 hours
```

논리 연산자를 사용하는 예를 들어보자. y4가 y3 이후의 시간인지 알고 싶다면 다음과 같이 입력한다.

```
y4 > y3
```

```
[1] TRUE
```

## str을 이용한 R 객체 구조의 이해

간단하지만 매우 중요한 함수인 str을 이용해 R 세션에 있는 객체의 구조를 확인할 수 있다. 여기서는 세 개의 객체를 살펴보는데, 복잡성을 기준으로 순서가 정해져 있다. 숫자의 벡터, 여러 클래스로 이뤄진 리스트, 선형 모형의 순서로 살펴보자.

```
x <- runif(23)
str(x)
```

```
num [1:23] 0.971 0.23 0.645 0.697 0.537 ...
```

x는 길이가 23([1:23])인 숫자로 이뤄진 벡터다. 처음 다섯 개의 값을 볼 수 있다.

좀 더 복잡한 형식으로 리스트가 있다. basket이라는 이름의 리스트를 만들어보자.

```
basket <- list(rep("a",4),c("b0","b1","b2"),9:4,gl(5,3))
basket
```

```
[[1]]
[1] "a" "a" "a" "a"
[[2]]
[1] "b0" "b1" "b2"
[[3]]
[1] 9 8 7 6 5 4
[[4]]
 [1] 1 1 1 2 2 2 3 3 3 4 4 4 5 5 5
Levels: 1 2 3 4 5
```

첫 번째 구성 요소는 같은 문자(모두 "a")로 이뤄진 길이 4의 벡터다. 두 번째는 각각 다른 세 개의 문자열이고, 세 번째는 숫자로 이뤄진 벡터다. 마지막 네 번째는 다섯 개의 수준을 가진 길이 15의 요인이다. str을 입력하면 다음의 정보를 얻을 수 있다.

```
str(basket)
```

```
List of 4
 $ : chr [1:4] "a" "a" "a" "a"
 $ : chr [1:3] "b0" "b1" "b2"
 $ : int [1:6] 9 8 7 6 5 4
 $ : Factor w/ 5 levels "1","2","3","4",..: 1 1 1 2 2 2 3 3 3 4 ...
```

먼저 리스트의 길이 4를 확인할 수 있고, 네 개의 구성 요소에 대한 각각의 속성을 확인할 수 있다. 처음 두 개는 문자열(chrr)이고 세 번째는 정수(int), 네 번째는 다섯 개의 수준을 가진 요인이다.

마지막으로, 복잡한 구조를 가진 이차 선형 모형을 보자.

```
xv <- seq(0,30)
yv <-2+0.5*xv+rnorm(31,0,2)
model <- lm(yv~xv+I(xv^2))
str(model)
```

```
List of 12
 $ coefficients : Named num [1:3] 2.51317 0.38809 0.00269
  ..- attr(*, "names")= chr [1:3] "(Intercept)" "xv" "I(xv^2)"
 $ residuals    : Named num [1:31] -1.712 -1.869 4.511 0.436 -0.207 ...
  ..- attr(*, "names")= chr [1:31] "1" "2" "3" "4" ...
 $ effects      : Named num [1:31] -50.965 23.339 -1.068 0.646 0.218 ...
  ..- attr(*, "names")= chr [1:31] "(Intercept)" "xv" "I(xv^2)" "" ...
 $ rank         : int 3
 $ fitted.values: Named num [1:31] 2.51 2.9 3.3 3.7 4.11 ...
  ..- attr(*, "names")= chr [1:31] "1" "2" "3" "4" ...
 $ assign       : int [1:3] 0 1 2
 $ qr           :List of 5
  ..$ qr   : num [1:31, 1:3] -5.57 0.18 0.18 0.18 0.18 ...
  .. ..- attr(*, "dimnames")=List of 2
  .. .. ..$ : chr [1:31] "1" "2" "3" "4" ...
  .. .. ..$ : chr [1:3] "(Intercept)" "xv" "I(xv^2)"
  .. ..- attr(*, "assign")= int [1:3] 0 1 2
  ..$ qraux: num [1:3] 1.18 1.24 1.13
  ..$ pivot: int [1:3] 1 2 3
  ..$ tol  : num 1e-07
  ..$ rank : int 3
  ..- attr(*, "class")= chr "qr"
 $ df.residual  : int 28
 $ xlevels      : Named list()
 $ call         : language lm(formula = yv ~ xv + I(xv^2))
 $ terms        :Classes 'terms', 'formula' length 3 yv ~ xv + I(xv^2)
  .. ..- attr(*, "variables")= language list(yv, xv, I(xv^2))
  .. ..- attr(*, "factors")= int [1:3, 1:2] 0 1 0 0 0 1
  .. .. ..- attr(*, "dimnames")=List of 2
  .. .. .. ..$ : chr [1:3] "yv" "xv" "I(xv^2)"
  .. .. .. ..$ : chr [1:2] "xv" "I(xv^2)"
  .. ..- attr(*, "term.labels")= chr [1:2] "xv" "I(xv^2)"
  .. ..- attr(*, "order")= int [1:2] 1 1
  .. ..- attr(*, "intercept")= int 1
  .. ..- attr(*, "response")= int 1
  .. ..- attr(*, ".Environment")=<environment: R_GlobalEnv>
  .. ..- attr(*, "predvars")= language list(yv, xv, I(xv^2))
  .. ..- attr(*, "dataClasses")= Named chr [1:3] "numeric" "numeric"
```

```
....- attr(*, "dataClasses")=Named chr [1:3] "numeric" "numeric"
"numeric"
 ......- attr(*, "names")=chr [1:3] "yv" "xv" "I(xv^2)"
 $ model    :'data.frame': 31 obs. of 3 variables:
  ..$ yv  : num [1:31] 0.802 1.035 7.811 4.138 3.901 ...
  ..$ xv  : int [1:31] 0 1 2 3 4 5 6 7 8 9 ...
  ..$ I(xv^2):Class 'AsIs' num [1:31] 0 1 4 9 16 25 36 49 64 81 ...
  ..- attr(*, "terms")=Classes 'terms', 'formula' length 3 yv ~ xv +
I(xv^2)
  ......- attr(*, "variables")=language list(yv, xv, I(xv^2))
  ......- attr(*, "factors")=int [1:3, 1:2] 0 1 0 0 0 1
  .........- attr(*, "dimnames")=List of 2
  ..........$ : chr [1:3] "yv" "xv" "I(xv^2)"
  ..........$ : chr [1:2] "xv" "I(xv^2)"
  ......- attr(*, "term.labels")=chr [1:2] "xv" "I(xv^2)"
  ......- attr(*, "order")=int [1:2] 1 1
  ......- attr(*, "intercept")=int 1
  ......- attr(*, "response")=int 1
  ......- attr(*, ".Environment")=<environment: R_GlobalEnv>
  ......- attr(*, "predvars")=language list(yv, xv, I(xv^2))
  ......- attr(*, "dataClasses")=Named chr [1:3] "numeric" "numeric"
"numeric"
  .........- attr(*, "names")=chr [1:3] "yv" "xv" "I(xv^2)"
 - attr(*, "class")=chr "lm"
```

이 복잡한 구조는 12개의 객체로 이뤄진 리스트 형식이며 리스트 안에 변수, 변수의 값, 계수, 잔차, 효과 등의 모형에 대한 구체적인 정보들을 담고 있다.

## 참고 문헌

Crawley, M.J. (2013) *The R Book*, 2nd edn, John Wiley & Sons, Chichester.

## 추가 참고 문헌

Chambers, J.M. and Hastie, T.J. (1992) *Statistical Models in S*, Wadsworth & Brooks/Cole, Pacific Grove, CA.

R Development Core Team (2014) R: *A Language and Environment for Statistical Computing*, R Foundation for Statistical Computing, Vienna, Avaialble from http://www.R-project.org.

Venables, W.N. and Ripley, B.D. (2002) *Modern Applied Statistics with S-PLUS*, 4th edn, Springer-Verlag, New York.

에이콘출판의 기틀을 마련하신 故 정완재 선생님 (1935-2004)

# 크롤리의 통계학 강의
## R을 활용한 입문

발  행 | 2016년 10월 31일

지은이 | 마이클 크롤리
옮긴이 | 염 현 식

펴낸이 | 권 성 준
편집장 | 황 영 주
편  집 | 이 지 은
디자인 | 박 주 란

에이콘출판주식회사
서울특별시 양천구 국회대로 287 (목동)
전화 02-2653-7600, 팩스 02-2653-0433
www.acornpub.co.kr / editor@acornpub.co.kr

이 도서의 국립중앙도서관 출판시도서목록(CIP)은 서지정보유통지원시스템 홈페이지(http://seoji.nl.go.kr)와
국가자료공동목록시스템(http://www.nl.go.kr/kolisnet)에서 이용하실 수 있습니다.(CIP제어번호: CIP2016025224)

책값은 뒤표지에 있습니다.